中国消费与投资关系的调整及其机制研究

任碧云　王留之　著

南开大学出版社
天　津

图书在版编目(CIP)数据

中国消费与投资关系的调整及其机制研究 / 任碧云，王留之著. —天津：南开大学出版社，2010.9

ISBN 978-7-310-03552-6

Ⅰ.①中… Ⅱ.①任… ②王… Ⅲ.①消费—关系—投资—研究—中国 Ⅳ.①F126.1②F832.48

中国版本图书馆 CIP 数据核字(2010)第 154883 号

南开大学出版社出版发行

出版人:肖占鹏

地址:天津市南开区卫津路 94 号 邮政编码:300071

营销部电话:(022)23508339 23500755

营销部传真:(022)23508542 邮购部电话:(022)23502200

*

天津泰宇印务有限公司印刷

全国各地新华书店经销

*

2010 年 9 月第 1 版 2010 年 9 月第 1 次印刷

787×1092 毫米 16 开本 20.5 印张 4 插页 365 千字

定价:35.00 元

如遇图书印装质量问题,请与本社营销部联系调换,电话:(022)23507125

前　言

改革开放三十年来，中国经济在高速增长的同时，也出现了较大的起伏和波动。消费和投资作为两个重要的国民经济指标，始终在经济生活中起着举足轻重的作用。可以说，消费和投资的关系是否协调，对市场运行和经济运行产生着全局性影响，是整个宏观经济的基础。

近年来，伴随着国际经济形势的日益复杂，我国经济的内外失衡现象逐步显现，其深层次原因就在于消费和投资关系的失调，这突出表现在投资率的长期偏高和消费率的持续走低，消费和投资的非均衡已成为经济运行中的深层次矛盾之一，而对于中国转型时期这一特殊背景下产生的特殊矛盾，西方经典的消费、投资理论并不能作出完全令人满意的解释。本书针对当前困扰我国宏观经济的主要问题，以消费、投资关系的调整作为研究的重点，通过对西方比较成熟的经典理论的回顾，力求从全新的视角揭示消费和投资关系的特点、实质及作用；同时，结合我国转型时期经济发展的具体变化，借鉴世界主要国家的成功调控经验，提出解决我国消费、投资关系失衡的调整目标及运行机制。希望为中国宏观经济运行中深层次矛盾的解决、市场运行机制的完善和宏观调控效果的进一步提升提供理论依据和解决思路，以推动中国经济持续、健康、稳定发展。

本书的研究重心是中国转型时期消费和投资关系的调整及其运行机制。全书内容分为三篇十章。

理论篇（一～三章）：第一章，消费和投资关系的经济学解释。消费和投资关系，作为宏观经济中的基本关系之一，涉及经济学基本理论框架和观点。本章首先从经济学的角度，通过对相关理论和历史文献的回顾与评析，厘清研究消费和投资关系的基本思路，以此作为本书进一步研究的理论基点和指导，为探讨我国的消费和投资关系提供理论依据和观点支持。

第二章，消费和投资关系的性质和意义。本章从生产、市场和分配三个角度阐述了消费和投资的关系：从生产的角度看消费和生产的关系，从市场的角度看供给和需求的关系，从分配的角度看消费和储蓄的关系。通过分析，指出消费、投资和市场运行的联系以及市场运行和经济运行的联系，并着重分析了消费、投资对市场容量的影响和市场容量对经济运行的作用。

第三章，市场经济体制下调整消费和投资关系的理论模式。本章从理论角度详细阐述了消费和投资之间的内在关系，分析了消费运行和投资运行在市场运行中的内在关联及消费和投资的市场关联机制；通过对消费启动和投资启动的比较研究，阐明不同时期消费启动和投资启动的选择；同时还分析了消费启动和内需、外需以及外贸依存度的关系及进出口贸易战略的选择路径。

实践篇（四～六章）：第四章，中国消费和投资关系的历史经验与现状评估。本章通过对我国消费和投资关系的历史考察，分析、归纳了我国消费和投资关系的周期性变化及性质特征；结合历史经验，对当前我国消费和投资的关系作出合理评估，考察并剖析了消费和投资关系失衡的现状及产生原因。

第五章，转型时期中国经济启动方式的选择。本章通过分析转型时期中国经济运行的特殊性和复杂性，阐述了中国经济运行过程中的多重矛盾，指出转型时期中国经济启动方式的选择原则应该是投资启动与消费启动的结合、国内需求与国外需求的结合。同时，本章还特别分析了在转型时期，中国经济启动中政府和市场的功能定位以及彼此的分工协作问题。

第六章，消费与投资关系调控的国际实践。本章着重分析世界各主要国家和地区消费和投资关系的历史沿革及政府的相关调控政策及措施。通过比较分析，总结、归纳出各国处理消费和投资关系的经验及启示。这是调整我国消费和投资关系的现实依据。

调整篇（七～十章）：第七章，调整机制Ⅰ：以消费带动投资增长。本章通过消费带动投资增长的内在合理性分析，在比较分析消费带动投资增长的优势以及实现过程的基础上，重点分析了以消费带动投资增长，实现消费、投资关系走向协调的内在机制，并强调了优化产业结构对于实现消费带动投资增长的重要意义和作用。

第八章，调整机制Ⅱ：以市场容量带动经济增长。本章重点分析了市场容量在经济运行中的主导作用，并运用市场总均衡和非总均衡理论分析、讨论了市场容量的形成和变化以及实现市场容量带动经济增长的过程和运行机制问题。

第九章，调整机制Ⅲ：收入与经济同步增长。收入的增长是实现消费启动的基本条件，本章重点考察了消费启动与居民收入的关系，包括居民收入结构、居民收入增长率和城乡居民收入差距，并探讨了相应的解决措施。

第十章，调整机制Ⅳ：内需与外需相互协调。本章在分析国内需求与国外需求一般关系的基础上，从市场均衡和供求结构的角度进一步分析了经济运行内外协调与贸易战略、产业结构的相互关系，重点阐释了贸易战略和产业结构的调整在实现内需和外需相互协调中的重要作用。

根据研究的内容和论证的需要，本书在研究方法上，突出了以下几个方面：

第一，抽象分析和具体分析相结合，规范分析和实证分析相结合。消费和投资问题首先是一个宏观经济学中的基本理论问题，因此必须运用抽象分析的方法对投资和消费关系的特点、实质、市场形态及作用等进行理论研究；另一方面，本书研究的主题是中国投资和消费的关系及调整机制问题，这要求将研究落实到我国的具体实践分析上。但是，无论是理论研究，还是实践分析，均需进行规范分析，并且必须通过实证研究加以论证。

第二，非均衡分析和均衡分析相结合。在理论研究部分，运用了均衡分析方法；而在实证部分，则主要运用非均衡的分析方法。通过这种非均衡分析和均衡分析相结合的分析方法，揭示了转型时期市场失衡的主要表现和成因，并探讨了促进非均衡向均衡转化的路径和举措。

第三，纵向分析和横向分析相结合。本书分析了改革开放后我国各个时期消费和投资关系的特点和成因，对其进行纵向比较，并归纳出不同点和共性。这种分析，不仅可以认识投资和消费关系的变化状况，还能更深刻地理解导致投资和消费失衡的深层次根源。另一方面，如何协调投资和消费的关系也是世界各国宏观调控中共同面对的问题，通过对消费率和投资率的横向分析和国际比较，可为中国的实践提供借鉴意义和启示。

第四，总量分析和结构分析相结合。本书对消费、投资关系的分析，既需要考察总体的市场供求状况，同时又需要对货币市场和产品市场分别进行探讨；在对经济供求总量分析的同时，又必须对消费结构、投资结构以及产业结构等经济结构问题进行细致分析。因此，本书采用了总量分析和结构分析相结合的分析方法。

在本书的研究过程中，我们反复研读了马克思主义政治经济学和西方经济学中的相关理论，同时翻阅了我国改革开放以来相关问题的大量文献和数据。在此基础上，我们经过深入思考和研究，力争对消费和投资关系作一个较为系统的理论剖析和详细的实证研究，希望能够建立起较为完整的内容体系。概括地讲，本书对于消费和投资关系及其调整机制的研究，在以下几方面有所发展和突破：

一是全面剖析投资和消费关系的多重属性，挖掘其实质所在，并对消费和投资的关系作出明确界定。本书分别从再生产、市场、分配的角度分析了消费和投资关系的特点，揭示了消费、投资与市场运行和经济运行关系的实质，论证了市场是消费、投资调整机制运行的中介和载体的重要结论。

二是从政策、体制、调控理念等方面，对消费和投资失衡的成因进行了多角度、多层次的剖析。通过分析，明确指出投资扩张是导致投资和消费失衡的直接原因和政策原因，市场结构、转型期过渡体制和传统调控理念的束缚和制约则是其根源。

三是从消费与投资、市场容量与经济增长、收入与经济增长、内需与外需等方面相互关系的角度，分析了中国消费与投资关系的调整机制。通过分析，我们认为，构建消费和投资关系调整机制的关键在于实行消费启动，主张以消费引导投资，促进经济内生增长机制的形成，以实现经济的均衡运行和良性循环。

但是，由于研究问题本身的复杂性，加之经济运行受到转型时期理论与实践不成熟的制约，本书对当前的复杂经济环境以及转型时期部分理论的研究还不够全面；消费与投资的调整机制也需要进一步完善，实施路径也有待于进一步的实践检验。

本书的研究受到天津市哲学社会科学研究基金（项目编号：TJJL06-044）和天津财经大学科研发展基金（项目编号：Y0404）的资助，本书的撰写得到了姚莉教授和王智茂、王越凤、梁垂芳、张佳佳、赵卜萱、宋蕾、杨琳、杨雪梅、赵晨光、薄董博等研究生的热情帮助，在此表示衷心的感谢。南开大学出版社的王乃合先生为本书出版付出了大量劳动、给予诸多方便，也致以诚挚的谢意。

限于作者的学识，错误与不足之处在所难免，敬请读者批评指正。

作　者

2010 年 2 月 11 日

目　录

第一章　消费和投资关系的经济学解释

对社会再生产中消费与投资关系的研究在经济学发展中一直占有重要地位。回顾经济学界对这一重要关系的研究进程，有助于我们更好地理解这一关系在我国近年来的发展态势。

第一节　古典政治经济学的解释

17 世纪中叶，古典政治经济学开始兴起和发展，政治经济学作为一门独立的科学初步形成，并发展成为专门研究经济现象和经济过程规律的理论科学。我们知道，古典政治经济学是在反对和批判重商主义过程中产生的，其研究的重点开始转向生产领域和包括流通领域在内的社会再生产过程，而且反映了当时资本主义处于上升和发展时期的时代和阶级特征。这段时期，众多古典学派经济学家已经开始注意国民收入中积累与消费的比例关系，其基本思想是强调资本积累，主张消费节俭，与重商主义相比，又充分肯定了消费在社会再生产中的地位和作用。

一、古典学派的经济学解释

西方经济学中的宏观经济理论，可以追溯到 1758 年法国重农学派的代表人物魁奈。他在《经济表》中根据人体血液循环的原理，对社会的简单生产和消费流程第一次进行了仿真模拟，分析了社会资本再生产过程，把国民财富产生和增加的源泉从流通领域转移到了生产领域。在魁奈看来，农业是唯一的生产部门，据此他提出了纯产品学说，并在接触到剩余价值起源的同时研究了剩余价值分配使用中积累与消费的比例关系，从而提出了一些重要的思想。他明确指出了积累与消费的比例对社会再生产的决定性影响:“由于生产支出和不生产支出彼此间所占优势的不同，每年再生产的收入就可能发生变动。”魁奈认为，如果土地所有者对生产阶级的支出高于对不生产阶级的支出，就会使再生产扩大，“纯产品”生产增加，从而使整个社会再生产以扩大了的规模进行；反之，如果土地所有者为了过奢侈的生活，支付给不生产阶级的多于生产阶级，就会使“纯产品”生产减少，使再生产在缩小了的规模上进行。因此，“过度的奢侈能使一个非常富裕的国家很快地破产”。他还注意到了维持一定消费需求对维持再生产规模的必要性：“不要降低下层人民的安乐，因为这样会使下层人民对于只能供国内消费产品的消费不能作出充分的贡献，结果会使国家的再生产和收入减少”。魁奈在他的《经济表》中，把“纯产品”（即剩余价值）按1∶1的比例分配于“生产的支出”和“不生产的支出”，他认为这是构成均衡的社会再生产运行的理想状态。这可能也是经济史上第一次明确指出定量化的积累消费比例，因而形成了这一重要比例关系研究的起点。①

古典经济学代表人物亚当·斯密，在其《国富论》中强调了资本积累的作用。他认为，要增加国民财富，就必须增加资本积累、改善资本用途。斯密的资本理论比重农学派更进了一步，他指出，资本是一切能够带来收入或利润的资财，并且第一次将资本划分为固定资本和流动资本两大类，详细论述了资本利润、资本用途与风险收益之间的关系以及地租、资本投入方式、外国投资、投资行业选择、资本的作用等问题，这是经济理论第一次较为系统地阐述投资问题。与此同时，斯密对消费也有着极高的评价，认为“消费是一切生产的唯一目的，而生产者的利益，只在能促进消费者的利益时，才应当加以注意”。②显然，斯密把消费作为社会再生产过程的一个环节，特别注重从资本积累的角度来阐述消费。他提出，“用以维持非生产性人手的部分愈大，用以维持生产性人手的部分必愈小，从而次年生产物亦必愈少；反之，用以维持非生产性人手的部分愈小，用以维持生产性人手的部分必愈大，从而次年生产物亦必愈多”。③也就是说，对全社会而言，用于非生产性消费（生活消费）的部分愈多，来年的社会再生产规模便不能得到扩大，甚至缩减；只有用于生产性消费（地租和利润的相当部分转化为资本）的部分愈多，才能在来年扩大社会再生产的规模，从而不断地增进国民财富。斯密还认为，用于雇用生产性劳动的基金和用于雇用非生产性劳动的基金，即生产消费的基金和非生产消费（生活消费）的基金，“这两种基金的比例，在任何国家，都必然会决定一国人民的性格是勤劳还是懒

① 魁奈．魁奈经济著作选集[M]．商务印书馆，197:176，225，238，240

② 亚当·斯密著．郭大力，王亚南译．国民财富的性质和原因的研究[M]．商务印书馆，下卷，1974:227

③ 亚当·斯密著．郭大力，王亚南译．国民财富的性质和原因的研究[M]．商务印书馆，上卷，1974:306

惰”。[①]在当时特定的历史条件下，斯密认为，要把储蓄起来的资财当作资本来获取利润，则此资财必须用来雇用生产性劳动者，而不能用来雇用非生产性劳动者，而且增加资本积累必须通过节俭这一途径。总体来看，斯密仍然把资本的积累放在首位，对消费主张采取节制的态度。他对消费思想的突出贡献在于第一次真正正确地认识到消费的作用和地位，首次提出了生产的唯一目的是为了消费。但是，如同其他古典经济学家一样，斯密依然把消费区分为生产消费和非生产消费，即生产性劳动者的生活消费和非生产人手的生活消费，而不是把消费区分为生产消费和个人消费。这实际上说明，他们只看到了居民的个人消费，而未看到生产消费，因而他们也就很难说明社会资本再生产的物质补偿问题。

李嘉图继承了斯密的理论，他认为，“如果一个国家的年生产量补偿其年消费量而有余，人们就说资本增加了；如果年消费量没有为年生产量所补偿，人们就说资本减少了。因此，资本可以由增加生产或减少非生产消费而增加”。[②]同时，他又进一步指出：“必须了解，一国的产品全部都是要被消费的，但究竟由再生产另一种价值的人消费，还是由不再生产另一种价值的人消费，这里面的区别却是难以想象的。当我们说节约收入以增加资本时，意思就是说，所谓增加到资本中去的那一部分收入，是由生产性劳动者，而不是由非生产性劳动者消费的。如果认为资本能由于不消费而增加，便是大错而特错了。”[③]

由此可以看出，李嘉图认为资本积累就是节约收入，增加资本，增加生产性消费，减少非生产性消费。所以，资本积累就意味着增加生产劳动者人数，扩大再生产。他认为一国全部产品都是要被消费的，主张资本由不消费而增加是错误的，但是增加到资本中去的收入，必须是由生产劳动者消费，才能实现资本积累。李嘉图在他的赋税理论中又进一步强调，减少非生产性消费主要是通过降低地租和赋税，他认为妨碍资本积累的主要因素是把“纯收入”[④]用于非生产性消费，而最主要的非生产性消费就是地租和赋税。他认为，“赋税是一个国家的土地和劳动的产品中由政府支配的部分”。[⑤]因此，减少赋税的主要办法是靠政府减少开支。

---

① 亚当·斯密著. 郭大力，王亚南译. 国民财富的性质和原因的研究[M]. 商务印书馆，上卷，1974:309

② 李嘉图. 政治经济学及赋税原理[M]. 商务印书馆，1976:127

③ 李嘉图. 政治经济学及赋税原理[M]. 商务印书馆，1976:128

④ 李嘉图为了说明资本积累和赋税的源泉，将收入分为总收入和纯收入，总收入即工资、利润、地租的总和，纯收入则是利润加地租，不包括工资。

⑤ 李嘉图. 政治经济学及赋税原理[M]. 商务印书馆，1976:127

从魁奈、斯密以及李嘉图的观点可以发现，虽然他们看到了消费的作用和地位，但当时的古典经济学仍然将增加积累、节约消费作为增加国民财富的重要途径。这和当时他们所处的资本主义原始积累阶段的社会环境不无关系，但随着古典经济学后期的一些经济学家开始重视购买力问题，也就是投资所产生的消费品如何实现的问题，这一观点也开始逐渐地遭到质疑。

与李嘉图同时代的西斯蒙第，在肯定魁奈《经济表》整体结论的基础上指出，生产的最终目的是为了消费，政治经济学研究的真正对象是人，而不是财富，各国政府应该通过政治经济学使人们都能获得物质上的享受，“积累国家的财富决不是成立政府的目的，政府的目的正是使全体公民都能享受财富所代表的物质生活所带来的快乐”。他对萨伊定律提出批评，从消费决定生产的角度出发，看到了资本主义财产集中到少数人手中，必然会导致消费不足，并在历史上首次提出了消费不足说和经济危机说。①

此后，马尔萨斯也明确了扩大再生产过程中的消费不足，但是由于其《人口论》认为下层人民的生活好转只会带来人口的高速增长，因此他反对把消费弥补部分给下层人民，而主张养一个非生产性的地主、官吏、军队等上层阶层，以保持生产和消费的平衡。之后，马克思提出了资本简单再生产和扩大再生产的公式。值得指出的是，这种宏观经济学分析方法在马克思的再生产公式以后，由于意识形态的演进、数学的广泛应用以及更为具体细致并贴近人们生活的原因，在西方为偏重短期资本利益的微观经济学所取代，而把宏观经济学中的绝大部分留给自由市场经济中“看不见的手”去自己调整。

二、马克思的经济学解释

马克思在批判和借鉴古典学派国民收入理论，特别是批判“斯密教条”和魁奈理论的基础上，运用科学的抽象法建立起了社会再生产理论。该理论阐述了再生产作为一切社会形式所共有的规律，充分揭示了资本主义再生产特有的本质特征。马克思指出：“不管生产过程的社会形式怎样，它必须是连续不断的，或者说，必须周而复始地经过同样一些阶段。一个社会不能停止消费，同样，它也不能停止生产。因此，每一个社会生产过程，从经常联系和它不断更新来看，同时就是再生产过程。”②马克思把社会经济运行过程归结为生产、流通、分配和消费四个相互联系的基本环节，其中生产即供给，消费即需求，流通和

① 苏学愚，封斌．西方消费理论的演进[J]．特区经济，2005（5）

② 马克思．资本论[M]．人民出版社，第一卷，1975:621

分配是连接供给和需求的中介，马克思认为只有供需平衡发展才能保证社会再生产的正常健康运行。

马克思在对资本主义再生产进行剖析时，曾按产品的最终用途把社会生产分为两大部类。第一部类是生产资料的生产部类，它是指必须进入或至少能够进入生产消费的产品及其生产部门。第二部类是消费资料的生产部类，它是指提供生活消费品的生产部门。在把社会生产划分为两大部类的基础上，马克思又从价值构成的角度考察了商品属性，即任何商品的价值都是由不变成本（C）、可变成本（V）和剩余价值（M）组成，并详细探讨了两大部类之间的比例关系。他认为，要实现资本扩大再生产，两大部类都要既增加生产资料又增加消费资料，同时保证两大部类内部各部门之间以及两大部类之间的交换完成。这意味着，不仅原有规模的商品全部完成交换，实现消费，而且为扩大再生产追加的全部商品也要完成交换，并实现消费。马克思的再生产理论从市场交换和价值实现的角度证明了消费是再生产的目的和前提。

马克思在阐述资本循环理论和资本周转理论时，强调了资本有机构成对资本再生产的重大影响。资本有机构成变动的根本原因是技术进步和劳动生产率的提高。从经济学角度分析来看，一方面，为了追求更大的剩余价值，资本家往往会提高技术水平，相应的结果是提高劳动生产率，从而使资本有机构成提高，C与V即投资与消费比例失调，投资越来越多，而消费相对不足，只好降价销售，从而使利润率下降，经济增长率下降；另一方面，为保持经济增长率不降低，必须不断提高技术水平，从而提高劳动生产率，这又进一步提高了资本有机构成，加快积累使消费率不断降低，从而使两大部类比例关系失调，导致经济危机。

纵观马克思的主要理论，他把资本主义社会抽象成只有工人阶级和资本家阶级。在研究资本主义社会积累和消费的关系时，他认为资本家阶级的使命是不断扩大投资而尽可能地少消费，而工人的消费受资本家所发的工资限制，且资本有机构成提高，造成工人失业，从而形成这样的恶性循环局面：投资越来越大，所形成的供给能力越来越大；而消费却不断萎缩，造成社会总需求不断下降，供需失衡加剧。

对于社会主义的积累和消费问题，马克思在阐述资本周转速度时，对未来公有制社会处理积累和消费的关系提出了一个重要设想："社会必须预先计算好，能把多少劳动、生产资料和生活资料用在这样一些产业部门而不致受到损害，这些部门……在一年或一年以上的较长时间内不提供任何生产资料和生活资料，但会从全年总生产中取走劳动、生产资料和生活资料。"在《哥达纲领批判》中，马克思确定了社会总产品的分配原则，指出应首先扣除补偿基金和积累基金，其余的部分才可以作为消费基金分配。值得注意的是，对于积累基金的扣除量或扣除比例，马克思并没有给出答案。他仅仅说："从不折不扣的劳动所得里扣除这些部分，在经济上是必要的，至于扣除多少，应当根据现有的资料和力量来确定，部分地应当根据概率论来确定。"至于应当怎样根据现有资料和力量来确定扣除量，马克思也没有给出直接的回答。①

第二节 近现代西方经济学的理论及政策主张

20 世纪 30 年代以来，西方经济学发生了史无前例的、内容极为丰富的变革和发展，即发生了"凯恩斯革命"。凯恩斯的经济理论否定了新古典经济学的主要思想倾向，开创了一个新的经济学时代。在这个时代中，既恢复了历史上曾经出现过的国家干预主义经济思潮，使之在经济生活中重新占据主流地位，也同时存在着曾经占据过主流地位，但在凯恩斯主义出现后暂时退居次要地位的经济自由主义思潮。受国家干预主义经济思潮和经济自由主义思潮的影响，西方经济学自 20 世纪 30 年代中期以后不断发展变化，又衍生出许多具体流派。本节将重点介绍这一时期所出现的各种西方经济学流派对于消费和投资关系的理论学说及其政策主张。

一、凯恩斯的理论及政策主张

《就业、利息和货币通论》的出版对西方经济学界产生了重要的影响，凯恩斯的理论体系使西方经济学发生了极大的变化，并直接导致现代宏观经济学的产生。第二次世界大战以后，其学说在西方国家中较长期地占据主流地位。

（一）凯恩斯的理论

理论上，凯恩斯用"有效需求理论"否定了"供给会创造自身需求"的萨伊定律，强调总需求对决定国民收入至关重要的作用。凯恩斯认为短期内资本家愿意供给的产量不会有较大的变动，因此总供给可视为一个常数，从而就业量实际取决于总需求，而总需求是由消费需求和投资需求构成的。他提出，在资本主义市场自行调节的经济中，存在着"边际消费倾向递减规律"、"资本边际效率递减规律"和"流动偏好规律"等三个基本"心理规律"，它们将会造成

① 罗云毅．投资消费比例关系理论研究回顾[J]．宏观经济研究，1999(13)

消费需求和投资需求的不足，因而有效需求所提供的就业量一般总是低于充分就业量的水平。

在对消费和投资两者比例关系的分析中，凯恩斯给出了一个似乎可以为各学派所接受的合理比例关系的定性标准。“凯恩斯认为，要使国民经济均衡，就要使供给和需求相等，即要使消费＋投资＝消费＋储蓄，即，投资＝储蓄。如果储蓄大于投资，说明供给大于需求，则会出现厂商因产品过剩而缩小生产，因此总产出将要下降，直至一个较低的均衡水平。如果储蓄小于投资，说明需求大于供给，则厂商必定扩大生产，因此总产出将增加，直至较高的均衡水平。这样，从总产出均衡决定的角度出发，可以推论出，合理的投资水平应是以一定的总产出均衡水平为标准，并与消费互补的水平。在这一标准制约下，如果消费多了，投资就应当少一点；如果消费少了，投资就应当多一点，从而保证储蓄与投资的平衡。按照凯恩斯的解释，由储蓄等于投资所决定的总产出水平还不一定是能够实现充分就业的总产出水平。为了达到充分就业，就要使总需求达到实现充分就业所需要的水平。因此，又可以推论出，在凯恩斯的理论中，合理的投资水平应当是以实现充分就业为标准，并与消费互补的水平。至于这一水平究竟应是多少，凯恩斯没有给出具体答案。”[①]但是，凯恩斯的这一定性标准，指出了消费是经济活动的最终目的，投资率的形成必须要以消费行为的研究为前提，这也成为后来许多学者研究该问题时所普遍遵循的一条原则。

凯恩斯认为，连接社会总供给和社会总需求的中间环节是社会总收入，即国民收入总和。在阐述绝对收入理论时，他指出边际消费倾向是递减的，“在其他情况不变的情况下，绝对收入的上升将导致其用于消费的部分减少”[②]。也就是说，消费支出随收入增加而增加，但消费支出增加幅度小于收入增长幅度，消费率会逐渐下降，进而投资率会逐渐上升。在此基础上，凯恩斯将边际消费倾向表示的消费与收入之间的关系加以发展，利用“社会总供给=社会总需求=消费+投资”的关系式，建立了投资乘数理论。他认为，由于消费倾向的数值比较难以改变，因此“就业量只能随着投资的增加而增加。沿着这条思路前进一步，在既定的就业量随着投资增加而增加的情况下，我们可以在收入和投资之间确立一个被称为乘数的固定比例，用 K 表示，[③]即，当总投资增加时，收入的增加量会等于 K 乘以投资的增加量”。[④]可见，所谓投资乘数，就是由投资

① 罗云毅．投资消费比例关系理论研究回顾[J]．宏观经济研究，1999(13)

② 爱德华・夏皮罗．宏观经济分析[M]．中国社会科学出版社，1985:170

③ 凯恩斯．就业、利息和货币通论[M]．商务印书馆，1999:117

④ 凯恩斯．就业、利息和货币通论[M]．商务印书馆，1999:119

的增加所导致的国民收入增加的倍数。若用 K 表示投资乘数，ΔI 表示投资增量，ΔC 表示消费增量，ΔY 表示国民收入增量，$\Delta C/\Delta Y$ 表示边际消费倾向，则：

$$\Delta Y = K\Delta I \tag{1.1}$$

$$\Delta Y = \Delta C + \Delta I \tag{1.2}$$

在(1.2)式两边除以 ΔY 得：

$$1 = \Delta C/\Delta Y + \Delta I/\Delta Y \tag{1.3}$$

移向整理(1.3)式得：

$$K = \Delta Y/\Delta I = 1/(1-\Delta C/\Delta Y) \tag{1.4}$$

从(1.4)式可以看出，当边际消费倾向下降时，投资乘数会变小，对收入的放大作用也会减弱，但只要投资乘数大于1，那么总收入和就业量仍然会上升。如果用凯恩斯的理论作一个长期的推论，不难发现，随着收入的增加，边际消费倾向会不断变小，消费率会持续下降，最终的极端情况就是增加的收入中用于消费的部分逐渐趋近于0，投资乘数会逐渐趋近于1，这就意味着总收入将不再增加，消费率和投资率维持在一个稳定的水平。某种程度上，这一理论可以解释为什么一些处于经济起步阶段的发展中国家消费率持续下降而投资率持续上升的现象。但是，在说明绝对收入理论和投资乘数概念的过程中，凯恩斯只是给出了边际消费倾向、投资和现期收入之间的关系，对于其他因素对消费、投资乃至总收入的影响，凯恩斯并未给予说明。而且凯恩斯的出发点主要以心理分析为基础，带有很大程度上的主观推测，缺乏坚实严谨的理论基础。后来，库兹涅茨通过对美国近70年的实际数据研究，得出的结论同凯恩斯的绝对收入理论并不一致，导致“消费函数之谜”，这也使得后来许多经济学家在对“消费函数之谜”的解释探索中提出了各种消费理论。

（二）凯恩斯的政策主张

凯恩斯经济政策观点的核心是反对自由放任，主张国家干预。由于凯恩斯认为当时的主要问题是有效需求不足，即消费需求和投资需求不足，因此他所说的扩大政府职能，主要是指扩大政府调节消费倾向和投资引诱的职能。调节消费倾向，目的在于刺激消费；调节投资引诱，目的在于刺激投资。凯恩斯明确指出，为了扩大社会有效需求，“最明智的方案是在两个方面同时行动。有鉴于资本边际效率日益为甚的下降，我支持旨在由社会控制投资量的政策；与此同时，我也支持各种增加消费倾向的政策。因为在现有的消费倾向下，不论我们对投资采取何种措施，想维持充分就业都是不大可能的。因此，必须使两种政策同时发生作用——既促进投资，又促进消费，这样，在现有的消费倾向下，不仅可以使消费量随着投资量的增加而有相应的提高，而且还能够通过消费倾向的提高使消费量达到更高的水平”。[①] 鉴于消费和投资对经济的刺激作用不同，凯恩斯认为不能太着重于增加消费，而应着重于投资，并就如何扩大消费和扩大投资，提出了一系列的经济政策主张，其中最主要的是在财政政策和货币政策方面。关于财政政策，凯恩斯不同意传统经济学保持国家预算平衡的观点，而是认为赤字财政有益。关于货币政策，凯恩斯不同意传统经济学保持国内价格水平稳定的观点，而是认为温和的通货膨胀无害。就刺激经济增长而言，凯恩斯认为依靠货币政策很难奏效，主要应当依靠财政政策，并提出了“投资社会化”的主张，认为“单靠银行政策对利息率的影响似乎不大可能决定投资的最优数量。因此，在某种程度上，全面的投资社会化是大致取得充分就业的唯一手段”。[②]

总的来说，凯恩斯从国民收入支出的角度分析了投资和消费的相互关系，并且用消费倾向和投资乘数建立与收入之间的关系，开辟了研究消费函数和投资理论的新途径。但是，凯恩斯的理论和方法过于强调经济的宏观方面，忽视了应有的微观基础；在特定情况下，对经济需求方面给予充分强调的同时，没有注意到供给因素的重要性。因此，当六七十年代经济出现“滞胀”问题时，凯恩斯的理论就凸显出了对社会经济的解释力不足。

二、新古典综合派的理论及政策主张

二战后，以萨缪尔森为代表的一批美国经济学家把凯恩斯的宏观经济理论和新古典的微观经济理论结合起来，形成了新古典综合学派。该学派还广泛吸纳了其他学派的观点，形成了一种混合的经济理论。

（一）新古典综合派的理论

该学派认为，凯恩斯的总体分析以收入为核心，研究投资、消费和其他支出的变动所产生的收入效应，主要通过财政政策和货币政策来调节总需求，进而刺激生产，增加就业，使萧条的经济能得到复苏和稳定。而战后已不存在经济萧条状况，故而应吸取以价格分析为中心的微观分析方法，以补充、继承其收入—支出理论的基本观点。因此，“新古典综合理论”是“总收入决定理论的要素与早先的相对价格和微观经济经典理论的结合”。[③]

“新古典综合理论”的核心思想，就是相信只要采取凯恩斯主义的宏观财政

① 凯恩斯．就业、利息和货币通论[M]．商务印书馆，1999:337
② 凯恩斯．就业、利息和货币通论[M]．商务印书馆，1999:391
③ 萨缪尔森．经济学[M]．麦格劳－希尔公司，1964 年英文第 6 版:809

政策和货币政策对资本主义的经济活动进行调节，就可以避免经济萧条而使经济趋于充分就业；而经济一旦实现了充分就业，传统新古典经济学的主要理论（如均衡价格论、边际生产力分配论等微观理论）就可以重新适用，并将把充分就业的均衡状态维持下去。为此，萨缪尔森、托宾、索洛、斯旺等人都“集中注意力于一种受到管理的经济，通过熟练地运用财政政策和货币政策，把凯恩斯的有效需求力量引向按一个新古典模型描述的行动”。

现代收入决定论是新古典综合派理论的核心，其主要内容，一是确立两种新的决定国民收入水平的方法，即储蓄—投资法和 45°线的消费加投资法；二是把政府干预经济的作用纳入国民收入均衡模型之中；三是建立 IS—LM 模型。该学派还通过阐述三种市场的均衡及其调整机制，建立了收入—价格模型。

萨缪尔森以凯恩斯的收入决定理论为基础建立了收入—支出模型，即汉森—萨缪尔森的 45°线模型，提出了“现代国民收入决定论”。如图 1-1 所示，45°线代表总供给等于总需求，C+I 是消费加投资曲线。C+I 曲线与 45°线相交于 E 点，这时总供给等于总需求，就决定在既定的消费和投资水平下，国民收入为 Y_0。在 E 点左边，国民收入小于 Y_0，这时总需求大于总供给；在 E 点右边，国民收入大于 Y_0，这时总需求小于总供给，这两种情况都代表经济体系处于失衡状态。只有在 E 点时，国民收入才达到均衡。这个模型后来经过萨缪尔森改进而被公认为是对凯恩斯收入决定论的一个重大发展。

该理论认为，决定国民收入水平的是有效需求水平，而不是供给水平。由于边际消费倾向递减规律，消费水平总是低于收入水平，由于资本边际效率的不稳定，利率便不能经常调节储蓄和投资以达到恰好相等的程度。所以仅靠消费和自发的社会投资，便不能保证经济达到充分就业的均衡。在这种情况下，只有依靠政府刺激社会投资，或者政府直接投资才能够弥补社会有效需求的不足。

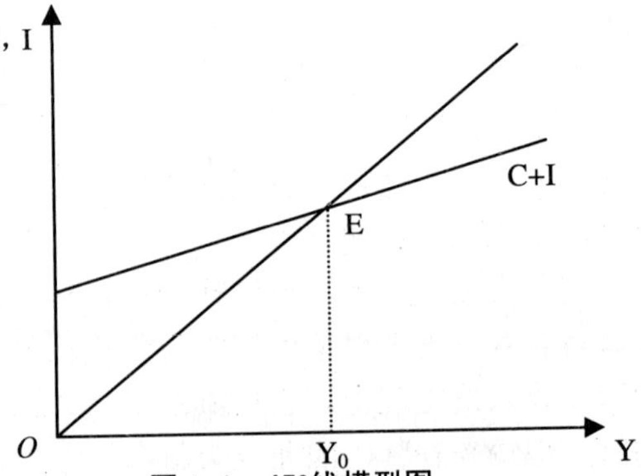

图 1-1 45°线模型图

希克斯和汉森用 IS－LM 模型把凯恩斯的收入决定论和货币理论结合起来，建立起一般均衡模型。如图 1-2 所示，IS 曲线描述了在产品市场处于均衡状态时所对应的收入和利率的各种组合，LM 曲线描述了货币市场处于均衡状态时所对应的收入和利率的水平。依据 IS－LM 模型，可以分析均衡收入和均衡利率随着投资和货币变动的状况以及政府财政政策和货币政策的作用。新古典综合派认为，这个模型不仅实现了凯恩斯理论与新古典理论的结合，同时也是财政政策和货币政策的结合，并且还将货币主义与凯恩斯主义宏观经济学综合起来，发展了凯恩斯主义。

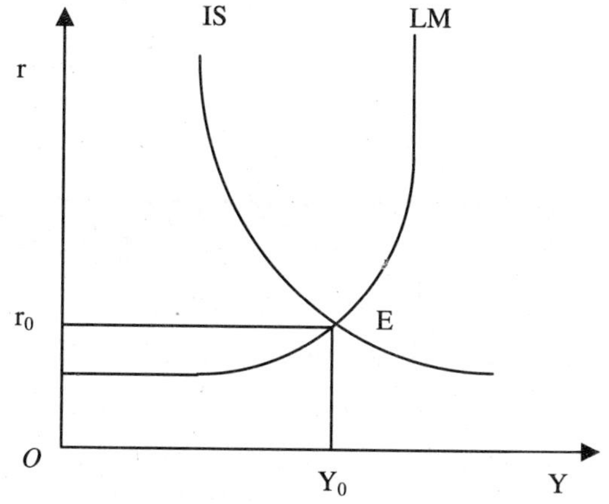

图 1-2　IS－LM 曲线图

总供求模型则是在上述两个模型的基础上，进一步从更广泛的角度上将总供给和总需求结合起来，建立了价格与收入之间的对应关系。如图 1-3 所示，AD 表示由 IS－LM 模型推导出来的总需求曲线，在商品市场和货币市场同时均衡的条件下，价格水平与总收入（或总产量）的变动方向相反。而新古典综合派加入了生产和劳动市场，并在名义工资下降有刚性约束的假设条件下，得出了总供给曲线 AS，在充分就业之前，随着价格的提高，实际工资水平下降，生产成本会降低，总收入（或总产量）会逐渐增加；实现充分就业量以后，虽然价格仍在上升，但产量无法再增加，因而总产量会保持不变。这一模型是对前两个模型只强调总需求方面的片面性所进行的补充和修正。

新古典综合学派对收入—支出理论用的是均衡分析方法，但它所要说明的正是凯恩斯主义的国民收入决定理论。它把凯恩斯主义的理论作为新古典经济学一般均衡理论的特殊理论来解释，因此成为新古典综合派的理论基础，也是它的理论特征。通过均衡分析和模型的运用，投资和消费的变动对总需求的影响及其同总供给之间的关系可以更为直观地表示出来。

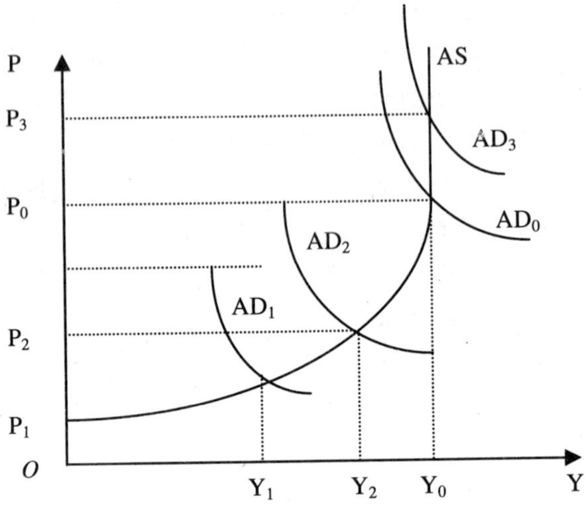

图 1-3 AD—AS 曲线图

凯恩斯在《通论》中系统地阐述了“乘数理论”，说明投资对于国民收入与就业可以有倍数增加的巨大作用。但汉森和萨缪尔森认为，凯恩斯的“乘数理论”只说明了一定的投资如何引起收入和就业的变化，而没有进一步考虑到当收入和就业增加以后，反过来对投资又会产生什么影响。汉森认为，投资增长通过乘数的作用会引起总收入或总供给的增加，而总收入或总供给增加以后，将引起消费的增加，消费品数量的增加又会引起投资的再增加。这种由于收入变动而引起的投资就是“引致投资”。

“引致投资”的变动不是取决于收入或消费的绝对量，而是取决于收入或消费变动的比率。汉森认为，这种投资增长的速度要比总收入或总供给增长的速度快，收入或消费需求的增加必然引起投资若干倍的增加，而收入或消费需求的减少必然引起投资若干倍的减少，这就是所谓“加速数原理”的含义。

乘数原理说明了投资变动对国民收入变动的影响，而加速数原理要说明的是国民收入变动对投资变动的影响；萨缪尔森将两者结合起来，提出“乘数—加速数”原理，来解释经济的周期变动。“乘数—加速数原理”是对凯恩斯投资原理的进一步发展。它提出了收入和消费的变动对投资的加速拉动作用，是对强调投资直接拉动经济增长的传统凯恩斯理论的重要补充。

在分析投资率和消费率的关系中，凯恩斯意识到消费率是研究投资和消费比例关系的前提，但其绝对收入理论只是关注了消费和当期收入的相关性，忽视了长期收入因素的影响。与凯恩斯主义理论相比，新古典综合派在收入理论上有了进一步发展，莫迪利安尼等人提出了生命周期假说，认为“个人会在更长的时期范围内计划他们的消费和储蓄行为，以在他们整个生命周期内实现消费的最佳配置，从而把储蓄看成是主要源于个人想为他们年老时消费作准备的一种愿望而引致的结果”。①这样，个人当期的消费就不是由当期收入所决定的，而是由个人长期的财产变化情况来决定的。莫迪利安尼还据此分析货币政策与财政政策对消费及经济活动的影响。从短期看，把财产作为影响消费的因素之一，就意味着货币政策不仅可以通过传统的投资渠道来影响总需求，而且还可以通过对财产（如债券价格的变动）的影响由消费渠道影响总需求。另外，由于消费取决于一生收入，现期收入的变动对消费的影响甚微，所以，财政政策中的临时所得税变动对消费的影响很小，也就难以影响总需求。从长期看，对消费征收累进税比对本期收入征收累进税更合理，因为前者更接近于对长期收入征税，可以影响消费，而后者的影响不大。

这一假说还可以用来分析赤字财政政策的短期与长期效应，政府通过增加预算赤字来增加支出将由几代人支付，而通过增加税收增加支出则要由这一代人支付。当经济处于萧条时，举债支出（尤其辅之以相应的货币政策）不会排挤投资，它的影响是提高收入与储蓄，因此赤字是有利的。但当经济实现了充分就业，举债支出就有挤出效应，因此应采取周期性平衡预算。然而，消费是一个复杂的问题，涉及广泛的经济与非经济因素，生命周期假说理论不可能包括这一切因素，例如，它没有涉及价格变动对消费的影响，没有考虑收入分配对消费的影响，也没有分析不同家庭的收入特点等。但这一理论的重大意义在于，它把消费与一生收入及财产联系了起来，更加贴近实际。

（二）新古典综合派的政策主张

新古典综合派的经济政策主张的核心是“需求管理”思想。“需求管理”是指政府积极采取财政政策、货币政策和收入政策，对社会的总需求进行适时和适度的调节，以保证经济的稳定增长。

20 世纪 50 年代，新古典综合派的经济政策主张主要表现为根据汉森的理论提出的补偿性财政政策和货币政策。补偿性财政政策是指，在经济萧条时期，政府要扩大财政支出、降低税率、减少税收、实行赤字财政，以刺激社会总需求的扩大；在经济繁荣时期，政府要压缩财政支出、提高税率、增加税收、抑

① 多恩布什，费希尔．宏观经济学[M]．中国人民大学出版社，1997:254

制社会的总需求，造成财政盈余，使两个时期的财政盈亏相互补偿。由此汉森认为，政府为了维持充分就业，财政政策应该作为“一种‘熨平’私人经济周期性波动的调节工具”。[①]只要事先根据经济情况的变化，有意识地安排好各项“反周期”的措施，即在膨胀的危险到来之前主动紧缩经济，在萧条来临之前主动扩张经济，就可以避免经济的剧烈波动，求得稳定增长。

在20世纪70年代之后，为了解决资本主义社会严重的“滞胀”危机，新古典综合派又提出了运用多种政策工具实现多种经济目标，即多种经济政策综合运用的策略，其主要内容有：

1. 财政政策和货币政策的“松紧搭配”。这里所谓的“松”是指膨胀性的政策，所谓“紧”是指紧缩性的政策。在70年代以前，这两种政策都是分开使用的，即对付经济萧条可以用“松”，对付经济高涨则宜于“紧”。70年代后，则是根据不同情况把两种政策配合使用。

2. 实现财政政策和货币政策的微观化。即政府针对个别市场和个别部门的具体情况来制定区别对待的经济政策。财政政策和货币政策的微观化可以避免宏观经济政策在总量控制过程中给经济带来的较大波动，使得政府对经济生活的干预和调节更为灵活有效。

3. 采用收入政策和人力政策。收入政策是指限制各种生产要素的收入增长率，通过工资和物价的指导与管制政策，防止货币工资增长率超过劳动生产率的增长率，以避免严重的通货膨胀。人力政策是针对劳动市场的不完全性，解决失业和职位空缺并存的矛盾，从而增加就业机会的政策。

由此可见，新古典综合派提出的一系列政策措施，确实远远超出了传统财政货币政策的范围，也进一步清楚地反映出新古典综合派的理论特征，即综合性。

三、新剑桥学派的理论及政策主张

新剑桥学派是现代凯恩斯主义的另一个重要分支。在理解和继承凯恩斯主义的过程中，该学派提出了与新古典综合派相对立的观点，即试图在否定新古典综合派的基础上，重新恢复李嘉图的传统，建立一个以客观价值论为基础，以分配理论为中心的理论体系。并以此为根据，探讨和制定新的社会政策，改变资本主义现存的分配制度，调节失业与通货膨胀的矛盾。

（一）新剑桥学派的理论

① 当代著名经济学家. 商务印书馆，1984:13

新剑桥学派认为，凯恩斯的总量分析实际上是有其假定前提的。首先，社会要实现充分就业，客观上必须使生产能力和劳动力在结构上与整个经济的具体需求相一致。如果把社会生产分为投资品生产和消费品生产两个部门，那么，要实现充分就业，就必须使生产能力用于投资品和消费品生产的比例适当。实际上，“这个‘保证充分就业的投资水平’的概念是以生产能力用于投资品和消费品生产的正确比例为前提的”。[①]这一前提可称为“产业结构前提”。它说明，只有当产业结构合理时，充分就业才有可能实现，也方能持久。

其次，总量分析还“事先假定消费对投资的特殊比例。但是，在既定的总收入下，消费水平取决于收入在消费者之间的分配，而这种分配又取决于财富在居民之间的分配、利润对工资的比率、商品的相对价格和税收制度等方面”。[②]也就是说，社会的分配结构是形成消费需求和社会总需求的重要基础。实际上，新剑桥学派是将凯恩斯的收入—支出理论从总量分析转向了结构分析，强调了“产业结构”和“收入分配结构”的基础性作用。

新剑桥学派从分配角度入手分析，着重考察经济成长过程中的工资和利润占国民收入相对份额的变化，亦即研究国民收入在社会各阶级间的分配状况。他们以有效需求理论作为逻辑起点，肯定了投资在社会经济活动中的重要作用，并提出与之相关的两个观点：一是在投资和储蓄的关系上必须抛弃古典的“储蓄支配投资”的传统认识，坚持凯恩斯所主张的“投资支配储蓄”的新观点；二是投资量不仅决定着生产和就业水平，而且还是国民收入分配中工资和利润的主要决定因素。根据他们的假设和逻辑分析，工人没有或只有微不足道的储蓄。储蓄主要来自企业，而作出投资决定的又是企业家，故而利润率的高低对国民收入中工资和利润的相对份额起着决定作用。其结果必然是，资本主义经济的增长，将有利于利润收入者集团，而不利于工资收入者集团。要想消除此弊病，则必须从改变它的收入分配制度入手。[③]

新剑桥学派理论的一个重要特点就是把经济增长同收入分配问题结合起来考察，一方面阐述如何通过收入分配的变化来实现经济的稳定增长，另一方面说明在经济增长过程中收入分配的变化趋势。

琼·罗宾逊的模型从社会生产的两大部类，即生产资料生产和消费品生产开始分析，由它们之间在技术经济上的相互联系推演，引出与经济增长和收入分配有关的主要经济变量关系。她将生产部门划分为投资品（生产资料）和消

---

① 琼·罗宾逊．凯恩斯革命的后果怎样[J]．现代国外经济学论文选．第一辑．22

② 琼·罗宾逊．凯恩斯革命的后果怎样[J]．现代国外经济学论文选．第一辑．22～23

③ 胡寄窗主编．西方经济学说史[M]．立信会计出版社，1991:398

费品（消费资料）两大部类，把总收入分为利润和工资两大部分。按照她的分析，工人将其所有收入（工资总额 W）用于消费（C），资本家将其所有收入（利润总额 P）用于投资（I），这时，工人的收入等于消费品的总价格，资本家的利润等于投资品的总价格，国民收入中利润和工资的相对份额，等于消费品中总价格与投资品的总价格之比。由凯恩斯提出的储蓄等于投资的假定，P=S=I，则有方程：

$$Y = W + P = W + S = W + I \tag{1.5}$$

如果加进对资本存量（K）的考察，那么，利润率（π）就等于资本积累率（g），公式表示为：

$$\pi = P/K = g = I/K \tag{1.6}$$

如果取消资本家将其全部收入都用于投资的假定，这时利润总额中有一部分被用作资本家的消费，其余部分则可用作投资的储蓄总额。用公式表示资本家的储蓄倾向（储蓄总额占利润总额的比重），则利润、储蓄和投资三者间的关系为：

$$S_P P = S = I \text{ 或 } P = I/S_P \tag{1.7}$$

把（1.7）式代入（1.6）式，可以得到：

$$\pi = P/K = I/(KS_P) = g/S_P \tag{1.8}$$

这就是新剑桥学派著名的利润率决定公式。根据上述公式所揭示的关系，在资本家储蓄倾向一定的情况下，利润率与积累率有一种相互制约的关系，即一定的利润率产生于一定的积累率，而一定的积累率又必须以一定的利润率水平为前提，两者呈正比变化。

卡尔多的经济增长模型和琼·罗宾逊的模型略有不同。在他的模型中，经济增长速度和收入分配是具有相互内在联系的范畴。可以用一组方程式说明他的观点：

$$Y = W + P \tag{1.9}$$

$$S = S_P P + S_W W = I \tag{1.10}$$

将公式（1.9）变形代入（1.10），则有：

$$S_P P + S_W (Y - P) = I \tag{1.11}$$

将（1.11）式移向整理可得：

$$\frac{Y}{P} = \frac{1}{S_P - S_W} \cdot \frac{I}{Y} - \frac{S_W}{S_P - S_W} \tag{1.12}$$

上述方程中，Y 为国民收入，W 为工资总额（劳动者收入），P 为利润总额（财产收入），S 为储蓄总额，S_W 为工资总额中储蓄所占的比例（劳动者的储蓄倾向），S_p 为利润总额中储蓄所占的比例（财产所有者的储蓄倾向），I 为投资总量。

卡尔多的模型中，收入分配和资本积累是直接相关的。当 S_P 和 S_W 既定时，资本积累率（I/Y）直接影响着利润在国民收入中的份额（P/Y），也可以说，投资量直接决定着利润量的大小。卡尔多通过运用这一模型所反映的各经济变量相互之间的关系，阐明了经济增长理论中的两个基本问题，即经济均衡增长的条件和决定经济增长率的各种因素。

卡尔多认为，只要把 $S_P > S_W$ 这一限制条件作为收入分配机制运用到经济增长模型中去，则经济均衡增长不仅存在，而且稳定。他确信，在现实经济生活中，储蓄和投资的任何偏离都会引起国民收入分配的变化，以至使得储蓄适应于投资。例如，在充分就业条件下增加投资并导致社会总需求的普遍增加，将会产生的后果是价格上涨的速度超过工资提高的速度，因此，收入分配的变化有利于利润的增加和降低工资在国民收入中的份额。而正是由于 $S_P > S_W$，结果收入分配的变化使社会总储蓄额增加，S 与 I 恢复平衡。这种通过国民收入分配变化来调整储蓄，使之适应于投资的分配机制的作用，在西方经济学文献中，通常被称为“卡尔多效应”。

卡尔多据此认为，在短期内，国民收入分配是投资和总需求及相对价格变动的函数。他在分析长期经济增长因素时，也把国民收入分配看成一个十分重要的因素，因为它直接影响到积累率的大小。卡尔多将公式（1.12）中 $1/(S_P - S_W)$ 这一系数叫做“收入分配的灵敏度系数”，它表明了积累率的变化对利润在国民收入中所占比重的影响。$S_P - S_W$ 的差额越大，积累率变化对利润份额的影响就越小；$S_P - S_W$ 的差额越小，这种影响就越大。同样，假定积累率是既定的，那么收入分配的变化将取决于资本家和劳动者各自的储蓄倾向，当 S_W 不变时，S_P 越小，P/Y 值就越大。也就是说，资本家储蓄得愈少，消费得愈多，利润在国民收入中的份额就愈大。这也证明了新剑桥学派所信奉的卡莱茨基的名言：“工人花费他所挣到的，而资本家挣到他所花费的。”

（二）新剑桥学派的政策主张

新剑桥学派既反对美国“新古典综合派”的政策主张，也反对“现代货币主义”的政策观念，虽然他们也主张实行政府干预，不主张实行自由放任，但是干预的方向主要是调节收入分配，而不是直接或间接去增加总需求。新剑桥学派认为，改革资本主义收入分配制度，实现收入分配的均等化，是最重要的宏观干预目标。

1．改革现有税收制度，实现收入均等化。具体说来，可以实行累进的税收制度，没收性的遗产税、赠与税等，来改变社会各阶层收入分配不均等的状况。通过实行高额的遗产税和赠与税，可以消除私人财产的大量集中，抑制社会食利者阶层收入的增加。同时，政府还可以通过这一税收方式将所得到的财产用于社会公共目标和改善低收入贫困阶层的状况。

2．实行“福利政策”，缓解“富裕中的贫困现象”。通过政府的财政拨款给失业者提供最低生活保障，对失业者进行职业技能培训，使其能有更多的就业机会，能从事更高技术水平和更高收入的工作，以便实现“长期充分就业”。此外，国家还可以通过财政预算拨款给低收入家庭以一定的补贴。

3．对投资进行全面的社会管制。制定适应经济稳定增长的财政政策，减少财政赤字，逐步平衡财政预算；根据经济增长率制定实际工资增长率，以抑制并改变劳动者在经济增长过程中收入分配的相对份额向不利方向变化的趋势，从而在经济增长过程中逐步扭转分配的不合理情况。

4．实行进出口管制制度。利用国内资源的优势，发展出口产品的生产，以此为国内提供较多的工作岗位，增加国内就业机会，降低失业率，提高劳动者的收入。

5．政府运用财政预算中的盈余来购买私人公司的股票，把一部分公司股份的所有权从私人手中转移到国家手中，从而抑制食利者阶层的收入，增加低收入家庭的收入。

四、货币学派的理论及政策主张

在20世纪70年代兴起的各种非凯恩斯主义宏观经济学说中，最有影响的是货币主义理论。货币主义遵循西方经济自由主义的传统，同主张国家干预的凯恩斯主义所关心的侧重点不同。在理论方面，货币主义强调“唯有货币重要”，把货币数量论作为理论核心；在政策方面，货币主义注重控制货币数量，主张反通货膨胀优先，主张经济自由主义，反对国家干预经济。

（一）货币学派的理论

货币学派的理论基础是货币需求理论，弗里德曼提出的货币需求函数的最显著特点就是强调恒久性收入对货币需求的主导作用。弗里德曼认为，人们在计划自己的消费水平时，不是依据短期的实际收入，而是把消费与持久的、长期的收入联系在一起。短期的可支配收入由于受许多偶然因素的影响，是一个经常变动的量，但人们的消费不会随它的波动而经常变动。消费者为了实现其效用最大化，实际上是根据他们在长期中能保持的收入水平来进行消费的，一时的非经常性的短期收入变动只有在影响持久收入水平预期时，才会影响消费水平。根据恒久收入假说，弗里德曼认为凯恩斯的学说并不能完全解释经济波动的问题。

凯恩斯主义者认为消费是现期收入的函数，并且用消费支出的增量和现期收入增量的关系——边际消费倾向递减规律所造成的消费需求不足来解释有效需求不足及短期经济波动；而恒久性收入假说认为，各个时期的消费支出中只有较小的部分与现期收入有关。因此，货币主义认为，基于不同收入决定而引起的消费和投资比例的不同变化，将造成有效需求和经济波动的不同变化。

弗里德曼还认为，由于消费支出与现期收入关系不大，因而政府为了克服经济危机而采取的财政政策（如减税）可能是无效的。根据恒久性收入假说，居民的这种临时性额外收入只有很少一部分作为实际消费，其余部分转化为储蓄，减税的结果并没有达到刺激消费需求的目的。反之，对于政府为对付通货膨胀而采取的增税政策而言，也是如此。

（二）货币学派的政策主张

“现代货币主义”者的经济政策以现代货币数量论为理论基础，反对国家过多干预经济，认为经济自由是经济政策主张的基调。他们认为，市场的自发力量具有使资本主义经济自然而然趋向均衡的作用。“现代货币主义”者反对凯恩斯主义的财政政策，强调正确的货币政策的重要作用。弗里德曼把正确的货币政策归结为三点：第一，货币政策能够防止货币本身成为经济混乱的主要根源。第二，货币政策能够给经济运行和发展提供一个稳定的背景。第三，货币政策能够有助于抵消经济体系中其他原因引起的比较重要的干扰。[①]总的来说，货币主义的政策主张主要是以下两个方面：

1．“单一规则”的货币政策。弗里德曼认为，由于货币数量的变化对实际经济和通货膨胀的影响存在着“时滞”，政府在调节货币供应量时往往会做过头，造成经济波动更加频繁，更不稳定。他认为，货币当局只需要实行“单一规则”的货币政策，把控制货币供应量作为唯一的政策工具，由政府公开宣布把货币供应量的年增长率长期固定在同预计的经济增长率基本一致的水平，就可以避免经济的波动和通货膨胀。

2．“收入指数化方案”。20 世纪 70 年代，为对付经济“滞胀”，以新古典

---

① 弗里德曼．货币政策的作用[J]．现代国外经济学论文选，第一辑，商务印书馆，1979:126～128

综合派为代表的凯恩斯主义推行了冻结工资或管制物价的“收入政策”，但是收效甚微。对此，弗里德曼等“现代货币主义”者提出了“收入指数化”的方案，认为应该将工资、政府债券收益和其他收入同生活费用（如消费物价指数）紧密联系起来，使它们能够根据物价指数的变化而调整。弗里德曼认为，实行收入指数化方案可以消除通货膨胀过程中带来的不公平，剥夺政府从通货膨胀中所得到的非法收益和一些债券所有者所占的便宜，这样也就消除了社会经济生活中搞通货膨胀的动机。①

五、供给学派的理论及政策主张

供给学派于20世纪70年代形成，是与凯恩斯主义相对立的又一经济自由主义思潮。在凯恩斯的理论中，经济萧条和通货膨胀不会同时发生，因为增加政府开支的政策可以刺激消费需求，而降低利率的政策可以刺激投资。所以当凯恩斯主义政策在70年代“滞胀”的面前失灵后，供给学派的经济学家开始重新审视凯恩斯主义的经济政策。供给学派认为，问题的症结在于供给不足，需求过旺，所以他们反对凯恩斯主义的需求管理政策，主张通过减税政策实行供给管理，刺激投资。总的来说，供给学派更偏重经济政策的研究，“通过商品和服务供给效应方面的多种手段措施，调节经济增长，促进物价稳定”。②

（一）供给学派的理论

供给学派认为，凯恩斯的有效需求管理理论忽视了投资，与需求管理相联系的税收政策、退休金制度、膨胀信用政策等起了人为抑制储蓄、鼓励消费的作用，从而导致储蓄率和投资率下降，生产率增长缓慢。在这种情况下，需求的膨胀不一定会造成实际产量的增长，而只能单纯增加货币数量，致使物价上涨，引起通货膨胀，形成滞与胀的恶性循环。“在经济学中，当需求在优先次序上取代供应时，必然造成经济的呆滞和缺乏创造力、通货膨胀以及生产力的下降。”③供给学派正是通过对凯恩斯有效需求理论的批判和对凯恩斯主义的需求管理政策的否定，从而来复兴“古典经济学”和“萨伊定律”，并提出他们供给管理的政策主张的。

供给学派认为，他们并不是简单地重复萨伊定律，他们在萨伊定律的基础上，又进一步阐述了刺激供给的因素和途径。他们认为，刺激供给增加的途径有两个，即生产要素投入的绝对增加和劳动生产率的提高。首先，要增加供给

---

① 弗里德曼．利用升降条款有助于与通货膨胀作战[J]．幸福，1974（7）

② 托马斯·J．海尔斯通尼斯．供给经济学导论[M]．莱士顿出版公司，1982年英文版:3

③ 乔治·吉尔德．财富与贫困[M]．上海译文出版社，1985:61

就必须用对生产投入的刺激代替需求管理政策，而刺激投入就要提高经济主体可自由支配的收入；其次，要提高劳动生产率，政府就应用改变报酬的方式使企业家和工人乐于投资、勤于工作和善于发明，这样既能刺激人的积极性来增加供给，又能使收入增加，进而增加消费。

既然刺激供给就是增加投入和提高劳动生产率，而增加投入和劳动生产率的根本在于改变生产者自由支配的收入。因此，税率就是决定可自由支配收入的关键。关于税率的理论及政策是供给学派的精髓，也是供给学派和凯恩斯学派的重要分歧之一。

供给学派关于税收理论最有名的说明是拉弗曲线。它表示了税收和税率之间的关系，如图 1-4 所示：横轴表示税率 t，纵轴表示税收 T，税率、税收和供给存在如下函数关系：

$T=t\cdot Q$

Q 表示供给量。

拉弗曲线表明，一定数额的税收，既可由高税率征得，也可由低税率征得。拉弗认为，税率有一个最佳点，即图 1-4 中的 B 点，当税率为 B 时，产量和税收均为最大。高于 B 的税率，就会引起大量税率增量的负效应，使供给减少，削弱课税基础，从而使税收总量减少，降低了经济活力。图中阴影部分是禁区，表明 B 是税率的极限。拉弗认为，美国滞胀时期的税率已经大大超过了 B 点，因此，必须全面减税。减税造成的财政收入的减少，可以用减税刺激经济增长后所增加的财政收入来弥补。

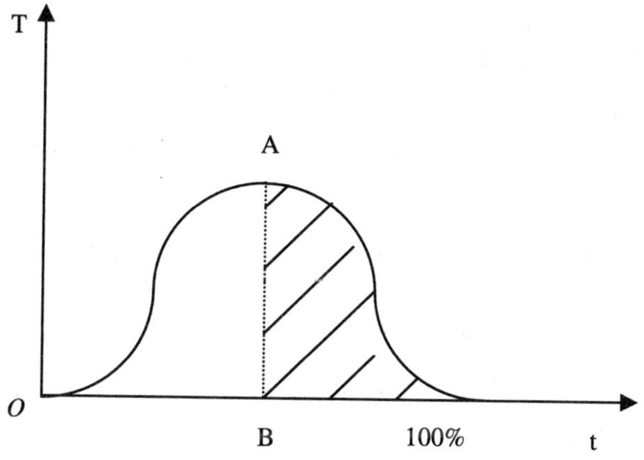

图 1-4 税收与税率的关系

拉弗曲线的问题在于，减税后的收入增加可能会刺激储蓄和投资，也可能刺激消费，减税并不见得一定会增加就业、储蓄和投资。相反，如果减税刺激了消费，就很可能使“滞胀”进一步恶化。因此，通过拉弗曲线分析“滞胀”，理论上似乎显得说服力不强。但从客观政策去分析，在70年代，世界范围内的统计数据表明，一定条件下税率的高低同社会投资增长率、经济年平均增长率成反比，这是一种普遍的经济趋势。也正因如此，世界经济才出现了按供给学派理论进行的调整变化。

（二）供给学派的政策主张

供给学派并不是一个拥有严密理论体系的经济学流派，比较而言，供给学派更偏重于政策主张的研究。供给学派研究的重点在于生产领域，他们认为生产决定了消费，生产是整个经济活动的起点，是居于支配地位的要素，而消费的增长产生了新的社会需求，这又进一步成为促进生产发展的动力。所以供给学派提出“供给决定需求”，认为供给是矛盾的主要方面，其政策导向也基本是强调通过增加供给来解决供求失衡的状况。

1．减税政策。供给学派认为，美国的多数税率已进入禁区，必须实行持久的减税政策刺激人们工作的积极性，使个人扩大储蓄，企业扩大投资，通过增强微观经济领域生产或消费主体的积极性，促进劳动生产率的提高，进而增加课税的基础，这样才能保证财政收支的平衡、经济生活的稳定。当然，由于供给学派内部对减税效应的认识不同，产生了不同的减税政策，以拉弗等人为首的激进派主张全面的大量减税，而以费尔德斯坦为首的温和派则主张在主要减低边际税率的同时应制定相应的财政节支政策，他们认为单纯地实行减税政策不会收到增产消“胀”的双重效果。

2．节支政策。战后发展起来的福利制度一方面增加了政府支出，从而增加了税收，产生了不利的供给效应；另一方面助长穷人依赖政府的思想，增加了自愿失业，减少了劳动供给。所以，供给学派主张削减政府支出，特别是政府转移支付，将有利于减少政府税收、增加劳动供给、刺激产出增长。

3．稳定币值。凯恩斯控制需求的反通胀措施是提高税率和减少货币供给以此来减少产出，提高价格水平。提高税率会减少劳动供给和资本形成，减少货币供给会提高利率，两者都会减少投资。供给学派认为，应该减税和增加货币供给。降低税率能够增加劳动供给和投资，而适当增加货币供给能够降低利率，刺激投资增加。这些政策都有利于增加产出、缓解供求矛盾、降低价格水平。

4．反对国家干预，主张市场调节。供给学派认为，企业如何生产经营应由企业自己决定，政府管理过多会阻碍企业生产的创造性，影响生产的增长。因此，他们主张恢复经济自由，让市场机制恢复功能，以达到资源的充分合理利用，经济重新起飞。政府的职能应在于刺激经济增长，并为企业家的自由选择提供条件。

六、哈耶克新自由主义的理论及政策主张

哈耶克是当代最著名的新自由主义者，他坚决维护新古典经济学的经济自由主义传统，主张极端自由，反对任何形式的国家干预。哈耶克经济理论的主要内容是新经济自由主义学说，该学说最基本、最重要的内容就是如何通过价格机制的作用影响各种生产资源在各个部门和地区之间进行有效配置。哈耶克认为，经济效率的根源在于资源的有效配置，资源配置失调必将降低经济效率，而经济效率又是经济增长的原动力。哈耶克始终把自由市场经济看作有效配置资源的手段。

（一）哈耶克的理论

“消费者主权论”是哈耶克整个理论体系的起点，哈耶克首先用这一理论来论证市场机制可使资源得到最优配置，从而保证了最高的经济效率。所谓“消费者主权”是指消费者在确定商品生产的数量和类型方面起着决定性作用，消费者拥有决定生产和资源配置的主权。通过消费者在市场上对自己满意的商品投货币选票，生产者才能判断出消费者和社会的消费趋势，并以此为根据安排生产，在实现自身最大利益的同时，既满足消费者的需要，又可以达到资源的最佳有效配置。

哈耶克在研究货币和经济周期变动时，提出货币投资过度理论。他认为经济周期的根源在于由信贷变动引起的投资变动。银行信贷的扩大刺激了投资，一旦银行停止信贷扩张，经济就会因为缺乏资本而爆发危机。他相信资本主义经济本身有一种自行趋于稳定的机能，反对国家对于经济生活的干预。他把70年代资本主义滞胀的出现归罪于凯恩斯主义的理论和政策。

哈耶克的中性货币理论是他全部经济观点的基础。在说明“中性货币”时，他基本赞成威克塞尔的“中性利率”的概念。因为，如果货币是中性的，市场上的利率就必然是中性的，即由储蓄和借贷需求双方共同确定的。但哈耶克认为，威克塞尔的“中性利率”只有在储蓄为零的情况下才会发生，否则在储蓄和投资都大于零的情况下，要么出现物价的下跌（不相应增加货币供应量的话），要么就无法保持“中性利率”（增加货币供应量来保持物价稳定的话），银行在这时往往会陷入两难境地。哈耶克认为这时“强制储蓄”就是关键性的问题了。

“强制储蓄”是哈耶克经济理论中一个重要概念。“强制储蓄”的观点最早是由英国经济学家桑顿和边沁提出的，而这一术语则是由新奥地利学派经济学家米塞斯提出的。“强制储蓄”理论认为，货币数量的增加虽然以某些个人的消

费减少为代价，但是对资本积累较为有利。哈耶克以庞巴维克的迂回生产理论为基础，用“强制储蓄”来解释经济周期波动的问题。他用生产阶段的数量多少来表示迂回生产过程的长短和资本化程度的高低，并认为生产阶段的变化是导致经济变化的根本原因，而生产阶段的变化则是由不同的储蓄来源所引起的。在此之前，大多数西方学者均从储蓄和投资的数量关系来分析储蓄对经济的作用。哈耶克认为，不能仅从储蓄的数量来分析储蓄对经济的作用，而应当从储蓄来源的性质去分析。按照储蓄来源的不同性质，哈耶克把储蓄划分为自愿储蓄和强迫储蓄，所谓自愿储蓄是指人们自愿节约，将所获收入中未消费部分存入银行等金融机构的行为。按照哈耶克的理论分析，因自愿储蓄而导致的经济规模的扩张具有稳定性，因此自愿储蓄促进了经济的发展，但需要指出的是，哈耶克得出以上结果的前提是货币数量不变。在强迫储蓄导致的经济规模扩张的情况下，由于消费的减少不是人们的自愿行为，所以在生产规模扩大从而收入提高后，人们会马上提高消费支出，对消费品的需求增加，价格上升，导致部分生产资源又转回消费品生产，致使生产期间缩短，结果造成生产阶段的急剧减少，生产结构被迫回到原来状况，导致经济危机的爆发。

（二）哈耶克的政策主张

哈耶克认为，货币政策的目标就是努力使货币保持中性。他说：“完全可以想象得到，相对价格的扭曲和生产方向的失误是可以避免的，只要能满足以下条件：第一，货币的总流量保持一定；第二，所有的价格完全具有柔性；第三，所有的长期合同都建立在未来价格运动的正确预期上。”①这也就意味着“运行的经济”的前提条件是价格和工资的柔性。

在政策上，哈耶克既反对新古典综合派所主张的对宏观经济进行需求管理或实行工资—物价管理的办法，也反对货币主义者提出的控制货币供应量的政策，认为前者实际上是扩大政府对私人经济的干预，破坏了货币中性，进一步限制市场机制的作用。而后者虽然垄断了货币发行权，但重要的控制目标不是货币数量本身，只要政府仍然独占货币发行权，人们如何相信政府会控制货币供应量呢？因此哈耶克认为，只有实行“货币非国有化”才是根本出路。所谓“货币非国有化”是指对现行的资本主义货币制度进行根本性变革，取消政府发行货币的垄断权，废除国家货币制度，而用私营银行发行的竞争性货币作为国家货币替代物的经济思想和政策主张。

① 谭力文．伦敦学派[M]．武汉出版社，1996:74～75

第三节　前苏联及东欧经济学家的解释

作为社会主义制度的理论先驱者，前苏联以及东欧部分社会主义国家开始涌现出一批社会主义经济学家。他们从社会主义的视角出发，分别研究了社会主义经济与资本主义经济中消费与投资的关系。

一、前苏联经济学家的理论观点

前苏联经济学者费尔德曼开创了利用数学模型把社会主义经济中的积累率决定与国民收入或消费增长问题联系起来的先例。[①]费尔德曼于1927年发表的经济增长模型假设资金不足是限制国民经济发展的唯一因素，而劳动力的供给量是无限的，这两条假设条件与我国目前的国情比较符合。以马克思再生产理论中的两大部类为基础，费尔德曼模型的结论是：国民收入的增长率在长时期中与第一部类的投资量的比重成正比，而与该部类的资本—产量之比成反比。[②]换言之，对第一部类（生产资料）的投资比重越大，经济增长速度越快；而每生产一单位生产资料所消耗的资金量越大，增长速度越慢。由于该模型以马克思的再生产理论为基础，而其假设条件又比较符合我国的国情，所以该模型应该被引入我国经济学之中。

涅姆钦诺夫是前苏联在上个世纪50年代大力倡导“经济数学方法”研究的代表人物。他大力倡导在经济研究和计划工作中应用统计和数学方法，并且在运用线性规划和建立经济模型方面取得了有益的成果。他认为，苏联在经济建设中遇到一些马克思主义经典作家从未涉及过的问题，其中首推经济效果问题，这一问题最早主要表现为投资效果问题。在计划经济体制下，它又与计划价格的确定有不可分割的联系，进而又扩展到整个国民经济计划的制定，而解决经济效果的关键又在于如何处理积累基金和消费基金的比例关系问题。涅姆钦诺夫认为，在国民经济最优计划的条件下，确定积累基金和消费基金之间的最优比例的准则尤为重要，他认为最优比例的标准应是在长时期内能保证消费基金有最大可能的增长。[③]

前苏联经济学家斯特鲁米林对社会主义的计划和劳动统计有过深入的研

① 参见前苏联《计划经济》，1928（11）

② 琼斯．经济增长理论引论[M]．麦格鲁希尔公司，1976:110～119

③ 涅姆钦诺夫．经济数学方法和模型[M]．商务印书馆，1980:29

究。他创造的劳动生产率指数方法被称为“斯特鲁米林指数”，他运用数学模型制定国民经济平衡表，把年初和年末的物质财富生产和以社会产品和国民收入形式的分配过程联结成为统一的链条，成功解决了在研究经济现象时遇到的许多复杂问题。在当时的经济环境下，消费和投资的比例关系成为众多前苏联经济学家的研究重点，斯特鲁米林也利用数学模型对这一问题进行了研究，他所提出的消费和投资的最优比例的准则是“在活着的一代人有劳动能力的整个期间，即40年内最大可能的消费基金累积量”。①

二、东欧国家经济学家的理论观点

与前苏联一样，东欧的社会主义国家中也涌现出了以卡莱茨基和亚诺什·科尔内为首的一批经济学家，他们对社会主义和资本主义的经济体制进行了深入的研究，提出了很多新的理论观点。

（一）卡莱茨基的理论观点

卡莱茨基是波兰的著名经济学家，他发现资本主义经济是受需求约束的经济，认为资本主义的失业和产量下降是由总需求不足所致。在他看来，由于消费需求在很大程度上受消费者收入水平的约束，而它自身又是总需求之中的一个消极组成部分，因此造成有效需求不足的主要原因是投资需求不足。投资是资本主义经济中一个积极的因素。通过使产出水平和收入水平增加，投资的增加创造出等额的储蓄并增加就业。

在卡莱茨基的经济理论体系中，投资理论是在逻辑上连接利润理论、有效需求理论、经济周期理论以及收入分配理论的重要一环，因而卡莱茨基终生都在探讨关于投资决定的理论。他把投资过程分为投资决策、投资支出和资本品交货三个阶段。强调在投资决策和投资决策的执行活动之间存在一个时滞，并且假定，当前投资依赖于过去作出的投资决策，而且当前投资（和资本家的消费）支出决定于当前利润，当前利润对当前投资决策并进而对未来投资支出有重要影响。

当前利润影响当前投资决策的机制如下：首先，利润的增长可以增加企业储蓄，为企业直接提供投资所需的资金，同时企业储蓄增加、还贷能力增强又间接地增加了企业的借款能力。其次，当前利润可以通过形成对未来盈利性的预期而影响当前的投资决策。当前的高利润水平，意味着较高的预期利润率，反之则相反。投资决策除受当前利润的影响之外，还受净投资造成的滞后资本

① 参见前苏联《计划经济》，1962（6）

存量增加的影响。他假定投资决策与现有的资本存量负相关。总之，卡莱茨基认为投资的决定依赖于可获得的资金（储蓄与借款）、预期利润率和现有资本的存量，并与前两者正相关，与资本存量负相关。

在卡莱茨基看来，若经济已经达到繁荣的顶点，一方面投资不可能再增加，利润水平也不再变动；另一方面，由于高投资，滞后的资本存量在一段时间内仍在增加。由于利润率等于利润与资本存量的比率，利润水平的不变和滞后的资本存量的增加必然导致利润率的下降，进而导致投资下降，有效需求不足，利润水平、产量和收入进一步下降，使经济陷入一个向下的螺旋运动之中，直到衰退的最低点。与此同时，资本存量收缩，利润率开始回升，整个经济又进入一个向上的螺旋运动，直到达到繁荣的顶点，如此反复。这样，卡莱茨基就利用投资本身的波动解释了资本主义经济的周期性波动。他总结说："投资的悲剧在于，因为它是有用的，所以它引起了危机……无疑，很多人会认为这个理论是自相矛盾的。但是，自相矛盾的并非这一理论，而是它的研究对象资本主义经济。"①

（二）亚诺什·科尔内的理论观点

匈牙利著名经济学家亚诺什·科尔内对于传统社会主义经济体制弊端的洞察具有很高的理论价值，他提出的"短缺经济"和"软预算约束"等概念是分析中央计划经济特征必用的概念，研究转轨经济的学者都从科尔内的著作中获益颇深。科尔内认为社会主义短缺经济的原因是摩擦和吸纳。他将信息缺乏、决策失误和执行偏差称为摩擦。但是，他也认为，仅仅用摩擦不能完全说明社会主义经济体制的短缺现象。为此，科尔内对企业的约束条件进行了研究，提出了软预算约束的概念。

科尔内在解释软预算约束时，认为企业在生产过程中面临着三种约束：资源约束、需求约束和预算约束。传统社会主义经济是资源约束型体制，而古典资本主义经济为需求约束型体制。如果企业必须最终从销售收入中弥补其各种支出，那么企业的预算约束就是硬性的。一旦企业发生亏损，没有偿债能力，企业就会倒闭，这适用于古典资本主义企业。而对传统社会主义企业而言，企业的约束是软的。如果企业亏损，则会得到国家的帮助和关照。软预算约束反映了传统社会主义经济体制中国家与企业间的关系。

科尔内认为，软预算约束的一个重要影响就是会造成过度需求，软预算约束导致企业需求得不到限制，特别是投资需求会成为一个无底洞。凡在预算软

① 布鲁斯·麦克法莱恩．激进经济学[M]．商务印书馆，1993:80

约束存在且缺乏有力制约和监管的地方，不但容易产生“投资饥渴症”——表现为政府部门偏好于多上项目，不考虑经济和社会效益的经济过热；而且更容易出现“高消费饥渴症”——产生忽视代价、不计成本的追逐高消费的行为。在积累和消费关系上，科尔内没有直接从量上定义和计算积累和消费比例的合理标准，但却提出了所谓和谐增长的十二项原则，其中第一条就是均匀而有规律地提高人均消费水平。其他十一条中还有三条即提出满足消费需要、保险和教育的发展都直接与消费相关。①

第四节 中国经济学家的阐释

新中国成立六十年来，我国的经济无论从体制上还是质量上，都已经经历了相当大的变动。随着现阶段经济转型的不断推进，国内理论界对我国消费与投资的研究也在不断变化，并根据我国国情提出了很多建设性的观点。

一、新中国成立初期中国经济学家的理论观点

早在新中国成立初期，党和政府的领导人就十分重视国民收入中积累与消费的关系，并多次在重要场合要求保持消费和投资的适当比例。在1956年召开的中国共产党第八次全国代表大会上，面对当时的经济局势，周恩来同志作了题为《关于发展国民经济的第二个五年计划的建设》的报告，指出：“在分配再分配国民收入的时候，必须使消费部分和积累部分保持适当的比例。消费部分所占比重小了，就会妨碍人民生活的改善。积累部分所占比重小了，就会降低社会扩大再生产的速度。”②周总理在编制第二个五年计划的时候，对于“二五”时期工农业生产可能达到的速度和建设规模进行反复研究，并根据“一五”时期的经验，计算出“二五”时期五年合计国民收入可达到4000亿元，按积累率25%计算，五年的基本建设投资不能超过1000亿元。在会上，薄一波同志根据“一五”时期的经验，提出了正确处理积累与消费的比例关系的数量界限：“在正常情况下，我国国民收入中积累部分的比重，不低于20%，或者略高一点……它既可以保证我国的工业特别是重工业的迅速发展，又可以保证人民消费水平的逐步提高。”③陈云同志在会上随后提出了“建设规模的大小必须和国家的财

① 亚诺什·科尔内．突进与和谐的增长[M]．经济科学出版社，1988:9～10页

②《中国共产党第八次全国代表大会文献》．126页，145页

③《中国共产党第八次全国代表大会文献》．126页，145页

力、物力相适应”的著名论断，并表示赞成薄一波同志的研究，说他所提的比例数字可能会有出入，但寻找这些比例关系是完全必要的。① 1956年12月27日，陈云主持国务院常务会议，在讨论减少1957年基本建设投资时指出：“首先考虑民生，基本建设就不至于摆得过大……应该是先保证必须的生产,其中主要是保证最低限度的民生,有余力再搞基本建设。”②国家领导人关于我国经济建设中建设速度问题的见解和实践，为防止经济出现“左倾”错误发挥了重要作用。

从20世纪50年代到70年代,中国经济学界对合理积累率标准的讨论主要还是以经验分析为特征进行定性分析，而对合理积累率究竟应当是多少，都感到难以确定。所谓经验分析，是指通过总结新中国成立以来几个五年计划执行情况的经验，根据各个时期积累率与工农业总产值增长幅度和百元积累增加国民收入额等经济指标的对比分析，来判断积累率的高低。其结论是“一五”时期和三年调整时期的积累率比较合适，即积累率为25%，最高不能超过30%。在这一时期，由于相关理论和数学模型方法的缺乏，积累率的研究大多局限在定性分析上，没有取得大的突破。如薛暮桥同志对中国的经济现状进行研究后认为，“问题太复杂，所以没有办法求出一个确定的数字来”③；董辅礽同志也试图解决这一问题，但也只能承认合理积累率的确定“是一个需要研究的问题”④；刘国光同志转而以数学模型作为研究积累率的工具，测算了两大部类间不同投资比例对扩大再生产速度和平均消费水平的不同影响，但仍没有得出一个确定性的结论⑤。陈克、于毅同志认为，积累率的确定必须从我国国民收入的总量及其增长速度的实际情况出发,不能仅从国民收入增长多少着眼,还必须考察国民收入增长的原因,同时还必须同国民收入的物质构成相适应。⑥然而对合理积累率究竟为多少仍不能给出一个确定性的结论，没有摆脱经验分析的拘囿。

二、改革开放后中国经济学家的理论观点

1981年，杨坚白针对以往积累率讨论中定性分析为多的情况，指出：“如

① 《陈云文选》（1956～1985）. 人民出版社，1986. 45页

② 《陈云年谱》（中卷）. 356页

③ 薛暮桥. 社会主义经济理论问题[M]. 人民出版社，1979:41

④ 董辅礽. 社会主义再生产和国民收入问题[M]. 三联书店，1980:165

⑤ 刘国光. 社会主义再生产问题[M]. 三联书店，1979:95

⑥ 陈克，于毅. 谈谈积累率问题[J]. 郑州大学学报，1979(3)

果说25%是最佳积累率，就必须从数量关系上证明，只有25%的积累率才能使国民收入增长最快，而且消费水平也增长最快。”[①]之后，数学模型方法日渐发展，构成了80年代积累率研究的一个显著特点。如张守一建立了以规划期人均消费量增长最大为目标函数的消费极大模型。他对其结果设置了约束条件，即为积累率的变动设置了一个区间，其上限是人均福利水平至少不低于原水平，下限是保证新增劳动者与原有劳动者拥有相同的资本装备程度。[②]从其结果看，由于所得到的区间相当之大，而且可能出现显然与经验数据不符的非常高的积累率，因此仍然可以说问题还没有解决。为了解决消费极大模型的上述问题，刘景义和李武分别将积累效率定义为积累率的函数，然后引入消费最大化模型求解合理积累率。[③]由于对积累效率函数的定义不同，所得结果的差别仍相当之大，与经验数据的差别也较大，难以指导实际工作。李鼎新通过分析一些国家的经验数据，提出了一个计算积累率的数学公式，并在此基础上初步探讨我国今后一段时期内合理的积累率的可行性。这个公式基本上可以反映出积累率和国民收入增长率、消费水平增长率、人口增长率之间的函数关系，通过公式可以研究各种因素在静态或动态时对积累率的影响。但它能否在编制计划中应用，还有赖于其他方面更加精确的计算。[④]

90年代以后，经济学界对中国日趋降低的最终消费率又进行了一些研究，不少人将中国实际发展状况的有关数据与有关国家的历史经验数据相比较后，认为中国最终消费率偏低，将影响宏观经济的正常运行。[⑤]从其研究方法看，在数量分析方法上并没有新的突破，主要还是以实际数据为基础的经验性分析。值得注意的是，中国人民银行在世界银行援助下对我国的高储蓄问题进行了专门研究，建立了国民储蓄率的数学模型，认为高储蓄率（从而是低消费率）主要是“受经济增长率和居民抚养系数的影响”，但并没有对当前的消费－储蓄比例是否恰当作出判断。[⑥]

---

① 《人民日报》，1981年2月9日

② 张守一. 积累与消费比例及其优化问题[J]. 社会主义国民收入的若干理论问题. 中国社会科学出版社，1983

③ 刘景义. 关于最佳积累率的估计[J]. 数量经济理论模型与预测. 能源出版社，1983

李武. 关于最优积累率的探索[J]. 四川大学学报，1983(2)

④ 李鼎新. 试论积累率的合理区间——兼谈用数学公式计算积累率. 人文杂志，1980(6)

⑤ 刘树成. “软着陆”后经济运行的新特点及政策启示[J]. 光明日报，1999年10月22日

陈祖新. 我国城乡居民消费率偏低[J]. 经济学消息报，1999年

范剑平等. 我国居民消费结构变化对规模经济发展的影响[J]. 国家计委宏观经济研究院 1998 年重点课题

⑥ 中国人民银行课题组. 中国国民储蓄和居民储蓄的影响因素[J]. 经济研究，1999(5)

关于积累与消费比例的变动趋势，经济学界也进行了持续的探索。如项镜泉、胡乃武（1981）认为，积累率应当而且有可能保持相对的稳定性。[①]刘慧勇（1989）的观点略有不同，他认为，一般地说，当一个国家由生产力落后的农业国向生产力较高的工业国转变的时候，其积累率会随着社会剩余产品增多和国家积累能力的增强而上升。当一个国家实现了工业化，拥有了大量固定资产，每年提取的折旧基金日益成为固定资产投资的重要来源，甚至成为主要来源的时候，国民收入积累率就会停止上升，甚至于略有下降。[②]汪海波（1986）着重强调了社会生产力的发展水平对积累消费比例关系的制约作用。他认为由此才可以解释，为什么在人类社会发展的各个阶段，积累率经历了由低到高的发展。[③]张仲敏（1993）的看法与刘慧勇相近，但他更明确地指出："我国正处于经济起飞阶段，劳动生产率不高，所以国民收入积累率和固定资产积累率不会呈不变或下降趋势"，"固定资产投资率呈上升趋势，这是我国处于目前的经济发展阶段上固定资产投资率的变动规律。"[④]

三、近年来中国经济学家的理论观点

近年来，储蓄与投资是中国宏观经济增长的两个重要变量，它们的变化及均衡关系直接决定着经济增长速度和国民收入水平，而国民的消费水平又在一定程度上决定着一国的储蓄和投资这两个重要环节。苏良军等分析了暂时收入这种不稳定的、意外的收入对于消费的影响，合理地分解了暂时收入和持久收入，并利用来自中国农村居民的面板数据作出实证分析。结果表明，整体而言，暂时收入对消费的影响是非常显著的，但不同省市中的暂时收入对消费的影响相差很大。经济发展状况和消费习惯是影响暂时收入消费份额的重要因素。[⑤]

中国经济的储蓄率和投资率一直维持在较高的水平上，对这一问题经济学界近年来存在着不同的认识。李扬（2005）认为，高储蓄率、高投资率是与中国转轨经济所具有的独特的增长模式相联系的。剩余劳动力由农业向工业（工业化）、由农村向城市（城市化）、由国有向非国有（市场化）的持续转移是中国经济能够长期、高速增长的关键，而高储蓄率和高投资率既是这种增长模式

① 论经济效果[M]. 中国社会科学出版社，1981

② 刘慧勇. 投资规模论[M]. 中国财经出版社，1989:37～38

③ 汪海波. 中国积累和消费问题研究[M]. 广东人民出版社，1986:213～214

④ 张仲敏，钱丛龙主编. 投资学[M]. 东北财经大学出版社，1993:226

⑤ 苏良军，何一峰，金赛男. 暂时收入真正影响消费吗？——来自中国农村居民面板数据的证据[J]. 管理世界，2005(7)

的必然结果，也是劳动力得以持续转移乃至这种增长模式得以维持的关键因素。[①]陈立平（2005）在讨论中国高储蓄率的问题时，着重指出了理性消费攀比的作用。在引入理性消费攀比概念后，不仅高储蓄可以导致高增长，高增长也可以导致高储蓄，其原因是攀比效应同时提高了现在消费和未来消费的边际作用，当公众提高当前消费时，会导致未来消费低于其他个体，从而造成个体未来效用的较大损失，这从理论上支持了增长导致储蓄的观点，也为近年来中国消费需求不旺、储蓄率偏高的问题提供了一个可能的解释。[②]江春、翁强（2009）将金融市场引入传统生命周期模型，利用中国1981～2006年的时间序列数据对中国市场经济体制下中国的高储蓄率问题进行实证研究，结果表明金融市场的发展是影响中国储蓄率的最重要原因之一。这意味着加快金融市场的发展能抑制过高的储蓄率，并保证中国储蓄率的稳定。[③]周小川（2009）通过分析东亚国家和美国的情况，认为民族传统、文化特征、家庭结构、人口、社会保障体制等因素是造成中国高储蓄率的主要原因。降低储蓄率也需要从经济增长模式、产业结构、价格体系等多方面入手，实施一揽子综合性调整与改革，才有可能在中期见效。[④]

在我国经济发展过程中，由于高储蓄通常表现在银行高储蓄上，因此有学者转而从银行储蓄的角度探讨了高储蓄问题。如袁志刚等（2005）认为，银行储蓄高与居民国内直接投资所受的约束密切相关。我国现阶段低风险资产的缺乏以及风险资产的广度和深度难以配比居民的投资选择，导致产生的强制性银行储蓄，是现在储蓄高的重要原因。因此有必要反思传统的投融资方式，大力培育储蓄替代型金融资产，加快金融体制改革。同时，增强对外直接投资也是缓解储蓄率过高的一种手段。[⑤]杨一博（2009）通过对中美储蓄率差异性分析发现，除受儒家文化影响外，中国储蓄率在20世纪大幅度增加的主要原因是企业储蓄率的增加。中国的高储蓄率支撑了美国金融市场的流动性，乃至全球流动性，进而维系了美国金融市场的稳定。但是，中国的高储蓄率也加剧了全球资本流动的失衡。[⑥]徐诺金（2009）通过对工业化进程中有关国家储蓄率的时序数据和结构变动进行比较研究，发现储蓄率的提高是经济阶段演进的必然现

① 李扬．劳动力转移过程中的高储蓄、高投资和中国经济增长[J]. 经济研究，2005(2)

② 陈立平．高增长导致高储蓄：一个基于消费攀比的解释[J]. 世界经济，2005(11)

③ 江春，翁强．经济增长、人口结构、金融市场对中国储蓄率影响分析．区域金融研究，2009(4)

④ 周小川．关于储蓄率问题的若干观察和分析．中国金融，2009(4)

⑤ 袁志刚，冯俊．居民储蓄与投资选择：金融资产发展的意义[J]. 数量经济技术经济研究，2005(1)

⑥ 杨一博．中美储蓄率特征及其影响研究．长春工业大学学报，2009(6)

象，是经济增长过程的客观规律。目前我国的高储蓄率是经济发展过程中的一种正常现象，高储蓄率为我国加快现代化和城市化进程提供了大好条件。[①]

总的来看，虽然我国经济学界从多方面对合理的积累与消费的比例关系进行了探讨，但还主要停留在方法论的阶段，其成果仍有相当大的不确定性。

① 徐诺金．怎样看待我国的高储蓄率．南方金融，2009(6)

第二章　消费和投资关系的性质和意义

投资、消费和净出口被称为拉动经济增长的“三驾马车”。对我国这样一个发展中大国而言，投资和消费对经济增长的拉动作用更是尤为重要，这也是中央一直主张扩大内需的基本原因。投资和消费的关系是国民经济中最重要的关系之一，历来是国家宏观调控的核心变量。温家宝总理在2008年第十一届全国人民代表大会所作的政府报告中，再次强调我国的投资和消费关系不协调，提出要努力调整投资和消费的关系，保证我国经济健康、持续、稳定地发展，保证现代化进程的推进和我国和谐社会的构建。因此，无论从理论意义还是实际经济运行来看，我们都有必要深入研究投资和消费的关系这一问题。

第一节　消费和投资关系的性质

投资和消费的关系是十分复杂的，具有多面性。从不同的角度看，这二者的关系将分别呈现出不同的属性或特点。如果只关注一个方面，而弃其他于不顾，则会造成宏观调控的失误，从而影响经济的整体发展。下面我们从再生产的角度、市场的角度和分配的角度分别对消费与投资关系的性质进行分析。

一、消费和生产的关系：从再生产的角度看

再生产在一切社会形态都占有很重要的地位，人类社会的生存发展过程本身就是一个不断再生产的过程。马克思写道：“不管生产过程的社会形式怎样，它必须是连续不断的，或者说，必须周而复始地经过同样一些阶段。一个社会不能停止消费，同样，它也不能停止生产。因此，每一个社会生产过程，从它的经常联系和不断更新来看，同时就是再生产过程。”[①] 再生产理论在整个马

① 马克思著．中共中央马克思、恩格斯、列宁、斯大林著作编译局译．资本论[M]．第一卷．人民出版社，1975:621

克思主义经济理论中占有重要地位且具有非常丰富的思想内涵。马克思在社会总资本再生产理论中对生产生产资料部类和生产消费资料部类的分析，其中就包含着对投资和消费关系的论述。下面我们从对马克思再生产理论的简要回顾入手探讨消费和投资的关系。

（一）马克思的再生产理论①

马克思指出，从实物构成上看，社会产品可以分为生产资料和消费资料两大类，社会生产部门也相应地分为两大部类：生产生产资料的部类（Ⅰ）和生产消费资料的部类（Ⅱ），在每个部类内部，又可以进一步分为更多更小的生产部门。每一部类的资本都可以分成两个组成部分：可变资本和不变资本。从价值方面看，可变资本等于该生产部门使用的社会劳动力的价值，也就是等于为这个社会劳动力而支付的工资总额。而不变资本则是该部门在生产上使用的全部生产资料的价值。在以上两个部类中，每一部类借助于这些资本而生产的全部年产品的价值，都可以分成两类：代表生产中消费掉的、按其价值来说只是转移到产品中的不变资本C的价值部分和由全部年劳动加入的价值部分。后者又分成两部分：补偿预付可变资本V的部分和超过可变资本而形成剩余价值M的部分。因此，每一部类的总产品的价值，就为C+V+M。

马克思在提出以上基本理论前提的基础上，阐明了社会再生产的实现条件，揭示了社会再生产的规律。他认为，生产资料和消费资料都必须通过交换实现价值补偿和实物替换，才能够使社会再生产顺利地进行。并且指出，只有当Ⅰ（V+M）=ⅡC时，社会再生产的物质条件才能得到补偿，简单再生产才能继续进行。这一公式揭示了简单再生产条件下两大部类之间应有的比例关系，即第一部类的可变资本与剩余价值之和等于第二部类的不变资本，这就是简单再生产实现的基本条件。也就是说，要想达到社会简单再生产，那么第一部类生产的生产资料，在扣除了本部类维持原生产规模所需的生产资料后，剩余的生产资料要等于第二部类生产原规模产品所需的生产资料，这样两部类就都可以持续生产出特定的生产量。

基于对社会总资本简单再生产实现条件的研究，马克思又提出了扩大再生产的实现条件。他认为，扩大再生产须具备的两个前提条件为：Ⅰ（V+M）>ⅡC，即第一部类生产的生产资料，在扣除了本部类内部简单再生产对生产资料的需要后，剩余的生产资料要大于第二部类简单再生产对生产资料的需要，

① 马克思著．中共中央马克思、恩格斯、列宁，斯大林著作编译局译．资本论[M]．第二卷．人民出版社，1975:435～592

这样才能使两大部类得到追加的生产资料，使再生产得以扩大；Ⅱ（C+M－M/X）＞Ⅰ(V+M/X)，其中 M/X 代表剩余价值中用于资本家阶级个人消费的部分，M－M/X 代表剩余价值中用于积累的部分。这个公式的意思是，第二部类在扣除了本部类内部简单再生产对消费资料的需要后，剩余的消费资料要大于第一部类简单再生产对消费资料的需要，这样两大部类就可以得到追加的消费资料，使再生产得以扩大。扩大再生产的基本实现条件为：Ⅰ（V+△V+M/X）=Ⅱ（C+△C），其意思是，第一部类可变资本、追加的可变资本与资本家个人消费三者的和，必须等于第二部类不变资本与追加的不变资本二者之和，即第一部类向第二部类提供的生产资料数量,应与第二部类对生产资料的需求相适应，而第二部类向第一部类提供的消费资料数量，应与第二部类对消费资料的需求相适应。

（二）从再生产的角度来看，消费和投资的关系表现为消费和生产的关系

经济运行依次包含着生产、分配、交换和消费四个周而复始的环节，社会再生产过程中也包含了这四个环节，各环节之间紧密联系，相互作用，使得社会再生产作为一个整体过程不断运行。所以社会再生产过程实际上也就是经济运行的过程，也是以生产为一次循环的起点，以消费为一次循环的终点。社会再生产各个环节之间，相互促进，互为条件，在经济发展中均有其重要作用。生产决定着分配、交换和消费，但分配、交换和消费之间除了相互影响之外，也影响着生产，甚至在一定条件下对生产起着决定性的作用。

按照再生产理论，不论是第一部类还是第二部类在进行生产时都必须先行投入生产要素。基本的生产要素有二个，即劳动力和生产资料，生产过程也就是劳动力和生产资料相互结合的过程。不同部门生产所需的生产资料都要通过与其他部门的交换来获得，而对劳动力的获得也需要付出相应的薪酬来购买。所以无论是劳动力还是生产资料的投入都必须借助于市场，并且以充当流通手段的货币为媒介。

劳动力和生产资料的投入如果以货币来表示，就是马克思所说的 V 和 C，这也就是为生产所进行的投资。没有投入生产要素，生产就无法进行，生产要素为生产提供了前提条件和对象,投入多少生产要素相应地就会产生多少产品，所以投资决定了生产。因此，从这个角度来看，在一定意义上，消费和投资的关系实际上就是消费和生产的关系。生产和消费的关系是经济运行起点和终点的关系,贯穿于经济运行的全过程。

按照马克思的政治经济学理论，经济运行主要依存于两个条件，即生产条件和市场条件，经济运行的过程就是这两个条件相互联系和制约的过程。生产条件包括生产要素以及影响生产要素效率的因素，其主要取决于投资；市场条件主要指市场所能容纳的商品量，其主要取决于消费。因此，从这个角度来看，生产条件和市场条件的关系即投资和消费的关系，实际上也就是生产和消费的关系。

（三）消费和生产（消费和投资）之间的关系

消费和投资即消费和生产两者之间既相互促进又相互制约。一方面，没有生产就没有消费。生产创造出可供消费的产品，如果不生产，就没有产品，当然也就谈不上消费，所以生产在一定程度上引致了人们的消费，生产出什么产品，人们就只能消费什么，在这个意义上讲，生产也决定了人们的消费方式和消费结构。另一方面，消费对生产有着巨大的反作用。消费是生产的最终目的，生产是满足消费的一种手段，是以消费需求为导向的。只有生产出的产品能顺利进入消费阶段，产品的价值才能得以实现，社会再生产才能得以继续进行。否则，生产出的产品无人消费，不仅会造成产品和资源的浪费，还可能会导致社会再生产链条的中断。另外，只有通过消费才能再生出生产所需的劳动力，经济才能正常运行。同时消费也创造出对新产品的需要，为生产提供对象。

关于这两者之间的关系，在马克思的再生产理论中已经有了很好的体现。在推导社会简单再生产的实现条件Ⅰ（V+M）=ⅡC 时，马克思是通过三大交换，主要是两大部类间的交换来进行的。简单地说，就是第二部类拥有 C+V+M 的消费资料，而第一部类拥有 C+V+M 的生产资料。第二部类在留存满足自己消费所需的消费资料后还剩余 C，而他就要用 C 与第一部类换取生产所需的生产资料，而第一部类所需的消费资料为 V+M，所以为满足社会再生产的继续进行，这二者之间必然相等。从这个表述中，我们可以看出，消费在其中扮演了主导性的角色，即消费资料消费决定了消费资料生产部门的生产，进而决定了生产资料部门的生产。没有消费者的相应数量的消费，消费资料部门的价值就不能够得到实现，从而生产资料生产部门的价值也无法实现。所以在再生产中，我们既要发挥消费引导生产的作用，又应以生产来促进消费增长，以形成双方之间的良性循环。

总之，这二者是相互作用、互相影响的。生产的产品增多，必然会导致消费一定程度上的增加，但消费的增加最终若不能使消费市场完全容纳和消化生产出的产品，那么生产部门的价值就难以实现，从而影响再生产的进行。消费需求增加，必然会刺激生产部门加大生产，但若生产的增加赶不上消费需求的增加，则会导致市场需求过旺、物价上涨、通货膨胀等经济失衡状况。

通过以上表述，我们可以看出，生产和消费的关系影响着再生产以及经济运行的整个过程，可以说在各种经济关系中居于核心的地位，所以，我们务必要使这两者保持适当的关系以保证经济的稳定发展。在马克思的再生产的实现条件中对这一关系也有所体现：Ⅰ（V+M）=ⅡC，其中Ⅰ（V+M）可以代表第一部类包括工人和资本家在内的消费，而ⅡC则代表了第二部类生产资料的投入，其在一定程度上可以代表投资。这个式子说明，要保证社会简单再生产的顺利进行，两大部类的消费和投资也就是消费和生产应保持一定的比例。而社会扩大再生产的基本实现条件是：Ⅰ（V+△V+M/X）=Ⅱ（C+△C），我们可以将其理解为，第一部类原有工人、新追加工人与资本家个人三者消费之和，应等于第二部类原有投资与新追加投资之和。这两个公式集中反映了两大部类投资和消费之间也就是生产和消费之间互为市场、互为条件、互为制约的相互关系以及保持两大部类内部适当比例关系的重要性。

二、供给和需求的关系：从市场角度看

在经济学中，我们最初见到的，谈论最多的就是供给和需求。这两者之间的关系是判断包括劳动力市场、商品市场、货币市场在内的各个市场以及整个经济均衡与否的最根本、最原始的标准，是对一国经济的基本表述。上文提到，消费和投资的关系影响着再生产以及经济运行的整个过程，本部分内容将讨论它与供给和需求的关系之间有着怎样的联系。

（一）从市场的角度看，投资与消费的关系表现为供给与需求的关系

所谓供给是指生产者在一定价格水平下所愿意并能够提供的最终产品与劳务的总量，即供给主要来源于生产，而投资为生产提供条件和对象，投入多少生产要素相应地会生产出多少产品，所以也可以说，投资为市场带来产出，带来供给。

所谓需求是指一个社会的家庭、企业、政府以及外国经济部门在一定的价格水平下所愿意购买并有能力支付的最终产品和劳务的总量。在经济学中我们通常用以下公式来表示总需求：AD=C+I+G+NX，即总需求包括消费需求、投资需求、政府支出需求和净出口需求这四部分，其中消费需求和投资需求是总需求最主要的组成部分。消费是一种支出，它在市场运行中的作用就是形成对商品和劳务的需求，所以消费是需求的主要构成因素，这是毫无疑问的。需要注意的是，前文中提到投资为市场带来供给，这里又提到投资带来需求，这是投资在不同生产阶段、不同类别层次所发挥的不同作用。在进行生产前要先行投入生产资料和劳动力，即先要进行投资，那么这也就意味着我们在投资之初就构成了对生产资料和劳动力的需求。但是这种投资需求是由消费需求而引发

的，是一种派生需求，投资需求只是在经济运行的一定阶段上发生的一种中间需求，其作用仅具有局部意义；而消费需求则来源于人类生理和心理的需要，是一种最终需求，也是生产的最终目的，其动力作用贯穿于经济运行的全过程。总之，消费需求占主导地位，而投资需求处于从属地位。尽管投资的引致需求在前，提供供给在后，但投资的基本功能并非扩大需求，而是扩大产出和供给。

上述表明，从市场的角度看，投资和消费的关系在一定程度上就是供给和需求的关系。

（二）供给与需求（投资与消费）之间的关系

由上述可知，投资和消费的关系在一定程度上就是供给和需求的关系，也就意味着投资和消费的关系可以通过市场即供给与需求的关系表现出来。

当供给和需求保持大体一致时，就意味着投资和消费的关系协调。此时生产条件和市场条件趋于一致，市场出清，即不存在商品过剩或短缺的现象，物价水平保持大体稳定，市场在整体上是均衡的，这将有利于经济平稳增长。

当供给和需求之间出现缺口时，意味着投资和消费的关系失调。此时生产条件和市场条件相互脱离，市场呈现非均衡，经济运行陷入非良性循环，这将不利于经济的发展。若供给大于需求，商品滞销、积压，这会造成产品和资源的浪费，生产过剩，不但无法促进经济的增长，还会造成市场疲软，甚至会导致经济的负增长，这是生产条件超越市场条件所造成的；而若需求大于供给，则会造成商品的供不应求，物价上涨，通货膨胀，经济过热等，从而严重影响人们的日常生活以及经济的正常运行，这是市场条件超过生产条件造成的。在实践中，市场非均衡往往是由投资拉动所致。这主要是因为投资具有产生需求和产生供给两种效应：在投资之初，投资会形成生产资料和劳动力的大量需求，即造成投资需求膨胀，导致供不应求，从而引发经济过热；而投资形成产出后，投资则带来大量供给，又导致供给大于需求，市场运行失衡。

市场非均衡给经济的正常运行带来巨大的隐患，严重制约经济的发展，所以在政策上要设法调节消费和投资的关系，以使市场保持均衡。总需求是决定经济运行的唯一动力，这已得到人们的广泛共识，因此在协调消费和投资的关系，以使其达到均衡时，应将着力点放在消费这一总需求的主要决定因素上，坚持以消费来引导投资，从而使消费的动力和导向作用贯穿于经济运行的始终，促进消费和投资之间的关联，实现经济良性循环。

结合我国的国情来看，由于我国人口众多，生产不发达，生产的发展长期滞后于人们的需求，所以供给一直小于需求，这种状况直到 1997 年才有了彻底的改观，生活资料市场的供求关系历史性地由供不应求转化为供过于求。1998

年我国出现通货紧缩后，我们才意识到有效需求不足已经成为制约我国经济发展的主要因素，进而把扩大内需作为促进经济增长的政策，政府相应地采取了一系列的货币政策和财政政策对市场进行调节。虽然我国当时提出的是投资和消费双重拉动内需，但由于投资受政策的影响更为直接和迅速，加上我国居民的收入增长长期低于经济增长，造成了我国当今投资率过高、消费率过低的局面。理论上讲投资虽然在一定程度上可以扩大内需，但其最基本的功能是扩大供给，所以这也就形成了我国如今的需求小于供给、产能过剩的现状。另外，值得注意的是，我国近年的投资高增长主要集中于汽车、房地产，化工等少数几个领域，这样的投资增长使部分部门产能过剩的情况更为恶化。所以我们现在的当务之急就是要调整投资和消费的关系，一要控制投资的过快增长，二要不断扩大国内的消费需求。

三、消费和储蓄的关系：从分配的角度看

收入分配和经济增长可以说是经济学永恒的主题，国内外的经济学界就这一主题展开过激烈的讨论。古典学派、凯恩斯、新古典综合派、新剑桥学派等都对这一主题进行过深入的研究，并形成了各自的收入分配理论。消费和投资是拉动经济增长的两大主要力量，也是总支出和总需求的主要组成部分，决定着一国的均衡国民收入。从再生产角度、市场角度来看，这两者之间的关系呈现出了不同的特征，那么从分配角度来看，又会怎样呢？

（一）从分配的角度看，消费与投资的关系在一定程度上就是消费和储蓄的关系

对于每个居民来说，他们的收入要么是花掉了，要么就是存起来了，也就是说，收入应等于消费和储蓄之和，即国民收入（Y）＝国民储蓄（S）＋国民消费（C）。储蓄构成了我们所说的国民收入积累额，然后经过市场的运作，如银行向企业发放贷款或企业向社会发行债券、股票，将资金投入生产，这样储蓄就会转化为投资，从而进入到生产当中，所以说储蓄是投资的资金来源。

凯恩斯是第一个详细阐述储蓄与投资关系理论的经济学家。他认为，“所得等于本期产品之价值，本期投资等于本期产品中未作消费之用的那一部分产品的价值，储蓄等于所得减消费。只要大家同意这些用法，则投资与储蓄必然相等”。[①]这段话的意思可以用以下的公式来表示：

$Y=P=C+I$

① 凯恩斯．就业、利息和货币通论[M]（中译本）．商务印书馆，1959:56

$S=Y-C$

$S=I$

凯恩斯还从另一个角度表述了投资和储蓄的关系。他认为，要使国民经济均衡，就要使需求和供给相等，即：

$C+I=C+S$

于是：$I=S$

如果储蓄大于投资，说明供给大于需求，厂商会因产品过剩而缩小生产，因此总产出将要下降，直至一个较低的、与需求相当的均衡水平。如果储蓄小于投资，说明需求大于供给，则厂商受利益的驱使必定扩大生产，因此总产出将增加，直至一个较高的、与需求相当的均衡水平。这样，从市场均衡决定的角度出发，可以推论出投资等于储蓄。

因此，从分配的角度看，消费和投资的关系实际上就是消费和储蓄的关系。

从需求角度看，凯恩斯主张有效需求理论，该理论是建立在对“萨伊定律”的批判基础之上的。他否定了“萨伊定律”的总需求总是等于总供给的基本命题，认为在现实中总支出不大可能等于充分就业时的总收入，即消费+投资＜消费+储蓄，两边同时去掉消费，即投资小于储蓄。对此，凯恩斯给出的解释是：在现代社会中进行储蓄和投资活动的是具有不同目的的人群。进行储蓄的主要是各个家庭，其储蓄主要受未来消费预期所影响，而进行投资的则主要是企业，企业的投资主要是受预期利润率的影响。由于预期利润率多变，因而各年的投资额也起伏不定，很难与储蓄额一致。他还主张价格和工资刚性，因此经济难以通过自动调整价格和工资达到总供求均衡，趋于充分就业的水平。此外，凯恩斯还进一步揭示了边际消费倾向递减规律、资本边际效率递减规律以及流动性偏好三大心理规律，以证明有效需求不足的客观存在也就是投资小于储蓄的存在。

按照凯恩斯的理论，“由储蓄等于投资所决定的总产出水平还不一定是能够实现充分就业的总产出水平。为了达到充分就业，就要使总需求达到实现充分就业所需要的水平。因此又可以推论出，在凯恩斯的理论中，合理的投资水平应当是以实现充分就业为标准的与消费互补的水平。至于这一水平究竟应是多少，凯恩斯没有给出具体答案”。①

综上，储蓄是投资的资金来源，但其并不一定会全部转化为投资。储蓄能否转化为投资、转化多少，这取决于多个因素，其中最主要的是投资需求以及

① 罗云毅．投资消费比例关系理论研究回顾[J]．宏观经济研究，1999(13)

储蓄向投资转化的方式和渠道。投资需求是诱使储蓄向投资转化的基本动力，投资需求的大小将直接影响储蓄中有多大比例可以转化为实际投资。而储蓄向投资转化的方式和渠道则决定了储蓄向投资转化的效率。

储蓄向投资转化的方式主要分为三种，即企业自行转化、财政再分配和金融性融资。企业自行转化，就是经济主体将自身储蓄直接转化为投资；财政再分配，就是由政府通过征收税收或收取利润的方式，集中相当部分社会储蓄，然后统一安排于各种投资项目；金融性融资，则是运用金融的方式（比如银行存贷款形式、买卖有价证券形式等），把社会储蓄由一个部门转移到另一个部门。[①]若想保证储蓄向投资转化的效率，必须要保证转化渠道的通畅。储蓄向投资的转化主要是通过资本市场来进行的，因此决定储蓄向投资转化渠道通畅与否的因素主要包括金融机构体系及运行机制状况、金融市场发育程度、利率体制等。

（二）消费和储蓄（消费和投资）之间的关系

经过前文论证，消费和投资的关系在分配角度下就是消费和储蓄的关系，接下来将主要考察这种关系究竟是怎样的联系与逻辑。

我们知道，国民收入由消费和储蓄共同构成。这也就意味着，从短期和静态的角度看，在收入既定的条件下，储蓄和消费存在着此消彼长的矛盾关系，若要增加消费，就要相应地减少储蓄，若要增加储蓄，则需降低当前的消费水平。但从长期和动态的角度看，当今的储蓄是用于未来消费的，减少当期消费用于储蓄正是为了维持或提高未来的消费水平，因此消费和储蓄关系的实质是现期消费和未来消费的关系；对可支配收入中消费和储蓄比例的选择，实际是对现期消费和未来消费的跨期选择，其目的在于追求各期消费总效用的最大化。所以，消费和储蓄二者又是统一的。在既定的收入下，多少用于消费，多少用于储蓄，这主要取决于各类经济主体自身当前的收入状况、对未来收入的预期、对未来消费的预期、所持财富的现有规模及其储蓄的预期收益等因素。

在消费和储蓄的关系方面，处理好两者的比例是至关重要的。理性经济主体一方面要维持适度的消费，以保证适当的市场需求；另一方面也要维持适度的储蓄，从而为投资提供资金来源，保证有足够的投资投入到生产中去，从而得到适当的产出和市场供给。在收入一定的条件下，消费的增多意味着储蓄的减少，一方面消费的增加会加大市场需求，形成供小于求的局面；另一方面，储蓄的减少会削减投资的资金来源，投资的减少会直接导致生产的减少，从而

① 任碧云．货币、资金与经济协调运行研究[M]．中国财政经济出版社，2005:162

加剧市场供求的矛盾，造成物价上涨、通货膨胀等经济失衡状况。消费的减少，则意味着储蓄的增多，一方面消费的减少会造成市场需求的减少，造成供不应求；另一方面，储蓄的增多会扩充投资的资金来源，投资的增多会直接导致生产的增多，从而加剧市场供求矛盾，造成产品积压、资源浪费、经济停滞等经济失衡状况。

在国民收入既定的条件下，国民收入中有多少作为消费支出、多少作为储蓄，归根到底决定于对生产和消费之间关系的调节。若着力促进生产，增加供给，则应降低消费率，以便有更多的剩余作为储蓄使用从而增加投资；若意图刺激需求，扩大市场容量，则收入中用于消费的部分应增多，剩余及储蓄应相应减少。

一个社会体系可以分为三大部门，即政府、企业和家庭。不同的部门对消费和储蓄的分配比例并不一致，所以国民收入流入各部门的比例的变化会直接导致消费总量及储蓄总量的变化。国民收入在居民、企业和政府三者之间分配的比例及相互关系在收入分配理论中被称作宏观收入分配或国民收入分配。由于不同主体（包括组织）有着不同的边际消费倾向，在其他条件不变的情况下，不同的国民收入分享结构将极大地影响社会消费率的高低，并由此决定宏观经济的运行态势。

首先拿家庭来说，其可支配收入不是用于消费就是用于储蓄。虽然收入较高的家庭与收入较低的家庭的边际消费倾向并不相同，但平均来看，家庭的边际消费倾向仍大于政府以及企业的边际消费倾向，因此家庭是经济体系中最重要的消费主体。再来看政府，除了政府消费之外，往往还有一些其他类型的支出，特别是在中国，由于政府经营性行为相对较多，常有类似财政向国有银行注资这类特别支出行为，非消费性支出比例相对较高，所以其边际消费倾向较家庭来说较小。另外，政府支出的资金主要来源于税收收入，为了避免过分的财政赤字，政府在增加支出的同时往往伴随着税收的增加和国债的发行，这会导致居民收入的减少，进而挤占个人消费，在其他因素不变的情况下，就会降低整个社会的消费率。对企业而言，根据国民收入恒等式 GDP=工资及薪金+利润+利息+租金＋间接税＋折旧－国外要素收入净额，在国民收入水平一定的情况下，企业实现的利润与家庭获得的工资、薪金以及分享的利息和租金等收入，是此消彼长的关系。在中国，由于仍然有相当多的企业属于国有企业，并且一千多家上市公司历年分派的红利总和尚不抵国家征收的证券交易印花税，企业实现的利润很难转化为居民的消费，因此，在其他因素一定的情况下，中国企业从国民收入中分享的利润的比例越高，消费占 GDP 的比重必然就越低。[①]

微观收入分配是指个人收入的分配，它是在国民收入分配的基础上形成的居民这一整体中的个体分配格局，也常被称作居民收入分配或个人收入分配。居民收入分配会形成三类人群：收入较高人群、中等收入人群和收入较低人群。不同的人群具有不同的边际消费倾向。按照凯恩斯的理论，当人们的收入增加时，其消费也会增加，但消费增量在收入增量中的比例是递减的，这就是边际消费倾向递减规律。这也就意味着收入较低的人群的边际消费倾向最大，中等收入人群次之，而收入较高的人群的边际消费倾向最小。富人手中有钱却只会将很小的比例用于消费，穷人急需消费但手中却没钱，如果收入过于集中地向这两个人群而非中等收入人群分配，即收入分配不均，就会导致社会消费率较低。

综上，在现实经济中，家庭是最重要的消费主体。在国民收入量一定的情况下，政府税收收入相对于居民收入增长过快，企业利润相对居民收入增长过快，居民收入不平均程度升高，都会直接构成消费率下降的有力因素。

结合我国的国情来看，我国如今的低消费、高储蓄状况在很大程度上正是由国民收入分配和个人收入分配不协调所致。在国民收入分配方面，我国的收入近年来快速向政府部门集中，财政收入由 1995 年的 6242.20 亿元已上涨至 2008 年的 61330.35 亿元，财政收入占 GDP 的比例已由 1995 年的 10.3%升至 2008 年的 20.4%；[②] 在个人收入分配方面，近年来收入快速向少数的高收入人群集中，收入差距过大。据中国人民银行公布的数据，在中国的全部居民储蓄存款中，最富有的 20%的人群拥有全部存款量的 80%，而其余 80%的人口才拥有存款量的 20%。据世界银行统计，我国的基尼系数在改革开放前为 0.16，2003 年已升至 0.458，2004 年为 0.465，2005 年为 0.467，2006 年为 0.496，[③] 已远远超过 0.4 的国际警戒线。

因此，我们在协调消费和储蓄二者之间的关系时，要特别关注国民收入分配和个人收入分配问题，保证收入分配的合理化，以促进消费和储蓄之间关系的均衡。

综上所述，投资和消费之间的关系相当复杂，从不同角度来看，它会呈现出不同的属性。从再生产的角度看，这二者表现为生产和消费的关系；同时，

---

① 李健．国民收入分配失衡导致消费率持续下降．新浪财经专栏，http://finance.sina.com.cn/economist/jingjixueren/20070417/10063508583.shtml

② 数据来源：中华人民共和国国家统计局网站

③ 朱旭光．后改革时期的经济特征与制度调整方向[J]．经济体制改革，2007(6)

由于供给来自生产，消费支出又从根本上决定了需求，所以供求关系实质上也是生产和消费的关系；从宏观视角看，储蓄的主要功能是为生产提供资金条件，所以消费和储蓄关系的实质也是消费和生产的关系。因此，无论从哪个角度看，消费和投资的关系的实质都是消费和生产的关系。所以我们在进行宏观调控时，既要有“面”，力求顾及消费和投资关系在不同角度下的各个不同的属性，考虑到所采取的举措对各个方面所可能产生的影响，以免发生失误；又要有“点”，重点问题重点对待，这样才能提高政策调控的效率，做到有针对性和实效性，力求事半功倍。

第二节　消费和投资关系的意义和作用

投资和消费的关系是国民经济中最重要的关系之一，历来是国家宏观调控的核心变量。调整投资和消费的关系，实现投资和消费协调发展，既是国家宏观调控的重要内容，又是实现经济又好又快发展的重要举措。

一、消费、投资和市场运行的联系：消费、投资对市场容量的影响

市场容量是指提供到市场并被市场所吸纳的总商品量。通俗地说，即在市场价格为一定时，市场上商品总供给量和总需求量相一致的部分。市场容量这一概念是由闻潜教授最先阐述，并被学术界、经济界所广泛认同的。市场容量是我们研究市场运行情况的基本出发点。

由市场容量的定义可知，市场容量既取决于总需求又取决于总供给，是这两者相互作用、相互制约直至平衡的结果。也就是说，不管是供给去适应需求，还是需求去适应供给，唯有当两者达到平衡一致时，市场容量才能达到最大。当总需求大于总供给时，市场容量取决于总供给量，当总供给量增加时，市场容量扩大，当总供给减少时，市场容量缩小；当总供给大于总需求时，市场容量取决于总需求，总需求增长，市场容量增加，总需求减少，市场容量减少；当总需求与总供给相等时，市场容量则取决于这二者，只有这二者都增加或减少时，市场容量才会相应地增加或减少。这也就是说，市场既不能容纳超过市场需求的市场供给，也不能容纳超过市场供给的市场需求。当市场需求大于市场供给时，超过市场供给的市场需求就为过度需求，过度需求的存在会导致物价上涨，从而引发通货膨胀。当市场供给大于市场需求时，超过市场需求的供给为过剩供给，过剩供给容易引发经济过剩、市场疲软。

可见，我们既不能笼统地把市场容量看成需求量，也不能简单地把其看成供给量，而是应将它看作这二者相互作用、相互制约的统一。

总需求是由社会总支出形成的，包括三个方面，即消费（含家庭消费和政府消费)、投资和净出口。其中消费和投资代表的是国内需求，净出口代表了国外需求。对于绝大多数国家来说，特别是大国来说，国内需求是经济增长的主动力。[①]

目前，全球平均的消费率即消费与 GDP 之比为 77%左右，这就意味着消费支出的多少，对于总需求，从而对市场容量的形成和变化起着决定性的作用。由消费带来的需求为消费性需求，是由人们的生活消费引起的原始意义上的需求。在经济运行的四个环节中，消费处于最后一环，这也就意味着消费性需求为社会的最终需求。消费是进行再生产的最终目的和结果，产品进行消费后就会消失，从而会引发新一轮的以消费为目的的生产。这也就是说，消费需求在一定程度上可以引导生产，也就是供给的发生。

国内需求的另一个主要组成因素是投资。所谓投资，就是投入资金，以购买生产所需的各项生产要素，意味着在产品正式成形之前，投资先期引发了市场上对生产要素的需求，也就是带来了生产性需求。对生产要素的需求来源于生产，而对生产的需求又来源于消费，这也就是说，生产性需求是消费性需求的派生形态，即消费性需求可以自然转化为生产性需求，而生产性需求不会转化为消费性需求。所以在总需求的构成中，代表原始需求的消费性需求应居于主导地位，而代表派生需求的生产性需求应居于从属地位。另外，消费性需求是发生在生产、分配、交换、消费这四个环节中的最后一环，这就意味着消费性需求作用于经济运行的全过程。而生产性需求则是发生在中间环节上，所以为中间需求。当一件产品生产出来后，不能依次经历分配、交换，直到消费这一最后环节，则意味着它是过剩的，它的价值没有得以完全实现，是一种资源的浪费，其对经济的增长、国民收入的增加都是无效的。这也就是说，中间需求对经济运行的作用是片面的、局部的。从这个角度来说，在总需求的构成中，代表最终需求的消费性需求具有全局意义，而代表中间需求的生产性需求则只具有局部的意义。

虽然投资对于总需求的作用是从属性的，但对总供给的作用却占据了绝对的主导地位。总供给来源于生产，而生产则是由所投入的生产要素也就是投资来决定。投资多少，相应地就会生产多少，在技术等因素不变的情况下，生产

---

① 闻潜．消费启动与收入增长分解机制[M]．中国财政经济出版社，2005:3

的增加，必然伴随着投资的增加，投资不变而生产增加是不可能发生的。而此时消费对供给的作用则显得较为间接。消费对生产通常具有的是引导作用，企业既然进行生产，就必然希望能卖得出去，这也就决定了企业应按照消费者的需求，包括对产品功能的需求以及对数量的需求等去组织生产资料的投入和生产，这在买方市场中表现得尤为突出。

下面我们看看消费和投资究竟是如何影响总需求和总供给的。

消费增加，即市场的消费性需求增加，会使得市场能容纳更多的产品供给，产品畅销，企业出于盈利的目的，就会加大生产，这样一来，不但使总需求增加，还因吸引企业提供更多产出，从而也达到了总供给的增加。当然生产的增加不能是凭空产生的，而是需要更多的生产资料和劳动力等生产要素作为支撑。因此，消费的增加所带来的更多消费性需求会派生出更多的生产性需求，带来投资的增加。总的来说，消费的增长，会表现为消费带动投资，两者同步增长的过程，从而消费和生产同步增长，最终会形成总需求和总供给的共同增长，进而达到新一轮的市场均衡以及更大的市场容量。

投资增大，会使得市场对生产资料的需求增大，从而使市场可以容纳更多的生产资料供给，而生产资料供给的增长依赖于生产资料生产的增长，但生产资料生产的增长所引发的，仍然是对生产资料的需求或者说是对新一轮投资的需求。可见，从局部来看，投资的增大会引起生产资料市场上的需求增加，需求大于供给，从而造成生产资料市场的非均衡，使得生产资料市场出现物价上涨等波动情况的发生。而从全局来看，投资的增长只能带动新一轮更大规模的投资，带来更大的供给，而对消费性需求的影响甚微（在供大于求，价格下降的情况下，有可能会刺激一定的消费增长，但通常是比较滞后且影响较小），这时生产和消费就会出现脱节，从而出现生产过剩，导致资源浪费等一系列的后果。总的来说，投资的增长在整体上只能引起总供给的增长，而对总需求几乎没有影响。这就意味着投资的增长，很可能会带来总供给大于总需求，导致市场非均衡的出现。

综上，我们可以看出，消费和投资的增加都可以促进生产即供给的增长，但同时消费还可以促进需求的增长，使市场能够容纳那些增长了的供给。因此，消费在带来经济增长的同时往往也带来了市场均衡和市场稳定。而投资的增加则不然，其在初始会带来生产性需求的大增，导致生产资料市场上的需求小于供给，造成生产资料市场的非均衡，物价上涨。而在产品产出后，又会带来消费品市场上的供给大于需求，造成消费品市场的市场非均衡。而投资增加带来的那些产品如果不能被市场所容纳，只是滞压在仓库的话，那对经济的增长不但没有帮助而且是大有弊端的。因此，单独的增长投资所带来的往往是经济发展缓慢，市场非均衡等状况。

前文中，我们说到市场容量是由供给和需求共同来决定的。在通常情况下，市场容量会等于两者之中较小的那一个。消费的增长会带动供给和需求的共同增长，所以也必然会带动市场容量的增长；而投资的增长最终只能引起供给的增长，是否能带动市场容量的增长则具有不确定性。当供给大于需求时，市场容量等于需求，此时投资的增长不但不能带动市场容量的增长，反而会拉大市场容量与供给之间的缺口，使得生产过剩加剧，产品更多地被滞压；当供给小于需求时，市场容量等于供给，此时投资的增长则会带动市场容量的上升，也会促进市场由非均衡向均衡移动。但值得我们注意的是，在后种情况下，投资增长带来的最终结果虽然是正的，但其最先带来的影响却是负的，即会造成生产资料市场的供求矛盾。

由此可见，仅仅依靠投资来扩张市场容量，其效果是不确定的，而可以确定的是其必然会带来一系列的、有碍市场正常运行的问题。因此现在许多学者都建议，当前扩大市场容量应加大消费启动的力度，同时以消费为引导来带动投资增长。我国目前在宏观调控上，主张的也正是这样的一种政策。

在改革开放前的计划经济体制下，我国市场的特点表现为短缺，但由于当时采取了计划配给、价格管制等方式，因此商品的短缺并未带来通货膨胀。改革开放后，随着计划配给、价格管制等政策被逐步取消，计划经济下的短缺开始以通货膨胀的形式表现出来，政府随即采取了相应的政策措施予以调节，成功地使中国经济于1996年实现了“软着陆”。

随着经济的“软着陆”，中国的总需求膨胀问题得到了解决，但随后一段时间中国经济却陷入了总需求不足的窘境，急需扩大总需求。1997年，亚洲金融危机爆发，国际市场动荡，外需对中国经济的拉动作用削弱。这使得扩大内需问题被提上了议事日程，并最终促使我国在2000年10月党的十五届五中全会上，把扩大内需确定为拉动经济增长的一项长期坚持的战略方针。在扩大内需的政策制定上，虽然政府提出的是消费和投资的双启动，但实际上，随着投资率开始逐年上升，消费却呈现出逐年下降的情形。2000年至2008年，中国的投资率分别为35.3%、36.5%、37.9%、41.0%、43.2%、42.7%、42.6%和42.3%，而最终消费率分别为62.3%、61.4%、59.6%、56.8%、54.3%、51.8%、49.9%、48.8%和48.6%。[①]

① 数据来源：2008年《中国统计年鉴》

这种消费冷、投资热局面的形成是有其特定原因的。第一，投资受政策影响较为直接，而消费受政策影响较为间接。也就是说，投资更容易受政策的影响，投资增长较消费增长更易实现。因此为了扩大内需，我国在初期更愿意在增加投资上下功夫，采取多项扩大投资的财政政策，如发行大量国债，增加政府支出，大兴基础设施建设等。第二，我国居民的收入较低，且分配不均，居民难以承受过高的消费，消费启动的动力不足。第三，我国的社会保障制度等不健全，使人们重储蓄，而不敢消费。这一切，使得我们要想扩大内需，就只能依靠投资的增加。客观地说，正是由于这些年投资力度的加大，才使得我国经济始终保持较快速度的增长。但今时不同往日，投资的一味增加，消费的停滞不前，如今使得我国的生产过剩已达到了较为严重的地步：产品产出后无人购买，无人消费，市场容量难以扩张，市场疲软初现。为了扩大市场容量，恢复市场均衡，以保证我国经济平稳、持续、健康地发展，我国政府以及经济学家们开始将目光转向了消费，大力主张增加消费。

从我国的实践中不难发现，在经济萧条时期，由于人们的收入水平较低，且对收入增长的预期不明确，对未来消费的较高预期等因素，使得消费增加难以实现，所以此时唯有采用增加投资的方式来刺激市场，扩大需求，从而使得市场容量扩张。而在经济繁荣、快速增长时期，此时我们最为关心的是防止消费滞后，要尽可能地使消费同快速增加的生产相适应，以避免其成为市场容量扩张、经济增长的阻碍。在经济繁荣时期，人们收入较高，且对收入增长有着良好的预期，这样就使得消费的增加有了可能。而消费的增长在增加需求的同时，还能带动投资的增加，从而增加供给，使市场容量得到进一步的扩张，并能防止投资过热所产生的一系列不良影响。所以，在我国当前的形势下，增加消费，以消费引导投资应是我们扩大需求、扩张市场容量的最优选择。

二、市场运行和经济运行的联系：市场容量对经济运行的作用

经济运行平稳、健康是世界各国经济活动的根本目标，也是宏观经济学的重要命题。经济运行包括生产、分配、交换和消费四个环节，所以经济运行的好坏与否就取决于这几个环节及其之间相互的关系。而这四个环节同时也代表了市场运行，而市场容量又是对市场运行状况的基本表述，可见，经济运行与市场容量之间必然有着深刻的联系。

经济运行的基本格局，包括经济增长的高低、经济结构的状况等，这些与生产、分配、交换和消费及其之间的相互关系有着密切的联系，亦即与市场运行、市场容量有着密切的联系，下面我们将对此进行具体的分析。

（一）经济增长与市场容量

对于经济增长，美国著名经济学家库兹涅茨给出了一个较为完整的、为许多经济学家普遍接受的定义，即“经济增长就是给居民提供品种日益增多的经济物品的能力的长期增长，而这种生产能力的增长所依靠的是技术进步，以及这种进步所要求的制度上的和意识形态上的调整”。[①]由此定义，我们可以得到一些启示：简单地说，经济增长就是一个国家在一定时期内生产的商品和服务总量的增加，也就是社会经济规模的扩大。经济增长直接表现为人均国民生产总值的增加。但从全面的角度来看，经济增长则不仅仅是社会经济规模的扩大，而应是社会各种资源有效配置以及与此相关的技术进步制度、社会制度与意识形态的变革等方面的综合反映。我们通常用经济增长率来表示经济增长的速度，它是反映一定时期经济发展水平变化程度的动态指标。近几年，我国的经济增长率始终保持在不到10%的水平，经济运行相当平稳，但这也预示着我国的经济多年间未能“起飞”，那么我们应从哪方面进一步提升经济增长率，经济增长究竟取决于哪些因素呢？一个国家长期的经济增长，常常受到多种因素的影响以及由此而形成的各种条件的约束，概括地说，主要有生产条件和市场条件。

1．生产条件

经济增长首先要受到生产条件的影响和制约。生产条件主要包括生产要素以及影响生产要素效率的因素，其中生产要素主要包括资本和劳动。

资本主要指的是物质资本，如设备、厂房、原材料等。一般地说，投入的资本越多，生产的也就越多，经济增长率也就越高。当资本短缺时，就会严重阻碍生产的进行，使生产停滞。

影响生产的另一个主要因素是劳动。按照马克思的观点，劳动是价值产生的唯一源泉，没有劳动，价值也就无从产生。没有劳动的参与，生产就无法进行，也就更没有经济增长。劳动的增加通常包括劳动数量的增加和劳动质量的提高。前者指的是劳动力人数的增加和纯劳动时间的增加，后者则主要指的是劳动力文化技术水平和健康水平的提高。这二者之间是有着密切的关系的，一个高质量的劳动力等于若干个低质量的劳动力，劳动力数量的不足可以用劳动力质量的提高来弥补，同样的，劳动力质量的不足也可以用劳动力数量的增加来弥补。这里存在一个普遍的规律：在经济增长的初级阶段，人口的增长率较高，此时劳动力的增加主要依靠劳动力数量的增加；而当经济增长到了一定阶段时，人口增长率会下降，劳动工时也会缩短，此时的劳动力增加主要依靠劳

---

① 任碧云．货币、资金与经济协调运行研究[M]．中国财政经济出版社，2005:48

动力质量的提高来满足。

生产条件的另一个主要组成部分是影响生产要素效率的因素，主要包括技术水平、管理水平以及社会经济制度等。

技术进步对经济增长的促进作用主要表现在提高生产率上，这可以使我们用较少的投入就可以得到与原生产率下相同的产出，即可以使我们在现有的生产要素数量下得到更多的产品，增加市场供给。在没有其他因素制约的情况下，这会使经济增长。

管理水平的提高，从较为微观的角度来说，可以使我们在生产中更合理、有效地配置资源，节约资源，发挥资源的最大效用，同时还能使生产各环节以及整个生产流程的运行更加通畅，提高生产效率。从较为宏观的角度来说，管理水平的提高则可以使国民经济各部门、各地区、各产业间的关系更加协调，整体宏观经济运行的效率提高，还可以避免或减少工作中不必要的损失，从而提高整个社会的生产效率。

社会经济制度是否合理、是否能适应时代，决定了生产是否处于一个宽松有益的环境。如果某些经济制度不合理，就会严重阻碍生产的进行和经济的增长。例如在我国原来的计划经济体制下，政府对我国企业过多的干预和限制，在施行初始，对百废待兴的我国经济起了很好的促进作用。但随着时代的进步，该体制严重地限制了企业的发展和生产的进行，开始阻碍我国市场的发展和经济的增长。之后，我国适时地施行了较为宽松的市场经济体制，以发挥市场对经济的自主调节作用，并接连出台了许多利好政策以鼓励企业投资和生产，这带来了我国经济的持续增长。

上述这些因素共同构成了生产条件。当资本、劳动增加，技术水平、管理水平提高，社会经济制度适应经济增长的要求，不对其造成阻碍时，一国的产出必然会提高。在没有其他条件的限制时，经济必然会增长。经济的增长必然要受到这些因素以及由此而形成的生产条件的约束，想要超越这些要素和条件来实现经济的长期增长，那是不可能的。

2．市场条件

经济增长除了受由生产要素数量及其使用效率而决定的生产条件的约束外，还会受到由市场容量所决定的市场条件的约束。要提升经济增长率，除了要加大生产要素投入的数量和效率，增大产出外，我们还应努力扩张市场容量，也就是要保证这些产出能被市场所包容。

前文中曾介绍过，市场容量是由供给和需求共同决定的。所以，市场能容纳多少商品以及市场容量能否适应经济增长的要求，也是由这两者之间的关系所决定的。

当市场上的供给大于需求时，市场处于非均衡。这意味着生产出的产品有一部分不能被市场所容纳，经济增长带来的产出已远远超出市场所能容纳的范围，企业生产出的产品有一部分难以销售出去，只能滞压在仓库。这样一方面会造成资源的浪费，另一方面则会令企业出于利益最大化的目的而减少生产，使经济运行趋冷。可见，这时的经济增长是不适宜的，既阻碍了社会资源的合理利用，又限制了市场作用的发挥，打消了生产者的积极性，产出减少，经济增长回落。在此种情况下，经济增长会受到市场条件的限制而难以实现。

当市场上的需求大于供给时，市场也是非均衡的。这意味着生产出的产品不能满足人们的需求，商品容量已超过了经济合理增长的要求。此时经济增长带来的商品供给已不能满足现实市场的商品需求。旺盛的需求会吸引大量生产条件恶劣的企业、小作坊等加入到生产中，造成资源的高投入、高消耗和严重浪费。可见，这时的经济增长也是不适宜的，它既没有足够资源的支撑，又没有市场的保证，是难以继续发展下去的。在这种情况下，经济增长也因受到了市场条件的限制而难以实现。

当市场上的需求等于供给时，市场处于均衡状态。这意味着商品需求在市场上可以得到足够的商品供给的保证，而由经济增长带来的商品供给也可以为商品需求所全部包容，商品容量与经济增长的要求基本相适应。此时的经济增长是适宜的，它使得资源得到充分而有效的利用，既有社会资源的可靠支持，又有市场容量的保证。在这种情况下，经济增长是可以实现的。

可见，只有供给与需求相等时，即市场均衡时，经济增长才能突破市场条件的约束，得以实现。

综上，经济增长是由生产条件和市场条件即市场容量共同决定的。仅仅依靠它们之中的一方，经济增长是难以实现的，而经济增长实际可能达到的最佳速度，乃是市场条件和生产条件相互趋于一致的结果。当市场条件和生产条件相脱节时，它们就难以支撑经济增长，经济增长率必然跌落，经济运行就会陷入衰退和萧条；而当市场条件和生产条件相适应时，它们就可以有力地促进经济增长，经济增长率稳步上升，经济运行便会复苏并走向繁荣。

市场条件和生产条件两者本身也有着密不可分的联系。企业生产的产品如果卖不出去，就无法获得利益，而且还会徒增生产成本、管理成本等。所以企业一般会按照市场容量进行生产，也就是说，市场能容纳多少产品客观上决定了企业的投入和产出。而生产条件也会反过来影响市场条件，并不是市场需求什么、需求多少都可以得到满足。由于资源、技术等方面的限制，在特定的环境下，产品的性能、数量也会有限制，而消费不能得到无限的满足，最多只能在这个限制内得到满足。生产条件和市场条件相互影响、相互制约，只有这二者达到统一，才能实现经济平稳较快的增长。

结合我国的情况来看，我国市场目前已普遍出现了供给大于需求、生产过剩、市场容量萎缩的局面。这也就意味着，如今限制我国经济增长的不是生产条件，而是市场条件。所以我们要促进经济的发展，就要将注意力集中到扩大市场容量上，使市场能容纳经济增长带来的产出，使经济增长能持续地进行下去。

生产条件和市场条件共同决定了经济增长的速度，而投资决定着产出的规模和结构，消费左右着市场容量的形成。这也就是说，消费和投资从根本上决定了经济运行的市场条件和生产条件，这二者之间的关系通过生产条件和市场条件的相互作用，从大局上影响着经济增长的高低及其变化趋势。所以谋求生产条件和市场条件的统一，实际上就是不断协调投资和消费的关系，使这二者相协调以促进经济的发展。

（二）经济结构与市场容量

广义的经济结构是指国民经济的各个部门之间相互联系、相互依赖、相互制约关系的总和，它既包括全部经济资源在各个产业之间的分布结构，也指各个产业内部企业间的关系结构。[①]经济结构与经济增长之间有着密切的联系。经济增长可以为经济结构的调整提供必要的物质技术条件，即从增量上对经济结构中的核心结构（产业结构）进行调整，并不断改变着产品机构、消费结构、收入分配结构和就业结构等。而经济结构的调整又能推动经济增长，即通过资源重新配置，使生产要素从效益较低的部门向效益较高的部门流动，从国民经济发展非急需的部门向急需的部门转移，以推动经济以更快的速度增长。[②]可见，经济增长与经济结构二者互相影响，互为因果，共同描述了经济运行的状况。

影响经济结构形成的因素很多，其中最主要的是社会对最终产品的需求。社会对不同部门最终产品的需求，从根本上决定了资源在国民经济各部门间的流动和分配，从而决定了经济结构的形成。当某个行业的产品需求量大，价格上涨，则其销售收入也会上涨，即有越来越多的资金流入这个行业，而且自然而然地越来越多的企业也会进入到这个行业中，投入的资源也就越来越多，这

① 中国人民大学中国经济发展研究报告课题组. 重要战略机遇期的中国经济结构调整——中国人民大学中国经济发展研究报告（2003～2004）[J]. 经济理论与经济管理，2004(4)

② 任碧云. 货币、资金与经济协调运行研究[M]. 中国财政经济出版社，2005:56

个行业的总值占国内生产总值的比例也会升高。而当某个行业的需求量较小，即市场容纳不了过多的产出，产品卖不出去，则企业会纷纷退出这个行业，使得该行业的总体规模缩小，其耗费的资源也就会减少，其总值占国内生产总值的比例也就会降低。这也就意味着，当资源在各部门间的流动和重新配置减缓并趋于稳定时，经济结构形成并达到稳定。也就是说，只有当各个部门都达到供求均衡时，经济结构才会达到稳定，而此时总供给和总需求也必然是相等的。

可见，对于经济结构的形成与稳定，市场供求关系在其中起了很大作用。而市场容量是对市场供求关系的概括描述，是二者的统一，所以我们也可以说是市场容量影响了经济结构的形成和稳定。而经济结构的合理化和优化，在相当大的程度上是取决于对投资和消费关系的调节，这是因为投资和消费的关系同供给和需求、同市场容量的关系密切相关。所以投资结构、消费结构以及投资和消费关系的形成与协调，对经济结构的协调和升级必将起到重要作用。

经济结构的变化对市场的供求也会产生反作用。例如经济结构中的收入分配结构、消费结构和就业结构等，它们直接决定了居民的收入情况，从而决定了居民的消费情况，也就决定了市场的总需求情况。而产业结构、产品结构、技术结构等又直接决定了社会产出的情况，也就是市场的总供给情况。

近年来，我国一直在大力促进经济结构调整以使经济结构优化升级。所谓的经济结构调整是指国家运用经济、法律和必要的行政手段，改变现有的经济结构状况使之更趋合理化、完善化，进一步适应社会生产力发展的过程。我国之所以要对经济结构进行调整，就是因为经济结构的不合理已严重地制约了我国经济的发展，其不合理之处主要表现在以下几个方面：

一是产业结构不合理。第三产业发展滞后，各产业内部企业组织规模小而散，产品结构不合理，高新技术短缺，生产工艺落后，生产供给结构不适应国内外市场变化要求。

二是地区发展不协调。东部、中部、西部发展不平衡，差距逐渐拉大。

三是城乡发展不平衡，城乡差距拉大。

这些不合理的地方带来的不良后果之一就是我们如今的有效需求不足，生产过剩。所以我们要增加市场需求、增加市场容量，就要对经济结构进行调整。在调整时，我们要坚持以市场为导向，要充分发挥市场机制在结构调整和产业升级中的基础导向性作用，努力使社会生产适应国内外市场的需求变化，满足多方面、多层次的需要。经济结构调整要以市场需求为准则，要有动态观念，要随着市场的发展变化不断地作适应性调整和完善。

经济增长和经济结构是经济运行的两个主要方面。这二者并不是割裂的，而是密切相关的。只有经济结构合理，资源达到最优配置，才能提高整个社会的生产率，从而促进经济持续、稳定、快速地增长；而只有经济增长，才能为经济结构的调整提供必要的物质技术条件，从而使经济结构的调整成为可能。要保持经济运行的状况良好，健康持续的经济增长和合理的经济结构这二者同等重要，缺一不可。

综上所述，无论是经济增长还是经济结构，都与市场容量有着密切的联系，市场容量对这二者都有着十分重要的作用。所以，我们要实现经济运行良好，就必须扩大市场容量。当市场容量积极而稳妥地扩大时，经济运行将走向繁荣，经济增长速度加快；而当市场容量萎缩时，经济运行将出现衰退，经济增长速度也会明显放慢。政府实行宏观调控的目标是谋求市场均衡、经济运行良好，而进行宏观调控的着力点就应是市场容量，更具体地说，就是协调好投资和消费的关系。

第三章　市场经济体制下调整消费与投资关系的理论模式

投资和消费的关系左右着经济运行的基本格局。就市场属性而言，消费是经济运行的原始需求和最终需求，而投资则具有双重性质，一方面在投入时形成投资需求，另一方面在形成生产能力后可提供产出和供给。因此，投资和消费在市场中既表现为两种需求的关系，又体现为供给和需求的关系。从宏观视角看，供求之间的力量对比取决于投资和消费的关系及其变化情况。投资和消费的关系是否协调，将通过供求关系的变化决定市场均衡和非均衡态势，并引发市场容量的变动，从而影响经济的整体状况。

当投资和消费的关系相协调时，由消费决定的市场需求与由投资带来的产出大体相当。即是说，一方面市场可以容纳由产出形成的供给，另一方面全部供给又可以满足市场所有需求。此时生产条件和市场条件趋于一致，市场均衡得以形成，物价水平保持大体稳定，市场可以出清，不存在过剩或短缺现象。鉴于投资和消费的关系对经济运行全局的重要影响作用，市场均衡将有助于协调各种经济关系，有利于市场容量的形成和稳步扩大，促进经济各环节顺畅运转。

当投资和消费的关系失调时，由消费决定的市场需求与由投资带来的产出之间出现较大差距，这意味着生产条件和市场条件相互脱离，市场呈现非均衡。一旦市场出现非均衡，特别是非均衡转变为市场失衡之时，经济运行便陷入非良性循环，不但市场秩序被破坏，而且还会出现过冷或过热，甚至呈现重大震荡。

第一节　消费运行与投资运行在市场运行中的内在关联

在健全完善的市场机制条件下，市场需求在经济运行和增长中的作用越来越重要。消费运行与投资运行的协调，是健全和完善投资的市场机制的关键。

一、消费与投资之间的自主市场关联

投资和消费之间能否在市场中形成自主关联，是二者关系是否协调和均衡的基础。根据投资和消费的属性，二者的关联性表现为：消费引导投资，投资则以消费为导向和基础，并促进消费的实现和提高。这样不仅两种需求之间的关系是协调的，由投资和消费所决定的需求和供给也会趋于均衡。具体而言，以消费需求为动力和导向，引发消费资料的投资、生产和供给，消费资料的生产需求则进一步带动生产资料的投资、生产和供给；同时，投资不仅可提供产出以满足消费需求，而且能够通过投资乘数作用促进居民收入的增长，从而进一步提高消费水平。[①]

消费对投资的推动过程是：消费需求的增加，会带来消费资料生产的增长，而消费资料生产的增长，可引发并扩大生产资料的需求，市场将容纳更多的生产资料供给。而生产资料供给的增加，一方面意味着生产资料需求得以适当满足；另一方面，又必定带动并促使生产资料生产的增长，即投资的增长。

投资对消费的推动过程是：投资扩张时，货币供给和贷款明显放大，通过投资和生产过程，投放的货币和贷款中一部分转化为劳动者的可支配收入，并相应扩大消费。但是，消费对投资的导向作用却很弱，也就是说，投资并非是由消费需求和经济运行内生决定，在很大程度上是一个外生变量。

目前，市场总体已经摆脱了供不应求的约束，市场需求在客观上越来越成为决定经济运行和增长的主要因素。然而在投资方面，却仍然无视消费需求的市场导向作用，反而继续任意扩张投资，这必然破坏投资和消费之间的市场关联，从而导致二者的脱节和失衡。

二、消费与投资自主市场关联的条件

实现投资和消费的自主关联的基本条件是要具有健全、完善的市场机制。即是说，投资和消费行为要达到充分的市场化。在完全的市场条件下，消费需求的变化将通过价格信号反映市场需求和市场供给的矛盾，借此对投资和生产发挥引导作用，从而促使消费和投资达成市场关联。相反，如果市场化不充分，市场机制残缺不全，市场的功能就必然受到制约和阻碍，消费和投资也就失去了关联的基础。在改革前的计划经济体制下，投资和消费的关系几乎是割裂开

---

① 韩卫刚．中国投资和消费非均衡问题研究[M]．中国财政经济出版社，2007:68

来的，随着市场化取向改革的不断深入，投资和消费的关联性逐渐增强。[①]

多年来，我国的投资和消费因缺乏市场关联而出现脱节，其根本原因在于投资体制改革滞后，不能适应市场经济的要求。其表现为：要素市场尚未完全放开，一些重要生产资料和资金的价格并非由市场决定，价格体系和信号被扭曲，既不反映资源的稀缺性，又无法体现市场供求关系，于是因没有准确的市场信号引导，投资与消费需求之间关联性减弱。

从投资主体的角度看，国有企业尚缺乏严格的预算和风险约束，因此从严格意义上讲，还不是一个完全自主的经济主体，体现在投资行为上就呈现出较大的随意性和盲目性。此外，政府（特别是地方政府）对微观经济主体的干预仍然过多，不仅阻碍了市场机制的有效运转，而且导致投资行为脱离应有的市场性，与消费需求无从关联。

三、消费与投资自主关联的市场机制

前面我们谈到实现投资和消费自主关联的基本条件是要具备完善的市场机制。而市场机制，是指由竞争机制、价格机制和供求机制等组成。市场机制的形成和有效运转，需具备两个基本条件：第一，拥有健全的市场体系，形成市场机制、市场价格、供求、竞争等市场的基本要素，凭借市场信号发挥市场导向作用，使市场在资源配置中发挥基础性作用；第二，企业成为真正自负盈亏的市场经济主体，拥有充分的自主权。

可以说，到目前为止，我国投资体制改革的步伐明显落后于经济市场化的整体进程。鉴于此，为使投资和消费之间形成市场关联，关键是需要健全和完善投资的市场机制，其重点内容应包括：[②]

1. 加快市场化进程，尤其是提高要素市场化程度，使包括生产资料、资金在内的生产要素价格主要在市场中决定和形成，从而可以反映资源的稀缺性和市场供求状况，并起到配置资源、调节供给的基础性作用，为发挥消费对投资的导向功能建立可靠的市场基础。

2. 确立企业在投资活动中的主体地位，实现企业自主投资，自负盈亏。一方面，对于国有企业，要进一步完善国有资产管理体制，明确“委托一代理”关系，强化预算和投资风险约束机制，按照“谁投资、谁决策、谁受益、谁承担风险”的原则，落实国有企业投资自主权；另一方面，对于民营企业，应取

① 韩卫刚. 中国投资和消费非均衡问题研究[M]. 中国财政经济出版社，2007:68

② 韩卫刚. 中国投资和消费非均衡问题研究[M]. 中国财政经济出版社，2007:167

消限制其投资的各项歧视政策，放宽投资准入行业和领域，拓宽融资渠道，做到与国有企业一视同仁，以鼓励社会投资健康发展。

3. 在融资方面，加快国有银行体制改革，实现银行自主贷款，独自承担经营风险，在强化资金风险中提高资金使用效率，优化资金配置。同时，取消银行贷款对不同所有制企业的不平等政策，以资金的“安全性、流动性、收益性”为信贷的唯一标准，提高资金配置效率。

4. 转变政府职能。政府主导经济是传统计划体制的特征，转型以来，尽管市场化程度不断提高，但政府在相当范围内仍存在着对经济的直接干预。在完善社会主义市场经济体制的进程中，转变政府职能将成为核心内容。在投资领域转变政府职能的关键是：

（1）合理界定政府投资的领域。政府投资主要用于关系国家安全和市场不能有效配置资源的经济和社会领域，主要是提供公共产品和公共服务，追求社会效益的最大化，而不涉足竞争性领域。对政府投资项目要健全决策和风险机制。对于一些公益事业和基础设施建设项目，也要鼓励社会资本进入，引入竞争。

（2）政府不得对微观主体的投资行为直接干预。其关键是要严格政企分开，明确国有企业在市场中自主经济主体的地位，取消政府的直接干预和保护政策。尤其要从根本上扭转地方政府的管理职能，从根本上杜绝地方政府为谋求地方利益和短期利益，而以各种方式涉足和助长投资。

（3）加强政府的宏观调控。综合运用经济的、法律的和必要的行政手段，对全社会投资进行间接调控。主要是制定发展规划和产业政策，规定严格的市场准入条件，及时发布市场供求信息，为企业投资提供服务，减少市场化投资的盲目性，合理引导社会投资方向。

2004 年 7 月，国务院开始启动新一轮投资体制改革，这是我国体制转型进程中具有里程碑意义的重要举措，其目标就是要建立与社会主义市场经济体制相符的市场化投资机制和宏观调控机制。鉴于投资体制改革的复杂性，须对国有资产管理体制、国有银行管理体制进行同步改革，唯此才有望真正建立市场化的投资机制，使投资和消费实现自主关联。

第二节 消费启动与投资启动的比较研究

宏观调控的目标，是为了促进经济的稳定增长，而其中心内容则是按照适度的原则协调经济运行和市场运行的关系。对经济运行进行适度调节，必须把握两个基本环节：一是启动机制，二是调控手段。其中启动机制的选择和运用，对于宏观调控是否适度，有无成效，将起着决定性作用。[①]宏观调控的启动机制，实际上就是经济运行的动力机制，怎样启动市场，也就是怎样扩大需求。由于总需求主要由消费和投资两大部分组成，所以无论提高消费还是增加投资，都会引发和扩大市场总需求。因此，宏观调控的启动机制可以区分为消费启动和投资启动，两者分别指通过扩大消费需求和投资需求来扩大总需求。

启动机制的选择理应从属于宏观调控的目标，但是宏观调控目标能否充分而全面实现，却取决于启动机制的具体选择和应用。经济运行总是呈现周期性波动，大体可分为两个阶段：一为经济复苏，进而达到繁荣；二为经济衰退，从而陷入萧条。在经济运行的不同阶段上，宏观调控的侧重点理应有所不同。这就决定了，宏观调控的启动机制也是不同的。为更好地进行宏观调控，启动市场，从而促进经济增长，我们有必要对宏观调控的两种启动机制进行对比分析。

一、消费启动与投资启动的使命比较

消费启动的使命是扩大消费性需求，并通过消费性需求来促使或带动经济的运行。根据对消费性质的理解，消费性需求会转化为生产性需求。这种转化须通过市场进行，具体表现为消费带动投资，两者同步增长的过程。投资和消费之所以同步增长，是因为需求的增长将容纳更多的供给，而供给的背后是生产，供给和生产的增长要靠投资予以保证。要知道，仅仅是消费的增长而没有投资的相应增长，消费启动的过程是不会完成的。

投资启动的使命是引发和扩大生产性需求。生产性需求，即生产本身的需求。生产的增长要求购买更多的设备和原材料，这要借助于资金的投入才能做到。如果说购买力是消费性需求的载体，那么投资就是生产性需求的载体或体现。投资启动通过生产性需求来引导或推动经济的运行。由于投资中有一部分资金将形成为居民的收入，因此它在某种程度上还会起到扩大消费性需求的目的。因为生产性需求和消费性需求的性质互异，又各自具有发挥作用的特定领域，所以投资启动和消费启动的具体使命是不同的。

①韩卫刚．中国投资和消费非均衡问题研究[M]．中国财政经济出版社，2007:38

二、消费启动与投资启动的手段比较

启动经济的运行，是按照事先制定的经济政策并借助一定的经济杠杆进行的。经济主体是政策调节的对象，我们知道，消费的主体系居民，其规模取决于居民的收入，因而消费启动应以个人收入为杠杆。消费启动要回答这样的问题，即在调节经济运行的过程中，怎样运用收入这个手段来有效地促成消费增长。

（一）消费启动的方式

根据居民收入的性质、归属和来源，同时考虑到家庭支出的特点，消费启动的方式可分为三大类，[①] 即财政型消费启动、信贷型消费启动、社会型消费启动。

1．财政型消费启动

财政型消费启动是以财政收入为依托，在调节财政支出结构的同时，相对增加居民收入方式进行的。具体办法有二：一是直接提高国家机关、事业单位职工的工资收入水平；二是通过转移支付间接提高包括农民在内的低收入阶层的收入水平。

2．信贷型消费启动

信贷型消费启动是以居民在银行的储蓄为依托，在调解信贷支出结构的同时，相对增加消费信贷的方式进行的。具体办法是，银行对有借款需求的家庭，以其实物资产或金融资产为凭证进行贷款。居民由此而获得的收入，按照经济体制属于市场收入。如果说财政型消费启动是政府行为，那么信贷型消费启动则是市场行为。这是因为，用于消费信贷的资金是银行信贷资金的一部分，银行信贷资金的另一部分是用于投资，它与投资信贷是互为增减的。全部银行信贷资金运行都是由市场调节的，政策调节仅起着导向作用。

3．混合型消费启动

混合型消费启动是指既实行财政型消费启动，又实行信贷型消费启动。这两种启动方式不仅可以相互容纳，而且当二者结合为一体之时，便兼有双方各自的优势，并成为调节经济运行的一种强大的力量。

每种启动方式既有特定的资金来源，又有自己发生作用的特殊领域。消费启动方式的适当选择，不仅可抑制物价走低对居民收入增长的影响，从而扩大消费性需求，而且有助于开拓消费领域，推动消费层次的上升。我们以为，在

① 闻潜．投资启动与消费启动[M]．经济科学出版社，2000:78

物价走低、居民收入增长受到限制的情形下，既不可单一地实行财政型消费启动，又不可单一地实行信贷型消费启动。最好的办法是把这两种类型结合起来，实行混合型消费启动。

（二）投资启动的方式

投资启动的经济主体指的就是投资主体。其规模取决于资金的积累或聚集，因而投资启动须以资金和金融资产，即储蓄、债券和股票等有价证券为杠杆。唯有保持适度的资金积累率或聚集率（即增长率），投资才能起到启动经济运行的作用。

投资启动的方式具有两层含义：一是怎样聚积资金，即以什么手段来聚积资金，包括直接融资和间接融资，这属于投资启动的融资方式；二是用什么资金来进行投资启动，即政府如何动用和分配资金，这属于投资启动方式的类型。

投资启动离不开政府干预，政府干预又离不开财政政策和金融政策的配合使用，因此，投资启动方式可以划分为两种：一是财政主导型投资启动，二是金融主导型投资启动。①

1．财政主导型投资启动

所谓财政主导型投资启动，是指以政府投资为主，辅助以其他投资形式，其资金配置的主渠道是财政。由于投资主体主要是政府部门，因而这是一种高度集中的投资启动方式。它的优点是可直接集中资金，用于产业结构的全面调整。而产业结构的调整，既是经济赖以均衡运行的前提，又是它由低速增长转向高速增长、长期保持繁荣稳定的一个重要措施。但是，这种启动方式的运用，必须具备一定的条件。这就是财政资金在社会资金中须占有较大的份额，而且财政收入应大于支出，且具有相当大的余额。因为，这时社会投资增长率，主要是由财政投资增长率决定的。

2．金融主导型投资启动

与财政主导型投资启动相对应，金融主导型投资启动是以非政府投资为主，辅助以其他投资形式，其资金配置的主渠道是金融。就投资主体而言，非政府投资，即为非政府部门的投资，其投资主体有企业和居民之分。就资金来源看，企业投资，一部分来源于企业的资金积累，一部分来源于居民的金融资产。运用此种投资启动方式所需要的条件是，居民金融资产（居民储蓄、股票、债券和其他金融衍生工具等）在社会资金中占有较大的份额，同时居民收入具有较高的增长率。这是因为，此时社会投资增长率主要取决于居民间接投资增

① 闻潜．投资启动与消费启动[M]．经济科学出版社，2000:187

长率。

如上所述，实行财政型投资启动，财政资金在社会资金中须占有较大的份额，而且财政收入应大于支出，具有相当的余额。因为，这时社会投资增长率，主要是由财政投资增长率决定的。然而我国财政资金占社会资金的比重，早已呈现出下降的趋势。更为严重的是，国家财政几乎每年都有赤字，至今累计起来，已是一个颇为可观的数额。因此，以财政投资为主的投资启动方式，在目前和今后一定阶段内显然是不适用的。而近几年来，由于经济的高速发展居民收入不断增长，居民金融资产已构成社会资金的主要组成部分。这就为金融主导型投资启动方式提供了资金前提。

三、消费启动与投资启动的功能比较

消费启动和投资启动都是以经济运行为客观对象，但是两者的立足点仍然不同。投资启动着眼于扩大生产性需求，其主要功能是发挥生产对消费的促进作用，主要体现在三个方面：

1. 促进经济的增长。凯恩斯认为，投资是经济增长的推动力，并论述了投资对经济增长具有乘数作用。所谓投资的乘数作用是指每增加一元投资所导致的收入成倍增长。

2. 促进经济结构的改善。在经济结构改善的过程中，投资分配结构起着极其重要的作用。

3. 促进经济素质的提高。无论是外延扩大再生产还是内涵扩大再生产，都离不开投资的追加。因此，二者保持适当的投资比例是必须的。投资启动就是通过上述经济发展，从而带动消费的增长。

而消费启动则是以消费为出发点，其主要功能是扩大消费性需求，消费性需求是人类本身的需求，它源于人们的生理和心理的需要。消费增长要求购买更多的消费资料，而居民购买力是其货币载体或体现。通过扩大消费性需求带动消费品供给的增长和市场容量的扩大来推动经济的运行。消费启动实质上是发挥消费对生产的促进作用。消费性需求向生产性需求的转化，是以消费品生产为联系纽带。一方面，日益扩大的消费性需求将容纳更多的消费品供给，而消费品供给的增长依赖于消费品生产的增长；另一方面，消费品生产的增长将引起对生产要素的需求，这也就是对投资的需求。因而，消费品生产实际上成为联系消费性需求和生产性需求或者说是连接消费和投资的纽带。生产性需求之所以不能向消费性需求转化，就是因为它没有任何纽带可以同消费性需求相连接和沟通。

四、消费启动与投资启动的过程比较

启动经济的运行，无论是增加投资还是提高消费，都须依靠市场的力量。在市场上，供给和需求是互相促进和制约的。一方面供给影响需求，需求则承受供给的制约；另一方面需求影响供给，供给则承受需求的制约。所谓依靠市场力量，这里主要是指借助供给和需求相互影响的作用，以调节经济的运行。然而，供给和需求本身又受制于生产和消费——供给来自生产，需求缘起于消费，二者不过是在分配的介入下，生产和消费在市场方面的具体反映。基于此，消费启动可分为两个阶段：

一是收入的增长直接引发和扩大消费资料的需求，市场将因此而会容纳更多的消费资料供给。而消费资料供给的增加，一方面意味着消费资料需求得以适当的满足；另一方面，又必然带动消费资料生产的增长，至于消费资料生产的结构，可暂时不予考虑。

二是消费资料生产的增长，可引发并扩大生产资料的需求，市场将因此而会容纳更多的生产资料供给。而生产资料供给的增加，一方面意味着生产资料需求得以适当的满足；另一方面，又必定带动并促使生产资料生产的增长。关于生产资料生产的结构，现在也可忽略不计。

以上两个阶段结合在一起，就构成以收入为杠杆，以消费资料需求为核心（而生产资料需求居于从属地位），由消费启动经济运行的全过程。在这里消费是经济运行的新动力，同时它具有重要的导向作用。这是消费对生产促进作用的具体表现。

为了加深对消费启动及其优势的理解，现在我们转向分析投资启动的过程。投资启动也包括两个阶段，不过运行状况颇不相同。具体包括两层含义：

一是投资的增长直接引发和扩大生产资料的需求，市场据此可容纳更多的生产资料的供给。而生产资料供给的增加，将使生产资料需求得以适当地满足；另一方面又会带动和促进生产资料生产的增长。

二是生产资料生产的增长，将通过产业基础条件的改善，推动消费资料生产的增长。而消费资料生产的增长，又会带动消费资料供给的增加，市场据此承受更大的消费资料需求，不过消费性需求却不会因此而增加。同样，这里既未谈到生产资料生产的结构，也不涉及消费资料生产的结构。上述两个阶段结合在一起，便构成以资金为杠杆，以生产资料需求为核心（而消费资料需求居从属地位），由投资启动经济运行的全过程。在这里投资既是经济运行的推动力，又是经济运行的基本指导因素。这是生产对消费促进作用的体现。

投资启动和消费启动比较，具有两方面的局限性：

一是两个阶段之间的联系是以生产资料生产为中介形成的，可是生产资料生产的增长只是扩大生产性需求，而不会扩大消费性需求。在投资启动的第一阶段，由于生产性需求的扩大，以及它能容纳更多的生产资料的供给，因而投入品市场日趋兴旺和繁荣。但是在它的第二阶段，由于消费性需求没有相应增加，而且生产性需求不可能转化为消费性需求，日益增加的消费资料供给却难以为需求所容纳，所以消费品市场必然日渐疲软，甚而萎缩。

二是经济运行既依赖于供给的增长，又依赖于需求的增长，但是唯有需求才是经济运行的直接推动力。因为这个缘故，生产资料生产只是为消费资料生产提供可能，却不能为它提供动力。这就意味着，尽管生产资料生产迅速增长了，消费资料生产仍然难以相应地增长。或者说，在某种程度上，生产资料生产有可能脱离消费资料生产而孤立地进行，两类生产之间的比例也会因此而潜伏下失调危机。

概言之，消费启动在客观上优于投资启动。主要原因是消费启动的过程比较完善，其动力可贯穿经济运行的全过程；投资启动过程则具有一定的缺陷，其动力仅停留于头一阶段，后一阶段不可能具有充分的内在动力。投资启动的这个缺陷，仅靠它本身的力量是难以克服的。

五、不同时期消费启动与投资启动的选择

前面明确表述了这样的见解，即消费启动在客观上优于投资启动。但这并不等于说，无论任何时期都须实行消费启动，因为实行消费启动仍有一个时机选择的问题。再则，尽管投资启动具有一定的局限性，但它毕竟是调节经济运行的一种重要方式，鉴于我国的实践经验，我们应当充分肯定这一点。问题仅仅在于，用投资启动经济运行的时机要适当，切不可盲目。

一般来说，投资启动的适当时机是在经济萧条，以及从萧条转向复苏的阶段，它不同于消费启动的时机——经济繁荣。随着经济周期性的波动，两种启动机制交替运转，但是当经济萧条时不可实行消费启动，而当经济日趋繁荣时，也不宜实行投资启动。这几乎也是铁的法则，不可违反。

先考察繁荣时期。经济繁荣意味着经济正以较高的速度增长，在这时，调节经济运行的中心问题是防止消费滞后。换言之，应使消费同正在大量增加的生产相适应，唯有如此，经济高速增长的态势才能继续保持下去。这是因为，消费不仅是经济运行的结果，更重要的还是经济运行的前提。通常人们关注的是生产对消费的制约作用，而忽视消费对生产的制约作用，反映在经济政策和

宏观调控上，就是只防止或抑制消费超前，不重视治理或避免消费滞后。然而消费滞后所造成的危害并不亚于消费超前，甚至是更为严重。前几年市场疲软一度导致经济滑坡，有相当一批企业被迫停产或半停产，就是由于消费滞后所致。而消费启动的作用，从本质上讲，就是在经济趋向繁荣并以较高速度增长的情形下，通过扩大消费性需求，来保持消费和生产的协调适应。

市场容量是供给量和需求量的统一，也是两者相互平衡的结果。在消费启动的影响下，市场需求必定日益扩大，并将推动供给相应增长，因而市场容量也将随之扩大。首先，消费品市场更趋繁荣，将会促使消费资料生产的持续高速增长。其次，投入品市场更为兴隆，将会促使生产资料的生产持续高速增长。所以在消费启动的作用下，整个经济形势会更加兴旺发达，决不会因销售困难或市场疲软而出现萎缩。总之，消费是通过供给和需求的相互促进，以及市场容量的扩大来调节生产和消费的关系，而经济能继续以较高的速度增长，也正是凭借消费启动才得以顺利实现。

在经济繁荣时期，若用投资启动来调节经济的运行，消费将不可避免地要受到很大限制，这必然会造成消费和生产的脱节。鉴于供给和需求是生产和消费在市场上的体现，生产和消费的脱节，必然导致供给和需求的失调。市场疲软在形式上是由供给超过需求造成的，实质上乃是生产超过消费所致。在这时经济不仅不可能增长，反而会出现停滞，甚至大幅度滑坡。而所有这些都意味着，繁荣时期业已结束，萧条时期已经到来。

尽管各国的社会和经济制度不尽相同，但经济危机和市场疲软却有一个共同点，即两者都是在经济繁荣时期仍沿用投资启动来调节经济运行，从而造成生产和消费、供给和需求的严重失衡。

现在我们考察萧条时期。在这个时期调节经济运行最重要的使命，是解决生产过剩问题。所谓生产过剩，概括地说，表现为社会供给在相当程度上超过社会需求，其结果是导致市场容量的急剧萎缩，经济萧条正是由于市场容量的萎缩而直接引起的。所以唯有解决生产过剩问题，才能消除经济停滞，并使之由低速增长转向高速增长。须知，供给和需求的相互适应，尤其是社会供给和社会需求的相互适应，无论在繁荣时期还是萧条时期，都是经济赖以增长的前提。而投资启动的作用，就是在经济出现停滞或低速增长的情形下，通过扩大生产性需求，来保持社会供给和社会需求的平衡。

投资启动和消费启动一样，也是通过供给和需求来调节生产和消费之间的关系，不过在经济萧条时期，投资启动所面临的市场环境却与之不同。这集中表现在市场容量不是越来越大，而是日益明显缩小。究其原因，就是社会供给严重超过社会需求所致。投资启动主要是通过缩小生产资料供给和需求的差额，同时抑制消费资料供给和需求的差额扩大的途径，来克服社会供给和社会需求的失衡状态。随着社会供给和社会需求平衡的恢复，市场容量必将扩大，于是经济停滞便转为复苏，经济从低速增长转向高速增长则是这个过程的继续。

综上所述，在经济萧条时期凭借投资启动，可克服经济停滞状态，甚至可促成经济繁荣与高涨。但是我们必须清醒地看到，此时经济的繁荣和高涨却隐藏着一定的危险因素，这就是消费性需求仍然不足。虽然市场总量疲软基本上消失了，但其结构性疲软依然存在，甚至相当严重。这表明单靠投资启动，是难以全面协调生产和消费关系的。有鉴于此，又考虑到萧条时期已经结束而繁荣时期开始到来，投资启动应立即转变为消费启动，这也是我们主张在经济繁荣时期用消费启动调节经济运行的又一个重要原因。

那么可否设想，在经济萧条时期之初实行消费启动，而根本不考虑投资启动呢？消费启动和投资启动都具有扩大需求的作用，单从这个方面看，依靠消费启动是可以克服经济萧条的。然而经济运行启动器的选择和使用，不仅决定于它的功能，而且取决于其运用条件。若把这个因素考虑在内，那么在经济萧条时期实行消费启动是根本不可能的，唯一可行的办法是实行投资启动。因为当经济萧条成为客观现实，出现停滞或低速增长之时——这是生产过剩和消费萎缩的结果，收入就不可能快速增长，甚至出现负增长。更为重要的是，人们基于对未来收入的不良预期，即使拥有可观的货币存储，也不愿意把它用于增加消费。在这种情形下，消费萎缩状态不仅不会改变，反而会继续恶化。这就是说，生产过剩和消费萎缩既是导致经济萧条的原因，又是阻碍经济复苏的重要因素。可见，在经济萧条时期，消费启动是不具备前提条件的。

投资启动与之不同，虽然用于投资和消费的货币都来自收入，但二者的性质截然不同。收入用在消费方面是一种纯生活费支出，其价值会全部丧失，当然人们的生活需要可借此得到一定的满足。而收入用在投资方面，由于资金具有价值增值的能力，其价值不仅可全部保留下来，而且还会带来增值的价值。由于这个缘故，就为经济萧条时期实行投资启动提供了可能。因此，只要调节得当，是完全可以聚集必要的资金，以实施投资启动的。

应当承认，经济运行是有周期的，即是说，繁荣和萧条总是交替地进行。但是只要善于运用消费启动，繁荣时期便可相对延长，而萧条时期可相对缩短，这也是可以完全肯定的。在这种意义上讲，消费启动也是优于投资启动的。

至此，我们已经介绍了投资启动自身的局限性和消费启动的比较优势，即消费启动过程的通畅性和经济运行的止跌回稳。所以我们要充分利用消费启动以延长繁荣期，此外，由于投资启动本身的局限性，它必须在适当的时机向消费启动转化。妥善把握好两者转化的时机，对于发挥两种启动机制的作用都是至关重要的。

第三节 消费启动与经济内外协调

需求是经济运行的基本动力。通常，一国的社会需求包括国外需求和国内需求两个组成部分，分别简称为“外需”和“内需”。国外需求即“外需”，是指国际市场对本国商品和劳务的需求，或者说，本国商品和劳务在国际市场上的销售，即“出口”。与国外需求相对应，国内需求即内需，是指国内市场对本国商品和劳务形成的需求。国内需求通常包括国内消费需求和国内投资需求两个组成部分。

作为构成总需求的内需和外需，对于世界上不同特点的国家，其作用和影响是各不相同的。对于大国而言，由于其经济体量较大，经济的发展主要立足于国内市场，外需的影响主要不在需求总量方面，而是在于通过影响需求结构进而影响供给结构和产业结构。对于小国则不同，小国由于国内市场容量小，经济的起飞一般需要借助于外需的推动，外需对其总需求增长有着重要作用。因此，就小国而言，外需不仅影响需求结构，更重要的是影响总量。

具体到中国来说，由于中国是一个人口众多的大国，坚持以内需为主无疑是正确的选择。但同时也要十分重视国际市场的作用，因为中国还处在向现代化迈进的进程中，在经济发展初期，还需要通过扩展国外市场和大量进口国外先进技术和设备来提高生产能力和竞争力，提升国内产业结构水平。总之，正确处理好内需和外需的关系，对于中国经济的发展和加快现代化的进程有着十分重要的作用。

一、消费启动与内需的关系

中国是一个大国。由上可知，调控经济运行必须从这一基本国情出发，立足于扩大国内需求，因此，当前的主要任务是扩大内需。眼前问题是，国内市场疲软的态势日趋严重，它迫使物价持续走低，也是抑制当前经济增长率上升，甚而迫使其继续下滑、失业面明显扩大的一个重要因素。在进出口增长率一度急剧下降后，情况更是如此。究其原因，与对国内经济运行调控不当是紧密相关的。

目前国内市场疲软，源于需求严重不足。但是，这并不是因为投资增长缓慢引起的；相反地，由投资而形成的生产性需求，在我国历来是兴旺或过于兴旺。近几年国内市场疲软主要是由于消费性需求不足的缘故，同时也是由于重复投资，传统产业过度增长所致。既然国内经济运行是对外经济运行的基础，那么调节经济运行，就必须在严格控制投资的前提下，着力扩大国内市场需求。只有国内经济运行摆脱紧缩状态，而重新走向繁荣兴旺，搞好对外经济运行才是切实可行的。

国内市场需求的扩大主要依赖于消费启动，这是因为：①

第一，消费既是经济运行的结果，又是经济运行的前提。没有生产，就谈不到对生产品的消费，这是人们的共识，也是便于理解的。但是没有消费，也不会有生产，这一点却经常为大家所忽视。比如，早年有“先生产、后生活”之说，如今又有人鼓吹“投资拉动”以代替消费启动，就是不懂得消费是经济运行的前提。没有消费，哪来的市场？没有市场，究竟为谁生产，又怎样进行生产呢？所以在承认消费是经济运行的结果的同时，又必须肯定它还是经济运行的前提。经济运行依赖于消费启动。

第二，消费性需求是最终需求，生产性需求是由消费性需求而派生的。消费性需求取决于居民收入，生产性需求则决定于企业投资。有人借用西方经济学的某些观点，把由投资所形成的生产性需求也看成最终需求，以鼓吹投资拉动，这是不妥的。问题在于，人家是从微观角度看待投资。一位生产机器设备的企业家，只要他的产品卖出了，他经营设备的目的达到了，就是他的最终需求。至于卖出的设备能否进入生产领域发挥它应有的作用，那是另一回事，他是不会关心的。但是从宏观角度看，卖出的设备属于生产性需求，而生产性需求为中间需求，它到头来还受最终需求，即消费性需求的制约。一旦它不是由消费性需求所引起，又不为消费品生产所容纳，由它牵动的生产就是多余的，生产过剩就是这样积累起来而形成的。所以，我们必须区别投资启动和消费启动，二者不但资金来源各异，而且所形成的市场需求在性质上也是不同的。生产性需求不能代替消费性需求，消费启动也不是投资拉动所能代替的。

第三，目前消费相对于生产已严重滞后。表现在：一是大量商品积压，连年如此。常年产销率不过95%，年积压商品按8万亿产值计算约4000亿元。二是大量生产能力过剩。目前政府在控制总量和淘汰“五小”的框架内，要大量压缩技术落后的过剩设备。比如，纺织已压缩近1000万锭，钢铁设备要缩减

---

① 闻潜．论经济运行与宏观调节[J]．山东经济，2000(5)

1/10。三是货币投放困难，货币资金开始呈现过剩。银行惜贷、企业惜借已成为相当普遍的现象。

总之，当前急待扩大内需，而扩大内需的关键应是大力增加居民收入，实行消费启动。

二、消费启动与外需的关系

在国际分工既定的情形下，外需就好像一个调节器，它可以弥补国内供给或需求的不足，成为各国用来协调需求结构和供给结构之间关系的重要手段。从长期看，外需对经济运行的影响，不仅表现在通过进出口调节国内市场的余缺，更重要的是通过进出口推动产业结构的优化。通过进出口适当输入一些先进适用的技术和国内紧缺的资源，对于推动一国产业结构的优化有着重要意义。

下面我们具体分析对外贸易的快速增长，在对经济发挥一定促进作用的同时，对于产业结构的调整所起到的调节作用。从外贸结构特别是出口结构来看，我国初级产品占总出口的比重下降，由 1980 年的 50.3%降到 2008 年的 5.4%；工业制成品占总出口的比重上升，由 1980 年的 49.7%上升到 2008 年的 94.9%。这说明，改革开放以来，中国出口结构已变成以工业制成品为主。

需要指出的是，尽管改革开放以来中国出口结构发生了重大变化，但与发达国家相比仍有较大差距。这主要表现在，在中国出口的工业制成品中，主要还是以轻工产品为主，高附加值的重工业产品所占的比重仍然很小。出口商品规模的扩大和出口结构的调整，促进了国内产业技术的改造和产业结构的升级。与此同时，进口结构也发生了重要变化。在进口总额中制成品所占比重上升，初级产品比重持续下降。前者由 1980 年 62.23%提高到 2008 年的 68%，后者由 1980 年 32.77%下降到 2008 年的 32%。进口的商品除弥补了国内生产的空缺外，还促进了国内相关产业的发展。

三、消费启动与外贸依存度

经济运行决定于国内市场，同时又受到国际市场的影响。当今世界经济发展速度加快，经济总量增长迅猛，一个显著特点是，国际间的经济合作愈趋紧密，经济联系越来越广阔，经济全球化、一体化的进程不断加快。在这一世界经济形势下，国际市场对国内经济运行的影响必然是越来越大。通常所称的外贸依存度是指一个国家（或地区）一定时期（一般为一个年度）内对外贸易总额在该国国民收入或国内生产总值（GDP）中所占的比重。其计算公式为：外贸依存度=外贸总额/国内生产总值（GDP）。它是衡量一个国家（或地区）国内经济运行对国际市场依赖程度的基本标识。

一国对外贸易依存程度是否合适，并没有一个固定的数量界限，而是取决于经济开放在实现资源合理配置、促进产业结构优化、推动技术进步、增加就业和平衡国际收支等方面，是否有利于实现该国经济发展目标。由于各国的国情不同，各国经济发展目标也不同，而且是可变的，因此，作为经济开放度衡量指标之一的外贸依存度，也就没有一个固定的数量界限。

按照外贸优先增长原理（进出口增长率在一定程度上高于经济增长率），外贸依存度呈上升趋势，但这不等于说外贸依存度越高越好。外贸依存度以多高为宜，这要根据对外经济运行与国内经济运行之间的关系以及改进经济运行机制的需要决定，同时还要考虑到宏观调控的政策走向。这是因为，对外经济运行作为国内经济运行的继续，它服务于国内经济的运行，既促进经济快速增长，又须促进市场总均衡的形成。

经济增长率的高低决定于两个基本因素：一是投资增长率，二是投入产出率。从理论上说，经济增长率应为二者之乘积。外贸优先增长必然导致外贸依存度上升，但这有两种不同的情形：[①] 如果外贸增长主要靠高投入实现——这属于粗放型增长，那么，外贸依存度上升的幅度就比较大；如果外贸增长主要依靠提高经济效益来实现——这属于集约型增长，那么，外贸依存度上升的幅度就比较小。即是说，在外贸优先增长的过程中，外贸依存度的大小或上升得快慢，主要决定于投资增长率和投入产出率的对比。一个阶段以来，我国外贸增长主要建立在高投入的基础之上，而投入产出率相当低下。因而，外贸扩张不但表现为低效益或无效益的数量扩张，而且还导致外贸依存度的急剧上升。

目前，我国经济运行的基本格局是既增长又过剩。外贸依存度高达70%，就我国经济运行的基本态势而言，不能认为这是一种健康的现象。原因是，它虽然有力地拉动了经济增长，却未能改善总需求的结构，尽管外需庞大，内需依然不足，市场持续疲软而难以振兴；它虽然有利于改善供给结构，却未能缓解商品过剩，供大于求的商品已从少数产业扩大到大多数产业，众多产业特别是与居民生活有紧密关联的产业，包括吃穿用在内，其产销率长期偏低，商品过剩则日益扩展和蔓延；它虽然有利于调整产业结构，但是生产能力过剩和资金过剩仍然严重，外向型产业是借助外资而扩展，内资过剩因受到外资多方的积压而越发严重；它虽然扩大了就业空间，却无助于抑制失业率的上升。失业问题的严重性正是在这个时期开始显现的。

---

① 闻潜．论外贸增长方式的转变[J]．经济经纬，2005(3)

总之，外贸依存度的急剧上升，并未能改变既增长又过剩的经济运行格局。目前我国经济运行既是快速的，又是平稳的，但市场在整体上却呈现严重的非均衡。基于此，可以认为，当前外贸依存度已经偏高，甚而是过高了。过高的外贸依存度意味着对国际市场的过分依赖，也必然更容易遭到外部市场的左右，国家经济安全和国防安全也会受到一定的影响。作为一国经济之平衡，应当着眼于扩大内需，在此基础上保持适当的外贸依存度，减缓国际经济波动对我国经济的影响，这样才能更好地实现宏观政策目标。

四、消费启动与进出口贸易战略

上面我们讨论了消费启动与内需、外需和外贸依存度的关系。现在我们转向讨论如何从宏观上调节对外经济运行，即怎样选择进出口贸易战略，从而更好地启动经济。

1. 谋求对外贸易优先增长。这是因为：一方面世界各国在经济上互相依存，其依存度如今在不断地加深，而各国之间的经济联系主要是通过商品进口和出口实现的；另一方面进口和出口对国内经济运行具有重要促进作用。人们说外贸是经济成长的“加速器”，就是对进出口功能的形象性描述。让对外贸易优先增长，对于经济运行可起到难以预测的加速作用。

2. 对外贸易优先增长和实现盈利相结合。实现对外贸易的盈利，是至关重要的。根据对外贸易的性质，通常我们利用国内价值和国际价值之间的差异，来谋求对外贸易的盈利。

需要注意的是，对外贸易的盈亏，可按进口和出口两个方面进行分析，而国内价值和国际价值的数量对比，无论进口还是出口均有三种不同的类型：[①]

（1）国内价值<国际价值。应当提及，按照国际收益的衡量方法，同国际价值相比较的国内价值是指转化后的国内价值。此种情形是一国在其生产率（资产生产率或劳动生产率）普遍高于生产同类产品的其他国家的条件下出现的。假定该国出口的是过剩的产品或劳务，抑或即将淘汰的技术（发达国家对发展中国家的出口一向如此），这种情形下商品的出口，不但使本国社会劳动的耗费取得国际承认，还可增加本国商品的价值总量，因而它可获得绝对利益。

然而在相同情形下，产品、技术和劳务均不宜进口。因为它不利于社会劳动的节约，反而会造成社会劳动的浪费。而社会劳动过多的浪费，则意味着本国价值总量的减少。如果硬要进口，那势必造成对外贸易的亏损。

---

① 闻潜．中国经济运行与宏观调节[M]．中国财政经济出版社，2000:750

（2）国内价值=国际价值。这是一国在其生产率等于或接近于生产同类产品的其他国家的条件下出现的。假定该国出口的是过剩的产品和劳务，或者是很快便要淘汰的技术，这种情形下其商品出口虽然无法获得绝对利益，但可得到比较利益。倘若出口的是国内需要甚至急需的产品，只要此种产品生产立足于国内资源或技术优势，具有进一步开发的前景，那么在相同的条件下，它仍可得到一定的比较利益。以上两种出口之所以可获得比较利益，是因为它们可起到当时和后续时期开拓世界市场，进而促进本国经济增长的作用。

在进口方面，当国内价值等于或接近于国际价值的时候，必须区分两种情况：一是凡是国内需要而难以大量生产的生产要素，皆宜进口，并可获得比较利益。因为这些生产要素的进口可适当弥补国内资源、技术或生产能力的不足，这有助于本国经济的发展。二是其他产品，特别是一般加工工业产品则不可大量进口。否则，让外国产品大量占有国内市场，就会严重阻碍本国经济的发展。

（3）国内价值>国际价值。这是一国在其生产率低于生产同类产品的其他国家的条件下出现的。在此种情形下，该国产品技术或劳务均难以大量出口，即使可以出口，也必然发生亏损。当然对于具有开发潜力的产品来说，为了开拓世界市场，宁可承担某种程度的损失也要争取出口。

进口和出口不同，在国内价值大于国际价值的相同情形下，出口必然导致亏损，进口则可获得绝对利益，一些稀缺生产要素的进口，情况更是如此。因为它既可减少社会劳动的耗费，又可促进本国经济的发展。

概言之，在国内价值小于或等于国际价值的情形下，宜鼓励或增加商品出口，而在国内价值等于或大于国际价值的情形下，应该支持或增加商品进口。我国是发展中国家，特别要根据我们的国情和国力，顺应国内价值和国际价值对比关系的要求，妥善地调节进口和出口。我们应坚持对外贸易优先增长，但唯有按照进出口基本原则办事，才能为外贸优先增长找到一条切实可行的途径。

第四章　中国消费和投资关系的历史经验与现状评估

当前投资和消费已经成为拉动经济增长的重要引擎，而如何调整两者之间相互关系，实现其与经济增长的协调发展和整个经济体系的良性循环将成为未来经济研究和宏观决策的重要课题。本章将利用相关统计数据，结合中国经济发展的现实，论述中国经济增长、消费和投资发展的历史轨迹；采用定性和定量相结合的方法对中国消费和投资关系的历史和现状进行分析和评估。

第一节　中国消费和投资关系的历史经验

改革开放为中国经济的运行轨迹划定了一个分界点，在这前后存在着重大的制度差别。中共十一届三中全会以来，中国经济体制的演进和经济增长本身具有较强的连续性。改革开放之前，由于计划经济体制下宏观经济政策的失误，过度追求工业化进程造成中国经济中各种比例关系的严重失调，且出现大幅度剧烈波动。直到改革开放以后，产业结构进行了调整优化，经济体制进行了转变，才使得中国投资与消费比例关系开始逐渐协调。因此为了更深入地分析和理解中国投资与消费比例关系，本节将选择1978年以后的统计数据对中国消费与投资比例关系的变动趋势进行研究，试图从其历史轨迹中发现中国投资与消费比例关系的变动规律及存在的问题。

一、中国消费与投资关系的周期性变化及性质特征

从1978年开始，由于中国对以往重积累、轻消费、重生产、轻生活的经济发展战略进行了重新调整，投资与消费关系逐步得到理顺。从表4-1中的数据，我们可以清晰地看到，消费率从1978年的62.1%上升到了1981年的67.1%；而同期投资率则从1978年的38.2%下降到1981年的32.5%。1981年到1985

年期间，中国改革的重点开始从农村转移到城市，伴随着工业化进程的加速，投资增长也明显加快。在这段时间，投资率平均高达 33.9%，消费率平均为 66.4%。在政府的一系列的“治理整顿”措施之后，投资率从 1986 年的 37.5% 下降到了 1990 年的 34.9%，平均为 36.5 %。由于经济增长显著回落导致居民收入增长放慢，进而使消费率也呈下降趋势。消费率从 1986 年的 64.9%下降到 1990 年的 62.5%，平均为 63.9%。

1991 年以后随着新一轮经济建设高潮的兴起，固定资产投资迅猛增长。到 1995 年时，投资率已经平均高达 39.0%，消费率平均为 60.1%。针对经济出现的严重通货膨胀，政府从 1995 年开始采取以压缩投资和控制信贷投放为主的一系列调控措施，经济于 1996 年基本实现了软着陆。但从 1997 年起，国内首次出现了买方市场，加上亚洲金融危机的冲击，国内需求严重不足。在此期间，投资率从 1996 年的 38.8%下降到了 2000 年的 35.3%，平均为 36.6%；消费率则从 1996 年的 59.2%回升到 2000 年的 62.3%，平均为 60.3%。

自 2001 年开始，中国经济在成功实现软着陆后，投资开始迅速回升，并随着多年实施积极财政政策累积效应的释放，增长速度不断加快。到 2008 年，投资率已从 2001 年的 36.5%，迅速上升到 43.5%，在此期间投资率平均为 41.2%；消费率则从 2001 年的 61.4%，快速回落到 48.6%，平均为 53.9%。

表 4-1　1978～2008 年中国投资与消费对照表

年份	投资额（亿元）	投资增长率（%）	投资率（%）	最终消费总额（亿元）	消费增长率（%）	最终消费率（%）
1978	1377.9	—	38.2	2239.1	—	62.1
1979	1478.9	7.3	36.1	2633.7	17.6	64.4
1980	1599.7	8.2	34.8	3007.9	14.2	65.5
1981	1630.2	1.9	32.5	3361.5	11.8	67.1
1982	1784.2	9.4	31.9	3714.8	10.5	66.5
1983	2039.0	14.3	32.8	4126.4	11.1	66.4
1984	2515.1	23.3	34.2	4846.3	17.4	65.8
1985	3457.5	37.5	38.1	5986.3	23.5	66.0
1986	3941.9	14.3	37.5	6821.8	14.0	64.9
1987	4462.0	13.2	36.3	7804.6	14.4	63.6
1988	5700.2	27.7	37.0	9839.5	26.1	63.9
1989	6332.7	11.1	36.6	11164.2	13.5	64.5
1990	6747.0	6.6	34.9	12090.5	8.3	62.5

续表

年份	投资额（亿元）	投资增长率（%）	投资率（%）	最终消费总额（亿元）	消费增长率（%）	最终消费率（%）
1991	7868.0	16.6	34.8	14091.9	16.6	62.4
1992	10086.3	28.2	36.6	17203.3	22.1	62.4
1993	15717.7	55.8	42.6	21899.9	27.3	59.3
1994	20341.1	29.4	40.5	29242.2	33.5	58.2
1995	25470.1	25.2	40.3	36748.2	25.7	58.1
1996	28784.9	13.0	38.8	43919.5	19.5	59.2
1997	29968.0	4.1	36.7	48140.6	9.6	59.0
1998	31314.2	4.5	36.2	51588.2	7.2	59.6
1999	32951.5	5.2	36.2	55636.9	7.8	61.1
2000	34842.8	5.7	35.3	61516.0	10.6	62.3
2001	39769.4	14.1	36.5	66878.3	8.7	61.4
2002	45565.0	14.6	37.9	71691.2	7.2	59.6
2003	55963.0	22.8	41.0	77449.5	8.0	56.8
2004	69168.4	23.6	43.2	87032.9	12.4	54.3
2005	80646.3	16.6	42.7	97822.7	12.4	51.8
2006	94402.0	17.6	42.6	110595.3	13.6	49.9
2007	110919.4	17.5	42.3	128793.8	16.5	48.8
2008	133612.3	20.5	43.5	149112.6	15.8	48.6

注：1. 投资额、投资率、最终消费额、最终消费率来自《中国统计年鉴》各相关年度。

2. 投资增长率、消费增长率为作者计算所得。

为了更加直观地说明两者的变化趋势，可以将表 4-1 数据做成图形，如图 4-1 所示。

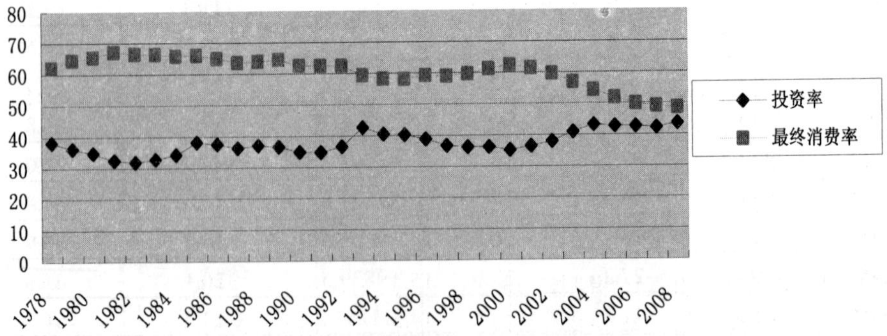

图 4-1 1978～2008 年中国投资率与最终消费率变动对比图

根据图 4-1 的显示，中国的最终消费率在波动中呈现下降趋势，而投资率总体上则呈现波动上升的趋势。为了更深入地研究两者之间的变动关系，下面将具体分析两者的变化轨迹。

（一）中国消费率的历史变动趋势

中国自 1978 年以来消费率变动情况的数据如表 4-2 所示。为了更清晰直观地反映消费率的变动趋势，根据表 4-2 的数据作出最终消费率及其内部结构的变动趋势图，如图 4-2 所示。

表 4-2　1978～2008 年中国消费率变动表（%）

年份	最终消费率	居民消费率	农村居民消费率	城镇居民消费率	政府消费率
1978	62.1	48.8	30.3	18.5	13.3
1979	64.4	49.2	30.7	18.5	15.2
1980	65.5	50.8	30.7	20.1	14.7
1981	67.1	52.5	32.0	20.5	14.6
1982	66.5	51.9	32.0	19.9	14.6
1983	66.4	52.0	32.3	19.7	14.4
1984	65.8	50.8	31.4	19.4	15
1985	66.0	51.7	31.0	20.7	14.3
1986	64.9	50.4	29.1	21.3	14.5
1987	63.6	49.9	27.9	22.0	13.7
1988	63.9	51.1	27.1	24.0	12.8
1989	64.5	50.9	26.3	24.6	13.6
1990	62.5	48.9	24.3	24.6	13.6
1991	62.4	47.5	22.5	25.0	14.9
1992	62.4	47.2	21.2	26.0	15.2
1993	59.3	44.4	18.6	25.8	14.9
1994	58.2	43.5	17.7	25.8	14.7
1995	58.1	44.9	17.8	27.1	13.2
1996	59.2	45.8	18.8	27.0	13.4
1997	59.0	45.3	17.9	27.4	13.7
1998	59.6	45.3	16.7	28.6	14.3
1999	61.1	46.0	16.0	30.1	15.1
2000	62.3	46.4	15.3	31.1	15.9
2001	61.4	45.2	14.5	30.7	16.2
2002	59.6	43.7	13.5	30.2	15.9

续表

年份	最终消费率	居民消费率	农村居民消费率	城镇居民消费率	政府消费率
2003	56.8	41.7	12.0	29.7	15.1
2004	54.3	39.8	10.9	28.9	14.5
2005	51.8	37.7	10.2	27.8	14.1
2006	49.9	36.3	9.5	26.8	13.6
2007	48.8	35.5	9.0	26.5	13.3
2008	48.6	35.3	8.9	26.4	13.3

说明：1．最终消费率数据引自《中国统计年鉴》各相关年度。

2．居民消费率、农村居民消费率、城镇居民消费率、政府消费率根据《中国统计年鉴》各相关年度数据计算整理得出。

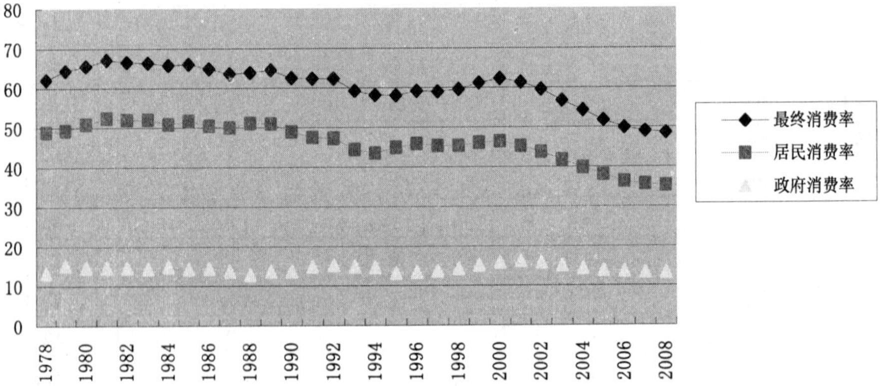

图 4-2　1978～2008 年中国最终消费率及其结构变动趋势图

从图 4-2 中国消费率变动的轨迹变化中，我们可以看到，中国的最终消费率呈现先上升后下降，随后小幅回升直到最近出现大幅度下降的态势。根据整体变动趋势，可将整个变化过程分为四个阶段：

第一阶段（1978 年～1981 年）：在此区间内，中国最终消费率连续三年保持上升，由 1978 年的 62.1%上升到 1981 年的 67.1%，达到改革开放以来的历史最高水平，四年累计上升了 5 个百分点，平均每年上升 1.3 个百分点。平均水平为 64.8%。这是由于改革开放以来，中国对以往重积累、轻消费、重生产、轻生活的经济发展战略进行了重新调整，包括调整了分配政策，压缩了固定资产投资，从而投资与消费的关系逐步得到理顺。这种投资和消费关系的变化带有一定“矫正和补偿”的性质。

第二阶段（1981 年～1995 年）：在此区间内，最终消费率基本呈现持续下降的趋势，其间伴有短暂的小幅回升。由 1981 年的 67.1%到 1995 年的 58.1%，总体下降了 9 个百分点，其间 1985 年有 0.2 个百分点的小幅上升，1988 年、1989 年连续两年有小幅上升，共上升约 1 个百分点，之后持续下降至 1995 年。年均下降约 1.3 个百分点。平均水平为 63.2%，较上一阶段下降 1.6 个百分点。

第三阶段（1995 年～2000 年）：在此区间，除 1997 年有 0.2 个百分点的下降之外，基本保持小幅回升趋势。从 1995 年的 58.1%到 2000 年的 62.3%累计上升了 4.2 个百分点，年均上升约 0.8 个百分点。平均水平为 60.3%，较上一阶段下降了 2.9 个百分点，下降幅度比较大。

第四阶段（2000 年～2008 年）：在此区间，最终消费率持续大幅下降。总体水平从 2000 年的 62.3%下降到 2008 年的 48.6%，达到改革开放以来的最低水平，共下降了 13.7 个百分点，年均下降约 1.7 个百分点，也是下降速度最快的阶段。平均水平为 55.6%，较上一阶段下降 3.5 个百分点。

通过对表 4-2 和图 4-2 中最终消费率数据的变动趋势来看，最终消费率的变动趋势基本是呈波动下降的，尤其第三阶段尽管呈上升趋势，但平均水平下降幅度高达 2.9 个百分点。而且从 1993 年跌至 60%以下后，除 1999 年到 2001 年略微突破 60%之外，其他年份都保持在 60%以下，2008 年更是降到了 48.6%，成为 1978 年以来的最低水平。

比较中国最终消费率的波动幅度时，我们还发现，在前三阶段，年均波动幅度呈下降趋势，分别为 1.3、1.3 和 0.8 个百分点。这说明消费率的波动幅度在逐渐缩小，变动趋势已经开始趋于平稳。但第四阶段即从 2000 年开始，波动幅度突然加大，年均下降幅度已达到 1.7 个百分点，是改革开放以来波动幅度的最高水平。另外，我们不难发现，在最终消费中，居民消费所占的比重基本上在 75%以上，并且其波动基本与最终消费率保持一致，而政府消费所占比重则在 25%以下，变动趋势也相对平稳。因而，可以判断，影响最终消费率的主要因素是居民消费率的波动。为了更加详细地说明中国最终消费率波动的深层次原因，我们有必要对消费率的内部结构变动趋势作进一步的研究。

1．中国居民消费率的历史变动趋势

为了更加清晰地表明居民消费率的变动轨迹，我们可以根据表 4-2 的数据做出图 4-3。

从图 4-3 中我们不难发现，居民消费率的整体变动趋势同最终消费率的变动基本相同，总体趋势也是在波动中下降，大致可以将其分为五个阶段：

第一阶段（1978 年～1981 年）：居民消费率由 1978 年的 48.8%上升至改革

开放以来的最高水平 52.3%，总体上升 3.5 个百分点，年均上升 1.2 个百分点，平均水平为 50.3%。

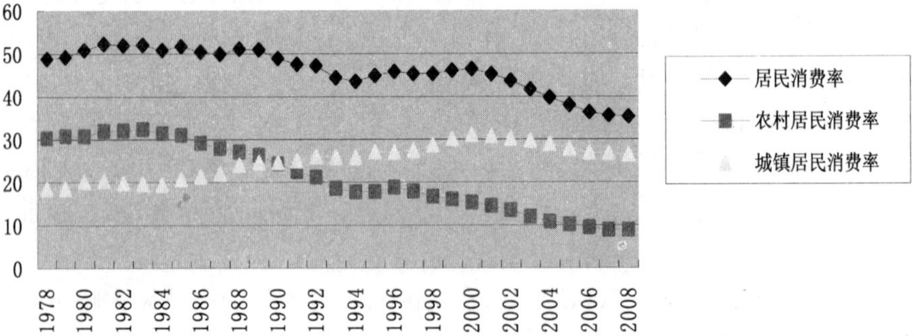

图 4-3 1978～2008 年中国居民消费率及其结构变动趋势图

第二阶段（1981 年～1988 年）：在此阶段，居民消费率基本保持平稳状态，总体水平始终在一个相对稳定的范围内轻微波动。平均水平为 51.1%，较上一阶段上升了 0.8 个百分点。

第三阶段（1988 年～1994 年）：在此期间，居民消费率呈现较明显的下降趋势，到 1994 年，已经由 1988 年的 51.1%下降至 43.5%，六年间共下降 7.6 个百分点，年均下降约 1.3 个百分点。平均水平为 47.1%，较上一阶段下降了 4 个百分点。

第四阶段（1994 年～2000 年）：从 1995 年开始，居民消费率开始出现缓慢回升，到 2000 年，回升至 46.4%。六年间共上升 2.9 个百分点，年均上升约 0.5 个百分点。年均水平为 45.6%，较上一阶段下降 1.5 个百分点。

第五阶段（2000 年～2008 年）：从 2001 年开始，居民消费率又开始出现幅度较大的下降趋势，到 2008 年八年期间已降至 35.3%，比 2000 年下降了 11.1 个百分点，年均下降近 1.6 个百分点。平均水平为 40.0%，较上一阶段下降 5.6 个百分点。

从以上分析可以看出，居民消费率总体水平呈下降趋势。前两个阶段居民消费率基本保持在 50%以上，但从第三阶段开始出现较大幅度的下降，虽然在第四阶段有轻微的回升，但从 2000 年开始居民消费率再次出现大幅下降，直至 2008 年降至 35.3%，达到历史最低水平。

从图 4-3 中我们还可以发现居民消费率内部结构的变化趋势，农村居民消费率的变动基本和居民消费率的走势一致，但两者的差距明显逐渐拉大。通过

表 4-2 的数据可以清楚地发现，农村居民消费率的波动幅度较大，并且在波动中呈现下降趋势。从 1978 年到 1983 年，农村居民消费率呈现逐年缓慢上升的走势，并且在 1983 年达到改革开放以来的最大值 32.3%，但此后就开始了一段长达 20 多年的下降过程，其间除 1996 年出现过一次回升之外，其余各年均是逐年下降，2008 年更是达到了历史最低点 8.9%，比 1983 年下降了 23.4 个百分点，年均下降约 1 个百分点。

与之相反，城镇居民的消费率波动幅度相对较小，基本呈平稳上升趋势，从 1985 年开始，城镇居民消费率开始出现了较为明显的上升，从 1984 年的 19.4%上升到 2000 年的 31.1%，达到历史最高水平，年均上升了约 0.7 个百分点。从 2000 年到 2008 年，城镇居民消费率开始出现逐年缓慢下降的趋势，2008 年下降到了 26.4%，比 2000 年下降了 4.7 个百分点，年均下降约 0.6 个百分点。通过对居民消费率内部结构的数据和变化趋势分析来看，居民消费率下降的主要原因应该是农村居民消费率的下降。正是由于农村居民消费率的大幅、持续下降，加上城镇居民消费率增速相对缓慢，最终导致了居民消费率的持续走低。

2．中国政府消费率的历史变动趋势

从表 4-2 的数据和图 4-2 的走势来看，中国政府消费率的波动相对较为平稳，其阶段性特征并不明显，从 1978 年到 1984 年这段时间，基本处在一个平稳的小幅振荡区间内，除 1978 年外，其余各年的数据都维持在 14.4%～15.2%的波动范围内。但从 1985 年开始中国的政府消费率出现了一次短暂的下降趋势，由 1985 年的 14.3%下降到了 1988 年的 12.8%，成为改革开放以来的历史最低点，三年一共下降了 1.5 个百分点，年均下降约 0.5 个百分点。此后从 1989 年开始，又出现了一定程度的回升，虽然从 1993 年到 1995 年伴有小幅的下降，但整体上仍处于上升趋势中，并且在 2001 年达到了历史最高点 16.2%，比 1988 年上升了 3.4 个百分点，年均上升约 0.3 个百分点。从 2001 年到 2007 年又呈现出逐年下降的趋势，2008 年更是降到了 13.3%，七年下降了 1.7 个百分点，年均下降了 0.2 个百分点。结合中国最终消费率和居民消费率的走势变化，可以判断，这段时间政府消费率的下降也在一定程度上加剧了最终消费率的持续下滑。

（二）中国投资率的变动趋势

表 4-3 为 1978 年以来中国投资率的数据统计，根据表 4-3 作出投资率及其内部结构的变动趋势图。如图 4-4 所示。

表 4-3 1978～2008 年中国投资率变动表

年份	GDP 增长率（%）	投资率（%）	固定资本投资率（%）	存货增加比率（%）
1978	—	38.2	29.8	8.4
1979	9.6	36.1	28.2	7.9
1980	8.1	34.8	28.8	6.0
1981	6.7	32.5	26.7	5.8
1982	11.8	31.9	26.9	5.0
1983	10.1	32.8	27.7	5.1
1984	12.8	34.2	29.2	5
1985	11.8	38.1	29.5	8.6
1986	10.6	37.5	29.9	7.7
1987	11.1	36.3	30.9	5.4
1988	11.8	37.0	30.5	6.5
1989	3.6	36.6	25.5	11.1
1990	5.6	34.9	25.0	9.9
1991	9.2	34.8	26.9	7.9
1992	12.8	36.6	30.9	5.7
1993	16.3	42.6	36.1	6.5
1994	12.7	40.5	34.5	6.0
1995	10.7	40.3	33.0	7.3
1996	10.2	38.8	32.4	6.4
1997	8.4	36.7	31.8	4.9
1998	6.9	36.2	33.0	3.2
1999	6.5	36.2	33.5	2.7
2000	6.4	35.3	34.3	1.0
2001	8.1	36.5	34.6	1.9
2002	9.8	37.9	36.3	1.6
2003	10.5	41.0	39.2	1.8
2004	9.9	43.2	40.7	2.5
2005	12.1	42.7	41.5	1.1
2006	11.6	42.6	40.7	1.9
2007	13.0	42.3	39.9	2.3
2008	9.0	43.5	41.1	2.4

注：1. 投资率数据引自《中国统计年鉴》各相关年度。

2. 固定资本投资率和存货增加比率为作者根据《中国统计年鉴》各相关年度数据计算整理所得。

3. GDP 增长率（支出法计）按环比增长率计算。

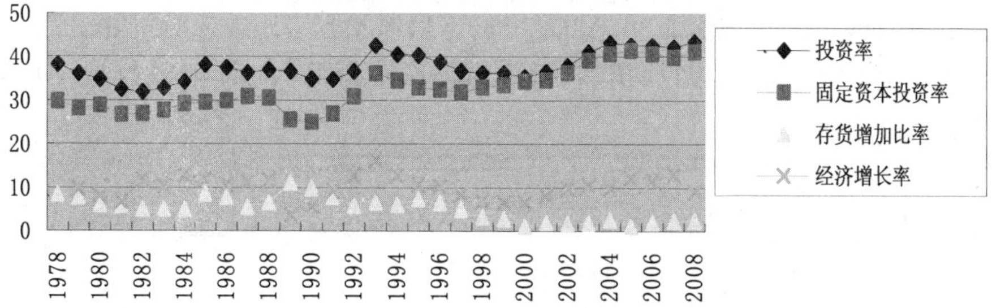

图 4-4　1978～2008 年中国投资率及其内部结构变动趋势图

从表 4-3 的数据和图 4-4 的趋势可以看出，投资率与消费率变动趋势基本相反，在波动中呈上升趋势。根据数据变动轨迹，我们可以将投资率的变动过程分为六个阶段：

第一阶段（1978 年～1982 年）：在此期间，投资率持续大幅下降，总体水平从 1978 年的 38.2%下降到 1982 年的 31.9%，共下降 6.3 个百分点，平均每年下降约 1.6 个百分点，平均水平为 34.7%。

第二阶段（1982 年～1985 年）：三年间，投资率开始迅速反弹，从 1982 年 31.9%迅速上升到 1985 年的 38.1%，共提高 6.2 个百分点，平均每年上升达 2.1 个百分点。平均水平为 34.3%，比上一阶段下降了 0.4 个百分点。

第三阶段（1985 年～1991 年）：在此期间，除在 1988 年有过一次小幅回升之外，其余各年都处于下降趋势。1991 年下降到了 34.8%，六年总的下降幅度为 3.3 个百分点，平均每年下降了约 0.6 个百分点。投资率的平均水平为 36.2%，比上一阶段上升了 1.9 个百分点。

第四阶段（1991 年～1993 年）：这段时间投资率出现了大幅度上升，短短两年内投资率就上升了 7.8 个百分点，尤其是 1993 年，从 36.6%猛升至 42.6%，一年就上升了整整 6 个百分点，是改革开放以来增速最快的一年，这期间年均上升 3.9 个百分点，平均水平为 39.6%，比上一阶段小幅上升了 0.4 个百分点。

第五阶段（1993 年～2000 年）：在此期间，投资率经历了长时间的持续下降过程，从 1993 年的 42.6%下降到了 2000 年的 35.3%，一共下降了 7.3 个百分点，年均下降了约 1 个百分点，平均水平为 37.7%，比上一阶段下降了 1.9 个百分点。

第六阶段（2000 年～2008 年）：这段时间投资率开始出现明显的回升，随着多年实施积极财政政策的累积效应的释放，投资增长速度开始加快。从 2000

年的35.3%上升到2008年的43.5%，八年一共上升了约8.2个百分点，年均上升约1个百分点，平均水平为40.5%，较上一阶段上升2.8个百分点。

从对图4-4的分析可以看出，投资率整体上呈现波动上升的趋势，与经济增长率波动走势基本吻合，但投资率的波动趋势基本滞后于经济增长率一年，并且投资率的波动幅度逐渐开始大于经济增长率的波动幅度。对于中国投资率上升的原因分析，我们有必要对其内部结构，即固定资本投资率和存货增加比率的变动轨迹作进一步的深入研究。

1．中国固定资本投资率的历史变动趋势

第一阶段（1978年～1981年）：这段时间，除1980年略有上升之外，中国固定资本投资率基本呈现下降的趋势，从1978年的29.8%下降到1981年的26.7%，三年共下降了3.1个百分点，年均下降约1个百分点，平均水平为28.4%。

第二阶段（1981年～1987年）：在这期间，固定资本投资率呈现逐年缓慢上升的趋势，1987年固定资本投资率达到了30.9%，比1981年上升了4.2个百分点，年均上升0.7个百分点，平均水平为29.0%，较上一阶段微升了0.6个百分点。

第三阶段（1987年～1990年）：这段时间，固定资本投资率再次出现下降的走势，其中1989年的下降幅度就高达5%，成为改革开放以来下降幅度最大的一年，到1990年已经下降到了25%，比1987年下降了5.9个百分点，年均下降约2个百分点，平均水平为27.0%，较上一阶段下降了2个百分点。

第四阶段（1990年～1993年）：这一时期，固定资本投资率出现了幅度较大的回升，从1990年的25%猛增到1993年的36.1%，三年共上升了11.1个百分点，年均上涨了约3.7个百分点，其中1992年和1993年分别比上年上涨了4个百分点和5.2个百分点，是改革开放以来上涨速度最快的一段时期，平均水平达到了31.3%，较上一时期上升了4.3个百分点。

第五阶段（1993年～1997年）：这四年期间，固定资本投资率又开始逐年下降，1997年下降到了31.8%，比1993年下降了4.3个百分点，年均下降了约1.1个百分点，平均水平为32.9%，较上一阶段上升了1.6个百分点。

第六阶段（1997年～2008年）：这段时间，固定资本投资率呈现持续稳定上升的趋势，2005年达到了改革开放以来的历史最高点41.5%，比1997年上升了9.7个百分点，年均上升1.2个百分点，平均水平37.2%，较上一阶段上升了4.3个百分点。

由上面的分析和图4-4可以很清晰地发现，固定资本投资率的波动轨迹基本和投资率的变动保持一致，并且每一次的上升幅度和持续时间都要大于下降阶段，因而整体呈现出波动上升的趋势。因而可以判断，固定资本投资率的不断上升应该是中国投资率水平呈现上升趋势的主要原因。

2. 中国存货增加比率的历史变动趋势

从图 4-4 中存货增加比率的变动趋势来看，整体上呈现下降的趋势，并且我们可以从其波动的轨迹上发现，存货增加比率基本上和固定资本投资率的波动呈反向变动关系。1989 年之前存货增加比率基本维持在一个稳定的区间内波动，平均水平约为 6.5%；到 1989 年，突然猛增到了 11.1%，达到了改革开放以来的历史最高点，之后就开始呈现逐渐下降的趋势，虽然在 1992 年到 1995 年期间有过短暂的回升，但此后又再次出现长时间的持续下降，直到 2000 年，下降到了历史最低点 1%。从 2001 年开始，存货增加率有所回升，但上升幅度有限，基本都在 1%～2%的区间内小幅波动，在 2004 年升至 2.5%之后，2005 年又再次下探到 1.1%，之后又有所回升。总体上来看，存货增加比率与投资率的波动轨迹也呈现相反的变动趋势。

二、中国消费和投资关系的历史评价

从中国消费和投资关系历史周期变化的考察分析中，我们不难发现，在整个经济发展的宏观走势中，经济发展主要依靠投资拉动，而投资率的上升又主要归因于固定资产投资的增长；消费在整个发展过程中基本呈现下降的趋势，而其中农村居民消费率的下降尤其明显，这对中国当前消费整体走势的低迷影响甚大。从这二十多年的消费投资周期波动中，我们可以归纳出关于中国消费投资关系历史变化的几点特征：

1. 投资和消费的整体走势以及阶段性和周期性波动趋势明显。从图 4-1 的变动趋势来看，投资基本上呈现出整体上升的趋势，而消费则处于整体下降的波动变化之中。同时，通过前面的分析我们已经知道，在整个消费和投资的历史走势中，其阶段性和周期性的波动特征也尤为显著，这和中国宏观经济的周期变动存在很大的关联性，特别是投资的波动和经济增长之间有极高的关联性特征。这也表明中国在改革开放以后，经济的增长主要还是依赖于投资拉动型的经济增长模式。

2. 消费和投资内部结构存在不一致的波动趋势。通过对消费和投资关系历史趋势的考察，我们可以看到，投资的增长主要是由于固定资本投资率的增加，因而，固定资本投资的上升成为改革开放以来投资增速加快并拉动经济增长的源泉。消费变动的内部结构中，居民消费的持续下降则成为整体消费水平走势疲软的主要原因。而在居民消费的内部结构变化中，城镇居民消费水平总体上还是缓慢上升的，农村居民消费水平的下滑则成为制约居民总体消费水平上升的最重要环节。

3. 经济产业政策对消费投资比率影响较大。改革开放以来，历次重大经济产业政策的调整对调节消费投资比率都产生了重要作用，可以说，每一轮的经济周期都和政府的宏观经济政策有着紧密的联系。尤其在改革开放以后，中国处在一个经济转型时期的关键阶段，政府的经济产业政策对于消费投资比率的合理调节就显得非常重要。改革开放以后，中国从“重积累、轻消费、重生产、轻生活”的发展战略中走出来，重新调整了产业结构和消费投资的关系，在80年代到90年代期间，中国又进一步加快了工业化进程，使得固定资产投资规模加快。此后，在1995年以后为使经济实现软着陆，抑制通货膨胀，政府采取了压缩投资、控制信贷的宏观调节手段。亚洲金融危机之后，从1997年开始国家又采取了积极的财政政策和货币政策，以此刺激社会总需求，拉动经济增长，但财政政策的累积效应一定程度上造成了2000年以后中国投资率的持续上升，而货币政策对于消费却并未起到明显的刺激拉动作用，消费率明显呈现下降趋势。

从整个投资消费的历史走势来看，其阶段性的波动轨迹都一定程度上反映了中国政府对于宏观经济的政策导向。但由于政府往往都是在市场信号出现以后才会作出相应的宏观经济政策，因而也不可避免地带有时滞性，此外，其在解决旧有问题的同时，也有可能给市场带来新的发展难题。因此，消费和投资关系的发展轨迹始终贯穿着市场和政府宏观调控之间如何协调关系的问题。

第二节 中国消费和投资关系的现状评估

我们知道，消费和投资的比例关系决定着社会再生产能否顺利进行，这是任何社会再生产都必须遵循的客观规律。近几年来，中国消费和投资的关系呈现出投资增长速度过猛，投资率过高，而消费需求相对疲软，消费率增长不足的基本特征，经济增长的不均衡问题日益突出。从当前经济运行的实际情况来看，如何实现消费和投资协调增长及双拉动的局面，以确保今后相当一段时间内经济持续快速健康发展，是我们面临的一道亟待解决的经济难题。

一、中国消费和投资关系的现状格局

我们通过分析2000～2008年消费和投资变动的具体情况来考察中国消费和投资关系的现状格局。中国投资和消费在2000年以后的统计数据如表4-4所示。

表4-4　2000～2008年中国的消费与投资对照表（%）

年份	投资增长率	投资率	固定资本投资率	消费增长率	最终消费率	居民消费率	政府消费率
2000	5.7	35.3	34.3	10.6	62.3	46.4	15.9
2001	14.1	36.5	34.6	8.7	61.4	45.2	16.2
2002	14.6	37.9	36.3	7.2	59.6	43.7	15.9
2003	22.8	41.0	39.2	8.0	56.8	41.7	15.1
2004	23.6	43.2	40.7	12.4	54.3	39.8	14.5
2005	16.6	42.7	41.5	12.4	51.8	38.0	13.9
2006	17.6	42.6	40.7	13.6	49.9	36.3	13.6
2007	17.5	42.3	39.9	16.5	48.8	35.6	13.4
2008	20.5	43.5	41.1	15.8	48.6	35.3	13.3

说明：1. 投资率、最终消费率来自《中国统计年鉴》各相关年度。

2. 投资增长率、消费增长率为作者计算所得。

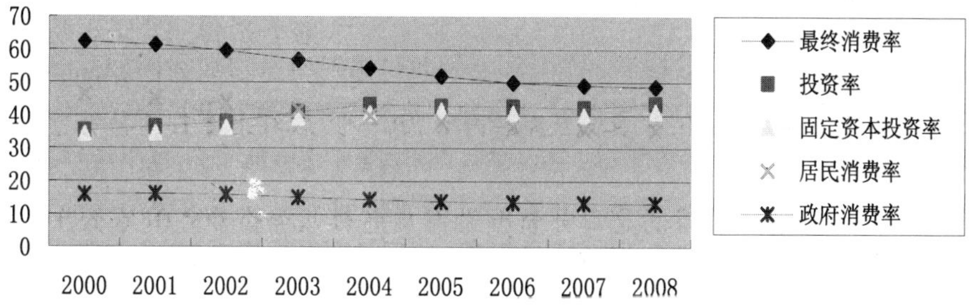

图4-5　2000～2008年中国投资率及其内部结构变动趋势图

从图4-5中我们不难看出，中国的投资率基本呈现上升的趋势，而消费率则呈现逐年下降的势头。表4-4数据显示，投资率从2000年的35.3%上升到2008年的43.5%，上升了8个百分点，而消费率则在8年中由62.3%下降到了48.6%，下降了13.7个百分点，2008年的最终消费率只有48.6%，这比世界平均消费率水平低了20个百分点。此外，从投资和消费的增长率来看，从2001年开始，每年的投资增长率均高于消费增长率，2003年投资增长率更是高出消费增长率达14.4个百分点。显然，当前的低消费、高投资已经成为中国经济运行过程中的基本特征。

从投资和消费的内部结构来看，投资的增长主要来自固定资本投资的逐年上升。2000年以来，中国全社会固定资产投资连续高速增长，2008年固定资本投资率达到了41.1%，比2000年高出6.8个百分点。虽然目前中国正处于工业化、城镇化进程加快的阶段，偏高投资率的存在具有一定的合理性，但其可能带来的负面效应不可忽视。投资率呈现上升轨迹的同时，消费率则表现为下降趋势，而且居民消费率和政府消费率均出现了下降，居民消费率从2000年的46.4%下降到2008年的35.3%，下降了11.1个百分点，政府消费率从2000年的15.9%下降到2008年的13.3%，下降了两个百分点，居民消费率下降速度明显快于政府消费率下降速度，经济发展中有效消费需求不足非常明显。

H. 钱纳里的“多国模型”也表明，当一个国家的人均GDP达到1000美元时，最终消费率在80%左右。中国2003年人均GDP首次超过1000美元，2008年的人均GDP达到了3267美元，[①] 但是中国2008年的最终消费率只有48.6%，这比“多国模型标准值”低了约28个百分点。

从表4-5的数据可以看到，2000～2008年，投资对GDP的贡献率呈现波动上升的趋势，2003年达到了最大值63.7%，平均贡献率46.3%；最终消费的贡献率持续下降，从2000年的63.8%下降到2008年的46.4%，下降了近20个百分点，平均贡献率43.8%。由此可见，中国当前的经济增长主要还是来自投资的增长，而在经济高速增长的过程中，消费需求对经济增长的贡献率和贡献度持续下降。这不仅说明中国新增财富中有相当大的部分被用于投资和积累，居民在国民收入分配中所占比重不断减少，没能最大限度地分享到经济快速发展的成果，而且更为重要的是，它表明中国当前有效需求不足的根源在于消费需求不足。

① 数据来自新浪财经：《李德水透露：中国08年人均GDP登上3000美元》，www.sina.com，2009年3月6日。

表 4-5 2000～2008 年三大需求对国内生产总值增长的贡献率和拉动情况表

年份	最终消费支出		资本形成总额		货物和服务进出口	
	贡献率（%）	拉动（百分点）	贡献率（%）	拉动（百分点）	贡献率（%）	拉动（百分点）
2000	63.8	5.4	21.7	1.8	14.4	1.2
2001	50.0	4.1	50.1	4.2	−0.1	0
2002	43.6	4.0	48.8	4.4	7.6	0.7
2003	35.3	3.5	63.7	6.4	1.0	0.1
2004	38.7	3.9	55.3	5.6	6.1	0.6
2005	38.2	4.0	37.7	3.9	24.1	2.5
2006	38.7	4.5	42.0	4.9	19.3	2.2
2007	39.4	5.1	40.9	5.3	19.7	2.6
2008	46.4	4.2	51.9	4.7	1.7	0.2

说明：1．数据来自 2009 年《中国统计年鉴》。

2．贡献率是指三大需求增量与支出占国内生产总值增量之比。

3．拉动指国内生产总值增长速度与三大需求贡献率的乘积。

二、中国消费和投资关系的主要问题

不断加强和改善宏观调控是社会主义市场经济的重要组成部分。透过近几轮的宏观调控，经济运行中凸显出的“固定资产投资过热、有效消费需求不足”等种种矛盾和问题，从根本上暴露出了中国长期以来经济增长方式粗放、经济效益低下、经济结构不合理、经济体制不完善等问题。其实质，反映出了投资与消费结构失衡的矛盾日益严重。

中国当前高投资率形成的生产能力并未使部分企业利润增幅上升，相反，投资结构的矛盾使得大量固定资本投资造成部分行业产能过剩，而较高的投资率和偏低的投资效率并存，进一步加重了中国经济的粗放型增长，给国民经济的健康、快速、可持续发展带来了巨大隐患。

（一）某些行业出现盲目扩张倾向，低水平重复建设加剧

2003 年以来，中国经济持续快速增长，工业化、城镇化进程加快，受投资驱动与市场竞争的双重影响，能源、原材料需求急剧扩张，消费结构不断升级，钢铁、水泥、平板玻璃、煤化工、多晶硅及风电设备等行业的生产空前高涨，盲目投资、低水平扩张导致生产能力过剩，严重影响到国民经济的稳定、协调

与健康发展。

根据2009年的统计数据，[①] 2008年我国粗钢产能6.6亿吨，需求仅5亿吨左右，约四分之一的钢铁及制成品依赖国际市场，2009年上半年全行业完成投资1405.5亿元，目前在建项目粗钢产能5800万吨，多数为违规建设，如不及时加以控制，粗钢产能将超过7亿吨，产能过剩矛盾将进一步加剧。目前在建水泥生产线418条，产能6.2亿吨，另外还有已核准尚未开工的生产线147条，产能2.1亿吨，这些产能全部建成后，水泥产能将达到27亿吨，市场需求仅为16亿吨，产能将严重过剩。2009年上半年平板玻璃新投产13条生产线，新增产能4848万重箱，目前各地还有30余条在建和拟建浮法玻璃生产线，平板玻璃产能将超过8亿重箱，产能明显过剩。我国传统煤化工重复建设严重，产能过剩30%，在进口产品的冲击下，2009年上半年甲醇装置开工率只有40%左右。2008年我国多晶硅产能2万吨，产量4000吨左右，在建产能约8万吨，产能已明显过剩。近年来风电产业快速发展，出现了风电设备投资一哄而上、重复引进和重复建设现象；目前我国风电机组整机制造企业超过80家，还有许多企业准备进入风电装备制造业；2010年我国风电装备产能将超过2000万千瓦，而每年风电装机规模为1000万千瓦左右，若不及时调控和引导，产能过剩将不可避免。

（二）轻重工业的比例严重失调，资源约束强化

在投资的带动下，重工业生产增长偏快，轻重工业比例关系又开始失去平衡。以全部国有及规模以上口径工业总产值计算，重轻之比已由2000年的1.51∶1上升为2008年的2.49∶1，[②] 由于一些重工业产品尤其是高耗能产品增速明显超常，资源不足的矛盾再度加剧，严重影响了中国经济的持续发展。多年不见的用电紧张现象也在一些地区开始出现。重工业的超前增长，加大了资源压力，导致原材料价格上涨。目前，生产钢铁的铁矿石50%依靠进口，采掘工业产品出厂价格大幅上涨，近几年一直稳定在高水平上并呈稳中略升趋势；此外，石油工业、电力工业等基础资源型工业也一直是价格持续上涨的工业部门。

（三）投资宏观收益下滑，潜在金融风险增加

大量投资形成的生产能力并未使部分企业利润增幅上升，恰恰相反，部分企业的迅猛扩张造成整体盈利能力出现下滑，利润增长进入下降通道。2006年

① 数据来自国家发改委网站，《国务院批转发展改革委等部门关于抑制部分行业产能过剩和重复建设引导产业健康发展若干意见的通知》。

② 数据根据中国统计年鉴相关数据计算整理。

全年中央企业实现利润增长 18.2%，增幅为连续第三年下降，而且下降还呈加快的趋势，到 2008 年央企实现利润则下降了 30.8%；资料显示，2009 年前 11 个月，全国亏损企业亏损额达 4879 亿元，较上年同期增长了 1.8 倍，其中国有及国有控股亏损企业亏损额 3199 亿元，增长了 3.4 倍。[①]

此外，由于当前投资大部分是投向基础设施建设，与居民消费相隔较远，投资收益的可持续性不强，隐藏着很大程度的财政、金融风险。大部分基础设施建设是靠长期建设国债支撑的，这无疑使得国家财政的债务负担加重。同时，某些行业的投资中很大部分资金也是依靠银行贷款，金融风险也在积累之中。大量基建投资资金，更新改造投资和房地产开发投资都是来自国内贷款。一旦收缩现有基本建设战线，市场需求就会发生大的变化，很可能产生大规模的新增不良贷款。

（四）投资效率低下，加重粗放型经济增长

主要表现在以下两方面：

1. 投资效果系数较低。投资效果系数是指一定时期内单位投资量产生的国内生产总值增加值。投资效果系数越大，表明投资效率越高。2006 年中国 1 元投资仅能使国内生产总值增加 0.217 元（1981 年为 0.356 元，2004 年为 0.276 元，2005 年为 0.253 元），远低于同期世界平均水平及发展中国家平均水平，且呈逐渐下降的趋势。同样生产 1 美元的产值，中国投入的成本约分别是日本的 8 倍、美国的 4 倍和印度的 2.5 倍。

2. 增量资本产出比率呈略微走高趋势。增量资本产出比率是指实际经济增长率除投资率，其数值越小，表明投资效率越高。虽然近年来中国增量资本产出比率保持基本稳定，但表现出略升的趋势。按 2001～2008 年的平均值计算，中国将 GDP 的 41.2%用于投资，实现了 10.2%的增长速度，即要提高 1%的增长速度就必须实施相当于 GDP 的 4.04%的新增投资。

消费率的持续低迷，使中国经济缺乏持续增长的动力。而当前消费需求的结构矛盾也日益突出，消费主体结构和地区结构不协调，此外，房价的居高不下也制约了城镇居民的即期消费和未来消费。具体来看：

一是消费主体结构不协调。根据消费主体的不同，最终消费可以分为政府消费和居民消费两大部分。20 世纪 90 年代以来，二者年均分别增长 14.8%和 16.6%，中国居民消费增长速度明显慢于政府消费。居民消费增速慢于政府消

---

① 数据来自和讯新闻：《前 11 月亏损企业亏损额增长 1.8 倍》，www.news.hexun.com，2010 年 1 月 14 日。

费 1 个百分点；居民消费占最终消费总额的比重呈下降趋势，1990～2008 年间由 78.1%下降为 72.7%，而同期政府消费所占比重则由 21.9%上涨为 27.3%。[①]

二是消费的地区结构不协调。消费水平与经济发展水平、收入水平密切相关，由于中国东、中、西部经济发展存在明显差距，造成社会消费品销售进一步向发达的东部地区集中，东部地区消费品零售总额占全社会总额的比重达到 60%，且有逐步扩大的趋势。

三、中国消费和投资关系失衡的原因分析

如前所述，当前支持中国实体经济快速发展的内部因素主要是投资和工业生产的快速发展。然而投资与消费的比例失调，消费水平增长缓慢，居民不能从经济的快速增长中获得更多的利益，最终必将还会影响到经济的进一步健康发展。归纳投资消费失衡的原因，主要在于：

（一）重投资轻消费的经济发展传统

多年来，中国在收入结构中重投资轻消费的历史问题一直存在。总体上看，中国经济增长方式带有一定的粗放性特点，经济增长主要依靠包括资金在内的要素投入，工业投资增速基本与利润率水平相关，增速快的部门利润率较高。这样，经济增长提速必然带来投资率的上升。同时在投资结构上长期偏重于 GDP 的资本分配部分，而对能够增加就业和后续增加消费分配的部分投资不足，造成许多盲目性投资，居民消费能力得不到增强。结果使得国民经济总体上资本－利润和折旧－投资分配的功能过强，而劳动－就业－收入－消费分配的功能较弱，这是一个历史延续下来的体制性的扭曲流程。

（二）过高的储蓄率和过度的流动性

过高的储蓄抑制了消费需求，降低了投资成本，由表 4-6 中数据可以发现，最近几年中国的储蓄率一直居高不下，而且呈现逐年增加的趋势，并在 2008 年达到了 51.49%的历史最高水平。究其原因，主要还是由于当前缺乏足够健全的社会保障机制，居民对于未来预期的不确定性大为提高，加之投资渠道狭窄，居民收入中相当一部分转为了银行的储蓄，这就导致了过去几年来居民储蓄率的逐步上升，从而形成了消费支出上的疲软，同时大量的储蓄压低了利率水平，降低了资金利用成本，因此鼓励了投资的增长。而从企业层面上看，对于许多利润较高的企业，由于资本市场不够完善，庞大的企业储蓄无法获得最好的投资回报，只能一味地增加对本行业的投资，这就极易产生下一阶段的产能过剩。

---

① 数据来源于 2009 年中国统计年鉴。

表 4-6　2000～2008 年储蓄率和经济增长率对照表

年份	储蓄率（%）	GDP 增长率（%）	年份	储蓄率（%）	GDP 增长率（%）
2000	37.7	8.4	2005	48.2	10.4
2001	38.6	8.3	2006	50.1	11.6
2002	40.4	9.1	2007	51.0	13.0
2003	43.2	10.0	2008	51.4	9.0
2004	45.7	10.1			

数据来源：《中国统计年鉴 2009 年》。

（三）政府投资较大

由于担心经济增长速度滑坡而出现新增就业减少、社会不稳定，政府通过直接增加开支和鼓励国有部门扩张而大幅度推动投资。最近几年中央和地方政府的固定资产投资增速仍然在不断上升，从另一方面也必将挤占政府增加居民消费的支出。在这种情况下，使得投资和消费的比例失衡愈加严重。

（四）大量的外资流入助推投资率提高

由于低劳动力成本优势和广阔的市场，中国对外资一直保持着较高的吸引力。1996 年以来，每年均有相当于国内生产总值的 4%～5%的实际外国直接投资流入中国，使中国投资率不断提高。[①]2008 年中国实际利用外资金额为 923.95 亿美元，[②] 同比虽然略有下降，但中国仍是利用外资最多的发展中国家。

（五）居民收入差距加大，城乡居民收入增长缓慢，影响了整体消费水平

一般来讲，高收入者的边际消费倾向要低于低收入者，而收入差距越小，分配越平均，整体的消费水平就越高。中国的基尼系数 2002 年达到 0.454，2004 年达到 0.465， 2005 年达到 0.47，2006 年更是达到了 0.496 的历史最大值，这不仅已达到国际公认的警戒区，而且也大大高于国际平均水平。如表 4-7 所示。总人口中 20%的最低收入人口占收入的份额仅为 4.7%，而总人口中 20%的最高收入人口占总收入的份额高达 50%。突出表现在收入分配差距和城乡居民收入差距进一步拉大、东中西部地区居民收入差距过大、高低收入群体差距悬殊等方面。中国社会的贫富差距已经突破了合理的限度，严重影响了居民的整体消费水平。

① 引自《低消费、高投资是现阶段中国经济运行的常态》，宏观经济研究，2004(5)。

② 数据来源：中国货币网。

表 4-7 改革以来中国居民收入基尼系数变化表

年份	基尼系数	年份	基尼系数
1981	0.290	1999	0.397
1988	0.341	2000	0.417
1990	0.343	2002	0.454
1995	0.389	2003	0.458
1996	0.375	2004	0.465
1997	0.379	2005	0.470
1998	0.386	2006	0.496

资料来源：根据 2006 年世界银行报告数据整理。

（六）过高的住房价格挤压了城镇居民的即期和未来消费

目前，中国多数大中城市房地产价格快速上涨的势头较难遏制，整体处于较高水平且涨幅偏高。以北京市为例，2008 年房屋销售价格环比上涨 9.5%。[①] 尤其是相对于中国居民收入水平而言，房价收入比呈逐年上升的趋势，2008 年中国城镇房价与家庭年收入比平均高达 6.78∶1，有的城市甚至超过 15∶1。[②]这已经使大部分居民不堪重负。针对这种状况，虽然国家出台了一系列调控政策措施，但截至目前调控效果尚未充分显现，与市场预期存在较大差距。面对高额的房价，囿于收入水平的限制，大部分居民只能以向银行贷款的方式实现对住房的需求，因此，每月需要偿还的高额贷款本金和利息必将在很大程度上挤压即期消费和未来消费。在这种情况下，居民消费在更大程度上的扩张将面临较大压力。

① 数据来源于国家统计局，《2008 年北京统计公报》。

② 数据来源于《经济参考报》，2009 年 4 月 17 日。

第五章　转型时期中国经济启动方式的选择

中国目前正处于社会主义市场经济转型的关键时期，同时面临着国内外复杂的经济形势。因此在中国经济启动方式的选择上，必须更加注重内需与外需以及内需中消费与投资的合理结构，同时要理清政府与市场各自在经济中应该扮演的角色。

第一节　转型时期中国经济运行的特殊性和复杂性

自 1978 年改革开放以来，中国的经济改革已经进行了三十余年，取得了很大的成就，然而与其他市场经济主体不同，中国的经济运行中有其相当的特殊性与复杂性。

一、转型时期中国经济运行的特殊性

经过近二十年的经济转型，大多数转型国家已经基本完成了从计划经济向市场经济过渡的任务，市场经济在国家的经济生活中的主导地位得到确立。经济转型已经进入新的阶段。前苏联和东欧国家，将目前这一阶段定义为后转型时期，其主要特点是：传统的计划经济被彻底打破，政府的作用大大削弱，经济体制出现过度自由化的倾向，由此导致市场竞争秩序混乱和经济增长迟缓。进一步改革需要提高市场效率，促进经济增长。但是，中国选择的“渐进式”改革道路与其他国家不同，具有自身的特殊性。

中国经济转型可以分为三个阶段：第一阶段，从 1978 年改革开放到 1992 年社会主义市场经济目标的确立，是中国经济转型的初级阶段。这一时期，传统的计划经济体制开始被打破，市场调节的作用逐步增大，但是，市场经济还没有获得合法的地位，在新旧体制并存的双重体制中，传统体制的因素还处于主导地位。第二阶段，从 1992 年到中国加入 WTO，是中国经济转型的中期。

这一阶段，以建立社会主义市场经济的基本框架为目标的企业、金融、财税、社会保障体制等改革取得突破性进展，市场机制的作用得到基本确立。但是，新旧两种体制依然并存，国有经济改革任重道远，双重体制摩擦愈发严重。第三阶段，加入 WTO 意味着中国的经济转型由中期进入到后期。这一时期，中国经济改革面临的形势、任务等都有了新的特点。主要表现为：

1. 新的改革形势。经过二十年的深入改革，中国的社会主义市场经济体制的基本框架已经建立。根据北京师范大学经济与资源管理研究所 2005 年发布的《2005 年中国市场经济发展报告》，中国在 2003 年市场化指数已达到 73.8%，非国有经济对 GDP 的贡献达到了 69%，90%以上的产品价格完全由市场决定，关税税率已经降到低于发展中国家的平均水平。这说明中国建立社会主义市场经济的任务已基本完成，开始向完善社会主义市场经济进行转变。但是，改革还遗留并新生了很多问题，例如生产要素市场化相对滞后、市场秩序还不完善、就业矛盾突出、资源环境压力日渐加大、经济整体竞争力不强等。

2. 新的发展阶段。2008 年中国的 GDP 已经达到 300670 亿元人民币，人均 GDP 已经超过 2000 美元，全年农村居民人均纯收入 4761 元，扣除价格上涨因素，比上年实际增长 8.0%；城镇居民人均可支配收入 15781 元，实际增长 8.4%。如图 5-1、图 5-2 所示。中国实现了小康的初步任务，全面建设小康社会成为了新时期经济发展的目标。同时中国的工业化进程不断发展，并与信息化相结合形成新型工业化道路。伴随着以人为本的科学发展观的确立，中国的经济发展开始进入一个新的历史阶段。

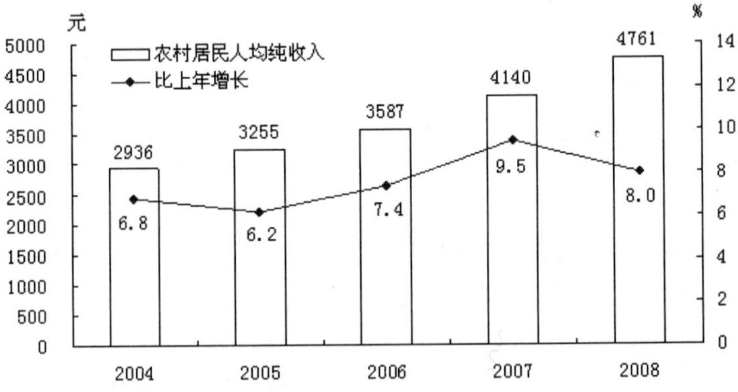

说明：数据和图表来自中国统计局 2008 年统计公报。

图 5-1 2004～2008 年农村居民人均纯收入及其增长速度示意图

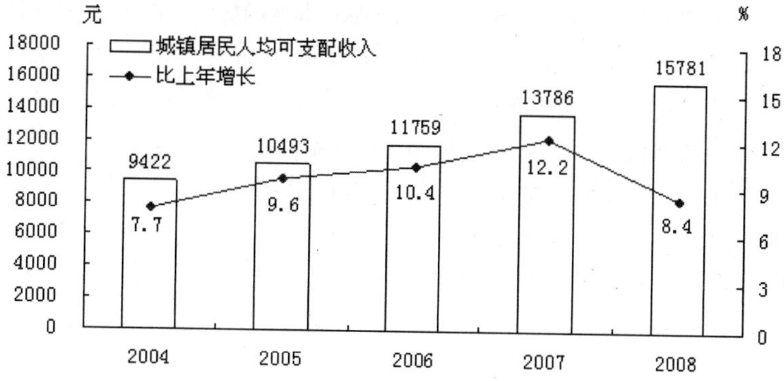

图 5-2　2004～2008 年城镇居民人均可支配收入及其增长速度示意图

3. 新的国际环境。伴随着中国加入 WTO，中国的经济改革与经济发展日益融入了世界经济体系之中，中国的对外开放也进入了一个在“更大范围、更广领域、更高层次上参与国际经济技术合作与竞争”的新阶段。2008 年，中国货物进出口总额 25616 亿美元，比 2007 年增长 17.8%，外商直接投资实际使用金额 924 亿美元，比上一年增长 23.6%。如图 5-3 所示。中国外贸依存度也处于高位。中国经济与世界经济的一体化进程不断加强，相互联系日益紧密。

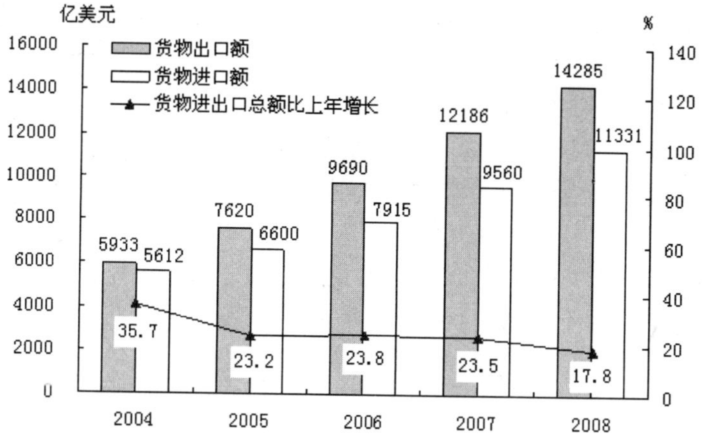

说明：图表来自中国统计局 2008 年统计公报。

图 5-3　2004～2008 年货物进出口总额及其增长速度示意图

4. 新的矛盾与风险。伴随着中国经济转型，中国社会经济也出现诸多问题：一是经济发展过程中城乡、区域和不同阶层收入差距不断扩大，贫富两极分化问题日益凸显，社会中弱势群体被边缘化问题引人注目；二是随着中国经济的持续高速增长，经济规模的不断扩大，能源、原材料等资源短缺和紧张问题日益严重，需求不足与资源短缺的并存可能成为经济生活中的一种常态；三是经济高速发展带来的环境生态问题日益严重，森林、水源等污染现象亟需治理；四是政府过度干预现象依然存在，行政体制改革推进缓慢，社会中权钱交易等腐败现象广泛存在；五是随着中国逐渐融入世界经济之中，世界经济的波动，金融危机的爆发等对于中国的影响越来越大。

因为中国现阶段经济转型过程中表现出的特殊性，所以必须具体问题具体分析，从实际情况出发，用与时俱进的精神不断调整改革的方式和具体措施等。

二、转型时期中国经济运行的复杂性

经过二十多年的改革，中国的内、外部环境发生了巨大的变化。这种变化有两个重要表现：一是经济全球化的推进使得各国市场进一步融合，国际竞争加剧，世界经济格局不断调整，国际分工重新定位，发达国家和发展中国家出现了日益密切的互动，这和中国国内城乡二元之间的互动关系非常相似，可以将其称为全球范围内的“二元经济”；二是中国国内总供求关系发生了变化，由短缺走向相对过剩，由卖方市场走向买方市场。而在经济转型和改革不断深入的特殊背景下，近几年的中国经济呈现出极其复杂的运行特征，产能过剩和通货膨胀预期的双重压力，流动性过剩和对外贸易顺差不断加剧，经济增长和失业率居高不下并存。

（一）产能过剩和通货膨胀预期的双重压力

“产能过剩”简单地说就是“生产能力大于需求”或者“供过于求”。生产能力大于需求是市场经济下经常出现的现象。只有当供过于求的产能数量超过维持市场良性竞争所必要的限度、企业以低于成本价格进行竞争、供过于求的负面影响超过正面影响时，超出限度的生产能力才有可能是“过剩”的生产能力。但是中国的情况不容乐观，根据商务部2006年对全年的统计分析观察，如表5-1所示，中国600种主要消费品中供过于求的商品430种，占71.7%；供求基本平衡的商品170种，占28.3%；没有供不应求的商品，与2005年下半年相比基本持平。从300种生产资料来看，供过于求的69种，占23%，数量比2005年下半年增长4.6%；供求平衡的218种，占72.7%，数量比2005年下半年增长2.4%；供不应求的仅13种，占4.3%；数量比2005年下半年减少61.5%。2006年1～5月份，有9个产能过剩行业的国内贷款继续增长，仅钢铁行业就增长45%，增速同比加快8.7个百分点。中国的钢铁、电解铝、电石、铁合金、汽车等行业产能已明显过剩；水泥、煤炭、电力、纺织等行业目前虽然产需基本平衡，但在建规模很大，随着新建扩建产能的陆续投产，同时落后的生产能力退出缓慢，产能过剩有加剧之势，工业企业的生存环境将进一步恶化。①

表 5-1　2006 年主要商品供求关系对照表

商品量	供过于求		供求平衡		供不应求	
	数量	占比(%)	数量	占比(%)	数量	占比(%)
600 种主要消费品	430	71.7	170	28.3	0	0
300 种生产资料	69	23	218	72.7	13	4.3

说明：数据来自国家商务部网站：http://www.mofcom.gov.cn/，2007 年 6 月 16 日。

通货膨胀是世界性现象，其产生原因有着多种经济学解释：一种是从总需求角度分析，原因在于总需求过度增长，总供给不足；另一种是供给推动的通货膨胀理论，它从总供给的角度分析，认为引起通胀的原因在于成本的增加；还有一种是结构性通货膨胀理论，这种理论从各生产部门之间劳动生产率的差异、劳动市场的结构特征和各生产部门之间收入水平的赶超速度等角度，分析了由于经济结构特点而引起通货膨胀的过程。许多经济学家普遍认为，温和的或爬行的需求拉动通货膨胀对产出和就业将有刺激扩大的效应。而判断是否出现通胀，一定程度上取决于人们对通胀水平的承受能力，西方国家一般 3%～5%就难以承受，发展中国家则能够承受得更高。

2007 年以来，中国的 CPI 指数连续上升，如图 5-4 所示，并于 2008 月 2 月份达到最高值 108.7，消费品价格的飞速上涨，使人们对经济产生强烈的通货膨胀预期，政府也连续出台多项稳定物价的紧缩货币政策，但收效甚微。从 2008 年下半年开始，受到国家紧缩性货币政策以及经济危机影响，消费品价格指数开始下降，并在 2009 年 2 月转为负增长。但是消费者价格指数同比指数下降并不意味着价格指数的下降，与此同时，在国家宽松货币政策指导下，2009 年货币供应量大幅增长，消费者价格指数降幅随之逐渐收窄，并在 2009 年 11 月转为正的 100.6。

① 数据来自国家商务部网站：http://www.mofcom.gov.cn/，2007 年 6 月 16 日。

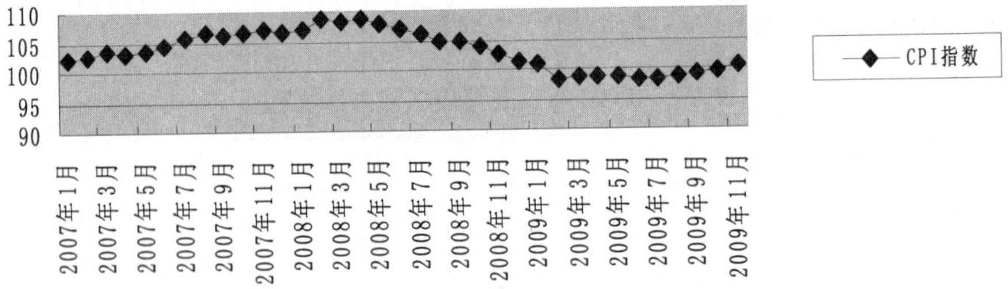

图 5-4 2007 年以来居民消费价格指数图①

（二）流动性过剩和对外贸易顺差不断加剧

目前，流动性过剩问题已经成为中国宏观经济的热点。在很多人看来，当前 M2 / GDP 比值过高、银行存贷差过大等现象已经表明中国流动性严重过剩，过多的流动性推动了总需求，特别是投资需求的增长，在维持经济高速增长的同时，也给物价上涨和经济稳定造成了压力。从表 5-2 数据不难看出，当前中国广义货币 M2 增长明显快于实体经济的增长。除 2004、2007、2008 年外，2000～2006 年广义货币 M2 增长率均高于同期 GDP 名义增长率，M2 增长率平均比 GDP 名义增长率高出 3.6 个百分点。货币供应量的快速增长使得 M2 与 GDP 的比值不断上升，由 2000 年的 1.36 上升为 2008 年的 1.58。

表 5-2 2000～2008 年中国 M2、GDP 增速及 M2/GDP 对照表

年份＼指标	M2（亿元）	M2 增长率（%）	GDP（亿元）	GDP 增长率（%）	M2/GDP
2000	134610.4	12.3	99214.6	10.6	1.357
2001	158301.9	17.6	109655.2	10.5	1.444
2002	185007.0	16.8	120332.7	9.7	1.537
2003	221222.8	19.6	135822.8	12.9	1.629
2004	254107.0	14.7	159878.3	17.7	1.589
2005	298755.7	17.6	183217.4	14.6	1.631
2006	345522.6	16.9	211923.5	15.7	1.630
2007	403442.2	16.7	249529.9	17.7	1.617
2008	475166.6	17.8	300670	20.5	1.580

说明：1. 数据来自《中国统计年鉴》各相关年份。

2. M2 增长率、GDP 增长率、M2/GDP 通过各年数据计算所得。

3. M2 增长率、GDP 增长率为名义增长率。

① 数据来自国家统计局网站：http://www.stats.gov.cn/，2009 年 9 月。

另外，从表 5-3 的数据可以看出，银行存款大于贷款的差额日趋扩大。2000～2008 年，银行人民币存款增长比贷款增长平均高出了 4 个百分点，银行存贷款增速的差异导致存贷款差额不断扩大，截至 2008 年，银行存贷款差额已经高达 16.28 万亿元。这表明银行可运用的资金规模相当大，大量资金滞留于银行间市场。

表 5-3　2000～2008 年存款、贷款增速及存贷差对照表

指标 年份	存款增速（%）	贷款增速（%）	存贷差（亿元）
2000	13.8	6.0	24433
2001	16.0	13.0	31302
2002	19.0	16.9	39623
2003	21.7	21.1	49060
2004	16.0	12.1	63227
2005	18.9	9.3	92479
2006	16.8	15.7	110149
2007	16.1	16.1	127680
2008	19.7	15.9	162809

说明：1. 数据来自统计局网站：http://www.stats.gov.cn/。

2. 存贷差即存款余额减去贷款余额。

从表 5-4 中可以看出，1999～2008 年的 10 年中，中国几乎每年都有数百亿美元的经常账户顺差。经常账户顺差主要是由连年的贸易顺差形成的，近几年中国对外贸易基本上保持了连续顺差的态势。2006 年为 1774.7 亿美元，2007 年为 2620 亿美元，而 2008 年已达到 2954.6 亿美元的历史最高水平。虽然顺差的出现曾经一度缓解了中国资金短缺的局面，但现在它带来了一个不容回避的问题，持续双顺差带来的外汇储备激增使得新增外汇占款成为中国流动性供给的主要渠道。央行数据显示：2009 年 1～6 月，中国贸易顺差继续增加，外汇储备增长了 2181 亿美元，而 2008 年全年外汇储备的增长额为 3562.2 亿美元，2009 年 6 月底，国家外汇储备余额已达 21316.06 亿美元，再创历史新高。这意味着外汇储备的激增将会直接导致基础货币投放的扩大，与此同时，由于中央银行进行紧缩性货币政策操作的空间越来越小，投资效益的提高推动银行信贷的增加，中国宏观流动性仍将出现高位增加的局面。

表 5-4 1999～2008 年中国国际收支经常账户与资本账户双顺差表（亿美元）

年份	经常账户	贸易顺差	资本及金融账户
1999	156.7	292.3	76.4
2000	205.2	241.1	19.2
2001	174.1	225.5	347.8
2002	354.2	304.3	322.9
2003	458.7	254.7	527.3
2004	686.6	320.9	1106.6
2005	1608.0	1019.0	630.0
2006	2532.7	1774.7	666.2
2007	3718.2	2620	735.1
2008	4261.1	2954.6	189.6

说明：数据来自 International Monetary Fund，World Economic Outlook，April 2006；1998～2008 年《国民经济和社会发展统计公报》，中国国家统计局。

同时，值得注意的是，贸易顺差造成的巨额外汇储备不仅对货币投放总量产生巨大的冲击，而且还会对流动性过剩的部门结构产生巨大冲击，形成更为复杂的结构性流动性过剩。首先，创汇部门流动性过剩问题加剧，而非创汇部门在中央银行冲销和其他流动性总量管制中出现流动性不足；其次，投机性部门流动性加剧，而传统部门的流动性相对不足，因为 2006～2008 年大量外汇储备的形成来源于非贸易、非 FDI 项下，这部分资金具有强烈的投机性，会直接导致推动资本市场和房地产市场上涨的流动性过剩问题，使金融层面的流动性与实体经济层面流动性分布不均衡的状况加剧，出现进一步宏观流动性与企业微观流动性的背离；再次，外向型的东部沿海与内向型的中西部、生产者与消费者由于创汇能力的差异而出现流动性背离。这种结构性流动性过剩将对经济整体运行和宏观经济政策的实施产生重大影响。

（三）经济增长显著，但失业率仍居高不下

中国社科院公布的一份调查显示，2005 年，下岗就业与社会保障成为城市居民最关心的社会问题，高失业率也成为目前中国主要社会风险之一。根据计划，“十一五”期间每年城镇新增劳动力在 500 万到 550 万之间，再加上如果农村每年的城市化水平提高 1%，就要转移 1000 万劳动力，加上往年失业的人口，“十一五”期间可能有四五千万劳动力需要就业。“目前国家公布的失业率只统计了城镇失业情况，并没有包括现在农村的 1.5 亿富余劳动力，如果把 1.5 亿农村富余劳动力算入，中国失业率就要高达20%。另外，目前的失业率统计中也没有包括500万下岗职工，因为下岗职工尽管没有工作、没有收入，但他还是企业的人，没有和企业解除劳动合同。如果以后“下岗”和“失业”完全实现并轨，两部分人就将合并计算，那么我们的失业率的数字就将更高。[①]

在西方国家，当经济增长率达到3%的时候，是失业率不上升也不下降的状态。经济增长率高于3%，就业就会大幅度增长，而低于3%，失业率就会大幅增长。中国经济在失业与就业的走向上，临界点为8%，也就是说，高于8%，就业率就会增长，低于8%，失业率就会上升。

从中国现实看，经济的高增长伴随着失业率的居高不下，只有一个解释，即中国的经济结构已经严重失衡。从国际经验看，几乎所有国家在经济增长的同时，总是要伴之以结构调整和技术提升。而通过结构调整和优化，大力发展第三产业和中小企业，整个社会可以吸纳更多的劳动力就业。但是，由于政绩考核导向等方面的原因，政府都把最能推动GDP增长的房地产业作为发展的重点，抬高地价，哄抬房价，把房地产市场搞成了中国最大的赌场，而对于能够更多地吸纳劳动力的第三产业和中小型企业的发展并未给予应有的重视。

2008年中国第三产业增加值占GDP的比重仅为40.1%，而类似发展水平的国家该比重在50%以上。国家工商总局发布的数据称，1999年中国实有个体工商户3160万户，到了2004年，这一数字下降为2350万户，六年间净“缩水”810万户，之后又缓慢回升至2008年的2920万户，但仍低于1999年个体工商户数。国家统计局提供的数据显示，至2008年底，全国个体工商户实有2917.33万户，从业人员5776.41万人。[②]

从当前宏观经济的运行特征来看，经济发展中存在的突出问题和矛盾，已经由总量问题转为结构问题。经济结构的不合理和扭曲，日益成为影响经济增长质量和效益提高的主要因素，严重阻碍了中国经济整体竞争力的提高。在这种情况下，应当如何合理地配置、使用市场资源和非市场资源，通过市场调节和非市场调节的相互配合，对现有经济结构进行调整和优化，逐步推进市场化转型进程，将是未来几年内宏观经济政策需要重点解决的问题。

三、转型时期中国经济运行中的多重矛盾

当前，中国已经建立了社会主义市场经济的基本框架，经济转型正向着深

---

① 引自上海社科院青少年研究所副研究员曾燕波接受《中国经济周刊》采访时的讲话。

② 数据来自中国工商总局，《2008年全国市场主体发展情况报告》，2009年3月20日。

层次发展，随之会出现许多新的问题，与旧有的矛盾交织在一起，将会给改革带来难度和阻力。在深化改革过程中，需要面对诸多矛盾，主要有以下几方面：

（一）经济发展与社会结构的矛盾

理想的现代化的社会阶层结构应该是中间大、两边小的“橄榄形”结构，即社会中高收入阶层和低收入阶层数量较少，而中等收入阶层（即中产阶级）占大多数。这样的社会结构比较稳定，是构建和谐社会的重要一步。西方发达国家基本上都是这样的社会构成。中国经济连续多年保持快速增长，经济总量不断扩大，但是目前的社会结构距离“橄榄形”还差得很远。

中国中低收入者占大多数，社会结构类似于“金字塔”。在这样的结构中，中低收入阶层处于劣势，贫富差距很大，而且有不断加剧之势。中国权威部门专家调查结果显示，中国10%的最高收入富户财产占全部居民财产的45%，而10%的最低收入的穷人的财产仅占1.4%，两者比例约为32∶1。[①]以国际上通用的描述贫富差距的基尼系数来看，中国在1985年为0.24，1995年上升到0.434，2006年则进一步上升到0.496。最近权威机构公布了2007年的基尼系数是0.48。[②]数据表明，中国当前的贫富差距已经超过国际警戒线0.4，问题相当严重。当贫富差距过大时，社会不同阶层之间的矛盾就会越来越激化，很可能酿成社会动荡。

（二）城乡发展矛盾

中国城乡发展矛盾体现在城乡居民收入差距不断拉大，以及城乡间卫生、住房、教育和退休等福利差距加大等方面。“目前中国城市人均可支配收入与农民人均纯收入平均相差20年以上，繁华大都市和西部乡村的差距在50年以上，这与现代化国家农民不再是穷人的标志性指标相距甚远。”[③]中国统计局发布的《2008年国民经济和社会发展统计公报》显示，全年农村居民人均纯收入4761元，扣除价格上涨因素，比上年实际增长8.0%；城镇居民人均可支配收入15781元，实际增长8.4%。农村居民家庭食品消费支出占家庭消费总支出的比重为43.7%，城镇居民家庭为37.9%。按2008年农村贫困标准1196元测算，年末农村贫困人口为4007万人。有关数据表明，城乡收入差距大于3∶1，并且农民收入增长速度低于城镇居民。中国农民为工业化、现代化付出了很大代价，但是在经济高速发展的今天，他们没有得到应有的补偿，未能充分分享到经济发

① 李成瑞．大变化——中国当前社会经济结构变化情况及其复杂性分析[M]．中国展望出版社，2007:2

② 周稚舜．从2007中国基尼系数看电视选秀．新浪网 http://blog.sina.com.cn 2008－01－31

③ 彭森主编．中国经济体制改革的国家比较与借鉴[M]．人民出版社，，2007. 490页

展的成果。更为严重的是，农民在就业、教育、医疗卫生、社会保障等方面也成为城乡二元结构的牺牲者。

以环境整治为例，中国防治污染的投资几乎全部投到城市和工业部门，而现实中农村却有3亿多人喝不上干净的水。农村还有1.5亿亩耕地遭到污染，每年1.2亿吨的农村生活垃圾露天堆放，农村环保设施几乎为零。城市的环境得到改善，但是农村的环境却日益恶化。通过截污，城市水质改善了，农村水质却恶化了；通过转二产促三产，城市空气质量提高了，近郊空气质量却下降了，通过简单掩埋生活垃圾，城市面貌焕然一新，近郊地区的垃圾污染却加重了。中国拒绝成为西方发达国家的废品处理厂，同样，农村也不应该成为城市环境改善的牺牲品。

（三）区域发展矛盾

几十年以来，中国资源富集的不发达地区的资源源源不断地输送到经济发达地区，但是现在已经积累了一定财富力量的发达地区却没有给予不发达地区应有的补偿。包括中西部地区的不发达地区日益落后，中国的区域差距越来越大。1978年东中西部地区人均GDP分别为458.07元、311.03元和257.72元，1998年东中西部地区人均GDP分别为9482.75元、5249.17元和4051.93元。[①] 1980年，东部地区人均GDP分别相当于中西部地区的1.53倍和1.8倍，1990年为1.62倍和1.90倍，1998年则扩大到1.8倍和2.4倍。2008年东中西部经济发展水平的差距进一步扩大，东部地区人均GDP已经相当于中部的2.14倍和西部的2.42倍。这说明，人均GDP差距不断以大幅度增速扩大。与中部相比，西部经济发展更为落后，数据显示，至2008年末，西部地区人均GDP仅相当于中部地区的88.4%。[②]

区域发展不平衡将会严重影响中国社会的统一和谐。特别应该指出的是，中国的西部是中国少数民族比较多的地区，区域差距加大对于民族之间的和谐会有很大的影响。此外，西部地区是中国许多大江大河的源头和生态环境的天然屏障。长期以来开发森林和矿产，破坏了生态环境。为此，中国近年来实行南水北调、森林禁伐、西部地区退耕还林。但是最直接的受益者仍是发达地区。“谁受益谁补偿”的原则没有得到落实，区域发展不公平是明显的。

（四）经济发展与生态环境之间的矛盾

自改革开放以来，中国一直在“以经济建设为中心”，优先发展经济，其次

---

① 陈蜀豫．东中西部区域发展差距问题分析[J]．黑龙江对外经贸， 2006(10)

② 数据整理自中国经济信息网数据库。

才关注社会，最后才关注生态环境。这样的发展方式已经越来越显示出其巨大的弊端。中国的污染问题和生态环境破坏已经相当严重，经济发展也越来越受到环境资源的严重制约。事实上，经济危机可以通过宏观调控化解，社会危机却需要付出巨大的整治成本才能平息，而一旦发生环境危机，将会产生难以逆转的民族灾难。

观察世界上许多中等发达国家，当它们的人均GDP达到4000美元左右时，经济发展后劲就会跟不上，原因就在于它们所取得的大部分效益已为所欠的生态债、为滞后的体制、为加重的社会矛盾而买单。同样，如果中国不重视经济发展与生态环境之间的矛盾，这种情况很有可能在中国出现。目前中国粗放型的经济增长方式，创造的国内生产总值虽然只有世界的4%，但是耗用的钢铁、煤炭、水泥却分别占世界总消费的30%、31%和40%。中国在人均GDP400～1000美元的条件下，出现了发达国家3000～10000美元期间出现的严重环境污染。

生态环境问题与中国城市化、工业化、就业问题、资源短缺、贫富差距混合在一起，相互作用、相互制约，积累成中国严峻的社会难题。

第二节　转型时期中国经济启动方式的选择

在当今开放经济的条件下，一国社会总需求既包括国内需求又包括国外需求。因此，针对当前我国转型时期的特殊背景，在经济启动方式的选择上，不仅要关注内需与外需的结合，更要实现内部结构，即投资与消费关系的合理优化。

一、中国经济运行中的投资启动

在我国经济的发展历程中，投资启动发挥了重要的作用，也是政府刺激经济的主要方式。因此，了解和掌握投资启动的含义、作用机制及其产生的效果十分必要。

（一）投资启动的相关概念

投资启动，是指以增加投资的方式来启动经济运行，其核心是扩大生产性需求，实质在于发挥生产对消费的促进作用。

投资启动的目的在于扩大生产型需求。但是，生产性需求不可能转化为消费性需求。这和消费性需求是不同的。消费性需求向生产性需求的转化，是以消费品生产为联系纽带。一方面，日益扩大的消费性需求将容纳更多的消费品供给，而消费品供给的增长依赖于消费品生产的增长；另一方面，消费品生产的增长将引起对生产要素的需求，这也就是对投资的需求。因而，消费品生产实际上成为联系消费性需求和生产性需求或者说连接消费和投资的纽带。生产性需求之所以不能向消费性需求转化，就是因为它没有任何纽带可以同消费性需求相联系和沟通。

投资启动的作用表现为，以一轮投资带动另一轮规模更大的投资，在这里，生产和消费容易脱节，即使消费有所增长，通常也是滞后的。

投资启动经常伴随以市场非总均衡的产生。实行投资启动，由于生产性需求的增长，投入品市场的疲软可以缓解。随着投资的不断增长，投入品市场能从疲软逐步走向兴旺。但是，消费品市场疲软依旧，更谈不到振兴。究其原因，就是因为投资增长了，但消费未能增长，投资本身不具有带动消费增长的作用。所以，投资启动总是和市场非总均衡相联结，市场总均衡是难以形成的。

投资启动的适当时机是经济萧条，以及从萧条转向复苏的阶段。当经济萧条时不可实行消费启动，而当经济日趋繁荣时，也不宜实行投资启动。实行投资启动时，投资增长率要适当超过经济增长率，不过其差率不应过大，通常以不超过一倍为限度。

（二）投资拉动必然导致投资过度增长

在 20 世纪 90 年代，我国先后出现了两种异常突出的经济现象。

在其前期，有大量过量需求的涌现。过量需求是在市场总容量形成时出现的。市场总容量的形成，既不单方面地决定于总供求，又不单方面地决定于总需求，它一定是总供求和总需求相互平衡的结果。过量需求为总需求超过总供给的差额，它不是市场能够承担的，过量需求越大，物价上涨率就越高。1992 年零售物价上升到 5.4%，尚属正常，但其后 3 年，物价上升率均高达两位数。具体情形是：1993 年是 13.2%，1994 年是 21.7%，1995 年为 14.8%。可见，过量需求极为严重，这在历史上也是罕见的。

在其后期，有大量过剩供给的出现。过剩供给也是在市场总量形成时产生的。过剩供给，即总供给超过总需求的差额，它不为市场所包容，过剩供给越大，物价下降得就多。从 1997 年第 4 季度起，在物价涨幅已明显缩小了的情形下，物价总水平开始下降。物价指数 1998 年为－2.8%，1999 年为－2%。

这两年物价总水平持续走低，然而它降低的程度尚未到位，过剩供给庞大，到 2000 年底，积压商品积存量已达近 3 万亿元，约占当年 GDP 的三分之一。何以大量商品积压未导致市场价格的大幅度下降？主要有两个原因：

1. 政策保护。先是实行“限产压库”，并给予信贷支持，随即推行行业自律价。限产并非停产，压库并不压价。其结果，价格不但不降，反而“稳中有升”。即便多年不为市场所包容的产业，此时仍有生存的余地。以反对“乱降价”名义出台的“行业自律价”，又为相当一批落后的企业开拓了更大的生存空间。

2. 实行行政控制。因为积压商品日益增多，政府和企业均不堪重负，在2000年前后对不少产业的大批落后生产能力进行了削减。为首的是纺织业，砍掉100万锭，随后按照“控制总量，淘汰‘五小’”的战略布局，削减钢铁生产能力1000万吨，建材、化工、煤炭、制糖等产业的大批落后技术和设备，以及“五小”企业（实乃十五类小企业）也被削减或淘汰。尽管如此，虽然控制了物价的降幅，但商品积压仍比较严重。扩大内需的方针就是以此为背景提出的。

过量需求和过剩供给是两种截然不同的经济现象，何以两者先后相继出现，有无内在联系，是偶然还是必然？

过量需求和过剩供给的相继出现并非偶然，而是必然的。导致过量需求产生的基本因素是投资的过度增长，导致过剩供给产生的基本因素也是投资的过度增长。换言之，两者是由一个共同的原因所致使的。

投资的经济学本意，是为了增加产出。投资是增加产出的手段，同时它也是增加供给的手段。然而投资运行有个重要特点，即从资金投入到商品产出，有一个或长或短的间隔期。所以在资金投入时要引发市场需求产生，但它不带来供给。由于这个缘故，如果投资增长超过一定限度，在它带来产出之前，市场上就会出现过量需求。显然，过量需求的出现，有悖于增加投资的初衷。但是，一旦投资增长过度，过量需求是一定要发生的。

1992年至1994年间，投资增长率很高，最高年份达到50.6%（1993年），最低年份也有27.8%（1994年），大大超过同期经济增长率。1992年至1994年经济增长率在13%左右波动，即使扣除价格因素的影响，投资增长率也高于经济增长率数倍，这不是当时经济条件能够承受的。

投资过度增长得到货币供给的有力支持。1992年至1994年3年的货币发行量，为改革以来货币发行总量的一半以上。货币供给通过投资进入市场，过多的投资终于造成了大量过量需求，并充斥于市场，这就是上述物价上涨率连续3年高达两位数的真正原因。

从1996年起，特别到了1998年，供给过剩的现象已越发明显。一方面因为为实现经济的“软着陆”，1995年和1996年大幅度压缩了投资；另一方面，更为重要的是，一批又一批投资在先后度过资金投入阶段后，已进入到产出阶段，并带来越来越多的产出和供给。同时，由于物价降低受到人为的限制，因此尽管总需求不断扩大，但也难以容纳越来越多的总供给，这就是供给过剩成为目前市场运行常态的真正成因。

以上概述了从过量需求到过剩供给的转变。在大约10年的时期中，过量需求引发在前，过剩供给产生在后，但两者均源于投资的过度增长。所以，无论从理论上分析，还是从实践上观察，投资启动的局限性都比较明显。虽然投资启动也是调控经济运行的重要方式，但它主要适用于个别时期，如经济萧条或衰微之时，而一般情况下，通常则应着力以消费启动经济运行。

二、中国经济运行中的消费启动

总需求由投资需求和消费需求组成，投资启动和消费启动是扩大需求、促进经济发展的关键因素。由于投资启动特有的局限性，了解和掌握消费启动的有关理论和作用机制就显得更加重要。

（一）消费需求的地位和性质

1. 消费支出在总支出中的地位。总需求是由社会总支出形成的。总支出包括三个方面，即消费（含家庭消费和政府消费）、投资和净出口，通称“三驾马车”，其中，消费支出为主要组成部分。

在西方发达国家，在由GDP所表示的总支出中，消费支出占70%以上的份额。可见，消费支出的多少，对于总需求，从而对于市场总容量的形成和变化起着决定性作用。在中国，消费支出在社会总支出中的份额偏小，大约为60%。

在西方发达国家，投资支出在社会总支出中的份额，大体在20%～25%之间。换言之，投资率还不及消费率的三分之一。总需求和市场总容量的增长对投资支出的依赖，也远不及对消费支出的依赖。由净出口所引起的支出，在总支出中的份额不大，约为百分之几。

2. 消费性需求的性质。就其基本属性而言，消费性需求不同于生产性需求。展开来说，有两个方面：

（1）消费性需求由人们的生活消费所引起，为原始意义的需求；生产性需求是直接由生产增长而引起的，是消费性需求的派生形态。即是说，消费性需求自然而然地会转化为生产性需求，而生产型需求不会转化为消费性需求，在总需求的形成中，原始需求居于主导地位，派生需求则处于从属地位。

（2）消费性需求是在经济运行过程结束时发生的，为最终需求；生产性需求是在经济运行的一定阶段上发生，为中间需求。经济运行的特性是，它必须从起点到达终点，而不可滞留于其中的某个阶段上，它是决不可中断的。否则，经济运行环节必然产生严重摩擦，并造成不可挽回的损失。例如，供给过剩就是经济运行过程中断的反映。供给过剩的出现，不仅意味着大量生产资源已被浪费，而且必然导致产销率低下，经济收益锐减，甚至还会造成严重亏损。最终需求不但作用领域广阔，还可作用于经济运行的全过程。而中间需求只在某些经济领域发生作用，也只能在经济运行的一定阶段发生作用。因而在总需求的行程中，最终需求具有全局意义，而中间需求仅具有局部意义。

（二）消费启动的时机、条件、力度和方式

宏观调控的启动机制，实际上就是经济运行的动力机制，怎样启动市场，也就是怎样扩大需求。由于总需求主要由消费和投资两大部分组成，所以无论提高消费还是增加投资，都会引发和扩大市场总需求。宏观调控的启动机制可以区分为消费启动和投资启动，分别指通过扩大消费需求和投资需求来扩大总需求。

这里的消费指社会总消费，它由居民消费和政府消费两部分组成。居民消费即通常所说的个人消费，又称为家庭消费，它表现为家庭预算的支出。政府消费乃 GDP 中的“政府购买”，它表现为国家预算的支出。消费启动的使命，是直接引发和扩大消费性需求。但若考虑到消费性需求可转化为生产性需求，它还会起到间接扩大生产性需求的作用。

消费启动的时机适于在经济从复苏趋向繁荣并以较高速度增长的时期。这是因为，在经济复苏、增长速度加快的情况下，调节经济运行的中心问题是防止消费滞后，尽可能地使消费同快速增加的生产相适应，唯有如此，需求才能日益扩大，并推动供给增长，市场容量也才能进一步扩大，不会因销售困难或市场疲软而出现萎缩。同时，经济的快速增长也为增加居民收入及实行消费启动提供了可能。在经济繁荣时期，如果一味盲目增加投资，就不可避免地抑制消费，必然会造成消费与生产的脱节，随之而来的便是供给与需求的失调，经济不仅不可能增长反而会出现停滞。在经济萧条时期，收入已不可能快速增长，更为重要的是，由于对收入的不良预期，人们宁愿把货币储蓄起来以防不测，也不愿把它用于即期消费。因此，在经济萧条时期，消费启动不具备前提条件。

居民收入是消费启动的杠杆。一般而言，居民收入增长率应大体等于经济增长率。这是衡量居民收入增长率是否到位的理论标准，也是实行消费启动的前提条件。

消费启动的力度，也就是它对经济运行影响的广度和深度。由于居民消费为总消费的主要组成部分，所以消费启动的力度主要决定于居民收入增长率。此外，还受居民消费倾向、消费信贷、社会保障和物价水平等因素的制约。这些因素之间又存在着广泛的联系，消费启动的力度是居民收入和这些因素相互影响和制约的结果。

收入是实行消费启动的杠杆。根据居民收入的性质、归属和来源，同时考虑到家庭支出的特点，消费启动的方式可分为三大类型，即财政型、信贷型和财政信贷混合型。

消费启动旨在扩大消费性需求。根据对消费性质的理解，消费性需求会转化为生产性需求，这种转化须通过市场进行。它表现为消费带动投资，两者同步增长的过程。投资和消费之所以同步增长，是因为需求的增长将容纳更多的供给，而供给的背后是生产，供给和生产的增长要靠投资予以保证。要知道，仅仅是消费增长了，没有投资的相应增长，消费启动的过程是不会完成的。

消费启动会促进市场总均衡的形成，投资启动则经常伴随以市场非均衡的产生。在消费启动的作用下，市场总均衡形成的过程是：首先消费品市场从疲软走向兴旺，紧接着，便是投入品市场从疲软走向兴旺。情况之所以如此，就是因为消费具有带动投资共同增长的功能。只要消费增长到位（这决定于居民收入），不但消费品市场的需求同供给相平衡，投入品市场的需求和供给也可以达到平衡。所以，实行消费启动，市场在整体上是均衡的。

三、中国经济运行中投资启动与消费启动的结合

中国如何保持经济的平稳高速增长，提升经济增长率，决定于两个基本因素，即资源的投入量和市场容量。前者包括各种生产因素及其价值形态——货币资金。后者意味着要提升经济增长率，还要看由投入所带来的产出能否为市场所包容。市场若能全部包容当年产出，那就表明提升后的经济增长率是适当的。简言之，经济增长率的提升，是由资源投入量和市场容量两个方面共同决定的。

而近几年中国市场容量虽然有所扩大，但是它赶不上产出规模的扩大。换言之，市场容量相对萎缩导致了商品过剩现象依然存在，这是市场容量和经济增长不相适应的一种反映。因此，当前要提升经济增长率，就必须现扩大市场容量。

（一）市场容量与消费力

市场容量决定于多种因素，其中最重要，也是最根本的因素是消费力。从微观角度看，消费力是指家庭预算中用于生活方面的支出，而家庭预算的支出决定于家庭预算的收入。在不同的收入群体之间，高收入者的消费力最强。从宏观角度看，消费力是指社会总支出中用于最终消费的支出，通常以消费率表示。一般而言，发达国家的居民平均收入水平最高，消费率高达 70%～80%。

在中国，消费率在60%上下波动。这是因为，中国居民收入水平远低于发达国家，即便在发展中国家，也不居于前列。但中国改革以来的经验显示，凡是消费率高于60%的年份，市场容量显著增长；凡是消费率低于60%的年份，市场容量相对萎缩。

扩大内需的方针是在1998年提出的，这一方针的实质是扩大市场容量，以促进经济增长。然而近年市场运行的态势表明，市场容量仍然难以迅速扩大，究其原因是扩大内需的政策措施不到位，其中主要是促进居民收入增长的措施不力。在这种情形下，可左右市场容量的消费力明显偏低。因为消费力的高低主要决定于居民收入增长率，既然居民收入增长相当缓慢，消费力不能增进自然是不可避免的了。

1999年投资、消费双启动政策的出台，意味着消费启动与投资启动两者的地位要大体相当，这一政策旨在提高长期被忽视的消费在经济运行中的地位。但是观察近些年来的消费率，可以发现，虽然消费率有所上升，但是上升增加速度缓慢。究其原因，一是在于城市居民收入增长缓慢，特别是下岗失业人员的收入甚至停滞或者减少；二是由于农村市场启而不动，因为农民收入增长依然没有得到很好的改善，农村市场未能发挥带动经济增长的作用。可见，要振兴城乡市场，提升经济增长率，最重要的是大力促进城乡居民收入增长，增强居民的消费能力，特别是增加农民收入，促进消费。

（二）市场容量与投资拉动

中国的投资增长率一直处于高位，近几年出现的产能过剩问题也是源于投资增长过快。虽然目前面临严重的通胀问题，消化了部分产能，但是市场容量和经济增长之间的摩擦和冲突还没有得到有效缓解。

从宏观层面看，投资具有两大功能：一是向市场提供需求，以便包容更多的供给，扩大内需当然包括增加投资需求；二是向市场提供产出，增加商品供给。市场能否全部予以吸纳，归根到底，决定于消费需求的增长。若能充分吸纳，市场容量也将因之而相应扩大。从经济运行的过程看，扩大内需在前，供给增长在后。我们应全面看待投资在经济运行中的地位和作用，既要看重它在扩大内需方面的作用，又要重视它在增加供给方面的作用，决不可顾前而不顾后。

依据投资周期以及对投资功能的理解，投资增长率应高于经济增长率，但必须保持一定的限度。一般地说，两者的结合应为1∶1.5，最高也不可逾越1∶1.8。具体比值视不同时期投资结构及其变化而定。在此范围内波动，投资既会起到扩大需求、促进市场容量增长的作用，又会起到增加产出、促进经济增长的作用。这样不但市场容量和经济增长之间可减少摩擦，而且双方会相互协调适应。一方面物价趋于稳定，既无通胀，又无通缩；另一方面就业率可稳定上升，至少失业问题不会恶化。

然而，一旦经济运行呈现过热，投资增长率却是多倍地超过经济增长率。其结果，先是出现需求膨胀、物价上涨，而后是出现供给过剩、物价走低。究其原因，是宏观决策有误，仅仅看重投资对扩大需求的作用，而漠视投资在扩大产出、增加供给方面的作用。在市场疲软时，不是着力扩大消费需求，而是企图以投资需求代替消费需求，来振兴市场。但是，投资需求是生产性需求的货币表现，和消费需求具有不同的性质。两者既不可相互代替，又不可混同。投资扩大的需求并非消费性需求，而是生产性需求。当庞大的投资带来产出之时，它必定不为长期被压抑的，也就是受到居民收入严重制约的消费需求所包容，商品过剩就是这样产生、扩展和蔓延的。虽然在大量投资增加时，就业率有所上升；而在商品过剩扩展、蔓延时，则是失业率明显上升。因此，决不可人为抬高投资的地位，夸大它在经济运行中的作用。仅靠单一的投资拉动，是不会全面振兴市场的。没有一个兴旺、繁荣的市场的支持，要提升经济增长率，那也是做不到的。

（三）双启动须以消费启动为主

投资拉动不会带来一个健康、繁荣的市场。振兴市场和扩大市场容量，从宏观调控的角度来看，就要加大消费启动的力度，同时还要以消费带动投资增长。简言之，必须实行以消费启动为主的双启动。

从理论上说，消费需求是经济运行中的原始需求，也是最终需求。投资需求作为生产性需求的货币形式，是在经济运行过程中产生的，是中间需求。列宁曾说，生产型需求以消费性需求为转移。投资需求不但源于消费需求，为消费需求的派生需求，而且是以消费需求为转移的。调节经济运行，包括调节投资在内，必须从消费出发。所以，从1999年开始实行的双启动，理当以消费启动为主，这是迅速扩大市场容量和促进经济快速增长的必由之路。

考虑到城乡差异，我国农村居民占大多数，所以与经济增长率比较，全体居民收入增长率是严重滞后的。从以消费启动为主向以投资启动为主的转移，就是在全体居民收入增长不到位的情形下发生的。因此，要实行以消费启动为主的双启动，就必须提高全体居民，特别是农民的收入增长率，并使之接近或等同于经济增长率。为此，调节经济运行应从城乡两个方面着手：

1. 城市方面应逐步提高中等收入者在就业人口中的比重。这是因为，消费启动的力度既依赖于消费规模的扩大，更依赖于消费水平的上升。高收入者的消费层次最高，但其消费倾向低，他们关注的是投资并非消费。低收入者的消费倾向高，但其消费层次低，而且是难以提高的。而中等收入者无论消费倾向还是消费层次的增进，都具有相当大的空间和余地。目前中等收入者的比重明显偏低。所以，要加大消费启动的力度，关键是提高中等收入者的比重。

2. 在农村方面，要大力增加用于农业的产业结构调整，充分利用包括政府、民间和外资在内的社会投资，这是农民收入增长潜力之所在。但在目前，农民收入的增长则更多依靠进城打工，农业结构调整缓慢，农民收入增长主要决定于打工收入的增长。如果农民工可恢复到 1.2 亿的规模，城市中的工作岗位有一半左右让给农民工，那么实现农民收入与经济同步增长的可能性就会明显增加。

但是，农民工的增长须以抑制城镇失业率的上升为前提。既要促进农民收入增长，又要保证城镇低收入者的收入增长。为此，就必须抑制城镇失业率的上升。现今城镇失业者多半是低收入者，保证他们生活的稳定至关重要。然而，如果以城市总工作岗位为 100，那么城市就业者和农民工各自所占的比重，是互为消长的。既要促进更多农民进城打工，又要稳定城市居民就业率，这就必须增加总的工作岗位。而总工作岗位的增加，又依赖于经济增长率的提升。

（四）以消费带动投资增长

在关注投资增长的同时，应充分重视消费在其中所起的作用。以消费带动投资增长，不仅可以使投资的结构得到改善，还可以实现投资增长的良性循环，最终促进经济的快速健康运行。具体来说，消费可以从以下三方面来带动投资增长：

1. 消费自身具有带动投资增长的功能。在居民收入和 GDP 同步增长的情形下，消费的增长可获得居民收入的有力支持。不仅消费规模持续扩大，而且消费层次和水平会不断上升。这样，消费热点将会接连出现，并带动新经济增长点群体的产生。因为，得到居民收入支持的消费增长，必将引发大量投资需求，从而带动投资增长，并促进产业结构水平的上升。

2. 投资对消费的跟进，既为领先增长的消费需求提供产出和供给，又为后续投资需求的增长开拓更广阔的前景。由于居民收入与 GDP 同步增长，因而不但具有旺盛的购买力引导消费增长，而且还会有大量居民储蓄支持投资增长。由于市场前景看好，从储蓄到投资的转化也会及时完成。投资增长率也就因此可望达到一定的高度。

3. 投资对消费的跟进，可有力地扼制重复建设的发生。重复建设是中国经济运行的一大痼疾。每逢经济过热或投资过度增长之时，重复建设的浪潮就应运而生，并对经济运行造成严重危害。多年来久治不愈。而以消费带动投资增长，让投资跟着消费走，可为扼制乃至根治重复建设开辟一条重要途径。因为在投资和消费、供给和需求双方相互适应的情形下，经济趋向均衡，重复建设不会有任何生存空间。

四、中国经济运行中国内需求与国外需求的结合

（一）国内需求和国外需求概念

通常，一国的社会总需求包括国外需求和国内需求两部分，分别简称为“外需”和“内需”。

1．国外需求。国外需求即“外需”，是指国际市场对本国商品和劳务的需求，或者说，本国商品和劳务在国际市场上的销售。随着国际分工的发展，一国经济与国际市场的联系越来越密切，一方面要向国际市场出口商品和劳务；另一方面也要从国际市场进口本国所需的商品和劳务。因此，一国和国际市场的联系包括出口和进口两个方面。外需，通常被理解为一国的出口，但是在计算总需求时，真正对该国需求总量发生影响的是出口减去进口的余额，即净出口。故在世界各国，外需通常用“净出口”来表示。

用净出口来表示的外需通常有三种情形：第一种情形是出口大于进口，即净出口为正值，这将会增加一国的总需求；第二种情形是出口等于进口，此时一国总需求不变；第三种情形是进口大于出口，即净出口为负值，这将会减少一国的总需求。

2．国内需求。与国外需求相对应，国内需求即“内需”，是指国内市场对本国商品和劳务形成的需求。国内需求通常包括国内消费需求和国内投资需求两个组成部分。国内消费需求指的是本国居民和政府对本国商品和劳务的购买。其中，居民个人消费，表现为家庭预算的支出；政府消费，表现为国家预算的支出。居民消费是总消费的主要部分，在西方国家一般大约占80%左右。按照投资主体的不同，国内投资需求又可以分为私人投资和政府投资。

（二）国内需求与国外需求相结合

在当今开放经济条件下，一国经济增长不仅仅取决于国内消费需求和国内投资需求的拉动，国外需求（包括国际贸易和外资）对经济增长的作用也十分重要。改革开放以来，随着国际贸易和利用外资规模的持续增长，中国的对外经济开放程度不断加大，极大地推动了产业结构调整和经济增长。但是世界各国经济发展的经验表明，增强国内需求始终是推进经济发展的基本动力。

近年来中国对外依存度不断提高，对外贸易纠纷频发。2009 年 1 至 8 月，

全球共有17个国家（地区）对中国发起79起贸易救济调查。其中，反倾销50起，反补贴9起，保障措施13起，特保7起，涉案总额约100.35亿美元，同比分别增长16.2%和121.2%[①]。这些都表明中国对外经济风险增加，未来经济发展必须更加注重扩大内需。并且，中国的出口需求与第一产业最为相关，出口商品层次较低，主要为农副产品等低附加值商品。

当然，近年来中国出口商品结构已发生很大改变。今后，在继续推进以开放促发展、大力吸引外资政策的同时，应当鼓励更多有条件的中国企业输出，企业家出国办企业，以合作谋发展；应当大力提升出口商品的知识和技术含量，着力培育有自主知识产权和自主品牌的商品，大力推进以质取胜和市场多元化战略，不断推进中国经济更加持续、稳定、健康发展。

此外，在内需路径选择上，至少应当包含两个方面：一是投资与消费需求路径选择，二是投资需求路径中的投资主体和机制选择，这些实际上是需求结构调整问题。对于前者，众所周知，中国经济建设的基础相对较为薄弱，人民收入水平总体较低，消费需求一直较为乏力，因此投资主导的国内需求构成经济增长的主要推动力量。

随着社会主义市场经济体制的建立和完善，以及中国经济的巨大发展，经济中的需求约束和资源约束逐步显现和突出。对于资源约束，必须大力推进技术革新，以降低资源消耗。在此背景下，必须改变经济发展倚重投资推动的粗放式经营模式，走集约型经营道路。而未来经济的持续健康发展，有赖于改变以往严重依靠投资扩大内需的需求结构，调整投资与消费关系，着力扩大消费需求。另一方面，产品最终要在消费中实现价值，若不能有效提升消费需求，则长期经济发展最终会缺乏动力。为此，如何增进消费需求将构成未来中国经济生活的一项主要主题。对于投资需求路径中的投资主体和机制选择，随着社会主义市场经济体制的建立与完善，培育多元化的投资主体，扩大民间投资是一个毫无争议的选择。

第三节 转型时期中国经济启动中政府与市场的功能

目前，我国经济正处于由计划经济体制向市场经济体制转轨的进程中，期间市场在某些方面会出现失灵的现象。因此，政府的干预和管理是必不可少的，

① 数据出自世界贸易组织。

只有充分发挥政府的作用，才能充分发挥市场的功能，实现经济的平稳过渡。所以研究探讨转型时期中国经济启动中政府与市场的功能具有重要的理论和现实意义。

一、转型时期中国经济启动中政府的功能

观察每个国家在转型时期的经济发展情况，我们会发现，市场失灵是无所不在的。每个经济都必须面对市场失灵带来的问题，而解决的办法只有政府干预。

（一）政府发挥作用的原因

1．市场失灵。经济转型的主要目标是建立一个真正的市场经济体制。因为市场经济是目前阶段一种最好的资源配置方式。但是，市场并不是万能的，市场在某些方面存在“失灵”的现象。

（1）公共物品。公共物品的特点是不论花钱与否，一国之内的所有人均能消费。例如国防、环境治理等。因为缺少利益驱动，所以单独依靠市场调节，没有人会愿意提供公共物品。

（2）外部性。经济外部性，是指某个经济实体的行为使他人受益或受损，却不会因之得到补偿或付出代价。例如，新技术的发明能够使发明者之外的人或企业受益，称之为具有正外部性；环境污染则给所有的人带来损失，称之为具有负外部性。如果没有政府的干预，具有很强正外部性的领域，市场经济活动会不足；相反，具有很强负外部性的领域，市场经济活动会过多。

（3）垄断。市场需要竞争，但是如果缺乏政府干预，市场则容易走向垄断。因为现代经济具有规模效应的特点，规模大的企业在竞争中具有优势。结果可能造成某些行业的垄断，进而阻碍市场机制的有效运作。

（4）调节收入和财富的分配。市场可以对资源进行优化配置，但是对于收入分配却无能为力。市场是逐利的，不具备伦理道德判断的功能，它也许可以解决效率问题，但是对于公平，必须依靠政府的调节。

除以上四点，市场在保持宏观经济稳定，解决信息不对称等方面亦有“失灵”的表现。政府需要在市场失灵的领域进行引导、监管和调控。

2. 转型经济更加需要政府干预。转型经济国家在由命令式计划经济体制向市场经济体制转变的过程中，需要政府不断地调控和干预，甚至在必要时要加强干预的力度。究其原因，主要有以下两点：

（1）市场经济体制不是自然的过程。经济转型并不是说政府完全退出经济，市场经济就能够自然而然地发展起来。建立市场经济体制需要政府的推动。即

使市场已经确立，但是仍然需要政府维护市场运行的规则，否则，市场经济必然不能持久。

（2）转型过程中矛盾与困难重重，离不开政府对解决问题的推动和支持。计划经济体制下的观念，如“铁饭碗”与“大锅饭”，在引入市场经济的时候受到巨大冲击，如果没有政府的强制手段作为后盾，可能会引发冲突。同时，计划经济体制下的既得利益集团，一定会千方百计地对转型加以阻挠，自然也离不开政府的干预。政府在这一过程中需要采取种种措施，缓解出现的紧张状态，为维护经济稳定作出努力。

总之，在转型过程中，存在一个市场机制未建立的真空状态，只有充分发挥政府的作用，必要时加强其干预的力度，才有可能实现经济的平稳过渡。

（二）政府职能

政府在经济转型中是主要的行为主体。一方面，政府需要对市场进行规范；另一方面，政府要尽力消除旧体制下的不利因素，为经济发展扫除障碍。

吴敬琏教授认为，在经济转型过程中，健全的市场制度尚未形成，在这种情况下，相对于成熟的市场经济，政府要发挥更多的职能。关于转型中的政府作用，他着重强调了如下两方面：①第一，消除对市场取向改革的阻力。从计划经济到市场经济的转型，意味着利益格局的巨大变动，这自然会遇到来自既得利益集团的反对。这些既得利益者可以分为两类：一是与计划经济相联系的既得利益，一是与转型过程中的不规范的经济关系相联系的既得利益。第二，设立并执行市场活动的“竞技规则”。市场的有效性建立在公正竞争的竞争规则的确立上。因此，转型中国家政府应当把改革工作的重点放在设定竞技规则方面。

中国是特殊的社会主义的发展中大国，既不同于已经具有成熟市场经济的发达国家，也不同于俄罗斯和东欧这样的转型经济国家。中国的国情有特殊性，经济更加复杂多变，因此政府所需要发挥的作用和承担的责任更加重大。

新古典学派提出五项功能作为一般的自由市场经济国家的职能，包括维护主权和领土完整；制定和实施法律，维持社会基本秩序；界定和保护产权；监督合同的执行；维系本国货币的价值。“市场失灵”学派认为五项功能涵盖范围较小，因此又提出六项功能予以补充，其中包括提供公共物品，保持宏观经济稳定，使经济外部性内在化，限制垄断，调节收入和财富分配，弥补市场的不完全性和信息的不对称性。综合两派所提出的 11 项国家职能，中国和世界上其

---

① 吴敬琏．试论政府在体制转型中的作用[J]．中国党政干部论坛，1997(4)：14～16

他市场经济国家一样，都应该具备。但是，中国因为自身特殊的国情，政府还应具备其他的功能。

王绍光教授、胡鞍钢教授提出了另外 9 项功能，和上面提到的 11 项功能一起作为中国向市场经济转型过程的国家作用和政府职能。这些功能既吸收了市场经济国家的成熟经验，又充分联系了中国国情的具体特点。①包括：促进市场发育，建立公平竞争的统一市场；注重公共投资，促进基础设施建设；实施产业政策，促进产业结构高度化，充分发挥比较优势；解决地区发展不平衡问题，促进少数民族地区发展；控制人口增长，开发人力资源；保护自然资源和生态环境；防灾、减灾、救灾；管理国有资产和监督国有资产经营；实施反贫困行动计划。

综上所述，并结合相关学者关于市场经济中政府作用的观点，我们认为，在市场经济条件下，政府应该主要发挥以下三方面的作用：

1．维护市场秩序。为保证市场经济体制充分发挥其作用，需要政府对市场进行规范。政府通过法律法规的建设，为市场机制运行提供基本规则，并通过加强执法力度，保证法律法规的有效性。应该注意的是，法制建设是个漫长的过程，并且在不断变化，需要政府坚持不懈的努力，不断调整以适应变化。此外，政府具有强制力，但如何约束政府行为也是必须予以关注的。

2．调控宏观经济。经济的发展离不开政府的宏观调控。面对当前复杂的经济形势，政府的宏观调控作用意义非凡。政府发挥此作用主要运用财政政策，货币政策。财政政策主要包括税收、政府购买和转移支付三个方面。货币政策是指运用一定的货币政策工具（贴现率、准备金率、公开市场业务等），对操作目标和中介目标产生影响，最终引起产出的实际变化。此外，在开放经济条件下，汇率、对外贸易等手段也是调控经济的重要手段。

3．弥补市场失灵。如前所述，市场在公共产品、外部性、调节收入分配等方面存在失灵的现象，需要政府的介入予以弥补。政府一方面要利用自身具有的强制力来建设公共产品，解决外部性问题；另一方面，还要合理调节二次分配，努力缩小居民收入的差距，兼顾公平，实现构建社会主义和谐社会的目标。

二、转型时期中国经济启动中市场的功能

中国经济转型的目标即为建立真正的市场经济，发挥市场对资源配置的基础性作用，这也是区别是否为市场经济的根本标志。市场经济的基本特点是：

① 胡鞍钢、王绍光．政府与市场[M]．中国计划出版社，2000:18～19

市场的主体——企业根据市场的供求关系自主灵活地进行生产经营活动，并在竞争中优胜劣汰；市场价格能够充分反映市场的供求关系，反过来，市场价格对于供求关系具有调节作用；供求机制、价格机制和竞争机制共同发挥作用，对资源优化配置起到基础性的作用。

各国经济的发展情况可以证明，市场经济是目前最有效的经济体制。市场的价格能够充分反映各部门、各行业的供求关系，同时具有迅速及时的特点。相比之下，计划经济体制下价格被扭曲，既不能反映供求，又不能对供求关系进行有效的调节。另一方面，市场经济体制下的竞争机制为企业和个人提供了发展的原动力，激励企业和个人进行新技术和新产品的研发，控制生产成本，提高经营管理水平。从整体看，市场经济更具有活力，能够更好地推动经济发展。中国、前苏联及东欧国家经济发展的实践即是市场经济优越性的很好例证。

在计划经济体制下，以行政命令等进行资源配置，企业没有自主权，缺乏良好的自主经营，缺乏动力和活力，严重束缚生产力的发展，造成了资源的闲置和浪费，缺乏对人的激励机制，不能调动劳动者的积极性，并限制劳动力的流动与自主选择，束缚了劳动者的全面发展；封闭的计划经济体制，缺乏对外的经贸往来，缺乏先进技术和理念的交流。这就造成了劳动生产率低下，经济发展落后于同时期的市场经济国家。战后德国、日本、美国、亚洲“四小龙”的经济成就，都证明了市场经济在促进生产力发展，优化资源配置等方面比计划经济体制更有效。

1978年十一届三中全会以后，中国开始实行改革开放，开始建立社会主义市场经济体制。经过二十多年的改革开放，中国的经济发展取得巨大成就。2008年，国内生产总值达到30.07万亿元，比2002年增长150%，年均增长10.5%，从世界第六位上升到第三位；全国财政收入达到6.13万亿元，增长19.5%；外汇储备超过2.13万亿美元。国有企业、金融、财税、外经贸体制和行政管理体制等改革迈出重大步伐。开放型经济进入新阶段。2008年进出口总额达到2.56万亿美元，从世界第六位上升到第三位。五年全国新增城镇就业5100万人。城镇居民人均可支配收入由2003年8672元增加到2008年15781元，农村居民人均纯收入由2622元增加到4761元。社会保障体系框架初步形成。贫困人口逐年减少。[①]各项数据显示出社会主义市场经济体制的巨大活力。在未来的经济发展和深化改革过程中，要进一步充分发挥市场的作用，从具体分类的角度看，应该着重发展资本市场、劳动力市场。

---

① 引自国家统计局发布的《2008年国民经济和社会发展统计公报》。

1. 大力发展资本市场。当前中国经济和社会发展的首要目标是构建和谐社会，实现经济的可持续发展。实现这一目标亟待解决的问题包括如何提高居民储蓄的使用效率，增加居民收入，缩小居民的收入差距；怎样提高企业的经营管理水平，加快企业发展，以及解决失业问题等。发展资本市场则可以为解决以上问题提供很好的渠道和方法。①

（1）发展资本市场提高居民储蓄的使用效率。中国是高储蓄的国家，至2009年8月，中国本外币存款总额已高达58.8万亿元，其中居民储蓄存款25.2万亿元。②虽然我国的储蓄额巨大，但是使用效率并不高。一方面银行把大部分资金都投入到了国企，这部分资金多数属于低效使用，容易形成重复建设、产能过剩等问题。而且很多贷款企业的效益较低，也容易形成不良贷款；另一方面，中小企业却因银行惜贷而无法满足资金需求，严重制约其发展，特别是在当前银根收紧的情况下，很多中小企业生存艰难。解决这一问题需要大力发展资本市场，通过直接融资为中小企业提供资金。创业板的即将推出，对于中小企业的发展具有重大意义。只有让大量资金通过资本市场配置给那些有效率、有发展潜力的企业，中国的高储蓄才能充分发挥应有作用。

（2）发展资本市场，拓宽居民投资渠道，增加居民收入。从全社会平均收益水平看，资本收益要高于银行利息收入。如果没有股票市场等资本市场的存在，居民手中的资金只能存放在银行，获得较低的利息。在当前通货膨胀的状况下，利息收入甚至难以保值。资本市场为居民创造了财富，虽然资本市场风险要高一些，但是至少能够为居民的投资提供多种选择。

（3）资本市场有利于企业的加速发展和升级。资本市场能够为企业提供所需资金，同时规范企业的运作和管理，促进生产要素在企业间的自由流动，特别是人才和技术等。良好有序的资本市场可以帮助企业成长，做大做强，进而推动经济发展。

2. 发展劳动力市场。劳动力是一种最重要的社会资源，也是最重要的生产因素。劳动对象只有通过劳动力才能转化为产品。而劳动力市场正是引导和促进劳动力自由合理流动的必要存在。它能够实现劳动力的优化配置，有利于提高劳动生产率。劳动力市场的突出特点是通过市场机制，发挥工资杠杆的作用，实现劳动力合理配置。在市场上，供求双方直接见面，进行各种条件的谈判，双向选择，有利于调节劳动力的供求。

---

① 刘义云．当前中国资本市场发展的几个问题[J]．发展和改革论坛，2007(8)：14～15

② 数据来自中国人民银行网站。

劳动力市场的形成和发展需要具备两个条件：[①]

第一，劳动力市场主体的完全自主化。企业是用人的主体，劳动者是劳动的主体。二者通过计算比较各自的利益和风险，进行自主的决策，自主的行动。不论是企业还是个人，依照劳动相关法律行事，不受其他外界力量的横加干涉。只有这样，劳动力市场才能正常发挥作用，对劳动力进行合理配置。

第二，劳动力均衡价格的形成。价格是市场供求关系的反映，工资是劳动力价格的主要表现形式，所以工资即可反映劳动力市场的供求状况。劳动的供给方——劳动者，主要考虑劳动力的成本，包括教育水平，资格认证及工作经历等。劳动的需求方——企业，主要考虑边际劳动生产率。如果边际劳动生产率为正值，则对劳动力有需求；反之，则没有劳动力的需求，甚至要减少劳动力。双方从各自角度出发，直至形成均衡的价格。除此之外，还包括社会保险保障机制的完善，劳动力市场的规范和竞争秩序的完善等。

中国是人口众多的国家，具有丰富的廉价劳动力。但是这种情况伴随着社会经济的发展，日益发生改变。2004 年春，东南沿海发生“民工荒”，充分反映出中国的劳动力市场的供求关系正在发生深刻的变化。一方面，从长期看，劳动力供给正在减少，劳动力资源不再用之不竭。虽然 2007 年下半年这种趋势有所缓解，但是长期趋势不会有太大变化。原因有三：

第一，中国自 20 世纪 70 年代以来的计划生育政策和改革开放以来家庭收入的提高，使得生育率持续下降，新增劳动人口呈下降趋势。

第二，农村劳动力转移的途径有两个：一是短期流动；二是向城市迁移，即城镇化。但是随着近年中央政府加强对农村、农民的重视，农民收入的增加，农村劳动力向城市的迁移速度下降。另一方面，中央政府严格限制农用地转化为城市用地，也一定程度上减缓了城市化进程。

第三，随着中国教育和培训业的发展，劳动力平均受教育水平提高，接受培训的时间增加，相应地，参与劳动力市场的时间就减少。另一方面，从长期趋势看，伴随中国经济的不断发展，中国的劳动力需求依然会不断增长。

因此，中国的劳动力市场很有可能再次发生供不应求的情况。解决这一问题，一方面需要不断完善社会保障制度，给予劳动人员合理的报酬与补偿，增加劳动力供给；另一方面，需要着力推进中国经济增长方式的变革，由粗放型向集约型转变，提高劳动生产率。

---

① 包妍平．论充分发挥市场在劳动力资源配置基础性作用的必要性[J]．黄山学院院报，2006(6)：108～109

三、转型时期中国经济启动中政府与市场的分工和协作

市场与政府都是经济启动中不可缺少的部分。在市场的基础性调节作用日益加强的同时，宏观调控不仅是必需的，而且要求持续、不断地进行。在经济改革过程中，原有的宏观经济均衡可能被迅速打破，要求在新的条件下进行又一轮调整，才能使社会再生产过程持续有效地进行。

1. 财富增长与收入分配方面。一国社会经济的发展包括两个方面，即经济总量增长和收入分配，形象地说，就是经济蛋糕做大和如何分割的问题。经济总量的增长要交给市场去做。市场充分发挥其配置资源的作用，通过价值规律、竞争机制、供求关系等手段，提高经济运行的效率，促进经济的发展。在收入分配领域，市场是无能为力的。政府应该在这方面起主导作用，通过税收、政府转移支付以及其他的调控手段，努力实现公平，避免因财富分配不均和收入差距过大而引起社会的不稳定。

2. “三农”问题。伴随中国经济的发展，“三农”问题的解决日益变得紧迫。政府应该发挥主导作用，对“三农”进行适当的政策倾斜，采取一系列措施减轻农民负担，加大对农民增收的支持等。政府帮助农民增收的方式应该坚持“授之以鱼，不如授之以渔”的思路，转变农民的思想理念。另一方面，市场也要发挥其作用，在转移农村剩余劳动力、农产品生产加工方面实现优化资源配置。只有政府和市场的协作配合，“三农”问题才能够很好地解决。

3. 可持续发展方面。经过二十年左右的经济发展，中国的环境生态遭到破坏，自然资源愈加短缺，这都将严重制约经济的发展。中国经济的发展要走可持续发展的道路，需要政府强有力的干预。一方面，政府应该完善关于环保等方面的法律法规，加强执法和监管，充分发挥政府的强制力；另一方面，政府要提出适当的激励措施，对于有利于可持续发展的行为予以支持。

总之，要保持经济调整与经济改革的良性循环，在加强市场基础性调节作用的同时，强调政府的宏观干预是必不可少的条件。减少政府直接参与与改善政府宏观调控必须同时并举，而且要特别重视政府作为新制度供应者的作用，让市场和政府充分协作和配合，保证以较低的成本实现经济转型。

第六章　消费与投资关系调控的国际实践

纵观近一个世纪的世界经济发展史，各国经济增长过程中普遍存在着由扩张与收缩的循环交替而形成的周期性波动现象。二战后，世界各国消费与投资的运行及其关系的调控都发生了翻天覆地的变化。本章旨在分析世界主要国家消费与投资关系的历史轨迹，探讨各国政府在不同时期相应的政策措施，最后通过国际经验的比较，阐述其对我国经济发展中消费与投资关系的启示。

第一节　美国消费与投资关系及其调控

同世界各国经济增长过程中普遍存在的客观规律——周期性一样，美国的经济增长过程同样呈现出扩张与收缩交替出现的周期性波动态势，并独具特色。分析并考察这种周期性波动的特点及成因，对研究我国消费与投资的关系极具价值。

一、美国消费与投资关系的历史描述

第二次世界大战后，美国的经济实力骤然增长，在资本主义世界经济中占有绝对优势。战后，美国经济经过修复和改造，利用战后资源持续发展经济，从这时候起，经济运行开始了周期性波动。

（一）经济周期的划分

我们采用经济增长率作为经济周期波动的考察指标，按照“波峰－波谷”划分，美国 1960～2008 年经济增长率的波动可以划分为 12 个周期。即：1961～1963 年、1964～1967 年、1968～1970 年、1971～1974 年、1975～1980 年、1981～1982 年、1983～1987 年、1988～1991 年、1992～1993 年、1994～1995 年、1996～2000 年、2001～2008 年。如图 6-1 所示。

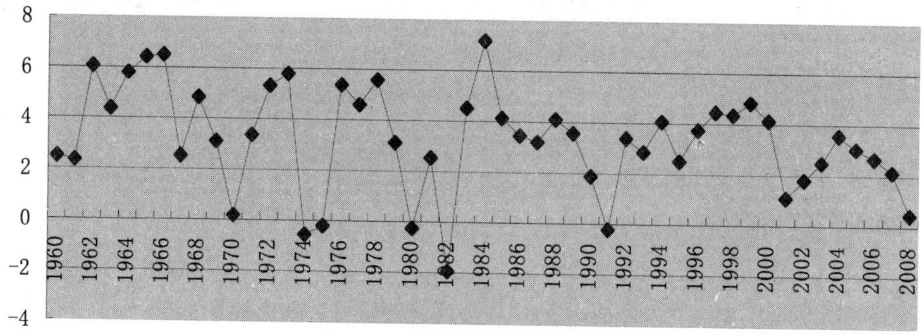

图 6-1　1961～2008 年美国经济增长率波动曲线图

图 6-1 具体数据如表 6-1 所示。

表 6-1　1961～2008 年美国经济增长率一览表　　单位：%

年份	经济增长率	年份	经济增长率	年份	经济增长率
1961	2.33	1977	4.6	1993	2.85
1962	6.06	1978	5.58	1994	4.07
1963	4.37	1979	3.12	1995	2.51
1964	5.79	1980	−0.27	1996	3.74
1965	6.42	1981	2.54	1997	4.46
1966	6.51	1982	−1.94	1998	4.36
1967	2.53	1983	4.52	1999	4.83
1968	4.84	1984	7.19	2000	4.14
1969	3.11	1985	4.14	2001	1.08
1970	0.19	1986	3.46	2002	1.81
1971	3.36	1987	3.2	2003	2.49
1972	5.31	1988	4.11	2004	3.57
1973	5.79	1989	3.57	2005	3.05
1974	−0.55	1990	1.88	2006	2.67
1975	−0.21	1991	−0.23	2007	2.14
1976	5.37	1992	3.39	2008	0.44

说明：数据来源于中经网统计数据库。

二战后美国经济发展的表现，经历了三个发展阶段：第一阶段，20 世纪 60 年代到 70 年代初，美国逐渐恢复元气并进行经济改造，经历了高速发展的黄金时代；第二阶段，20 世纪 70 年代初到 80 年代末，美国经济在“石油危机”与经济滞胀的影响下每况愈下，20 世纪 80 年代中期以后，经济形势好转，但财政赤字负担沉重；第三阶段，20 世纪 90 年代以后，美国进入新经济时代，经济得到了持续稳定发展。

在经济分析中，经济周期起止年限就是经济周期波动区间，持续时间就是经济周期波动的波长，经济增长最高、最低之差就是经济周期波动的幅度。据此，根据表 6-1 经济增长率一览表，上述经济周期波动情况可归纳为表 6-2 所示。

表 6-2　1961～2008 年美国经济运行波动周期表

发展阶段	经济波动区间	波长（年）	波幅（%）
第一阶段	1961～1963 年	3	3.37
	1964～1967 年	4	3.98
	1968～1970 年	3	2.92
	平均值	3.3	3.42
第二阶段	1971～1974 年	4	6.34
	1975～1980 年	6	5.58
	1981～1982 年	2	4.48
	1983～1987 年	5	3.05
	1988～1991 年	4	1.69
	平均值	4.2	4.23
第三阶段	1992～1993 年	2	3.62
	1994～1995 年	2	1.56
	1996～2000 年	5	0.72
	2001～2008 年	8	1.08
	平均值	4.3	1.75
总体水平	1961～2008 年	4	3.20

表 6-2 明确地告诉我们，1960～2008 年期间，美国经济先后经历了 12 个经济周期，平均波长为 4 年，经济平均波幅为 3.20%。从不同周期波动的波长和波幅看，经济增长波动呈现不规则状态。横向比较美国经济发展的这三个阶段可发现，第一阶段，经济发展较稳定，平均波长 3.3 年，平均波幅为 3.42 个百分点；第二阶段，美国经济发展较动荡，经济运行周期波动表现为波长较长，波幅较大的特点，平均波长为 4.2 年，平均波幅为 4.23 个百分点；第三阶段，经济走出衰退并稳定发展，平均波长为 4.3 年，平均波幅为 1.75 个百分点，呈现出波幅不断缩小的较平稳态势。

（二）从总量角度看消费与投资的关系

1．经济增长率与消费增长率和投资增长率的关系

经济呈周期性增长，波浪式前进的动力是什么呢？是什么的发展刺激了经济的增长，它们之间又有什么内在的联系呢？分别讨论最终消费和投资与国内生产总值的关系，可能会揭示出经济增长的奥秘。表6-3是1960～2008年美国国内生产总值与最终消费额和投资总额对照表。

表6-3　1960～2008年美国GDP与最终消费额和投资总额对照表

年份	GDP（十亿美元）	经济增长率（%）	最终消费额（十亿美元）	消费增长率（%）	投资总额（十亿美元）	投资增长率（%）
1960	2830.9	2.48	—	—	—	−0.22
1961	2896.9	2.33	—	2.7	—	2.52
1962	3072.4	6.06	—	4.4	—	7.71
1963	3206.7	4.37	—	3.0	—	5.44
1964	3392.3	5.79	—	4.6	—	7.51
1965	3610.2	6.42	—	4.8	—	7.9
1966	3845.3	6.51	—	6.6	—	6.45
1967	3942.5	2.53	—	4.3	—	−0.11
1968	4133.4	4.84	—	4.6	—	4.49
1969	4261.8	3.11	—	2.8	—	3.03
1970	4270	0.19	—	1.6	—	−3.18
1971	4413.3	3.36	—	2.7	—	3.47
1972	4647.7	5.31	—	4.9	—	8.33
1973	4917.1	5.79	—	4.5	—	8.04
1974	4889.9	−0.55	—	0.0	—	−4.36
1975	4879.5	−0.21	—	1.6	—	−8.3
1976	5141.3	5.37	—	4.7	—	8.09
1977	5377.7	4.6	—	4.0	—	11.01
1978	5677.6	5.58	—	4.4	—	11.38
1979	5855	3.12	—	2.7	—	5.73
1980	5839	−0.27	—	0.3	—	−5.04
1981	5987.2	2.54	—	1.8	—	1.32
1982	5871	−1.94	—	0.6	—	−6.07
1983	6136.2	4.52	—	4.9	—	7.36
1984	6577.1	7.19	—	5.3	—	16.09

续表

年份	GDP（十亿美元）	经济增长率（%）	最终消费额（十亿美元）	消费增长率（%）	投资总额（十亿美元）	投资增长率（%）
1985	6849.3	4.14	—	5.0	—	6.72
1986	7086.6	3.46	—	4.2	—	2.62
1987	7313.3	3.2	—	3.2	—	1.53
1988	7613.9	4.11	—	3.7	—	2.54
1989	7885.9	3.57	—	2.8	—	3.19
1990	8033.9	1.88	—	2.1	—	−0.42
1991	8015.1	−0.23	—	0.3	—	−5.08
1992	8287.1	3.39	—	2.7	—	4.85
1993	8523.5	2.85	—	2.5	—	5.96
1994	8870.7	4.07	—	3.1	—	7.29
1995	9093.8	2.51	7687.7	2.2	1516.6	5.71
1996	9433.9	3.74	7907.1	2.85	1638.9	8.07
1997	9854.4	4.46	8166.7	3.28	1772.3	8.14
1998	10283.5	4.36	8539	4.56	1943.5	9.66
1999	10779.9	4.83	8961.2	4.94	2118.6	9.01
2000	11226	4.14	9358.7	4.44	2261.7	6.75
2001	11347.2	1.08	9629.9	2.90	2240.1	−0.96
2002	11553	1.81	9919.1	3.00	2180.1	−2.68
2003	11840.7	2.49	10186.4	2.69	2247.5	3.09
2004	12263.8	3.57	10499.6	3.07	2387.5	6.23
2005	12638.4	3.05	10796.9	2.83	2514.3	5.31
2006	12976.3	2.67	11070.8	2.54	2576.1	2.46
2007	13254.1	2.14	11339.3	2.43	2544.5	−1.23
2008	13312.2	0.44	11376.8	0.33	2452.4	−3.62

说明：以上数据均来自中经网统计数据库的可比数据。

将表 6-3 中的经济增长率和消费增长率绘成图，如图 6-2 所示。

观察对比图及其对照表，结果显而易见：首先，1960～2008 年间，美国的国内生产总值增长周期与最终消费周期基本吻合。消费增加，经济增长就较快；消费减少，经济增长也随之放慢脚步。1974～1975 年、1980～1982 年经济呈负增长，就是最终消费增长率几乎为零的真实反映；1992～2000 年经济增长较稳定，没有大的波动，也是消费增长持续稳定的集中体现。其次，投资的增长率相比经济增长率的波动更剧烈，但总趋势是趋同的。即投资增长快，经济增长也快；投资增长慢或是呈负增长，经济增长也就随之放缓甚至出现负增长。1967年、1970年、1974年、1975年、1980年、1982年、1990年、1991年、2001年以及2002年这10年经济增长缓慢甚至出现负增长，实质上就是投资呈负增长的综合表现。

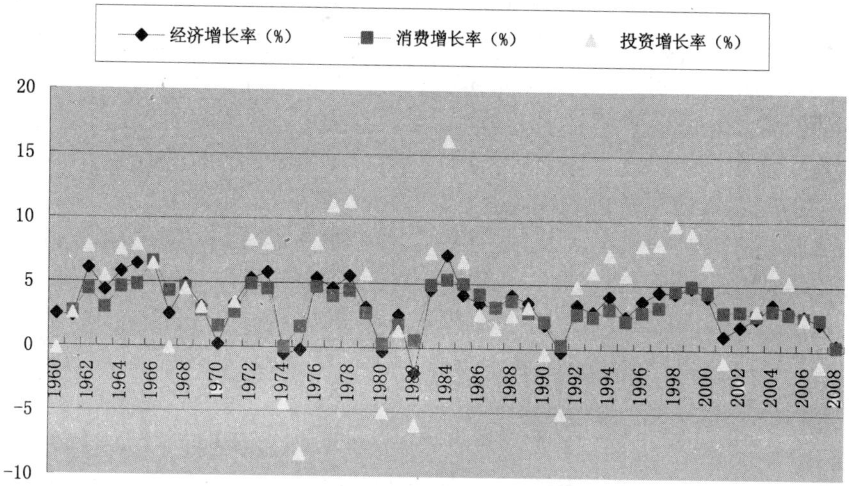

图 6-2　1961～2008 年美国 GDP 增长率与消费增长率和投资增长率对比图

通过以上对最终消费和投资与国内生产总值关系的阐述，可以看出，美国经济的持续增长是消费与投资两大引擎共同拉动、长期影响的结果。

2. 最终消费率与投资率的关系

既然经济增长是消费增长与投资增长共同作用的结果，那么它们之间也肯定存在着必然联系，我们通过分析最终消费率与投资率来考察这种关系。表 6-4 为 1960～2008 年美国消费与投资对照表。

表 6-4　1960～2008 年美国消费与投资对照表

年份	GDP（十亿美元）	最终消费额（十亿美元）	最终消费率（%）	投资总额（十亿美元）	投资率（%）
1960	2380.9	2197.4	92.3	410.9	17.3
1961	2439.6	2257.7	92.5	413.0	16.9
1962	2565.6	2357.7	91.9	454.2	17.7
1963	2667.5	2427.7	91.0	486.2	18.2

续表

年份	GDP（十亿美元）	最终消费额（十亿美元）	最终消费率（%）	投资总额（十亿美元）	投资率（%）
1964	2816.4	2538.9	90.1	525.8	18.7
1965	2974.1	2660.5	89.5	582.6	19.6
1966	3151.0	2835.8	90.0	615.3	19.5
1967	3236.8	2958.6	91.4	598.5	18.5
1968	3372.5	3093.3	91.7	627.4	18.6
1969	3462.5	3178.5	91.8	646.4	18.7
1970	3470.0	3230.9	93.1	526.4	15.2
1971	3850.5	3319.0	86.2	574.5	14.9
1972	4065.8	3483.1	85.7	637.6	15.7
1973	4304.8	3639.1	84.5	701.4	16.3
1974	4284.4	3639.4	84.9	659.6	15.4
1975	4276.9	3699.0	86.5	563.2	13.2
1976	4507.0	3874.3	86.0	655.4	14.5
1977	4717.0	4027.7	85.4	735.3	15.6
1978	4981.9	4205.8	84.4	822.1	16.5
1979	5140.4	4317.4	84.0	848.2	16.5
1980	5128.0	4329.8	84.4	769.9	15.0
1981	5257.4	4409.4	83.9	828.2	15.8
1982	5153.6	4435.4	86.1	719.6	14.0
1983	5386.3	4653.5	86.4	781.7	14.5
1984	5774.0	4899.5	84.9	986.9	17.1
1985	6011.0	5145.5	85.6	995.4	16.6
1986	6217.2	5362.9	86.3	1000.8	16.1
1987	6425.1	5535.0	86.1	1026.1	16.0
1988	6690.0	5741.5	85.8	1043.4	15.6
1989	6926.3	5903.3	85.2	1094.2	15.8
1990	7055.0	6028.2	85.4	1073.5	15.2
1991	7041.3	6043.6	85.8	1005.1	14.3
1992	7276.2	6207.7	85.3	1077.6	14.8
1993	7472.0	6360.5	85.1	1157.0	15.5
1994	7775.5	6557.2	84.3	1291.3	16.6
1995	7972.8	6702.2	84.1	1335.6	16.8
1996	8271.4	6900.8	83.4	1446.5	17.5

续表

年份	GDP （十亿美元）	最终消费额 （十亿美元）	最终消费率 （%）	投资总额 （十亿美元）	投资率（%）
1997	8647.6	7133.9	82.5	1614.2	18.7
1998	9012.5	7452.2	82.7	1760.7	19.5
1999	9417.1	7812.3	83.0	1898.3	20.2
2000	9764.8	8143.6	83.4	2000.8	20.5
2001	9838.9	8360.7	85.0	1878.1	19.1
2002	10023.5	8639.8	86.2	1855.6	18.5
2003	10330.0	9242.0	89.5	1956.3	18.9
2004	11657.3	10066.5	86.4	2204.0	18.9
2005	12397.9	10720.3	86.5	2394.3	19.3
2006	13192.2	11376.7	86.2	2581.7	19.6
2007	13776.5	11968.2	86.9	2477.2	18.0
2008	13312.2	11376.8	85.5	2452.4	18.4

说明：1．最终消费总额和投资额来自联合国统计处数据库，其中 2008 年数据来源于中经网数据库。

2．消费增长率、最终消费率、投资增长率和投资率为计算所得。

3．1961～1970 年按照 1992 年价格计算，1971～2007 年按照 2000 年价格计算。

根据表 6-4 中的最终消费率与投资率绘制出变动曲线图。如图 6-3 所示。

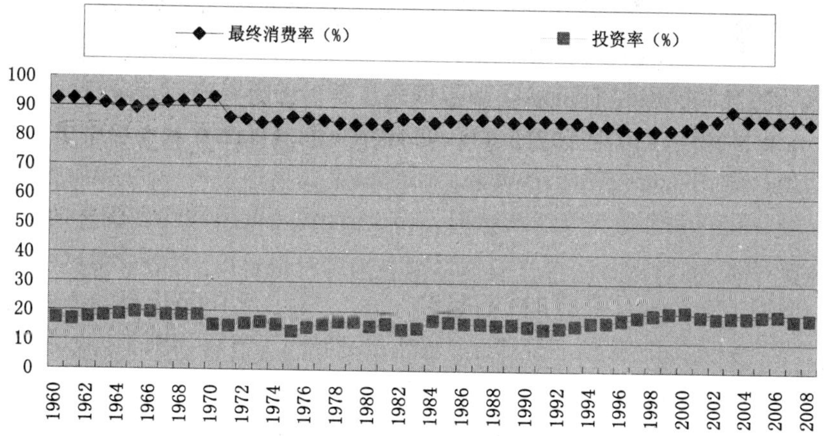

图 6-3　1960～2008 年美国最终消费率与投资率变动曲线图

从图表所示，我们可以清晰地看到，二战之后的 1960～1970 年间，美国经济的消费与投资都很活跃，年平均消费率为 93.4%，平均投资率为 18.1%。与经济繁荣时期相比较，1971～1991 年的经济萧条时期，消费和投资都有明显的回落，年平均消费率为 85.4%，平均投资率为 15.6%。20 世纪 90 年代初，美国进入新经济时代，经济有了飞速发展，消费和投资的比率也有所上升，年平均消费率为 84.9%，平均投资率为 18.3%。总之，在经济繁荣时期，消费与投资也膨胀繁荣；在经济衰退的时期，消费与投资也随之萎缩。消费的增长对经济增长的影响较明显，投资的增长对经济增长的影响不显著。也就是说，消费对经济增长的效益较高，而投资对经济增长的效益较低。

美国的最终消费率与经济增长率，以及投资率与经济增长率的相关系数都不高，分别为-0.40 和 0.32。但是，如果我们分时期考察上述变量之间的关系可以看出，从 20 世纪 60 年代直到 21 世纪初，美国每个 10 年的平均消费率不断攀升，投资率则不断下降，与之相对应的是平均经济增长率也不断下降。如表 6-1、表 6-4 所示。因此，可以得出结论，即消费率上升以及投资率下降至少是影响经济增长率下降的原因之一。通过图 6-3，我们也可以大致观察到消费率与增长率的反向变动关系。[①]

二、美国政府对消费与投资关系的调控

美国政府对本国消费与投资的关系及其发展，在不同的发展阶段实施了不同的政策，下面我们分阶段分析各时期的宏观调控情况。

（一）20 世纪 50 年代至 60 年代末美国政府调控政策初步形成

第二次世界大战后的 20 世纪 50 年代至 60 年代末，是美国经济发展的“黄金时代”。美国经济平均每年以 3.3%的速度增长，国民生产总值由 1960 年的 2380.9 亿美元增至 1970 年的 3470.0 亿美元（具体数据请参考本章表 6-3）。这一时期内，第三次科技革命的兴起及相对稳定的世界格局成为美国经济强有力的驱动力。但更为重要的因素却在于美国政府对经济采取的更深更广的宏观调控。

这一阶段政府对经济采取了凯恩斯主义的财政赤字政策，以充分发挥其宏观调节作用，大力刺激经济的增长。战后，伴随着经济的增长，政府对资金的需求也日益加强，一方面是为了扩大政府开支，刺激内需，为垄断组织日渐庞大的生产能力寻找出口，另一方面是为了替垄断企业输送资金，以满足因竞争和科技迅速发展而引起的大规模投资需求。因此政府急于借助相应的财政政策

---

① 刘立峰．消费与投资关系的国际经验比较[J]．经济研究参考，2004(72)（总第 1840 期）：37

和货币政策，通过对经济的主动干预，缓解紧张的经济形势。美国政府为了增加投资，通过主动增加赤字，增加对公共基础服务设施的投资的政策，大力修建高速公路和电站，由此拉动了经济需求，刺激和带动了美国经济的复苏。1960年至1965年期间，联邦政府减税总额达155亿美元，而财政支出从922亿美元增加到1184亿美元，使联邦政府收入从1960年的盈余转为亏损，以后连续八年累计605亿美元的赤字，但美国经济于60年代出现了106个月的持续增长。[①]

（二）20世纪70年代初至80年代末美国政府调控政策逐步完善

20世纪70年代初至80年代末，美国经济遭受“石油危机”和经济滞胀的双重困扰，美国政府面临着严峻的考验。1973年“石油危机”后，美国经济增长出现“滞胀”现象。GDP增长率从1973年的5.9%降到了1974年的－0.5%，消费增长率从4.4788%降到了0.0082%，投资增长率从10.0%降到－6.0%（具体数据请参考本章表6-3）。政府本想利用增加货币供应量的办法来为经济发展疏通经脉，以刺激内需来推动经济增长，这种政策虽然暂时缓和了生产过剩的程度，但只依靠人为地刺激经济的发展，必然会将扩张货币政策的弊端暴露无遗，最终导致美国经济陷入财政赤字急剧上升和通货膨胀的困境中。

20世纪70年代经济“滞胀”局面的出现，使美国政府处于两难的矛盾境地，尼克松宣布实行“新经济政策”，通过冻结工资、物价，降低税收以刺激经济，但结果却加剧了通货膨胀。通货膨胀引起物价大幅上涨，削弱了人们的购买力，消费需求减少。同时，物价的上涨，使厂商的生产成本上升，导致利润率下降，从而影响了企业投资的积极性，消费与投资都陷入停滞状态，最后“新经济政策”以失败告终，进而触发了1973～1975年战后最惨重的经济危机。

鉴于前几任政府的教训，1981～1988年里根担任总统期间，对政府的经济干预政策有了一定的调整改变，开始把政府干预经济的重点从凯恩斯主义的刺激需求开始转向供给学派的推进供给。1981年，里根提出“经济复兴计划”，主要通过减税、压缩非国防财政支出来刺激私人消费和投资，紧缩货币供给以便降低通货膨胀、放松管制，也就是所谓的“里根经济学”。这种政策通过经济和财富的增量反而能在低税率的前提下增加国家税收，同时增加大众的财富。这个时期减税的力度最大，从1981年开始连续3年的减税计划使税率下降总幅度达到23%，极大地推动了国内需求的增长。[②]1984年，美国经济开始复苏，经济增长率为7.2%，是1960年以来经济增长幅度最大的一次。投资增长率为

① 洪君彦．当代美国经济[M]．时事出版社，1985:159

② 吴先满，蔡笑，徐春铭．中外消费对经济增长拉动作用的比较研究[J]．世界经济与政治论坛，2007(3)：121

26.3%，更是达到了历史最高点（具体数据请参考本章表 6-3）。

（三）20 世纪 90 年代至今美国政府调控政策发展成熟

20 世纪 90 年代美国步入克林顿时期的新经济时代，经济政策发生了比较大的变革，即实行以“平衡预算”为目标的财政政策与实行以遏制通货膨胀为目标的货币政策相结合的政策。由于美国政府长期陷入巨额财政赤字的困境，不能自拔，这不仅使政府背负着沉重的负担，更重要的是，还挤占了宏观调控经济的空间，不利于美国经济长期健康发展。为摆脱 1992 年财政年度 2904 亿美元的巨额财政赤字，克林顿政府实行了以平衡预算为目标的财政政策。虽然其目标是减少预算赤字，但用的并不是以前各任总统所采取的简单减少支出的办法，而是有增有减的结构性财政政策。主要措施有：通过增加投资，经济转型和增长战略来增加财政收入；削减国防经费；取消非生产性开支，鼓励私人投资；削减联邦经费，削减联邦行政开支。其总体目标是：优化财政开支结构，逐步减少财政赤字，最终实现财政盈余。

三、美国政府调控消费与投资关系的经验与启示

20 世纪 60 年代到 70 年代，美国联邦政府的宏观调控带给我们的启示是：大量财政支出是可以刺激和维系经济的高速增长的，但是也为以后的经济发展埋下了隐患。而 20 世纪 70 年代的“新经济政策”的失败，告诉我们在通货膨胀时期不能采用降低税收的方式来刺激经济增长，政府税收少了，就只能通过提高价格来弥补税收的减少，这样反而加剧了通货膨胀。之后美国联邦政府采用的“里根经济学”虽然使美国经济开始有所复苏，但这时候的发展是以政府欠下了巨额债务为惨痛代价的。20 世纪 90 年代，克林顿提出增税与削减开支并举的计划，从结构上调节财政政策，具体表现为通过增加投资来增加财政收入，通过减少不必要的经费支出来节约政府支出。克林顿时期政策的成功告诉我们，解决财政支出的关键问题不是一味地减税或者增税，而是能够把问题拆分开，从结构上调整财政支出，该增的增，该减的减。

从美国政府的诸多调控政策来看，财政赤字的大幅减少，对美国经济发挥了积极的影响。其主要表现，一是财政赤字的大幅减少，为以后的税收减少创造了条件，对增加社会消费需求和投资需求发挥的长期影响可见一斑。二是由于财政赤字的大幅减少，大大减少了通货膨胀压力，这样就可以缓和长期紧缩的货币政策，使国内金融活动可以活跃起来。这就为刺激内需和扩大投资提供了土壤和营养，从而促使美国经济持续增长下去。三是财政赤字的减少有助于通货膨胀的下降，物价保持在一个相对稳定的区间内，不会产生物价飞涨，人

们购买力削减的情况。物价稳定，厂商生产出来的产品就能有销路，人们有能力消费，厂商可以收回生产成本，从而能够继续购买原料，进行再生产，再投资，消费和投资就这样联系起来。社会这支承载着生产与消费的车辆也就驶上了自己的轨道，这对经济发展起了不容忽视的积极作用。

第二节 欧盟主要国家消费与投资关系及其调控

欧盟经济的发展在国际经济中的地位可以说是举足轻重的，研究欧盟主要国家经济发展的历史，探讨各国政府对消费与投资关系的调控，并在它们发展的轨迹中寻找经验，对研究我国的消费与投资的关系有重要意义。

一、欧盟主要国家消费与投资关系的历史考察

经历了半个世纪的风风雨雨，最初只有法国、联邦德国、意大利、卢森堡、比利时和荷兰六国组成的欧洲经济共同体发展成今天由 27 个国家组成的欧洲联盟，欧盟的成长及其在发展历程中所取得的成绩都是不可否认的事实，经济上的发展更是不容忽视。欧洲主要国家经济的周期性发展也呈现出惊人的一致性。下面我们重点探析英国、法国、德国、荷兰这四个国家消费与投资的关系。

（一）比较分析四国经济增长的情况

1971 年至 2008 年，英国、法国、德国、荷兰经济增长率及其波动曲线分别如表 6-5 和图 6-4 所示。

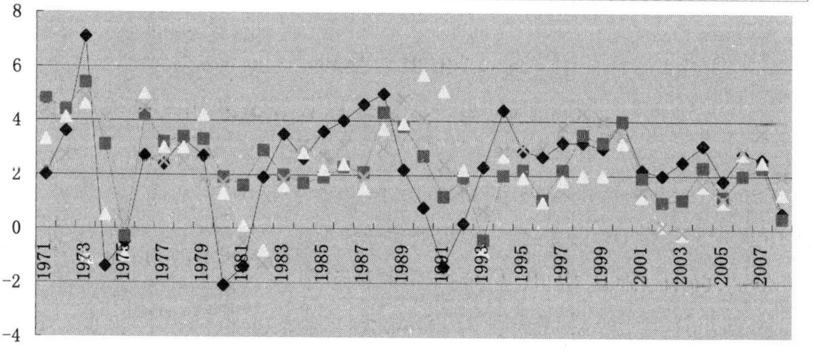

图 6-4 1971～2008 年英国、法国、德国、荷兰经济增长率波动曲线对比图

表 6-5 1971～2008 年英国、法国、德国、荷兰经济增长率一览表 单位：%

年份	英国	法国	德国	荷兰
1971	2.0	4.8	3.3	4.4
1972	3.6	4.4	4.1	2.7
1973	7.1	5.4	4.6	4.9
1974	−1.4	3.1	0.5	4.1
1975	−0.5	−0.3	−1.0	0.2
1976	2.7	4.2	5.0	4.5
1977	2.4	3.2	3.0	2.5
1978	3.3	3.4	3.0	2.5
1979	2.7	3.3	4.2	1.8
1980	−2.1	1.9	1.3	1.7
1981	−1.4	1.6	0.1	−0.5
1982	1.9	2.9	−0.8	−1.3
1983	3.5	2.0	1.6	1.8
1984	2.6	1.7	2.8	3.1
1985	3.6	1.9	2.2	2.7
1986	4.0	2.3	2.4	3.1
1987	4.6	2.1	1.5	1.9
1988	5.0	4.3	3.7	3.0
1989	2.2	3.8	3.9	4.8
1990	0.8	2.7	5.7	4.1
1991	−1.4	1.2	5.1	2.4
1992	0.2	1.9	2.2	1.5
1993	2.3	−0.4	−0.8	0.7
1994	4.4	2.0	2.7	2.9
1995	2.9	2.2	1.9	3.0
1996	2.7	1.1	1.0	3.0
1997	3.2	2.2	1.8	3.8
1998	3.2	3.5	2.0	4.3
1999	3.0	3.2	2.0	4.0
2000	4.0	4.0	3.2	3.5
2001	2.2	1.9	1.2	1.4
2002	2.0	1.0	0.1	0.1
2003	2.5	1.1	−0.2	−0.1

续表

年份	英国	法国	德国	荷兰
2004	3.1	2.3	1.6	1.7
2005	1.8	1.2	1.0	1.1
2006	2.8	2.0	2.8	2.9
2007	2.6	2.3	2.5	3.6
2008	0.6	0.4	1.3	2.0

说明：1．1971～2006 年按照 1990 年价格计算，数据来源于联合国统计处数据库。

2．2007 年以后数据来源于中经网数据库。

仔细观察图 6-4 可以看出，四国的经济增长趋势大致相同，集中表现为 1974～1975 年、1979～1982 年、1990～1991 年以及 2001 年西方各国几乎同步发生了经济危机，四国的经济增长都明显直线下降，有的甚至出现了负增长；另外从图中也可以看出，各国的经济周期大致相同，基本上都呈正“U”型。前几个周期，振幅大、峰位高、谷位低、平均位势低；后几个周期经济发展较稳定，振幅较小、峰位下降、谷位上升、平均位势提高，经济发展日渐稳定。

（二）比较分析四国最终消费与投资情况

衡量最终消费情况我们采用的指标是最终消费率，衡量投资情况的指标是投资率。表 6-6 显示了 1971 年至 2008 年四国最终消费率与投资率的情况。

表 6-6　1971～2008 年英国、法国、德国、荷兰最终消费率一览表　单位：%

年份	最终消费率				投资率			
	英国	法国	德国	荷兰	英国	法国	德国	荷兰
1970	81.0	79.0	69.0	75.6	16.1	22.9	28.6	31.3
1971	82.0	78.9	70.6	75.1	15.7	22.7	27.9	29.8
1972	83.8	79.0	71.0	75.1	15.0	22.9	27.7	27.7
1973	82.1	78.5	70.3	74.4	16.6	24.0	27.3	28.0
1974	82.6	77.1	71.1	73.6	15.7	24.1	24.2	27.2
1975	84.3	79.8	74.7	75.9	13.6	20.4	22.4	24.4
1976	82.8	80.1	73.5	76.4	14.8	21.6	23.5	23.8
1977	80.3	79.7	73.9	77.8	14.8	20.7	23.2	24.9
1978	81.1	80.2	74.3	79.0	14.5	19.8	23.2	24.9
1979	82.0	80.1	73.8	79.1	14.6	20.4	24.5	24.0
1980	84.1	79.9	74.1	78.3	12.6	20.7	23.6	23.8

续表

年份	最终消费率				投资率			
	英国	法国	德国	荷兰	英国	法国	德国	荷兰
1981	85.4	80.5	74.3	77.6	11.7	19.5	21.3	20.5
1982	84.5	81.1	74.1	78.8	12.6	19.2	20.5	19.6
1983	84.5	80.7	73.7	78.5	13.5	18.3	21.5	20.2
1984	84.0	80.4	73.2	77.0	14.2	17.8	21.0	20.2
1985	83.3	80.6	73.0	77.2	14.2	18.2	20.3	20.7
1986	84.2	81.3	73.7	77.0	14.0	18.7	20.6	21.8
1987	83.8	81.4	75.0	77.9	14.6	19.3	20.2	21.0
1988	84.5	80.1	74.1	76.5	16.5	20.6	21.0	21.5
1989	85.0	78.8	72.8	74.9	16.7	21.4	21.7	23.0
1990	85.5	78.9	71.5	74.4	15.5	21.6	22.0	22.6
1991	86.3	79.1	70.7	74.6	14.0	21.0	22.2	21.9
1992	86.6	79.3	76.3	74.4	14.3	20.0	23.1	21.9
1993	86.3	80.9	77.3	74.5	14.3	17.8	22.2	19.6
1994	84.8	81.7	78.9	73.5	14.9	18.5	22.3	20.1
1995	83.8	80.9	79.1	73.1	15.0	19.0	22.1	21.0
1996	84.0	81.5	79.5	72.7	15.1	17.9	21.1	21.1
1997	83.5	80.3	78.7	72.2	15.9	17.4	21.0	21.8
1998	83.7	79.6	78.3	72.2	17.4	18.6	21.7	22.1
1999	84.8	79.3	78.7	72.3	17.3	19.4	22.0	22.4
2000	85.0	78.6	77.9	72.0	17.1	20.5	21.8	22.0
2001	85.5	78.9	78.2	72.7	17.3	20.1	19.8	21.6
2002	86.8	79.9	78.1	73.8	17.1	19.2	17.9	20.5
2003	87.1	80.5	78.2	74.4	17.0	19.3	18.5	20.2
2004	87.5	80.4	76.8	73.4	17.3	20.3	19.0	20.4
2005	86.0	80.5	77.9	73.0	17.5	20.3	17.1	19.1
2006	85.4	80.1	76.8	72.8	18.0	20.1	17.8	19.7
2007	84.9	79.8	74.7	72.3	18.8	22.1	18.3	19.7
2008	85.4	—	73.4	70.8	17.6	22.7	—	21.3

说明：1. 最终消费率为最终消费总额除以国内生产总值计算而得，投资率为投资总额除以国内生产总值计算而得，最终消费总额、投资总额与国内生产总值来自联合国统计处数据库，其中 2008 年的数据来自中经网数据库。

2. 英国的所有价格按照 2001 年价格计算。

3. 法国、德国 1970～1993 年数据按照 1995 年价格计算，1994～2004 年数据按照 2000 年价格计算。

4. 荷兰的所有价格按照 1995 年价格计算。

1970 年至 2008 年，四国的最终消费率与投资率波动情况对比如图 6-5 所示。

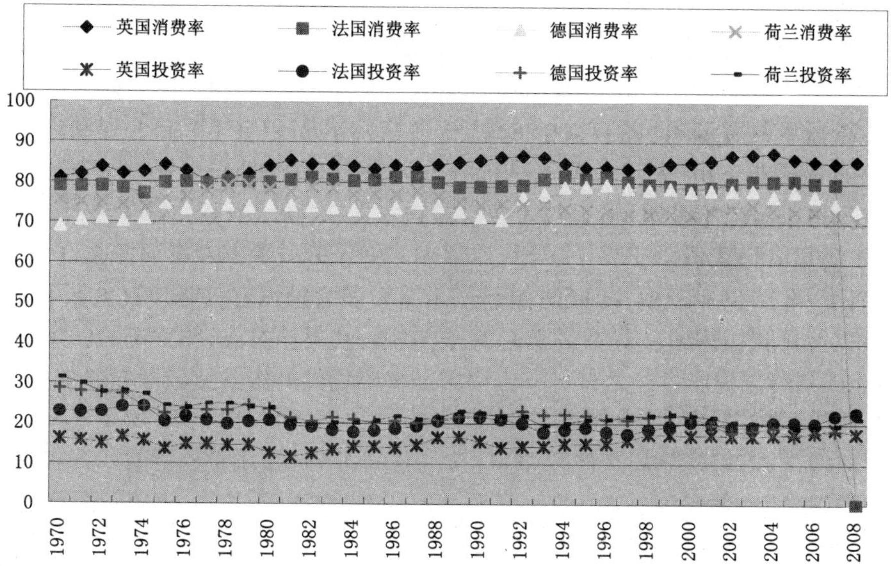

图 6-5　1970～2008 年英国、法国、德国、荷兰最终消费率与投资率波动曲线对比图

有关研究表明，1971～2001 年间，世界平均消费率为 76.5%，平均投资率为 23.5%。工业化国家平均消费率为 77.9%，平均投资率为 22.3%，[①]高于世界平均水平。

比较研究说明，随着消费率的上升，经济增长率趋于下降，两者存在反向运动趋势。即消费率越低的国家，经济增长率越高；而消费率越高的国家，经济增长率越低，消费率较高的国家不利于保持较高增长水平。此外，各国平均投资率与经济增长率的关系要比平均消费率与经济增长率的关系更为清晰。[②]

结合表 6-6 与图 6-5，表 6-7 中标明英国、法国、德国、荷兰消费与投资的一些相关指标。

①刘立峰．投资与消费关系的国际经验比较[J]．经济研究参考，2004(72)（总第 1840 期）：29

②刘立峰．投资与消费关系的国际经验比较[J]．经济研究参考，2004(72)（总第 1840 期）：47

表 6-7 英国、法国、德国、荷兰相关消费率与投资率一览表

	平均消费率	平均投资率	最高消费率/年份	最低消费率/年份	最高投资率/年份	最低投资率/年份
英国	84.28	15.42	87.5/2004	80.3/1977	18.8/2007	11.7/1981
法国	79.93	20.17	81.7/1994	77.1/1974	24.1/1974	17.4/1997
德国	74.94	21.95	79.5/1996	69.0/1970	28.6/1970	17.1/2005
荷兰	75.11	22.53	79.1/1979	72.0/2000	31.1/1970	19.1/2005

仔细观察表 6-7，通过平均消费率和平均投资率两项可以得出，消费与投资之间存在此消彼长的线性关系。而虽然最高消费率、最低消费率、最高投资率和最低投资率这几个指标不能说明整体消费与投资的关系，但可以从中看出经济周期划分的界限。

究竟是什么原因导致欧盟主要国家的经济周期如此趋同呢？又是什么原因引起了经济增长，而增长的过程又如此一致呢？在市场经济这只“看不见的手”的牵引下，是否还存在另一只“看得见的手”的昭示呢？

让我们一起带着疑问共同探讨欧盟主要国家政府对消费与投资关系的调控。

二、欧盟主要国家政府对消费与投资关系的调控

1957 年 3 月 25 日，西欧六国（法国、联邦德国、意大利、荷兰、卢森堡、比利时）在罗马签署了《建立欧洲经济共同体条约》和《建立欧洲原子能共同体条约》，统称《罗马条约》，标志着欧洲经济共同体正式成立。伴随着这一时期世界各国经济的飞速发展，各主要国家政府都采取了积极的经济政策以刺激经济增长。

1973 年石油危机的爆发，使发达国家普遍陷入了“滞胀”的泥潭，经济增长率开始直线下降。面对消费需求不足、投资需求大幅减少的严峻形势，西欧国家为了维持庞大的公共开支，只好使税率保持在一个很高的水平，但这种高税率的做法引起了中产阶级的极度不满。撒切尔夫人执政后，首先削减了国家管辖的范围，推行国有企业私有化政策，同时大幅度压缩政府用于社会福利的开支。80 年代初开始，英国保守党出台了开放利率、降低所得税、提高增值税的刺激经济增长的措施。1982～1989 年，英国的国民生产总值平均增长率达到了 3.43%，平均消费率 84.23%，平均投资率 14.54%，比法国、德国以及荷兰同期的增长率都高。撒切尔夫人强调市场自由的做法，在一定时期内对英国稳定

经济增长发挥了积极作用。

1997年，布莱尔政府提出并推行的布莱尔主义，即以经济政策为中心的一系列理论观点，在很大程度上是英国经济稳定持续发展的坚实后盾。布莱尔认为，通过政府的计划调控来从需求方面促进投资和就业的增长已经失效，因此，英国要发展新经济，就需要以高质量的劳动力来吸引新投资，扩大就业，实现从计划转向市场、从需求转向供给的战略转变。布莱尔主义旨在促进经济增长，改善投资环境，稳定币值，控制通货膨胀，使投资者增强投资信心。从后期成效来看，布莱尔主义至少在经济增长、币值稳定、降低失业率等方面取得了初步成效。

2001年10月16日，法国政府财经部在国民议会上就2002年预算草案进行辩论时提出一项“巩固增长”的计划。根据这项计划，法国政府将从2001年的修正预算中拨款40～80亿法郎，用于增加对低收入阶层的就业补贴，以刺激消费；启动一项金额为10亿法郎的计划，向中小企业提供经济援助等；同时，给予航空公司20亿法郎的资助。法国国内较大企业在2000年推行了每周35小时工作制，并计划在五年之内拯救原来要削弱的就业岗位或新开创就业岗位，总数将达到45万个，这在一定程度上有利于缓解长期困扰法国社会的失业问题。①

在20世纪70年代初的世界性经济危机时期，欧共体各国普遍陷入严重的滞胀。之后，德国控制通货膨胀的政策理念逐渐在欧共体内占据主导地位，即以保持价格的稳定作为宏观调控的首要目标。德国逐步将通胀控制指标锚定在不超过3%的范围，一旦通胀率有突破此限度的迹象，则不惜代价将其调整回来。这种反周期政策经过证明是有效的，它保证了欧共体经济在80年代的平稳增长，而且使成员国经济实现了推行经济一体化所必要的趋同。但为选择这一政策，欧共体不得不付出了压抑增长与牺牲就业的代价。

欧盟的产业政策，在政府与企业的关系层面发挥的影响较大。战后，西欧发达国家国有企业曾经在促进国家经济的发展中发挥了重要作用，主要表现在国有企业为国家构筑了一个较为合理的产业结构和部门结构；向经济落后地区投资建厂，缩小了地区间发展的不平衡；扩大了就业，维持了社会稳定；平抑周期性的经济波动，刺激市场投资需求等。

---

① 中国贸促套驻凑田代表处提供：《法国经济形势回顾与展望》，《专题报告》，第5页。

三、欧盟主要国家政府调控消费与投资关系的经验与启示

在欧盟一体化进程日益加快的同时，经济发展中的各种矛盾和问题集中体现为经济增长速度不够和经济发展活力不足。各国政府在制定财政政策和货币政策同时，除了要考虑到当前最迫切需要解决的问题以外，还要注重该国长期的发展，以及是否和欧盟这一主体的经济利益相违背，其中调节好消费与投资的关系，是把握住宏观经济发展的关键。在这一点上，欧盟主要国家缓解经济危机，制定合理的财政政策与货币政策来调节消费与投资关系，刺激经济和谐发展的成功经验是值得研究和借鉴的。

（一）通过优化税收结构刺激经济增长

20 世纪 70 年代石油危机爆发，各国为了维持经济，只好加大政府支出，以使税率保持在一个很高的水平。这样的做法，虽然在一定程度上缓和了经济的“滞胀”，但却引起了消费者的不满。而要想实现经济平稳增长，必须满足消费者的要求，刺激消费，于是政府通过降低所得税和提高增值税来刺激经济增长。这样做不但缓解了消费者的心理压力，使消费者恢复消费信心，又能够保持税收的稳定。因此，优化税收结构才是解决问题的根本所在。法国政府财经部于 2001 年提出“巩固增长”的计划，其中包括增加对低收入阶层的就业补贴，向中小企业提供经济援助等，这些都是优化税收结构的具体表现。

（二）转变发展战略，由需求转向供给

20 世纪 90 年代，欧盟各国的经济基本上摆脱了经济危机，各国逐渐开始了发展新经济的改革，开始转换战略，转变市场目标。1997 年，布莱尔提倡以高质量的劳动力来吸引新投资，扩大就业，实现从计划转向市场、从需求转向供给的战略转变。需求不足，究其原因是由供给不足引起的，因此，仅仅刺激消费不能够全面带动经济的发展，只有在刺激消费的同时带动投资的发展，保证一定的供给量，才能保证消费与投资关系的和谐发展，最终促进经济全面可持续发展。

（三）《稳定与增长公约》对欧盟各国家发展有一定限制

欧盟对经济的宏观调控机制是在一体化建设过程中建立和完善的，对于各国情况参差不齐的大环境，制定符合各国的调控政策是相当困难的。如果强调经济高速增长，很难平衡各国的经济发展，会使差距进一步拉大；如果要求成员国压缩财政支出，虽然在长期内对稳定经济增长有积极作用，但从短期看，限制了用财政政策手段刺激消费、扩大私人投资、促进经济增长的杠杆作用。

欧洲主要国家政府调控消费和投资的关系，都是通过财政政策和欧洲中央

银行统一制定的货币政策共同调节的，虽然有时候，会与欧盟规定的《稳定与增长公约》相矛盾，但是为了维护本国经济利益和整个欧盟的经济发展，也只有放松对《稳定与增长公约》的执行。欧盟主要国家基本上都是在经济萎靡的时候，用扩大政府支出和减税的扩张型财政政策刺激消费需求和投资需求，用货币政策抑制通货膨胀。虽然政府宏观经济调节的政策理论大同小异，但是面对各国的具体情况，还是要因地制宜，不能生搬硬套。带给我们的启示就是要学会在变化中寻找不变，在个性中寻找共性，在挫折中前进，在竞争中崛起。

第三节　日本消费与投资关系及其调控

同建国初期的中国情况类似，二战以后日本的工业基础几乎为零，但是在随后的几十年间，日本便迅速发展成为世界第二大经济体。因此，研究和借鉴日本消费与投资的关系，对中国经济发展具有十分重大的借鉴意义。

一、日本消费与投资关系的历史沿革

作为亚洲经济之首的日本，其二战后经济的发展历程对中国的经济发展具有很重要的借鉴意义。我们知道，在经济发展中如何处理好消费和投资的关系，是经济能否健康快速发展的关键，也关系到工业化进程能否顺利地进行。所以，我们分别从投资、消费总量，投资、消费总量占GDP的比例，投资的贡献率、拉动率和消费的贡献率、拉动率这几个方面探讨日本消费与投资的关系。

（一）消费和投资总额的变化

首先，我们给出日本1970年至2008年投资、消费、GDP总额及投资率、消费率、GDP增长率的数值。如表6-8所示。

表6-8　1970～2008年日本投资、消费、GDP总额情况对照表　　单位：十亿美元

年份	消费总额	消费率%	投资总额	投资率%	GDP总额	GDP增长率%
1970	873.4	65.91	461.1	34.80	1325.1	—
1971	925.7	66.72	465.1	33.52	1387.4	4.70
1972	1001.0	66.55	510.9	33.97	1504.1	8.41
1973	1082.2	66.60	571.5	35.17	1625.0	8.04
1974	1080.6	67.33	534.7	33.31	1605.0	−1.23
1975	1145.3	69.21	506.9	30.63	1654.7	3.10
1976	1181.7	68.69	525.5	30.55	1720.4	3.97

续表

年份	消费总额	消费率%	投资总额	投资率%	GDP 总额	GDP 增长率%
1977	1229.8	68.47	541.4	30.14	1796.0	4.39
1978	1294.2	68.45	582.1	30.79	1890.6	5.27
1979	1372.1	68.80	619.3	31.05	1994.3	5.49
1980	1392.5	67.92	613.6	29.93	2050.3	2.81
1981	1423.1	67.42	626.2	29.67	2110.7	2.95
1982	1486.1	68.52	621.3	28.64	2169.0	2.76
1983	1534.2	69.61	597.6	27.11	2204.0	1.61
1984	1572.5	69.19	615.7	27.09	2272.7	3.12
1985	1624.0	68.00	669.9	28.05	2388.2	5.08
1986	1679.2	68.29	701.6	28.53	2458.9	2.96
1987	1746.9	68.45	746.8	29.26	2552.2	3.79
1988	1827.3	67.06	858.0	31.49	2724.9	6.77
1989	1907.9	66.50	931.6	32.47	2869.0	5.29
1990	1989.8	65.92	1000.0	33.13	3018.3	5.20
1991	2051.9	65.78	1026.6	32.91	3119.4	3.35
1992	2105.3	66.84	989.2	31.41	3149.7	0.97
1993	2141.3	67.82	956.4	30.29	3157.5	0.25
1994	2201.3	68.96	935.9	29.32	3192.2	1.10
1995	2252.7	69.21	965.1	29.65	3254.8	1.96
1996	2310.9	69.10	1013.7	30.31	3344.2	2.75
1997	2328.3	68.55	1013.4	29.83	3396.7	1.57
1998	2321.3	69.77	934.3	28.08	3327.1	−2.05
1999	2360.7	71.05	890.0	26.79	3322.4	−0.14
2000	2397.3	70.15	933.5	27.32	3417.4	2.86
2001	2444.0	71.38	918.1	26.82	3423.7	0.18
2002	2478.2	72.19	863.0	25.14	3432.7	0.26
2003	2499.6	71.80	866.8	24.90	3481.2	1.41
2004	2541.5	71.06	891.6	24.93	3576.7	2.74
2005	2576.7	70.67	915.9	25.12	3645.9	1.93
2006	2608.9	70.13	926.1	24.89	3720.3	2.04
2007	2634.6	69.16	946.4	24.84	3809.3	2.39
2008	2650.8	69.29	871.1	22.77	3825.9	0.44

注：数据来源于联合国统计处统计数据 http://unstats.un.org/unsd/pubs/；GDP 增长率是根据 GDP 总额计算而来，以 1990 年为基期。

根据表 6-8，绘出 1970 年至 2008 年日本消费总额、投资总额、GDP 总额曲线图以及日本消费率、投资率和 GDP 增长率之间的关系图。如图 6-6 和图 6-7 所示。

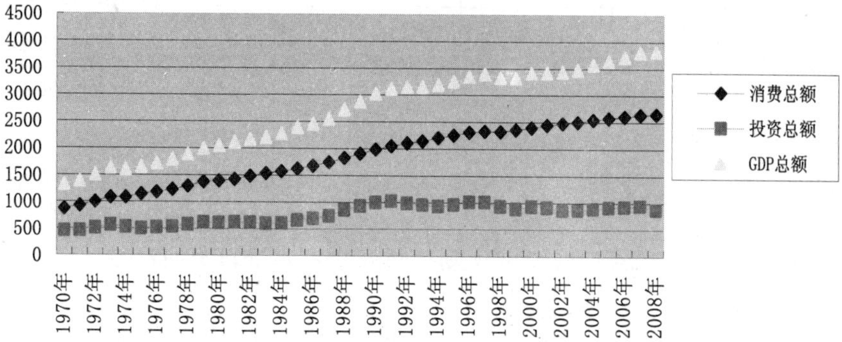

图 6-6 1970～2008 年日本投资、消费、GDP 总额曲线图

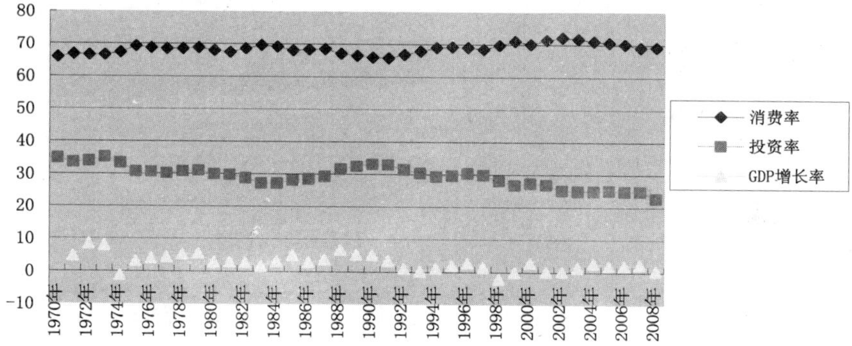

图 6-7 1970～2008 年日本消费率、投资率、GDP 增长率变化趋势图

我们根据 GDP 的增长率变化，把战后的日本经济发展分成 5 个阶段，并分析其中投资和消费的变化。

1．1956～1975 年初的石油危机——经济的高速发展

在这一时期，日本政府采用制定宏观政策的方法，通过金融财政手段扩大产业规模，把工厂搬到乡下逐步实现了城市化。从图 6-7 中，我们可以看出，这一时期，日本国民生产总值是快速增长的。虽然在这期间日本的 GDP 在增长，但是消费总额基本上保持平稳，没有明显的增长，投资是拉动日本经济增长的主导力量。在投资率和消费率方面，总体上，投资率和消费率呈负相关关系。

在这期间，消费率是上升的，投资率是下降的。

2．1975～1985 年——经济稳定增长

1975 年的第一次石油危机正是日本从煤炭消费向石油消费的转型期，油价的上涨对日本经济冲击很大，日本经济进入了缓慢增长期。GDP 增长缓慢，在这 10 年的时间里 GDP 从 16574 亿美元增加到 23882 亿美元，增加了 44.3%，而在 1970 年到 1975 年之间 GDP 只增长 24.9%。与此同时，消费的增加与 GDP 的增加幅度相同，从 11453 亿美元增加到 16240 亿美元；投资虽然也在增长，从 5069 亿美元增加到 6699 亿美元，但是没有消费的增加速度快。此时消费是拉动日本经济增长的主导力量。在经济稳定发展阶段，消费率最初变化不明显，后来有小幅度增加趋势；而投资率则一路减少，从 30.63%减少到 28.05%。

3．1985～1995 年——过热经济

在这段时间里，日本政府为了缓解出口部门所受的冲击，长期维持低利率，导致货币供给过剩，盲目投向房地产和股市，致使经济过热增长，出现了经济泡沫。日本 GDP 从 23882 亿美元增长到 32548 亿美元，增长了 38.7%，投资从 6699 亿美元增长到 9651 亿美元，消费从 16240 亿美元增长到 22527 亿美元，消费的增长速度稍快于投资的增长速度。在经济过热阶段，消费率是减少的，投资率是增加的，显然，这一时期的经济增长主要是由于投资需求的拉动所致。

4．1995～2002 年——泡沫破灭

在消费基本饱和的情况下，银行、企业和个人资产盲目投向高风险市场，房地产和股市泡沫发酵膨胀，最后走向破灭，使日本经济陷入低迷。从表 6-8 中可以看出，在此阶段，日本的国内经济一片萧条，GDP 从 32548 亿美元上升到 34327 亿美元，7 年间仅上升 5%，投资从 9651 亿美元下降到 8630 亿美元，下降了 10.6%，消费从 22527 亿美元上升到 24782 亿美元，仅上升 10%。显然，这段时间由于投资过热而引起的经济泡沫破裂，对投资影响最大。在泡沫破裂阶段，消费率是增加的，投资率是减少的，消费率从 69.21%增加到 72.19%；投资率从 29.65%下降到 25.14%，这符合当时投资需求下降、人们投资热情减退的心理。

5．2002～2008 年——全面转型

2002 年 2 月，小泉内阁成立后即着手推行一系列改革，重点是削减公共事业投资，降低贷款利率，刺激消费，努力消除通货紧缩，逐步使日本经济摆脱了十年低迷的阴影，重新走上良性循环的轨道。从图 6-6 中可以看出，经济复苏现象明显，虽然后期有增长缓慢趋势，但总体趋势是增长的。GDP、消费和投资总额增加明显。在 2002 年之后的转型阶段，消费率和投资率基本上比较稳

定，分别维持在70%和25%左右。

（二）投资贡献率、投资拉动率和消费贡献率、消费拉动率的变化

我们再给出1970年至2008年日本投资贡献率、拉动率和消费贡献率、拉动率的数值。如表6-9所示。

表6-9 1970～2008年日本投资贡献率、拉动率和消费贡献率、拉动率及GDP增长率对照表

单位：亿美元

年份	消费贡献率%	投资贡献率%	消费拉动率%	投资拉动率%	GDP增长率%
1970	—	—	—	—	—
1971	83.95	1.30	3.95	0.06	4.70
1972	64.52	−0.15	5.43	−0.01	8.41
1973	67.16	0.04	5.40	0.00	8.04
1974	8.00	−3.65	−0.10	0.04	−1.23
1975	130.18	3.80	4.03	0.12	3.10
1976	55.40	−0.80	2.20	−0.03	3.97
1977	63.62	−0.28	2.80	−0.01	4.39
1978	68.08	−0.02	3.59	0.00	5.27
1979	75.12	0.33	4.12	0.02	5.49
1980	36.43	−1.58	1.02	−0.04	2.81
1981	50.66	−0.82	1.49	−0.02	2.95
1982	108.06	1.87	2.98	0.05	2.76
1983	137.43	3.13	2.22	0.05	1.61
1984	55.75	−0.61	1.74	−0.02	3.12
1985	44.59	−1.03	2.27	−0.05	5.08
1986	78.08	0.41	2.31	0.01	2.96
1987	72.56	0.17	2.75	0.01	3.79
1988	46.55	−0.80	3.15	−0.05	6.77
1989	55.93	−0.39	2.96	−0.02	5.29
1990	54.86	−0.39	2.85	−0.02	5.20
1991	61.42	−0.14	2.06	0.00	3.35
1992	176.24	3.51	1.71	0.03	0.97
1993	461.54	12.50	1.14	0.03	0.25
1994	172.91	3.29	1.90	0.04	1.10
1995	82.11	0.40	1.61	0.01	1.96
1996	65.10	−0.12	1.79	0.00	2.75
1997	33.14	−1.06	0.52	−0.02	1.57

续表

年份	消费贡献率%	投资贡献率%	消费拉动率%	投资拉动率%	GDP 增长率%
1998	10.06	−1.76	−0.21	0.04	−2.05
1999	−838.30	−27.33	1.18	0.04	−0.14
2000	38.53	−0.95	1.10	−0.03	2.86
2001	741.27	19.60	1.37	0.04	0.18
2002	380.00	8.99	1.00	0.02	0.26
2003	44.12	−0.81	0.62	−0.01	1.41
2004	43.87	−0.78	1.20	−0.02	2.74
2005	50.87	−0.55	0.98	−0.01	1.93
2006	43.28	−0.74	0.88	−0.02	2.04
2007	28.88	−1.08	0.69	−0.03	2.39
2008	97.59	0.74	0.43	0.00	0.44

注：以上数据均根据表 6-8 中的数据计算而来，以 1990 年的数据为基期。

我们根据表 6-9 绘出投资贡献率、消费率变化趋势图和消费拉动率、投资拉动率与 GDP 增长率的变化趋势图。如图 6-8 和图 6-9 所示。

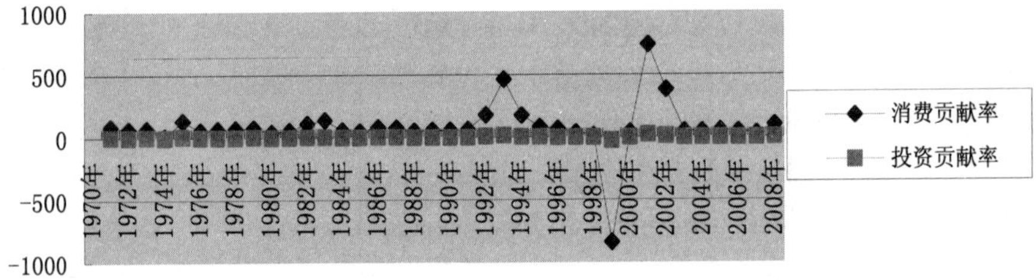

图 6-8 1970～2008 年日本消费贡献率和投资贡献率变化趋势图

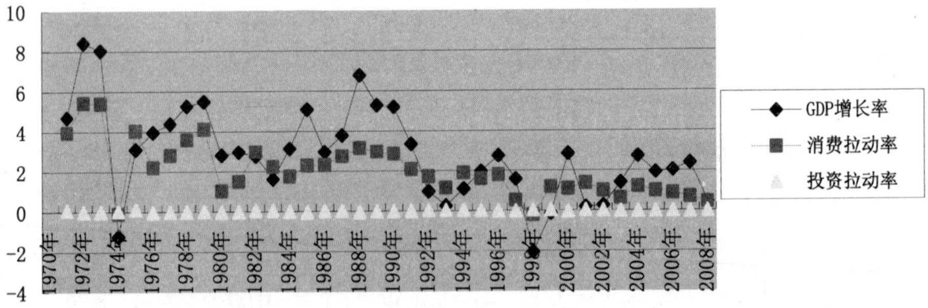

图 6-9 1970 年～2008 年日本 GDP 增长率、消费拉动率、投资拉动率变化趋势图

分析上述图表，我们可以得知：在贡献率方面，消费贡献率总体上都比投资贡献率要高，只有 1999 年例外。1999 年日本深受东南亚金融危机的严重冲击，消费急剧下降，所以当年的投资贡献率要比消费贡献率大。在拉动率方面，消费拉动率总体上也是比投资拉动率要高，而且消费拉动率比投资拉动率能更好地与 GDP 增长率相拟合。这说明，消费对 GDP 的促进效率比投资要高。但是，如果 GDP 增长一旦为负，消费起的坏作用也比投资要大，例如 1974 年和 1998 年消费拉动率分别是－0.1%和－0.21%，而投资拉动率则保持在 0.04%。

综上所述，我们可以看出，日本经济与投资和消费的关系并非一成不变，在不同的经济发展阶段，两者之间有不同的内在联系。在经济发展初期，投资是经济发展的主要力量，但是当经济发展到一定阶段，投资过热给日本带来的却是经济泡沫，乃至经济的负增长，并且随之进入了长达 10 多年的经济低谷。之后，日本进行全面的经济转型，使消费成为经济发展的主导力量，使日本渐渐走出经济低谷，重新回到经济良性发展的轨道上。在此过程中，日本政府所采取的宏观调控政策发挥了重要作用，尤其是对消费和投资的调控措施，直接影响了日本经济的发展走势。

二、日本政府对消费与投资关系的调控

从上述日本经济增长的阶段可以看出，战后日本用了 10 多年的时间就完成了资本主义国家花了将近半个世纪才完成的工业化道路，使日本经济得到了迅猛的发展，期间日本政府对投资和消费的宏观调控起到了举足轻重的作用。其中主要的指导思想是通过国家对经济的干预，对消费进行调控，促进资本积累，加速经济发展。

（一）日本政府对消费的调整

日本作为一个后起的资本主义国家，一方面对凯恩斯主义的干预经济、调节消费的思想加以吸收，另一方面在实际操作中又广泛吸收了其他学派对日本经济发展有借鉴作用的理论精华。

1．20 世纪 90 年代前日本对消费的调控

90 年代前日本的消费调控主要是直接调控，日本政府把刺激消费、扩大需求作为消费调控的主要目标。在这种情况下，日本推行扩张性的财政、货币政策。在此阶段，日本的消费调控是很成功的。消费率一直增加，从 65.9%增加到 69.6%，即便是在 1985 年后投资大幅度增加时，消费也只是少量的减少。除此之外，当时日本重点采用的调控手段就是通过增加总供给来变相增加消费。由于日本面临的是总供给不足的情况，因此较长时期推行了产业调整政策，刺

激社会供给。如战后复兴时期，日本以发展钢铁、煤炭、电力等基础产业为目标，制定和实施了倾斜的产业政策，扶持这些基础产业发展，为刺激消费奠定良好的基础。

2．20世纪90年代后日本对消费的调控

90年代，日本经济委靡，失业率上升，个人消费不振，国内需求乏力。消费需求不足、市场相对疲软成为制约日本经济高速增长的关键因素。刺激消费成为启动日本经济的重要杠杆。因而，90年代以来，日本消费调控的首要目标是刺激消费，消费率从1991年的65.7%一直上涨到2008年的69.29%。

（1）加大财政预算支出，实行扩张性财政政策，刺激政府消费。进入90年代以来，日本经历了由桥本到小泉政权的更迭，消费政策也随之发生了根本性的转变，采取了扩张的财政政策，通过增发国债、开发以国家邮政储蓄资金和国家养老基金为资金的政府财政投融资计划等方式来实施。

（2）实施减税政策，刺激个人消费。日本的个人消费占GDP的60%左右，①一直是促进日本经济发展的主要动力。但是到了90年代，随着日元的贬值，失业率的上升导致日本人民的实际收入下降，个人消费随之减少。日本政府为了减轻个人负担，增加实际收入，刺激消费，于1994年实行了针对个人所得税45万亿日元的特别减免税，②以后又多次实行税收减免措施，刺激个人消费。

（3）降低利率，刺激个人消费。日本银行从1991年1月开始多次降低公共利率，至1999年2月，日本几乎实行零利率。低利率一方面削弱储蓄对公民的吸引力，增加消费，另一方面刺激股市市场上股价的上升，使拥有股票的家庭潜在的资产收入增加，通过财富效应增加消费。

（4）大力发展消费信贷，鼓励个人消费。进入90年代以后，日本的国内个人消费持续低迷，为了刺激个人消费，日本进一步完善、发展个人消费信贷，主要有两大特征，一是大力发展住房贷款，二是发展金融公司，为个人消费贷款提供了很好的途径。

（二）日本政府对投资的调控

就增加社会投资的途径看，日本政府主要采用财政杠杆的作用来实现，主要表现在以下两个方面：一是充实社会资本，主要是由政府增加对公共事业的投资；二是利用减免税收等手段，以增加市场的购买力，并"诱导"私人资本的发展方向。具体可以分为以下几个时期：

---

① 数据出自国际统计年鉴。

② 喻卫斌．90年代以来日本的消费调控[J]．当代亚太，2001(11)

1. 1955～1975年——高速发展时期的政府投资

在此阶段的财政支出中，资本支出所占的比重较高。为了适应民间资本发展的需要，日本政府重点加强了产业基础设施和公共事业的投资。此外，还在财政支出方面极大地支持了私人企业的发展。在1951～1972年的22年内，私人设备投资增长了7倍，同期政府公共投资也增长了22倍，[①] 在1970年投资率达到34.8%。

2. 1975～1985年——稳定发展时期

1973年是日本经济从高速发展向低速发展转变的一年，从1974年开始，日本的投资率逐年下降，到1982年下降到28.6%。1973年也是日本政府在财政政策上实行重大转变的一年，主要体现在以下几个方面：从追求财政规模的扩大变为重视财政结构的变化，从“高福利、高负担型财政”向“保障基本生活型财政”转换，从中央集中型向地方分权型发展，在税制上逐步向社会性公平化转变。

3. 1985～1995年——过热经济阶段

日本在两次石油危机的大经济环境下，出现了经济增长率下降，经济结构变化，税收增长率下降的情况，所以这个时期一直坚持制定刺激经济发展的大型财政预算，政府投资也随之大规模增长。政府公共投资的重点依然放在与产业基础有关的大型工程上，为筹集大型财政的财源，日本政府每年增发巨额国债。在这些措施的执行下，日本的投资率从1984的27.1%上涨到1990年的33.1%。

4. 90年代后至今

90年代后，日本政府提出，彻底改善国家和地方的财政收支结构，使其合理化和规范化；妥善管理国债，保证日本财政的健全性和灵活性；作为财政支出的一部分，政府投资要趋向合理化与高效化。随着投资泡沫的破裂，投资率逐渐减少到25%，以后一直维持在这一比例左右。

由上述分析可见，投资和消费的关系失衡会直接带来经济的波动，经过对日本政府调控消费和投资关系经验的分析我们可以得出几点对中国的启示。

三、日本政府调控消费与投资关系的经验与启示

（一）投资率和消费率成负相关

不只是日本，世界上其他国家的投资率和消费率与其工业化程度和产业结

---

① 数据出自：《战后日本政府投资研究》。

构都存在着密切关系。投资率会随着工业化程度的上升而下降，消费率则随着工业化程度下降而上升。当工业增加值占 GDP 的比重上升时，投资率也会上升；当工业增加值占 GDP 的比重下降时，投资率会小幅度减小。

1955～1973 年是日本战后迅速发展时期，投资率在这个时期随着日本工业化程度的上升而下降，到 1973 年下降到 35.2%，而消费率随着工业化程度上升而升至 66.6%。到了 80 年代，随着石油危机的来临和日本国内经济泡沫的破裂，日本进入了经济低迷期，投资率随着经济的衰减而下降到 1999 年的 26.8%。消费率反而一度上升到 71.1%。进入了 90 年代，日本政府开始了全面转型，调整产业结构，消费率出现了上升趋势，投资率出现了下降趋势。

（二）消费率的提高更适合促进经济的发展

日本从 1955 年至 1973 年经历了高储蓄、高投资和高增长的经济发展阶段，经济的年均增长率在 10%以上，使日本一跃成为仅次于美国的第二大经济强国。在这一阶段，日本经济基本上属于粗放型增长方式，高积累和高储蓄支撑了日本的高投资。但是到了 1973 年以后，随着国际经济形势的变化，随之而来的是日本经济中房地产泡沫的破裂，日本经济陷入低潮。为此，日本政府提出改变过去追求高增长的产业政策，转而提出提高国民生活质量、重视污染和环境问题等政策。经济增长方式的转变，使得投资率逐渐下降，消费逐渐成为拉动经济增长的主要动力。我们可以看出，1993 年之后，在投资率没有明显增加的情况下，消费率一直上升到 74.4%，消费已经成为日本经济增长的主要动力。通过分析日本经济的发展过程，我们认为消费率的提高更适合经济的良性发展，有两方面原因：一是在 GDP 的组成中，消费是最稳定的，进出口次之，投资是最容易波动的，最终造成经济的波动；二是在同样的 GDP 增长速度下，如果消费是主要的经济增长动力，那么居民将在经济增长中得到更大的实惠。

综观日本经济发展及其政策调整方面的几十年历程，我们可以从中得到的经验启示是：在经济发展初期，应该保持经济的较快增长，投资是拉动经济增长的主要动力。但是，在经济发展到一定程度后，应采取措施，通过政府积极引导，主动实现投资主导型向消费主导型的转变。其失败教训是：长期依靠高投资拉动经济增长的模式是不可持续的，容易最终导致国民经济陷入困境。

第四节　转型经济国家消费与投资关系及其调控

转型经济国家通常是指近几十年来从计划经济向市场经济转变的国家，尤其是指前苏联和中东欧国家，也包括中国及其他社会主义国家。从 1989 年开始，前苏联、东欧各国相继发生巨变，走上体制改革的道路。本节将主要考察这类转型经济国家消费与投资的关系及其调控状况。

一、转型经济国家消费与投资关系的发展历程

首先，我们看看各国在转型前的经济情况。90 年代初，在转型前几乎所有的东欧国家都为战后前所未有的经济危机所困扰，表现出国民收入下降，工农业生产滑坡，投资消费以及个人生活水平下降，失业增加。以俄罗斯为例，转型前，1989 年 GDP 总量在世界上列第 8 位，人均 GDP1989 美元，低于发达国家的 2465 美元。[①] 经济结构矛盾日益加剧，原材料、能源瓶颈存在，农业发展薄弱，交通、通讯等基础设施严重滞后，工业企业垄断严重，工资结构和价格结构不相适应。

面对上述的种种经济困境，1991 年开始，中东各国逐渐尝试以三种不同方式走向市场经济，即休克疗法、渐进式和中间做法。波兰是休克疗法的代表，保加利亚、罗马尼亚进行的是渐进式改革，匈牙利采取的是中间做法。当然有些国家不是只采取了一种转变方式，譬如俄罗斯，就是先采取休克疗法，后又采取渐进式。我们分别从总量和比率的角度来看看这几个国家投资和消费数值的变化。

（一）投资和消费总额的变化

我们首先给出 1970 年至 2008 年波兰、保加利亚、罗马尼亚、匈牙利、俄罗斯五个转型经济国家的投资额、消费额、GDP 总额数据。如表 6-10 所示。

表 6-10　1970～2008 年转型经济国家的投资额、消费额、GDP 总额对照表　单位：亿美元

年份	波兰			保加利亚		
	消费额	投资额	GDP 总额	消费额	投资额	GDP 总额
1970	232.2	53．8	276.6	60.7	29.9	90.0
1971	257.6	59.2	306.3	60.1	29.6	88.9
1972	284.7	65.5	338.6	70.3	34.7	104.7
1973	336.5	77.7	400.9	83.7	41.3	124.1
1974	376.7	87.4	449.8	91.1	44.9	134.9
1975	400.9	94.3	478.9	80.4	39.8	119.1
1976	454.1	100.6	533.9	85.1	41.8	126.3

① 数据出自：《转轨以来俄罗斯经济回顾及今后的发展态势》。

续表

年份	波兰			保加利亚		
	消费额	投资额	GDP 总额	消费额	投资额	GDP 总额
1977	496.5	114.9	592.2	87.2	43.1	129.1
1978	559.0	130.7	670.7	94.6	47.3	139.8
1979	513.6	122.4	620.6	108.2	51.8	161.5
1980	483.0	121.2	578.3	126.4	63.3	186.2
1981	503.1	80.4	548.1	145.5	75.8	213.7
1982	518.2	147.9	665.8	159.4	79.2	231.9
1983	622.6	153.3	770.2	172.9	82.1	249.4
1984	615.3	161.3	771.2	105.7	51.5	155.1
1985	564.3	158.8	717.5	114.8	52.9	164.2
1986	582.2	172.7	746.9	122.9	62.7	174.9
1987	494.1	149.1	645.9	132.4	62.7	190.6
1988	504.0	181.5	695.5	149.2	75.3	218.7
1989	532.1	256.1	830.9	155.3	72.7	219.6
1990	440.6	157.1	645.5	153.4	63.0	207.3
1991	696.8	158.3	837.1	55.8	17.2	76.3
1992	780.7	133.1	923.3	73.9	17.1	86.1
1993	797.5	139.1	941.2	100.0	16.6	108.3
1994	883.1	181.5	1084.3	88.6	9.1	97.1
1995	1100.4	260.3	1390.6	112.6	20.5	131.1
1996	1262.1	327.1	1566.8	85.6	8.0	99.0
1997	1265.0	368.2	1571.5	88.7	10.2	103.6
1998	1379.2	433.3	1729.0	105.6	21.5	127.4
1999	1354.9	423.9	1679.6	113.8	23.2	129.6
2000	1397.7	425.6	1713.3	109.7	23.1	125.9
2001	1577.6	395.5	1903.3	118.2	28.1	135.9
2002	1681.3	369.1	1981.8	139.1	30.8	156.0
2003	1820.0	406.3	2168.0	178.5	43.3	199.8
2004	2079.8	507.3	2527.7	216.3	57.0	246.5
2005	2476.1	585.5	3039.1	239.8	76.0	271.9
2006	2758.5	719.1	3416.0	275.5	100.5	316.6
2007	3333.9	1032.3	4246.0	337.3	145.5	395.5
2008	4214.5	1260.0	5279.3	421.4	191.3	499.0

续前表：

年份	罗马尼亚			匈牙利			俄罗斯		
	消费额	投资额	GDP 总额	消费额	投资额	GDP 总额	消费额	投资额	GDP 总额
1970	88.8	34.9	120.8	42.5	20.4	62.9	—	—	—
1971	103.1	42.1	143.3	46.4	24.9	68.7	—	—	—
1972	118.6	49.4	165.2	52.9	24.7	80.64	—	—	—
1973	133.6	56.2	192.5	64.1	28.5	99.8	—	—	—
1974	137.3	63.8	201.7	73.9	37.6	109.4	—	—	—
1975	149.7	73.9	217.2	85.3	45.4	124.7	—	—	—
1976	165.1	74.9	244.2	96.7	49.9	144.5	—	—	—
1977	173.6	97.7	263.9	106.7	57.8	161.4	—	—	—
1978	211.1	125.1	311.1	126.1	74.9	188.7	—	—	—
1979	230.2	130.7	335.8	148.4	71.3	217.9	—	—	—
1980	227.5	136.8	345.9	176.9	74.4	251.8	—	—	—
1981	289.4	151.3	419.7	181.3	73.7	258.2	—	—	—
1982	328.3	163.9	489.6	182.9	72.2	262.9	—	—	—
1983	283.7	152.6	451.7	168.2	60.8	238.6	—	—	—
1984	243.9	131.3	387.2	161.8	57.3	231.4	—	—	—
1985	301.9	157.8	481.4	168.1	56.4	234.3	—	—	—
1986	323.5	178.9	524.1	197.9	69.8	269.9	—	—	—
1987	372.4	185.2	586.1	215.2	76.2	296.7	—	—	—
1988	391.0	170.8	605.9	225.1	77.8	317.7	—	—	—
1989	381.1	143.2	539.9	223.5	83.5	322.0	—	—	—
1990	305.5	115.3	385.1	260.3	90.3	367.5	3952.2	1717.7	5697.1
1991	221.0	80.7	290.5	277.4	69.2	343.4	3391.1	2032.8	5601.5
1992	152.1	61.3	197.2	323.2	60.6	382.7	2364.4	1697.9	4899.5
1993	202.2	76.0	265.5	350.9	77.9	396.5	2805	1236.6	4576
1994	234.4	74.4	302.8	360.5	93.3	426.4	2805.8	1042.4	4079.1
1995	291.1	85.9	357.3	356.5	102.2	458.9	2840.6	1015.3	3991.7
1996	294.1	91.0	355.6	344.6	116.6	463.9	2804	928.1	3920.9
1997	307.4	72.6	355.3	341.2	123.0	469.7	3070.3	889.9	4049.4
1998	380.2	74.7	421.2	351.9	137.5	483.4	2064.7	405.4	2709.5
1999	315.9	57.2	355.9	366.4	139.7	493.6	1334.6	290.5	1959.1
2000	319.0	72.1	370.3	350.9	146.1	479.6	1591.5	485.5	2597.2
2001	342.3	90.6	401.8	396.7	143.1	533.2	2018.2	673	3066.2
2002	385.0	99.3	458.2	509.6	170.6	667.1	2374.3	692	3454.9
2003	508.5	130.6	594.7	665.0	212.1	844.21	2940.2	897.6	4314.9

续表

年份	罗马尼亚			匈牙利			俄罗斯		
	消费额	投资额	GDP 总额	消费额	投资额	GDP 总额	消费额	投资额	GDP 总额
2004	646.7	179.4	757.9	785.8	268.9	1020.7	3956.9	1235.2	5916.7
2005	861.6	230.9	991.7	855.9	266.4	1102	5062.5	1534	7645.7
2006	1049.7	324.6	1227	863.7	274.2	1130	6483.7	2114.2	9894.3
2007	1403.3	526.5	1692.9	1034.7	330.8	1387.6	8516.4	3139.7	12943.8
2008	1607.2	714.6	2033.2	1161.1	366.7	1546.7	10959.4	4282.2	16765.9

注：1．数据来源于联合国统计处统计数据 http://unstats.un.org/unsd/pubs/。

2．俄罗斯自苏联解体后于 1991 年建立，所以没有 1991 年以前的数据。

我们根据表 6-10 分别绘出各国消费总额、投资总额及 GDP 总额图。如图 6-10 至图 6-14 所示。

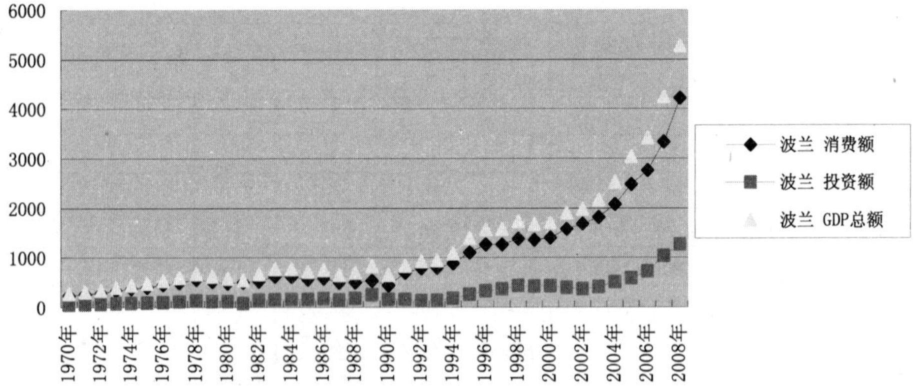

图 6-10 波兰消费、投资及 GDP 总额图

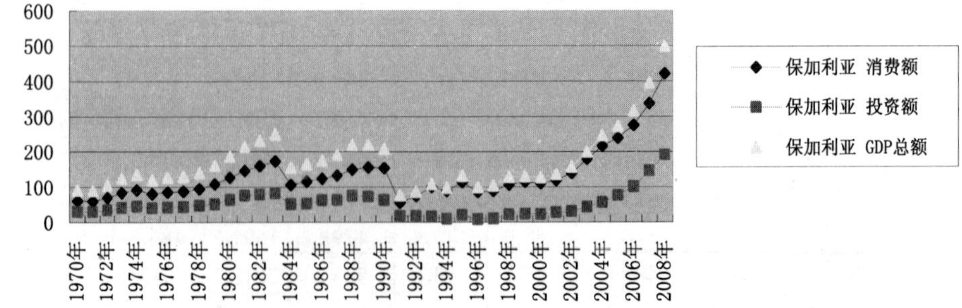

图 6-11 保加利亚消费、投资及 GDP 总额图

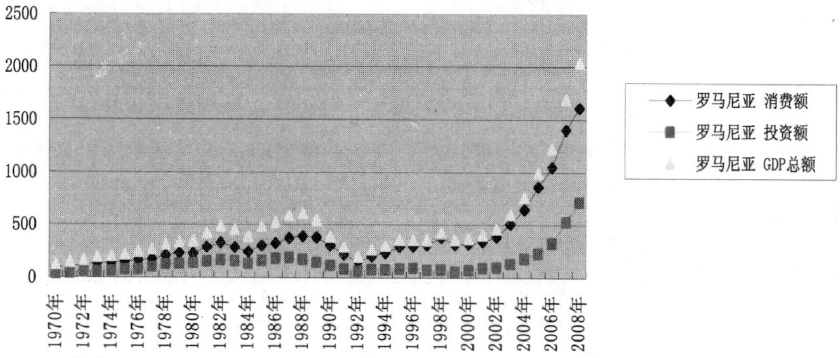

图 6-12　罗马尼亚消费、投资及 GDP 总额图

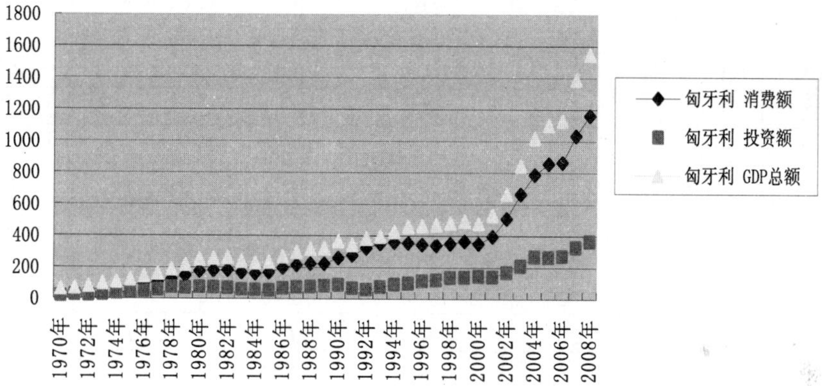

图 6-13　匈牙利消费、投资及 GDP 总额图

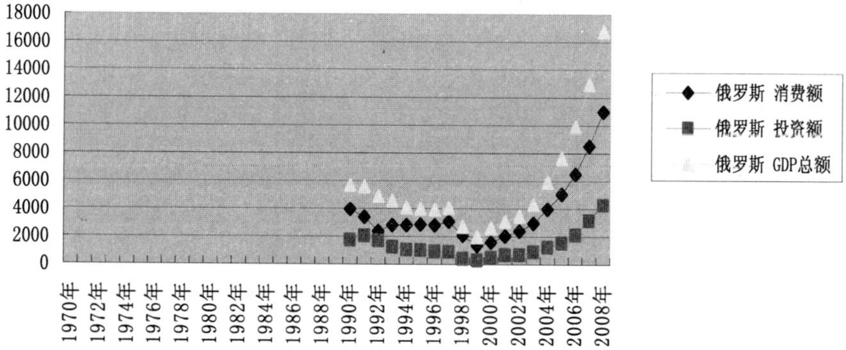

图 6-14　俄罗斯消费、投资及 GDP 总额图

我们再给出上述各国消费率、投资率、GDP 增长率数据。如表 6-11 所示。

表 6-11 1970～2008 年转型经济国家消费率、投资率和 GDP 增长率数据表

年份	波兰			保加利亚		
	消费率	投资率	GDP 增长率	消费率	投资率	GDP 增长率
1970	0.84	0.19	—	0.67	0.33	—
1971	0.84	0.19	0.11	0.68	0.33	−0.01
1972	0.84	0.19	0.11	0.67	0.33	0.18
1973	0.84	0.19	0.18	0.67	0.33	0.19
1974	0.84	0.19	0.12	0.68	0.33	0.09
1975	0.84	0.20	0.06	0.68	0.33	−0.12
1976	0.85	0.19	0.11	0.67	0.33	0.06
1977	0.84	0.19	0.11	0.68	0.33	0.02
1978	0.83	0.19	0.13	0.68	0.34	0.08
1979	0.83	0.20	−0.07	0.67	0.32	0.16
1980	0.84	0.21	−0.07	0.68	0.34	0.15
1981	0.92	0.15	−0.05	0.68	0.35	0.15
1982	0.78	0.22	0.21	0.69	0.34	0.09
1983	0.81	0.20	0.16	0.69	0.33	0.08
1984	0.80	0.21	0.00	0.68	0.33	−0.38
1985	0.79	0.22	−0.07	0.70	0.32	0.06
1986	0.78	0.23	0.04	0.70	0.36	0.07
1987	0.76	0.23	−0.14	0.69	0.33	0.09
1988	0.72	0.26	0.08	0.68	0.34	0.15
1989	0.64	0.31	0.19	0.71	0.33	0.00
1990	0.68	0.24	−0.22	0.74	0.30	−0.06
1991	0.83	0.19	0.30	0.73	0.23	−0.63
1992	0.85	0.14	0.10	0.86	0.20	0.13
1993	0.85	0.15	0.02	0.92	0.15	0.26
1994	0.81	0.17	0.15	0.91	0.09	−0.10
1995	0.79	0.19	0.28	0.86	0.16	0.35
1996	0.81	0.21	0.13	0.86	0.08	−0.24
1997	0.80	0.23	0.00	0.86	0.10	0.05
1998	0.80	0.25	0.10	0.83	0.17	0.23
1999	0.81	0.25	−0.03	0.88	0.18	0.02
2000	0.82	0.25	0.02	0.87	0.18	−0.03
2001	0.83	0.21	0.11	0.87	0.21	0.08

续表

年份	波兰			保加利亚		
	消费率	投资率	GDP 增长率	消费率	投资率	GDP 增长率
2002	0.85	0.19	0.04	0.89	0.20	0.15
2003	0.84	0.19	0.09	0.89	0.22	0.28
2004	0.82	0.20	0.17	0.88	0.23	0.23
2005	0.81	0.19	0.20	0.88	0.28	0.10
2006	0.81	0.21	0.12	0.87	0.32	0.16
2007	0.79	0.24	0.24	0.85	0.37	0.25
2008	0.80	0.24	0.24	0.84	0.38	0.26

续前表：

年份	罗马尼亚			匈牙利			俄罗斯		
	消费率	投资率	GDP 增长率	消费率	投资率	GDP 增长率	消费率	投资率	GDP 增长率
1970	0.74	0.29	—	0.68	0.32	—	—	—	—
1971	0.72	0.29	0.19	0.68	0.36	0.09	—	—	—
1972	0.72	0.30	0.15	0.66	0.31	0.17	—	—	—
1973	0.69	0.29	0.17	0.64	0.29	0.24	—	—	—
1974	0.68	0.32	0.05	0.68	0.34	0.10	—	—	—
1975	0.69	0.34	0.08	0.68	0.36	0.14	—	—	—
1976	0.68	0.31	0.12	0.67	0.35	0.16	—	—	—
1977	0.66	0.37	0.08	0.66	0.36	0.12	—	—	—
1978	0.68	0.40	0.18	0.67	0.40	0.17	—	—	—
1979	0.69	0.39	0.08	0.68	0.33	0.15	—	—	—
1980	0.66	0.40	0.03	0.70	0.30	0.16	—	—	—
1981	0.69	0.36	0.21	0.70	0.29	0.03	—	—	—
1982	0.67	0.33	0.17	0.70	0.27	0.02	—	—	—
1983	0.63	0.34	−0.08	0.70	0.25	−0.09	—	—	—
1984	0.63	0.34	−0.14	0.70	0.25	−0.03	—	—	—
1985	0.63	0.33	0.24	0.72	0.24	0.01	—	—	—
1986	0.62	0.34	0.09	0.73	0.26	0.15	—	—	—
1987	0.64	0.32	0.12	0.73	0.26	0.10	—	—	—
1988	0.65	0.28	0.03	0.71	0.24	0.07	—	—	—
1989	0.71	0.27	−0.11	0.69	0.26	0.01	—	—	—
1990	0.79	0.30	−0.29	0.71	0.25	0.14	0.69	0.30	—
1991	0.76	0.28	−0.25	0.81	0.20	−0.07	0.61	0.36	−0.02

续表

年份	罗马尼亚			匈牙利			俄罗斯		
	消费率	投资率	GDP 增长率	消费率	投资率	GDP 增长率	消费率	投资率	GDP 增长率
1992	0.77	0.31	−0.32	0.84	0.16	0.11	0.48	0.35	−0.13
1993	0.76	0.29	0.35	0.88	0.20	0.04	0.61	0.27	−0.07
1994	0.77	0.25	0.14	0.85	0.22	0.08	0.69	0.26	−0.11
1995	0.81	0.24	0.18	0.78	0.22	0.08	0.71	0.25	−0.02
1996	0.83	0.26	0.00	0.74	0.25	0.01	0.72	0.24	−0.02
1997	0.87	0.20	0.00	0.73	0.26	0.01	0.76	0.22	0.03
1998	0.90	0.18	0.19	0.73	0.28	0.03	0.76	0.15	−0.33
1999	0.89	0.16	−0.16	0.74	0.28	0.02	0.68	0.15	−0.28
2000	0.86	0.19	0.04	0.73	0.30	−0.03	0.61	0.19	0.33
2001	0.85	0.23	0.09	0.74	0.27	0.11	0.66	0.22	0.18
2002	0.84	0.22	0.14	0.76	0.26	0.25	0.69	0.20	0.13
2003	0.86	0.22	0.30	0.79	0.25	0.27	0.68	0.21	0.25
2004	0.85	0.24	0.27	0.77	0.26	0.21	0.67	0.21	0.37
2005	0.87	0.23	0.31	0.78	0.24	0.08	0.66	0.20	0.29
2006	0.86	0.26	0.24	0.76	0.24	0.03	0.66	0.21	0.29
2007	0.83	0.31	0.38	0.75	0.24	0.23	0.66	0.24	0.31
2008	0.79	0.35	0.20	0.75	0.24	0.11	0.65	0.26	0.30

注：1．以上数据均根据表 6-10 中的数据计算而来。

2．俄罗斯自苏联解体后于 1991 年建立，因此其数据以 1991 年为基期。

3．其他数据以 1970 年为基期。

我们根据表 6-11 数据再绘出各国投资率、消费率及 GDP 增长率变化趋势图。如图 6-15 至图 6-19 所示。

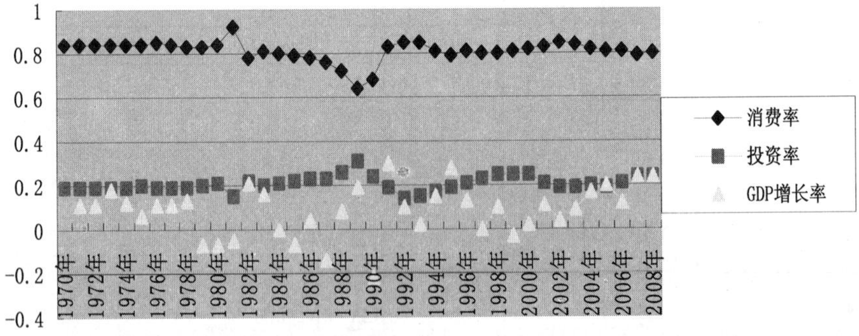

图 6-15 波兰投资率、消费率及 GDP 增长率变化趋势图

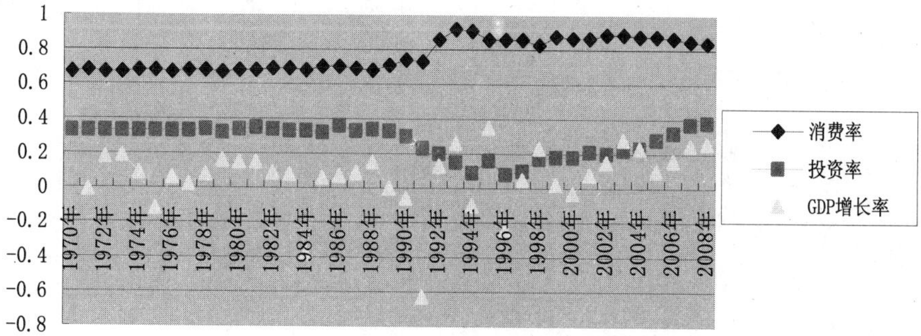

图 6-16 保加利亚投资率、消费率及 GDP 增长率变化趋势图

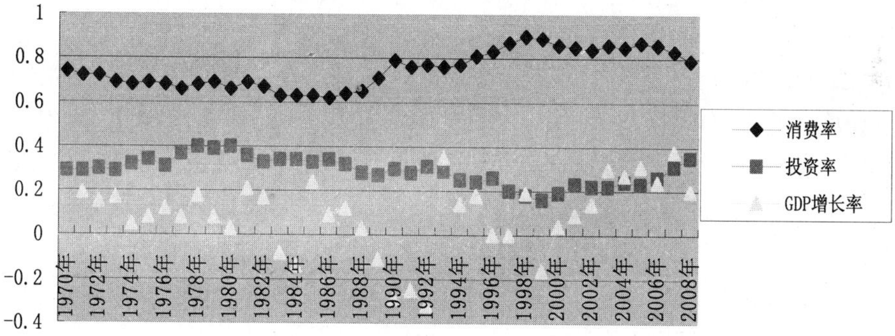

图 6-17 罗马尼亚投资率、消费率及 GDP 增长率变化趋势图

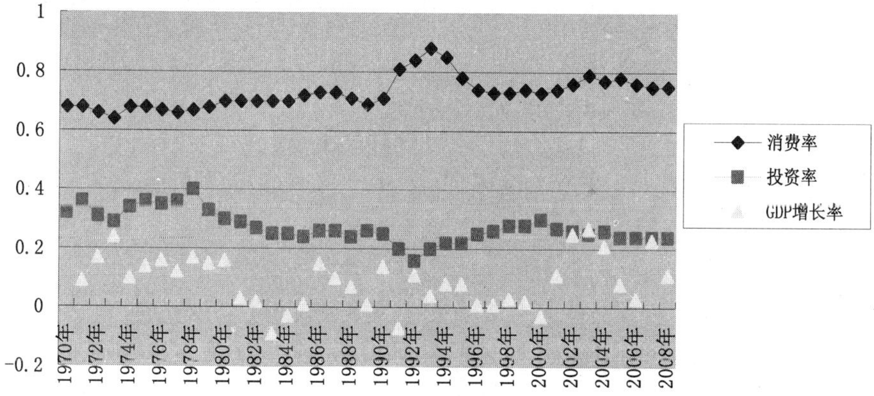

图 6-18 匈牙利投资率、消费率及 GDP 增长率变化趋势图

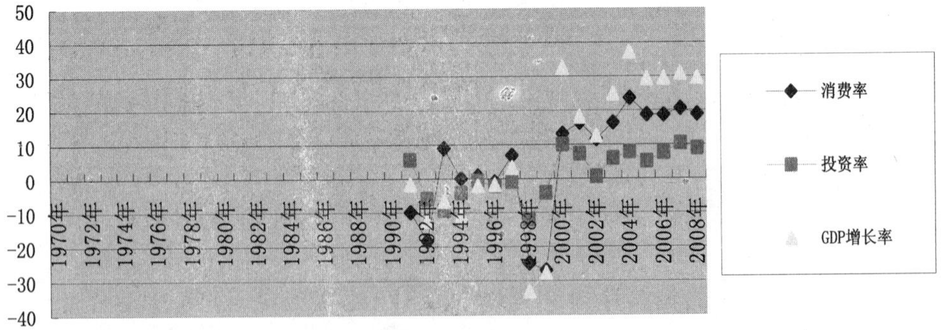

图 6-19 俄罗斯投资率、消费率及 GDP 增长率变化趋势图

分析上述图表，我们可以看出转型经济国家在转型前后主要分如下几个阶段：

1．二战后经济的快速发展时段

二战后东欧各国的经济都得到了快速的发展。在总量方面，波兰从 1970 年开始经历了 8 年的经济增长期，GDP 总额从 276.6 亿美元增长到 670.7 亿美元，增幅 200%以上。同时消费和投资总额也有大幅提高，消费总额从 232.2 亿美元增加到 559 亿美元，投资总额从 53.8 亿美元增长到 130.7 亿美元，投资和消费与 GDP 同步增长，增幅都在 200%以上。

保加利亚的经济增长持续了 13 年，从 1970 年开始一直到 1983 年，GDP 总额从 90.0 亿美元增长到 249.4 亿美元，增长了 2 倍。同期的消费和投资也经历了长时期的增长，消费从 60.7 亿美元增长到 172.9 亿美元，投资从 29.9 亿美元增长到 82.1 亿美元，但增长的幅度小于 GDP。

罗马尼亚经历了 12 年的经济增长，1982 年的 GDP 为 489.6 亿美元，是 1970 年 120.8 亿美元的 4 倍。与此同时，消费从 88.8 亿美元增加到 328.3 亿美元，投资从 34.9 亿美元增加到 163.9 亿美元，可以看出，投资比消费增加得多，消费是促进 GDP 增长的主要力量。

与罗马尼亚相同，匈牙利也经历了 12 年的经济增长，GDP 从 62.9 亿美元增长到 262.9 亿美元，增长幅度也与罗马尼亚相同。不同的是，在 12 年的时间里消费从 42.5 亿美元增加到 182.9 亿美元，而投资在 1 年前就出现了衰退的现象，所以投资是在 11 年的时间里从 20.4 亿美元增加到 73.7 亿美元，消费是促进 GDP 增长的主导力量。俄罗斯在此阶段还没有成立，放在后面讨论。

在比率方面，总体上，投资率和消费率是成相反的关系，投资率增加时，消费率减少；投资率减少时，消费率增加。在二战后经济的快速发展时段，各个国家的消费率均呈现为平稳状态，没有特别快的增长也没有非常快的降低。

波兰稳定在 0.84 左右，保加利亚稳定在 0.68 左右，匈牙利稳定在 0.68 左右，罗马尼亚维持在 0.7 左右。由于投资率与消费率呈现负相关的关系，因此投资率也是趋于平稳的。波兰平稳在 0.19 左右，保加利亚平稳在 0.33 左右，罗马尼亚平稳在 0.3～0.4 之间，匈牙利平稳在 0.3～0.4 之间。

2．经济出现危机到转型前时段

经过了二战后经济的快速发展阶段，东欧各国的经济都出现了低迷迹象，生产水平随之下降，GDP 总额和投资、消费总额也呈现出降低趋势。波兰从 1978 年到 1988 年间，出现的是 GDP 的震荡，先是从 670.7 亿美元降到 548.1 亿美元，再从 548.1 亿美元增长到 746.9 亿美元，而后又回调到 695.5 亿美元，随后再增加到 830.9 亿美元。投资与消费总额也跟随着 GDP 的震荡呈现出先低迷再繁荣再低迷的过程。

保加利亚则是先降低再增长的过程，1983 年到 1984 年之间 GDP 总额有了大幅度下降，从 249.4 亿美元降低到 155.1 亿美元，随后几年又有所好转，回升到 219.6 亿美元；投资总额从 82.1 亿美元降至最底点 51.5 亿美元，然后回升到 71.1 亿美元；同时消费总额从 172.9 亿美元降低到 105.7 亿美元后又增长到 155.4 亿美元。

罗马尼亚的 GDP 也是先降低再增长的过程，但不同的是，增长之后的 GDP 总额超过了降低前数值，总体表现为上升的趋势；在此过程中投资总额从 163.9 亿美元减少为 131.3 亿美元，后又增加到 185.2 亿美元；消费总额则从 328.3 亿美元减少到 243.9 亿美元，后增加到 391 亿美元，超过了原来的 328.3 亿美元。

匈牙利的经济发展过程与上述两个国家相同，但投资总额在经济增长的时候就开始减少，从 1980 年开始，由 74.4 亿美元降低到 56.4 亿美元，后又增加到 90.3 亿美元；消费总额的降低与 GDP 一致，从 1982 年的 182.9 亿美元降低至 161.8 亿美元，随后就一直增加，没有跟随 GDP 的降低而降低。

在经济出现危机到转型前时段，伴随着经济的倒退，大部分国家的消费率出现降低趋势。波兰的消费率从 0.92 降低到 0.64，保加利亚变化不明显，罗马尼亚和匈牙利略有增加趋势。相应的，波兰的投资率有增加的趋势，从 0.19 增加到 0.31；保加利亚的投资率变化不明显，维持在 0.33 左右；罗马尼亚和匈牙利的投资率经历了减少的过程，罗马尼亚从 0.4 降低到 0.27，匈牙利从 0.4 降低到 0.24。

3．转型开始后的经济衰退

东欧各国开始经济转型之后，经济都出现了明显的衰退。波兰跟随着 GDP 的衰退，投资从 256.1 亿美元下降到 133.1 亿美元，减幅达 49%；消费总额从

532.1 亿美元下降到 440.6 亿美元，幅度达 18%。保加利亚的降低更是摧毁性的，投资从 72.7 亿美元减少到 9.1 亿美元，消费则从 155.3 亿美元降为 55.8 亿美元。罗马尼亚早在转型前投资就开始减少，从 185.2 亿美元减少到 61.3 亿美元，消费则是在转型时才从 391 亿美元降低到 152.1 亿美元，投资减少的幅度超过了消费的减少幅度。相对而言，匈牙利降低幅度比较温和，投资从 90.3 亿美元减少到 60.6 亿美元，消费则更是在转型前后有小幅度的减少，而后就一直保持增长趋势。俄罗斯的经济衰退时间最长，长达 9 年之久，投资从 203.2 亿美元降低到 29.1 亿美元，消费从 393.0 亿美元降为 133.5 亿美元。在转型开始后的经济衰退阶段，各国的消费率没有出现减退迹象，一直保持增长态势，投资率则均出现了降低。

4．转型后的经济增长

转型经济国家对经济转型过程中遇到的问题采取了一系列措施，使国家经济出现改善迹象，投资需求和消费开始上升。2002 年之后,各个转型经济国家经济进入快速发展时期，GDP 增长幅度很大，投资和消费总额也大幅度提高。波兰投资增长了 4 倍，消费增长了 2 倍；保加利亚投资增长了 10 倍，消费增加了 2 倍；罗马尼亚投资增加了 5 倍，消费增加了 6 倍；匈牙利投资增加了 5 倍，消费增加了 4 倍；俄罗斯投资增加了 6 倍，消费增加了 4 倍。在转型后的经济增长阶段，投资率和消费率呈现增长趋势。波兰投资率增长之后稳定在 0.2 左右，保加利亚一路增长到 0.3，罗马尼亚增长到 0.23 并一直维持在此水平左右，匈牙利增长到 0.3 后开始出现下降趋势，俄罗斯增加到 0.2 并维持在此水平左右。各国消费率增长后稳定在一定水平，波兰稳定在 0.8 左右，保加利亚稳定在 0.87 左右，罗马尼亚稳定在 0.86 左右，匈牙利稳定在 0.78 左右，俄罗斯稳定在 0.67 左右。

（二）转型国家投资贡献率、拉动率和消费贡献率、拉动率的变化

我们再给出 1970 年至 2008 年转型国家投资贡献率、拉动率和消费贡献率、拉动率的数据。如表 6-12 所示。

表 6-12　1970～2008 年转型国家消费贡献率、拉动率和投资贡献率、拉动率对照表（%）

年份	波兰					保加利亚				
	消费贡献率	投资贡献率	消费拉动率	投资拉动率	GDP增长率	消费贡献率	投资贡献率	消费拉动率	投资拉动率	GDP增长率
1970	—	—	—	—	—	—	—	—	—	—
1971	85.52	18.18	9.18	1.95	10.74	54.55	27.27	−0.67	−0.33	−1.22
1972	83.90	19.50	8.85	2.06	10.55	64.56	32.28	11.47	5.74	17.77

续表

年份	波兰					保加利亚				
	消费贡献率	投资贡献率	消费拉动率	投资拉动率	GDP增长率	消费贡献率	投资贡献率	消费拉动率	投资拉动率	GDP增长率
1973	83.15	19.58	15.30	3.60	18.40	69.07	34.02	12.80	6.30	18.53
1974	82.21	19.84	10.03	2.42	12.20	68.52	33.33	5.96	2.90	8.70
1975	83.16	23.71	5.38	1.53	6.47	67.72	32.28	−7.93	−3.78	−11.71
1976	96.73	11.45	11.11	1.32	11.48	65.28	27.78	3.95	1.68	6.05
1977	72.73	24.53	7.94	2.68	10.92	75.00	46.43	1.66	1.03	2.22
1978	79.62	20.13	10.55	2.67	13.26	69.16	39.25	5.73	3.25	8.29
1979	90.62	16.57	−6.77	−1.24	−7.47	62.67	20.74	9.73	3.22	15.52
1980	72.34	2.84	−4.93	−0.19	−6.82	73.68	46.56	11.27	7.12	15.29
1981	−66.56	135.10	3.48	−7.06	−5.22	69.45	45.45	10.26	6.71	14.77
1982	12.83	57.35	2.75	12.32	21.47	76.37	18.68	6.50	1.59	8.52
1983	100.00	5.17	15.68	0.81	15.68	77.14	16.57	5.82	1.25	7.55
1984	−730.00	800.00	−0.95	1.04	0.13	71.26	32.45	−26.94	−12.27	−37.81
1985	94.97	4.66	−6.61	−0.32	−6.96	100.00	15.38	5.87	0.90	5.87
1986	60.88	47.28	2.49	1.94	4.10	75.70	91.59	4.93	5.97	6.52
1987	87.23	23.37	−11.80	−3.16	−13.52	60.51	0.00	5.43	0.00	8.98
1988	19.96	65.32	1.53	5.02	7.68	59.79	44.84	8.81	6.61	14.74
1989	20.75	55.10	4.04	10.73	19.47	677.78	−288.89	2.79	−1.19	0.41
1990	49.35	53.40	−11.01	−11.91	−22.31	15.45	78.86	−0.87	−4.42	−5.60
1991	133.72	0.63	39.69	0.19	29.68	74.50	34.96	−47.08	−22.09	−63.19
1992	97.33	−29.23	10.02	−3.01	10.30	184.69	−1.02	23.72	−0.13	12.84
1993	93.85	33.52	1.82	0.65	1.94	117.57	−2.25	30.31	−0.58	25.78
1994	59.82	29.63	9.09	4.50	15.20	101.79	66.96	−10.53	−6.93	−10.34
1995	70.94	25.73	20.04	7.27	28.25	70.59	33.53	24.72	11.74	35.02
1996	91.77	37.91	11.63	4.80	12.67	84.11	38.94	−20.59	−9.53	−24.49
1997	61.70	874.47	0.19	2.62	0.30	67.39	47.83	3.13	2.22	4.65
1998	72.51	41.33	7.27	4.14	10.02	71.01	47.48	16.31	10.91	22.97
1999	49.19	19.03	−1.41	−0.54	−2.86	372.73	77.27	6.44	1.33	1.73
2000	127.00	5.04	2.55	0.10	2.01	110.81	2.70	−3.16	−0.08	−2.85
2001	94.68	−15.84	10.50	−1.76	11.09	85.00	50.00	6.75	3.97	7.94
2002	132.10	−33.63	5.45	−1.39	4.12	103.98	13.43	15.38	1.99	14.79
2003	74.49	19.98	7.00	1.88	9.40	89.95	28.54	25.26	8.01	28.08
2004	72.23	28.08	11.98	4.66	16.59	80.94	29.34	18.92	6.86	23.37

续表

年份	波兰					保加利亚				
	消费贡献率	投资贡献率	消费拉动率	投资拉动率	GDP增长率	消费贡献率	投资贡献率	消费拉动率	投资拉动率	GDP增长率
2005	77.49	15.29	15.68	3.09	20.23	92.52	74.80	9.53	7.71	10.30
2006	74.93	35.45	9.29	4.40	12.40	79.87	54.81	13.13	9.01	16.44
2007	69.33	37.73	16.84	9.17	24.30	78.33	57.03	19.52	14.21	24.92
2008	85.22	22.04	20.74	5.36	24.34	81.26	44.25	21.26	11.58	26.17

续前表

年份	罗马尼亚					匈牙利				
	消费贡献率	投资贡献率	消费拉动率	投资拉动率	GDP 增长率	消费贡献率	投资贡献率	消费拉动率	投资拉动率	GDP 增长率
1970										
1971	63.56	32.00	11.84	5.96	18.63	67.24	77.59	6.20	7.15	9.22
1972	70.78	33.33	10.82	5.09	15.28	54.44	−1.68	9.46	−0.29	17.38
1973	54.95	24.91	9.08	4.12	16.53	58.46	19.83	13.89	4.71	23.76
1974	40.22	82.61	1.92	3.95	4.78	102.08	94.79	9.82	9.12	9.62
1975	80.00	65.16	6.15	5.01	7.68	74.51	50.98	10.42	7.13	13.99
1976	57.04	3.70	7.09	0.46	12.43	57.58	22.73	9.14	3.61	15.88
1977	43.15	115.74	3.48	9.34	8.07	59.17	46.75	6.92	5.47	11.70
1978	79.45	58.05	14.21	10.38	17.89	71.06	62.64	12.02	10.59	16.91
1979	77.33	22.67	6.14	1.80	7.94	76.37	−12.33	11.82	−1.91	15.47
1980	−26.73	60.40	−0.80	1.82	3.01	84.07	9.14	13.08	1.42	15.56
1981	83.88	19.65	17.90	4.19	21.34	68.75	−10.94	1.75	−0.28	2.54
1982	55.65	18.03	9.27	3.00	16.65	34.04	−31.91	0.62	−0.58	1.82
1983	117.68	29.82	−9.11	−2.31	−7.74	60.49	46.91	−5.59	−4.34	−9.24
1984	61.71	33.02	−8.81	−4.72	−14.28	88.89	48.61	−2.68	−1.47	−3.02
1985	61.57	28.13	14.98	6.84	24.33	217.24	−31.03	2.72	−0.39	1.25
1986	50.59	49.41	4.49	4.38	8.87	83.71	37.64	12.72	5.72	15.19
1987	78.87	10.16	9.33	1.20	11.83	64.55	23.88	6.41	2.37	9.93
1988	93.94	−72.73	3.17	−2.46	3.38	47.14	7.62	3.34	0.54	7.08
1989	15.00	41.82	−1.63	−4.56	−10.89	−37.21	132.56	−0.50	1.79	1.35
1990	48.84	18.02	−14.00	−5.17	−28.67	80.88	14.95	11.43	2.11	14.13
1991	89.32	36.58	−21.94	−8.98	−24.57	−70.95	87.55	4.65	−5.74	−6.56

续表

年份	罗马尼亚					匈牙利				
	消费贡献率	投资贡献率	消费拉动率	投资拉动率	GDP 增长率	消费贡献率	投资贡献率	消费拉动率	投资拉动率	GDP 增长率
1992	73.85	20.79	−23.72	−6.68	−32.12	116.54	−21.88	13.34	−2.50	11.44
1993	73.35	21.52	25.41	7.45	34.63	200.72	125.36	7.24	4.52	3.61
1994	86.33	−4.29	12.13	−0.60	14.05	32.11	51.51	2.42	3.88	7.54
1995	104.04	21.10	18.73	3.80	18.00	−12.31	27.38	−0.94	2.09	7.62
1996	−176.5	−300.00	0.84	1.43	−0.48	−238.0	288.00	−2.59	3.14	1.09
1997	−4433	6133.33	3.74	−5.17	−0.08	−58.62	110.34	−0.73	1.38	1.25
1998	110.47	3.19	20.49	0.59	18.55	78.10	105.84	2.28	3.09	2.92
1999	98.47	26.80	−15.27	−4.15	−15.50	142.16	21.57	3.00	0.46	2.11
2000	21.53	103.47	0.87	4.19	4.05	110.71	−45.71	−3.14	1.30	−2.84
2001	73.97	58.73	6.29	5.00	8.51	85.45	−5.60	9.55	−0.63	11.18
2002	75.71	15.43	10.63	2.17	14.04	84.32	20.54	21.17	5.16	25.11
2003	90.48	22.93	26.95	6.83	29.79	87.74	23.43	23.29	6.22	26.55
2004	84.68	29.90	23.24	8.21	27.44	68.45	32.18	14.31	6.73	20.91
2005	91.92	22.03	28.35	6.80	30.85	86.22	−3.08	6.87	−0.24	7.97
2006	79.94	39.82	18.97	9.45	23.73	27.86	27.86	0.71	0.71	2.54
2007	75.90	43.34	28.82	16.45	37.97	66.38	21.97	15.13	5.01	22.80
2008	59.92	55.27	12.04	11.11	20.10	79.45	22.56	9.11	2.59	11.47

续前表

年份	俄罗斯				
	消费贡献率	投资贡献率	消费拉动率	投资拉动率	GDP 增长率
1991	586.92	−329.60	−9.85	5.53	−1.68
1992	146.25	47.71	−18.33	−5.98	−12.53
1993	−136.20	142.60	8.99	−9.42	−6.60
1994	−0.16	39.08	0.02	−4.24	−10.86
1995	−39.82	31.01	0.85	−0.66	−2.14
1996	51.69	123.16	−0.92	−2.18	−1.77
1997	207.24	−29.73	6.79	−0.97	3.28
1998	75.05	36.16	−24.83	−11.96	−33.09
1999	97.29	15.31	−26.95	−4.24	−27.70
2000	40.26	30.56	13.11	9.95	32.57

续表

年份	俄罗斯				
	消费贡献率	投资贡献率	消费拉动率	投资拉动率	GDP 增长率
2001	90.98	39.98	16.43	7.22	18.06
2002	91.61	4.89	11.61	0.62	12.68
2003	65.80	23.91	16.38	5.95	24.89
2004	63.47	21.08	23.56	7.82	37.12
2005	63.94	17.28	18.69	5.05	29.22
2006	63.20	25.80	18.59	7.59	29.41
2007	66.66	33.63	20.54	10.36	30.82
2008	63.92	29.89	18.87	8.83	29.53

注：1．以上数据均根据表 6-10 中的数据计算而来。

2．俄罗斯是自苏联解体后于 1991 年成立的，其数据以 1991 年为基期。

3．其他数据以 1970 年为基期。

我们根据表 6-12，绘出各国消费贡献率和投资贡献率，以及消费拉动率、投资拉动率、GDP 增长率三者之间的变化趋势图。如图 6-20 至图 6-29 所示。

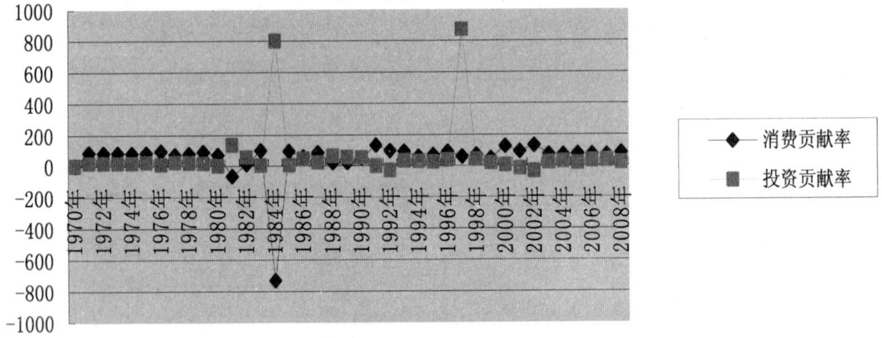

图 6-20 波兰消费贡献率和投资贡献率变化趋势图

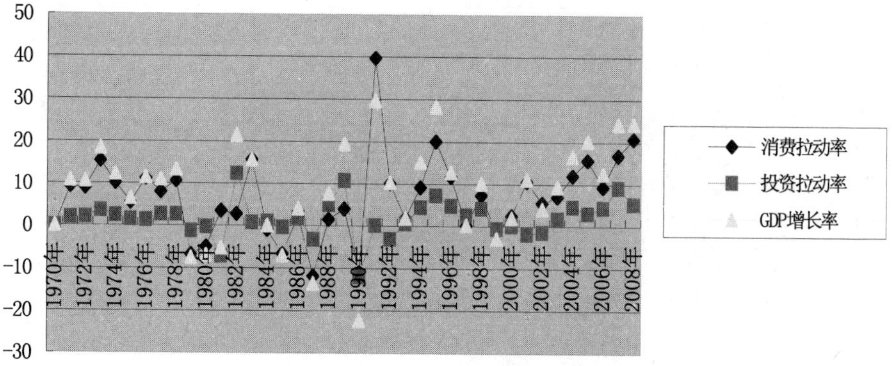

图 6-21 波兰消费拉动率、投资拉动率及 GDP 增长率的变化趋势图

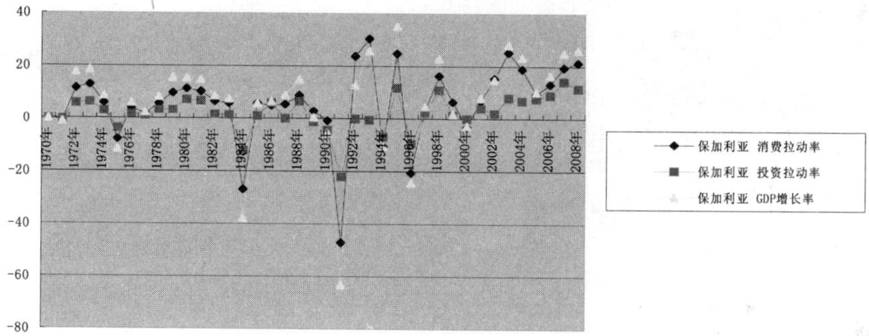

图 6-22 保加利亚消费贡献率和投资贡献率变化趋势图

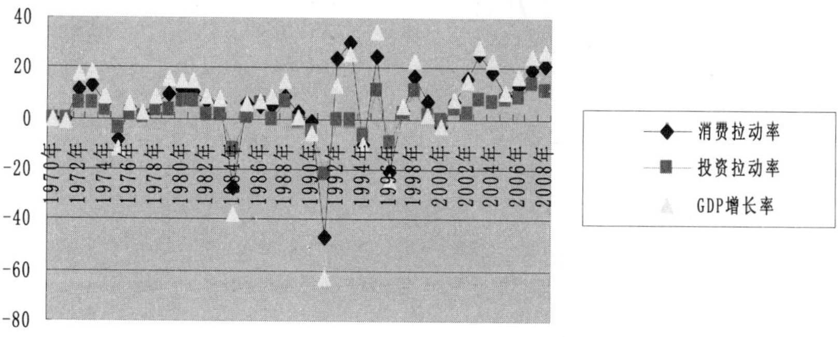

图 6-23 保加利亚消费拉动率、投资拉动率及 GDP 增长率的变化趋势图

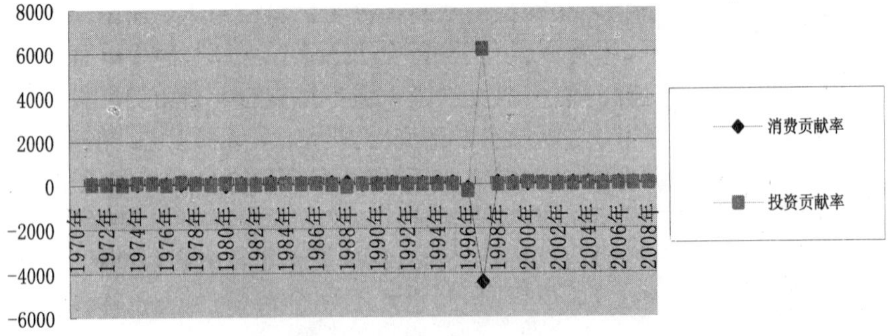

图 6-24 罗马尼亚消费贡献率和投资贡献率变化趋势图

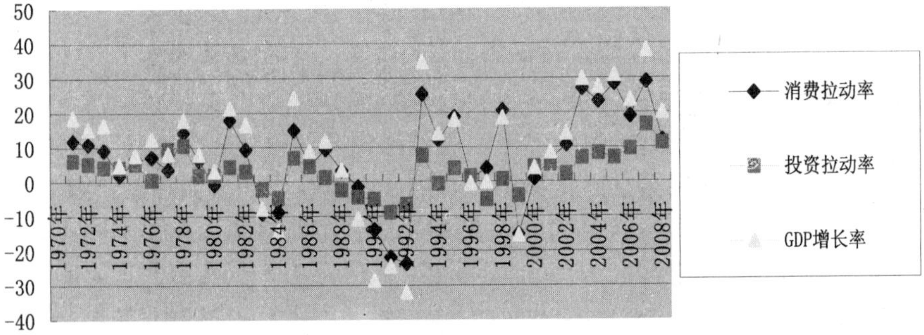

图 6-25 罗马尼亚消费拉动率、投资拉动率及 GDP 增长率的变化趋势图

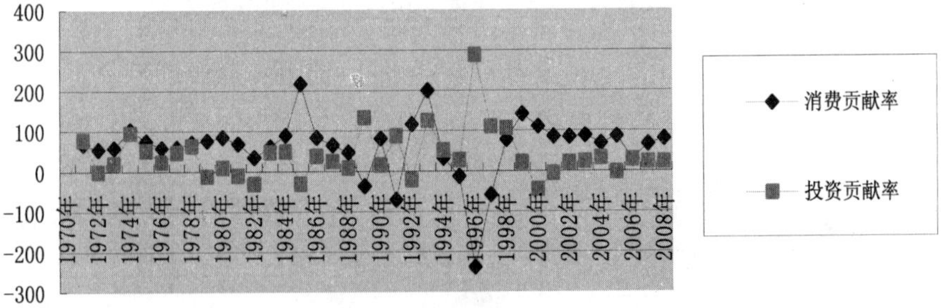

图 6-26 匈牙利消费贡献率和投资贡献率变化趋势图

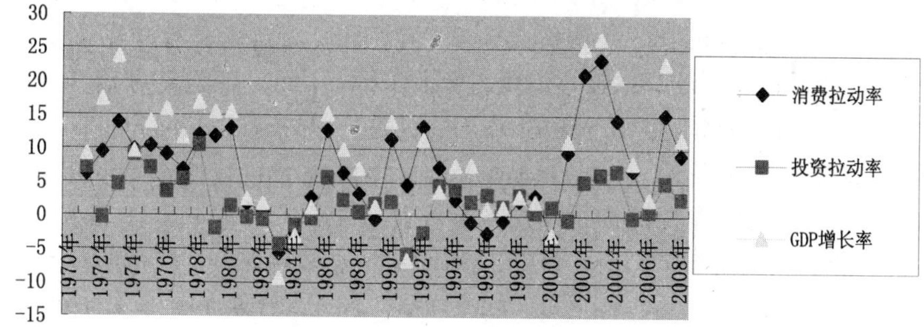

图 6-27　匈牙利消费拉动率、投资拉动率及 GDP 增长率变化趋势图

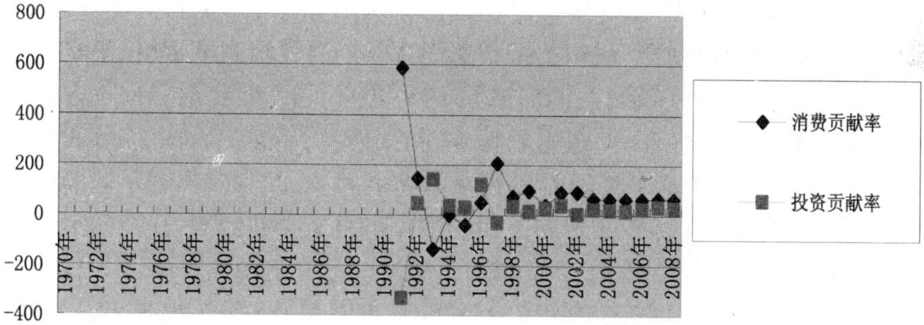

图 6-28　俄罗斯消费贡献率和投资贡献率变化趋势图

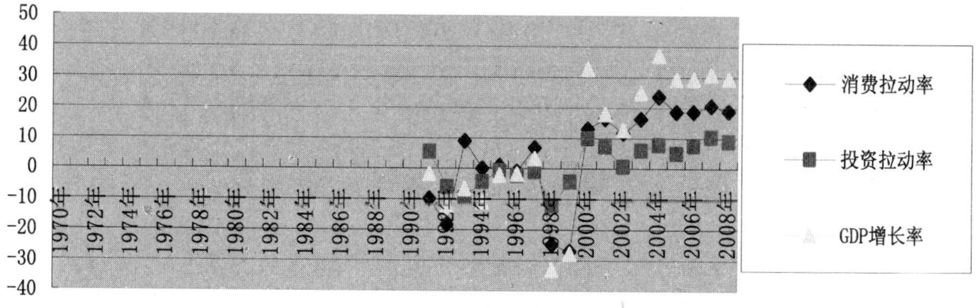

图 6-29　俄罗斯消费拉动率、投资拉动率及 GDP 增长率的变化趋势图

分析上述图表，我们得知：

1. 在经济快速增长阶段，就贡献率而言，转型国家的投资贡献率和消费贡

献率基本上都保持平稳。波兰的消费贡献率维持在80%左右，投资贡献率维持在20%左右；保加利亚消费贡献率维持在70%左右，消费贡献率维持在30%左右；罗马尼亚和匈牙利的消费贡献率及投资消费率都有小幅度的起伏，消费贡献率维持在50%～70%，投资贡献率维持在30%～50%。在拉动率方面，波兰的消费拉动率维持在2%，投资拉动率维持在10%左右，其他各个国家虽然都有变化，但总体趋势都是消费拉动率大于投资拉动率。

2. 在经济衰退阶段，转型国家的消费贡献率和投资贡献率均出现了较大幅度的波动。以波兰为例，1981年的消费贡献率是−66.56%，而到了1983年变为100.00%，一年之后又变成了−730.00%，1985年增加到94.97%，后又一路下降到19.96%；投资贡献率方面，1980年投资贡献率为2.84%，转年就大幅度增长为135.10%，到1983年又下降为5.17%，一年之后的增长更是超过了1980年的增长，达到800.00%；拉动率方面，随着GDP增长率的下降，到1987年消费拉动率更是跌到−11.8%，投资拉动率跌到−3.16%，之后的几年投资拉动率超过了消费拉动率，这说明政府开始增加投资，正积极酝酿准备转型。

3. 在转型初期阶段，各国由于经济转型初期的低迷，消费贡献率都出现了下降的趋势，而后开始增长，当转型遇到问题的时候，消费贡献率又呈现出先下降后上升的情形。以俄罗斯为例，1991年消费贡献率为586.92%，1993年下降到142.6%，1997年下降到−29.73%，到2001年又增长到39.98%；投资贡献率方面，则一直处于较低的水平；在拉动率方面，消费拉动率也是先下降到−18.33%，后又好转升至8.99%，接着恶化到−26.95%，最后达到13.11%。到了转型后期的经济快速增长阶段，各国的消费贡献率、投资贡献率、消费拉动率、投资拉动率均维持在合理的范围内，没有出现较大的波动。

综上所述，我们可以看出，投资和消费总额随着经济涨落而相应变化，是政府对经济转型过程中出现的问题进行宏观调控的结果，以下我们对转型经济国家政府对消费和投资总额怎样调控展开分析。

二、转型经济国家政府对消费与投资关系的调控

面对经济转型之后出现的各种社会和经济问题，各个经济转型国家纷纷采取相关措施，对本国的投资和消费进行调控。下面主要介绍几个具有代表性的国家。

（一）波兰——休克疗法代表

波兰是休克疗法的成功代表。在转型前的1989年，波兰国内的经济形势

极度严峻：物价飞涨，通货膨胀率高达2000%，外债高达490亿美元，[①] 国家几乎丧失了支付能力。1989年初，波兰的一项民意调查表明，95%的波兰人都认为目前的经济局势极差，85%的家庭都认为自己的经济状况出现了恶化。在此情况下，波兰政府于1989年9月采取了休克疗法进行经济转型，主要措施是改变所有制结构。对所有制进行改造是波兰经济转型中的重要措施，它不仅包括使国营企业私有化，而且包括鼓励私营企业的创新精神。这样就逐步消除了亏空和缺乏竞争力的生产经营行为，提高了经济效率。改造之后波兰的需求结构发生了很大的变化，国内需求比重相对减少，但其中的投资比重增加，而与投资需求相比消费需求增长缓慢。

由于休克疗法几乎是把原来的经济基础推倒重新建设，所以休克带来的阵痛在所难免。面对转型所带来的问题，主要针对高启的通货膨胀局面，波兰政府采取了改革国家预算的政策和紧缩的货币政策。1990年开始，波兰严格控制国内需求，既包括投资需求又包括消费需求，1990年至1991年之间，货币总储备减少了一半，1993年又下降了1.2%。[②]

在转型后期，经济出现好转迹象。波兰政府采取的措施是实行贸易自由化，开放的经济局势和经济实力的逐渐增加对波兰的贸易产生了积极的影响，出口的增加刺激了国外的需求，而贸易的自由化使得大量的外资企业在波兰进行投资，使本国的投资和需求得以增加。

（二）保加利亚——渐进式代表

保加利亚作为渐进式转变的代表，在转型初期提出的纲领是放开企业活动，逐步放开物价，紧缩投资，在通货膨胀不失控制的前提下，以最小的社会代价向市场经济转变。具体包括：于1990年先行放开了40%的商品价格，1991年后逐步放开了所有的商品价格，并利用10年的时间分两个阶段实行了部分经济非国有化，实行多种所有制和经营方式并存。

但是后来情势有了变化，海湾战争爆发，原材料能源供应紧张，工业生产急剧衰退，干旱导致农业产量下降，市场供应紧张。在这许多不利的情况下，政府推出了一项激进的经济改革纲领：取消限制企业自主权的行政命令，解散许多国营企业，使其私有化；取消进出口限制，使本币部分可以自由兑换；紧缩预算开支，限制货币和信贷放行量，发行各种债券。随着商品价格的逐步放开，物价迅速上升，居民的实际消费下降了40%～50%。保加利亚政府还调整

---

① 鲍维尔·波兹克．对中东欧经济转轨的评价[J]．比较共产主义研究，1992(3)

② 江夏．波兰经济进入增长期[J]．国际经济合作，1995(9)

了利率以增加国民储蓄，月利率达到 3.5%。①

虽然激进式的政策使商品排队现象得到缓解，但是这是以人民生活水平下降为代价换来的，导致了居民消费水平下降。高利率和紧缩银根使企业的投资受挫，外国投资者对保加利亚的投资环境也失去兴趣。同时，私有制进展缓慢，真正的竞争性市场没有形成。在激进的经济纲领受挫时，新的保加利亚政府加速推行私有化进程，私有企业在经济中占的比重越来越大，向市场经济的转变已经不可逆转，物价相对稳定，一些骨干工业部门生产和粮食产量相对回升。

（三）俄罗斯——先休克后渐进式代表

作为俄罗斯的前身，苏联即使是在 5 年的卫国战争中社会生产也只下降了 15%，而自从独立并经济转型之后，整个经济面临持久而全面的衰退。1993 年的 GDP 比 1989 年下降了 53.59%，1993 年俄罗斯的工业总产值比 1989 年下降 54.2%。对外贸易总额减少 17%，而且结构更加不合理，本币大幅度贬值，失业率高达 14%，② 通货膨胀率高启，工资上涨抵不上物价上涨的一半。这些都是因为在此之前俄罗斯接受了国际货币基金组织推荐的休克疗法。休克疗法的主要政策包括价格自由政策、紧缩的财政政策以及开放经济政策。

1994 年之后，俄罗斯的国民经济下滑开始减缓，由 1994 年 GDP 增长率的－11%减缓到 1995 年的－2%，对外贸易开始复苏。这是因为俄罗斯政府终止了休克疗法，开始实行渐进式的经济转型方式。新的转变方式主要是稳定生产，实行稳定合理的货币政策和财政政策，加强结构性投资，对私有化进程进行重大修整，使其向着有利于提高生产效率、鼓励投资、加强社会保障的方向改革。

实行了新的转型政策后，俄罗斯的经济面貌发生巨大变化。一是俄罗斯的出口贸易快速发展，出口增加，换回了大量外汇，促进了国内的消费。二是建立了市场经济以进行私有化，这样就使新的企业在结构上很大程度地摆脱了政府的控制，并在工资、价格、投资、生产等方面有了很大程度的自主权，国内市场上的投资也更加活跃。三是重新建立金融体制，扩大信贷市场。面对高通货膨胀率，俄罗斯政府推行的是降低税率的政策，增加政府支出，放宽企业贷款，刺激消费，从而增加市场需求，最终稳定通货。四是为应对工资上涨慢的现象，俄罗斯政府采取的是工资和通货膨胀率相挂钩，随着通货膨胀率的上涨居民的收入也得到相应调整，对居民收入实行多元化策略，很多居民开始进行资产投资。

---

① 王义祥．保加利亚经济转轨[J]．比较共产主义研究，1992(3)

② 转轨以来俄罗斯经济回顾及今后的发展态势[J]．东北亚论坛，1997(2)

中国同样是转型经济国家，中国采用的是渐进式的转变方式，所以转型经济国家的投资和消费调控对于中国今后的发展还是有很多借鉴意义的。

三、转型经济国家政府调控消费与投资关系的经验与启示

转型经济国家对投资和消费关系的调控是针对转型过程中遇到的问题进行的，因为转型国家在转型过程中一般都会遇到相似的问题，所以我们提出三个转型经济国家采取的相同措施及其对投资和消费进行调控的经验。

（一）治理通货膨胀

经济转型必然要求政府放开对价格的管制，而一旦放开价格管制，价格肯定都会大幅度上涨，自然就面临着通货膨胀的压力。对于这个问题，实行工资改革和社会保障要比采取紧缩的货币政策和财政政策对老百姓更为有利。匈牙利在1995年遇到了严重的通货膨胀，政府采取提高银行贴现率、冻结资金和压缩社会抚恤金的相关措施，虽然当年年底匈牙利就恢复了经济增长，但消费市场的均衡是在高物价和低工资的水平下形成的，抑制了大众消费，随着紧缩的货币政策和财政政策的执行，国内的投资和消费水平都在下降。因此可以这样认为，在最初的转型经济过程中，转型经济国家采取紧缩的货币和财政政策治理通货膨胀换来的经济增长是以牺牲投资和消费水平为代价的。在转型过程中，如果实行工资与通货膨胀率相挂钩的做法，加强和完善社会保障政策，则将是一个良性经济增长过程，能稳定地促进老百姓生活水平的提高。

（二）私有化的推行

经济转型就是从计划经济向市场经济转变，必然涉及国有经济向私有化的过渡，东欧国家的私有化进程在经济变革中占有重要地位。如果说东欧国家的小型企业和部分中型企业以租赁、出售等方式转换为新的所有制形式的过程还进行得较顺利的话，大型国有企业的转换就遇到了真正的困难。如果在庞大的国有工业没有被触及的情况下，盲目地进行私有化改革会造成经济的混乱，物价的大幅度上升以及失业率的上升，对本国的产业也会有很大的影响，譬如农业。农业一直都是受国家扶持的产业，如果盲目地进行私有化，推向市场，解散集体农场和国有农田，将会侵害公众利益。

（三）建立良好的市场体系

当转型经济国家在度过了转型最初的困难时期后，经济都有了复苏的迹象。随着外来投资的增多、国内经济结构的改善，市场经济的雏形日渐呈现。商品市场、金融市场、劳务市场都已经开始发挥自身的作用，市场主体可按照市场价格和利润对自己的经济行为自主作出决策。

我们可以从上述分析中得出对中国的启示：

第一，从实际出发，选择适合国情的转型方式。当宏观经济非常混乱，通货膨胀失控，渐进式改革无能为力时，可以采用休克疗法，波兰就是一个成功的例子。对于中国这样一个政治、经济、民族问题十分复杂，宏观经济相对稳定的大国来说，一定要采取一个对社会冲击较小的渐进式转型方式。在转型过程中还要考虑社会的承载力，如果转型的步伐超过了社会承载力的底线，像俄罗斯，则情况会变得更糟。

第二，转型过程中，政府加快职能转变，加强宏观调控。建立规范的宏观调控目标体系十分重要，政策目标的着力点主要是抑制通货膨胀，并兼顾其他目标。增强货币政策的灵活性与及时性，强化央行的独立地位是较好的实施措施。在产业政策上，应深化投资体制改革，重点是实行扶持性和调整性产业政策；完善税制和分税制，强化预算管理，建立规范的转移支付制度完善财政投融资体制。

第三，坚持国有经济的主导地位，建立现代企业制度。进行产权制度改革，把产权明晰化与产权重组相结合，建立科学的股份制公司法人结构，减轻国企的负担，创造平等合理的竞争环境，使市场的投资和消费更为活跃。

总之，十多年来，伴随着东欧经济转型国家改革的风雨历程,改革的动荡、挫折和成效引起了中国经济理论界的高度关注。我们必须正确地加以认识,吸取其改革的经验和教训，少走弯路。

第五节　印度、巴西消费与投资关系及其调整

印度和巴西两国在政治、经济、社会等方面具有很多相似之处，都曾经历了动荡变幻的政治格局，都从管制、限制型经济逐步走向自由、开放的经济模式，而进入新世纪以来，两国又同时创造了经济高速发展的奇迹，受世界瞩目。在这里，我们将深入分析两国消费和投资的关系，对其进行历史回顾，对两国实行的调整政策进行剖析,从中探讨出调控消费和投资关系的有益经验和启示。

一、印度、巴西两国消费与投资关系的历史回顾

研究印度和巴西两国的消费与投资关系可以首先从其历史进程展开讨论。我们通过总量分析，包括对消费额、投资额、GDP 总量的考察，以及相对量分析，包括消费对 GDP 贡献率、投资对 GDP 贡献率、GDP 增长率等指标，来回

顾 1970 年至 2008 年间印度和巴西两国消费与投资关系的格局。

（一）印度消费与投资关系的历史回顾

二战后，印度取得独立，结束了英国近 200 年的殖民统治。然而，战后的恢复性建设，政治领导格局的不断更迭，以及社会经济发展的自身需要，使得印度的经济制度和政策错综复杂地演进着。从开始独立至 20 世纪 90 年代初的拉奥政府，其间经历了多次经济政策的调整。而印度经济消费与投资关系的格局，与整体经济的发展是密不可分的，不同时期的政策导向，引领着消费和投资关系发生了相应的结构性调整。

1．从总量角度看印度消费和投资的关系

首先，我们以大量的数据资料来初步探讨印度在各时期不同经济背景下，投资与消费之间的关系，简单对这两者的情况进行历史回顾。表 6-13 给出了 1970 年至 2008 年印度的消费额、投资额与 GDP 总额数据资料。

表 6-13 1970～2008 年印度的消费额、投资额与 GDP 总额一览表 单位：亿美元

年份	消费额	投资额	GDP 总额
1970	550	115.8	614.7
1971	599.1	134.2	659.5
1972	648.9	135.2	717.3
1973	758.4	172.2	855.5
1974	876.8	210.3	965.5
1975	880.3	230.5	1004.4
1976	861.2	233.5	1012.0
1977	1004.5	256.1	1174.2
1978	1168.2	333.5	1358.3
1979	1282.8	378.7	1503.2
1980	1605.9	425.9	1847.6
1981	1679.2	515.8	1970.8
1982	1709.1	499.2	2012.3
1983	1878.1	510.3	2195.6
1984	1855.7	507.6	2174.7
1985	1889.4	603.6	2264.6
1986	2097.2	633.6	2481.2
1987	2303.7	679.9	2745.8

续表

年份	消费额	投资额	GDP 总额
1988	2482.4	815.3	3037.5
1989	2392.3	799.3	3007.2
1990	2539.6	908.7	3268.0
1991	2250.0	724.8	2896.8
1992	2225.4	770.4	2909.1
1993	2168.7	665.9	2839.9
1994	2426.5	839.1	3253.4
1995	2718.1	1080.7	3692.4
1996	2916.0	934.7	3891.7
1997	3135.6	1052.4	4225.7
1998	3240.5	1003.0	4252.7
1999	3498.7	1183.4	4533.8
2000	3569.9	1130.4	4677.9
2001	3706.5	1167.8	4829.7
2002	3790.0	1273.0	5049.5
2003	4314.4	1584.7	5913.3
2004	4806.4	2198.1	6849.8
2005	5517.1	2831.9	8133.2
2006	6024.2	3316.3	9113.8
2007	7437.2	4424.2	11423.4
2008	8213.4	4900.1	12538.6

注：1．以上数据来源于联合国统计处统计数据 http://unstats.un.org/unsd/pubs/。

2．表格中的各个指标的数据是以当前价格计算的。

应用表 6-13 数据，绘制出由各时期数据形成的散点图，观察投资曲线、消费曲线与 GDP 曲线的关系。如图 6-30、图 6-31 所示。

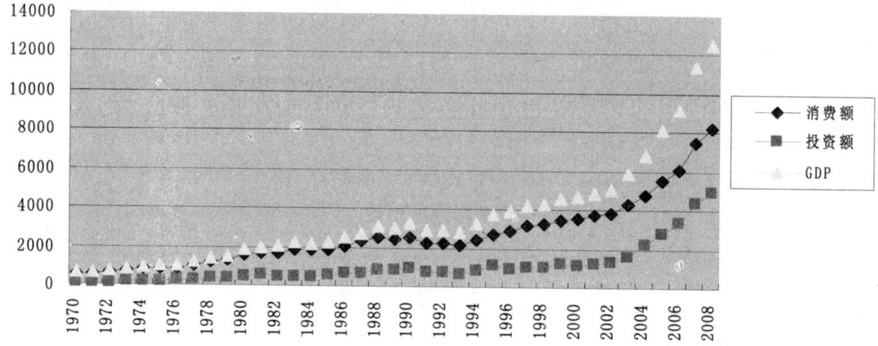

图 6-30　1970～2008 年印度的投资、消费和 GDP 总额趋势图

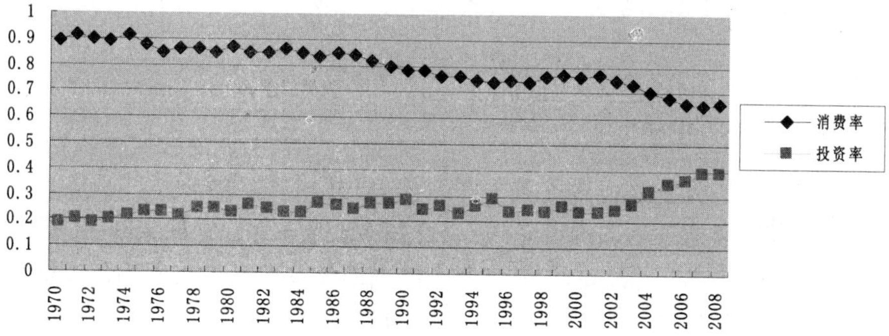

图 6-31　1970～2008 年印度的投资、消费占 GDP 总额比例趋势图

表 6-14　1980～2008 年印度与世界消费水平的比较表　　单位：亿美元

年份	个人消费支出		GDP		个人消费占 GDP 比例	
	世界	印度	世界	印度	世界	印度
1980	69191	1423.9	118976	1847.6	58.16%	77.07%
1990	132259	2153.5	222621	3268	59.41%	65.90%
1996	183967	2502.1	305133	3891.7	60.29%	64.29%
1997	183470	2658.4	303962	4225.7	60.36%	62.91%
1998	183972	2718.7	301326	4252.7	61.05%	63.93%
1999	191559	2911.7	312586	4533.8	61.28%	64.22%

续表

年份	个人消费支出		GDP		个人消费占 GDP 比例	
	世界	印度	世界	印度	世界	印度
2000	196347	2980	320893	4677.9	61.19%	63.70%
2001	197262	3109.4	318690	4829.7	61.90%	64.38%
2002	205403	3191.4	331863	5049.5	61.89%	63.20%
2003	228972	3648.3	372920	5913.3	61.40%	61.70%
2004	254526	4060.4	419750	6849.8	60.64%	59.28%
2005	273211	4665.4	454244	8133.2	60.15%	57.36%
2006	292237	5093.7	491780	9113.8	59.42%	55.89%
2007	325822	6278.5	552767	11423.4	58.94%	54.96%
2008	357515	6838.3	608196	12538.6	58.78%	54.54%

注：1. 以上数据来源于联合国统计数据库。

2. 表格中的各个指标的数据是以当前价格计算的。

通过图 6-30，可以看出，在 1970 年至 2008 年间，尽管印度的经济经历了多次调整，但在消费总额、投资总额以及 GDP 总额上保持着一种相对平稳的增势。但同时，我们也应从图 6-31 中注意到，在相对的比例分析中，各期间投资额占当年 GDP 总额的比例，比起同期消费额占 GDP 总额的比例是较低的，各年平均消费率达 80.91%，而平均投资率仅为 24.81%。这表明，在印度过去的近 40 年间，消费是拉动该国经济增长的主要动力，但相比较而言，投资所体现出的作用相对较弱。在表 6-14 的数据中，我们通过个人消费支出占 GDP 比例这个指标，近似地比较印度和世界平均消费水平。1980 年至 2003 年的数据显示，印度的消费比例平均高于世界同期水平近 10 个百分点，证明消费在印度国民经济增长中仍然占据主导地位。

尽管从图 6-30 中看，印度经济的三条曲线呈现平滑上升状态，但是期间存在微小的上下波动，从 1993 年开始，由曲线的斜率可知，消费、投资和 GDP 的增幅略高于以往各年；从图 6-31 中可知，自 1970 年至 2008 年，消费占国民经济总值的比例呈缓慢下降趋势，与此同时，投资占国民经济总值的比例呈波动式小幅攀升。从趋势上来看，印度经济的增长方式开始逐渐向投资拉动的方向转变。

2. 从对经济的贡献率角度看印度消费和投资的关系

在初步回顾印度消费、投资和国内生产总值的整体情况后，我们更加需要关注在印度经济发展的几十年间，消费与投资两者的结构变化是如何影响整体经济走向，如何在印度经济涨落中发挥作用的。表 6-15 给出了 1971 年至 2008 年印度总消费、总投资对 GDP 的贡献率及 GDP 增长率数据资料，并根据数值绘制出趋势图。如图 6-32 所示。

表 6-15　1971 年以来印度的总消费、总投资对 GDP 的贡献率以及 GDP 增长率对照表（%）

年份	总消费对 GDP 的贡献率	总投资对 GDP 的贡献率	GDP 的增长率
1971	8.0	3.0	7.3
1972	7.6	0.2	8.8
1973	15.3	5.2	19.3
1974	13.8	4.5	12.9
1975	0.4	2.1	4.0
1976	−1.9	0.3	0.8
1977	14.2	2.2	16.0
1978	13.9	6.6	15.7
1979	8.4	3.3	10.7
1980	21.5	3.1	22.9
1981	4.0	4.9	6.7
1982	1.5	−0.8	2.1
1983	8.4	0.6	9.1
1984	−1.0	−0.1	−1.0
1985	1.5	4.4	4.1
1986	9.2	1.3	9.6
1987	8.3	1.9	10.7
1988	6.5	4.9	10.6
1989	−3.0	−0.5	−1.0
1990	4.9	3.6	8.7
1991	−8.9	−5.6	−11.4
1992	−0.8	1.6	0.4
1993	−1.9	−3.6	−2.4
1994	9.1	6.1	14.6
1995	9.0	7.4	13.5
1996	5.4	−4.0	5.4

续表

年份	总消费对 GDP 的贡献率	总投资对 GDP 的贡献率	GDP 的增长率
1997	5.6	3.0	8.6
1998	2.5	−1.2	0.6
1999	6.1	4.2	6.6
2000	1.6	−1.2	3.2
2001	2.9	0.8	3.2
2002	1.7	2.2	4.6
2003	10.4	6.2	17.1
2004	8.3	10.4	15.8
2005	10.4	9.3	18.7
2006	6.2	6.0	12.1
2007	15.5	12.2	25.3
2008	6.8	4.2	9.8

注：以上各期数据根据表 6-13 计算得出。

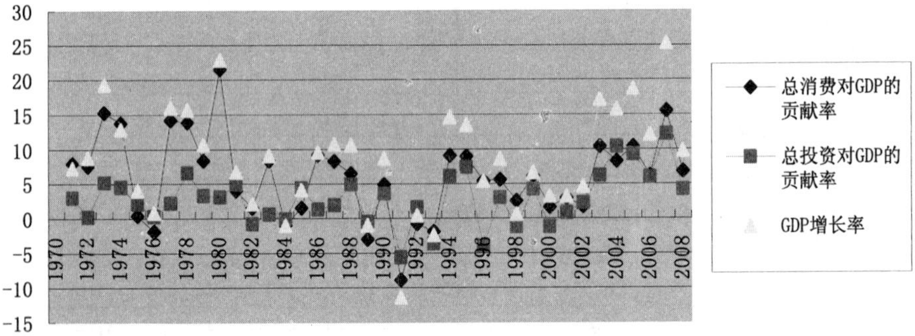

图 6-32 印度总消费、总投资对 GDP 的贡献率以及 GDP 增长率趋势图

很显然，从图 6-32 中三条曲线表现出，在 1970～2008 年间，消费和投资对印度的经济共同发挥着作用。该时期中，分别在 2007 年和 1991 年，出现过 GDP 增长率最高和最低的两个时点。当时的实际情况是，2007 年总消费对 GDP 的贡献率达 15.5%，而总投资对 GDP 的贡献率为 12.2%。该年的消费率和投资率分别达到了历史最高水平，更为重要的是此时消费与投资的结构也较为合理。而与此相反，在 1991 年印度的经济增长率为−11.4%，为历史最低点。具体分析可知，当年正值印度爆发严重的经济危机之时，其国际商业信贷信用直线下降，消费对GDP贡献率仅为－8.9%，而投资对GDP的贡献率更是低至－5.6%。

除了以上两段印度消费与投资关系特殊的时期以外，从曲线图上看到，在三条曲线的走势基本一致的情况下，也不乏出现背离的现象。在1996年，印度消费对当期的经济发挥了较大的拉动力，贡献率达5.4%，但是投资对GDP的贡献率较上年下降了11.4个百分点，低至－4%，因而当年印度经济的增长率比上年下降8.1%。

综上所述，从印度经济的发展进程看，当消费与投资结构合理、在国民经济发展中共同发挥作用、两者拉动经济增长的力量均衡时，该国经济才会出现较为平稳的增长和发展。正如2003年以来，由于印度的消费与投资均出现高速增长态势，印度的GDP增长率高达8%，国民经济飞速增长。倘若偏废一方，例如单独依靠国内外消费带动经济增长，则很难实现。印度的经济发展历史显示，即使消费水平很高，若投资低迷，经济也不会持续增长，一般表现为发展进程变缓，甚至会出现倒退现象。

（二）巴西的消费与投资关系的历史回顾

巴西作为拉丁美洲人口众多、发展较快的国家之一，自二战后，其经济经历了波荡起伏的过程，其中有过骄人的“经济奇迹”，也遭受过债务危机的重创。其奉行的政治经济政策影响着整个国家的经济发展，消费和投资也一度成为其调整的重点。

1．从总量角度看巴西消费和投资的关系

首先，我们依然从数据中开始探索消费、投资以及巴西的国民经济发展状况，对40多年来消费和投资的关系进行简单的回顾。表6-16给出了1970年至2008年巴西的消费、投资与GDP总额数据资料。

表6-16　1970～2008年巴西的消费额、投资额与GDP总额一览表　单位：亿美元

年份	消费额	投资额	GDP
1970	320.18	108.91	423.2
1971	374.65	136.24	488.74
1972	438.37	161.87	584.38
1973	583.07	238.47	835.9
1974	786.85	369.87	1097.9
1975	954.12	332.25	1292.68
1976	1210.21	352.68	1531.75
1977	1384.31	388.72	1763.46

续表

年份	消费额	投资额	GDP
1978	1570.25	461.13	2002.67
1979	1783.76	504.26	2213.35
1980	1894.63	568.91	2275.65
1981	2041.55	644.08	2685.63
1982	2230.03	613.07	2843.1
1983	1647.35	329.47	2028.79
1984	1645.9	330.2	2089.7
1985	1687.9	427.6	2231.6
1986	2104.9	512.1	2682.9
1987	2189.8	656.2	2942.4
1988	2365.2	749.8	3286.4
1989	3214.2	1111.1	4468.6
1990	3710.3	885	4785.7
1991	3643.6	709.8	4452.7
1992	3450	651.2	4265.3
1993	3837.7	807.1	4786.2
1994	4768.5	1068.4	5964.7
1995	6420	1386.2	7689.5
1996	7117.1	1430.8	8396.8
1997	7385.5	1518.2	8712
1998	7170.1	1436.9	8438.3
1999	4992.2	961.5	5871.2
2000	5384.4	1176.6	6447.3
2001	4615.7	999.1	5541.9
2002	4164.2	819.6	5060.4
2003	4491.8	871.1	5523.8
2004	5243.9	1136.1	6637.2
2005	7072.7	1429.4	8820.4
2006	8751.2	1826.6	10894
2007	10769.6	2366	13341
2008	12855	3164.6	15955

注：1. 以上数据来源于联合国统计处统计数据 http://unstats.un.org/unsd/pubs/。

2. 表中的各个指标数据是以当前价格计算的。

应用表 6-16 中数据，绘制出由各时期数据形成的散点图，来观察投资曲线、消费曲线与 GDP 曲线的关系。如图 6-33 所示。

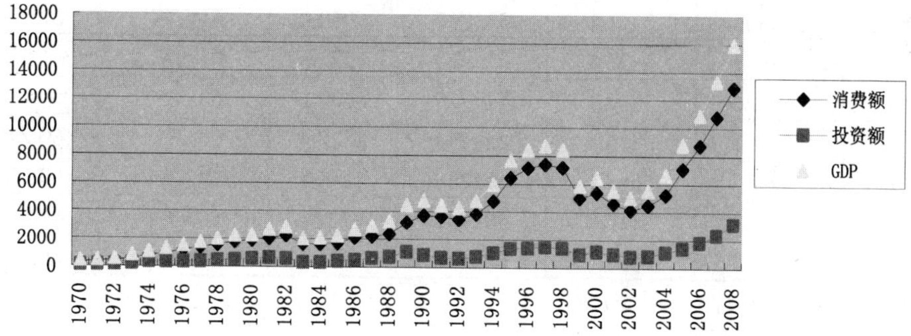

图 6-33 1970～2008 年巴西的投资、消费和 GDP 总额趋势图

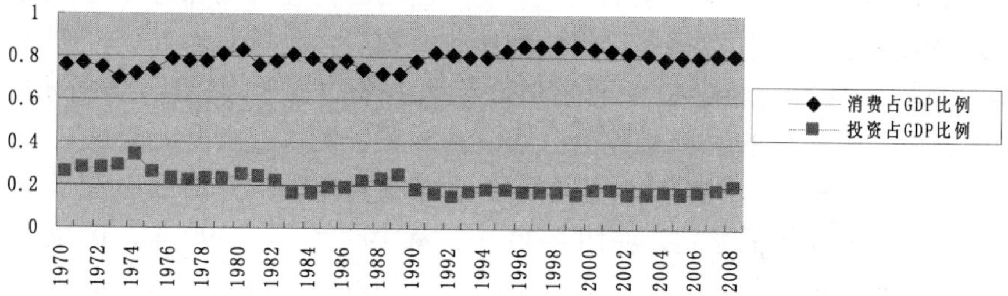

图 6-34 1970～2008 年巴西的投资、消费占 GDP 总额比例趋势图

表 6-17 1980～2008 年巴西与世界消费水平的比较表 单位：亿美元

年份	个人消费支出		GDP		个人消费占 GDP 比例	
	世界	巴西	世界	巴西	世界	巴西
1980	69191	1706.7	118976	2275.65	58.16%	75.00%
1990	132259	2845.4	222621	4785.7	59.41%	59.46%
1996	183967	5429.7	305133	8396.8	60.29%	64.66%
1997	183470	5652.1	303962	8712	60.36%	64.88%
1998	183972	5428.6	301326	8438.3	61.05%	64.33%
1999	191559	3800.4	312586	5871.2	61.28%	64.73%
2000	196347	4148.5	320893	6447.3	61.19%	64.34%
2001	197262	3517.4	318690	5541.9	61.90%	63.47%

续表

年份	个人消费支出		GDP		个人消费占 GDP 比例	
	世界	巴西	世界	巴西	世界	巴西
2002	205403	3123.1	331863	5060.4	61.89%	61.72%
2003	228972	3420.9	372920	5523.8	61.40%	61.93%
2004	254526	3967.7	419750	6637.2	60.64%	59.78%
2005	273211	5316.4	454244	8820.4	60.15%	60.27%
2006	292237	6568.7	491780	10894	59.42%	60.30%
2007	325822	8112.8	552767	13341	58.94%	60.81%
2008	357515	9691.3	608196	15955	58.78%	60.74%

注：1. 以上数据来源于联合国统计数据库。

2. 表中的各个指标数据是以当前价格计算的。

通过图 6-33 可以看出，巴西经济三条曲线的走势是一致的。从 1970 年至 1982 年，消费与投资都在加速增长，同期的巴西国民经济也保持递增性的增长趋势。1982 年，巴西爆发债务危机，本国投资减少，外国资本外逃，投资率从 70 年代平均 23%的波动性水平下降到 80 年代 16%的水平，如图 6-34 所示。1992 年，国际机构对巴西的巨额债务出台了缓和政策，国内投资开始增长，但是由于 1994 年至 1999 年，巴西实行固定汇率，币值被高估，并最终引发了金融危机，加剧了投资环境的恶化。在图 6-33 中，从 1992 年至 1999 年，正是巴西消费、投资和整个国民经济经历波峰，最终滑落的阶段。进入 21 世纪后，由于 2002 年巴西大选，巴西经济再次因投资受到影响而动荡。但自此之后，巴西的经济走出低谷，开始回升，其消费水平也呈显著上升趋势，投资水平则缓慢增长且有小幅下降趋势，但在投资总量始终低于消费总量。从历史水平来看，巴西消费总量曲线与 GDP 总量曲线近似拟合。这证明，巴西的国民经济受消费变动的影响相当显著，消费是拉动国民经济增长的主导因素。

受国内政策、政局不断变动的影响，巴西经济经历了“奇迹”般的飞跃，从遭受严重的危机慢慢走出低谷，近些年来又呈现出加速增长的态势。其消费与投资占 GDP 的比例在 20 世纪 70 年代至 90 年代初一直处于不断的波动当中，自 1994 年至 2002 年间，消费与投资的比例呈稳定的格局。2003 年至 2008 年，巴西的消费率在平稳中呈上升趋势，而投资率在平稳中略有下降，如图 6-34 所示。值得注意的一点是，尽管近年来巴西的消费率在不断上升，但与以往数据和世界同期水平相比，其消费相对比例是下降的，且等于甚至低于世界平均水平。

2．从对经济的贡献率角度看巴西消费和投资的关系

表 6-18 给出了 1971 年至 2008 年巴西总消费、总投资对 GDP 的贡献率及 GDP 增长率数据资料，并根据数值绘制出趋势图。如图 6-35 所示。

表 6-18　1970～2008 巴西总消费、总投资对 GDP 的贡献率以及 GDP 增长率对照表（%）

年份	总消费对 GDP 的贡献率	总投资对 GDP 的贡献率	GDP 的增长率
1970			
1971	12.87	6.46	15.49
1972	13.04	5.24	19.57
1973	24.76	13.11	43.04
1974	24.38	15.72	31.34
1975	15.24	−3.43	17.74
1976	19.81	1.58	18.49
1977	11.37	2.35	15.13
1978	10.54	4.11	13.56
1979	10.66	2.15	10.52
1980	5.01	2.92	2.81
1981	6.46	3.30	18.02
1982	7.02	−1.15	5.86
1983	−20.49	−9.98	−28.64
1984	−0.07	0.04	3.00
1985	2.01	4.66	6.79
1986	18.69	3.79	20.22
1987	3.16	5.37	9.67
1988	5.96	3.18	11.69
1989	25.83	10.99	35.97
1990	11.10	−5.06	7.10
1991	−1.39	−3.66	−6.96
1992	−4.35	−1.32	−4.21
1993	9.09	3.66	12.21
1994	19.45	5.46	24.62
1995	27.69	5.33	28.92
1996	9.07	0.58	9.20
1997	3.20	1.04	3.75

续表

年份	总消费对 GDP 的贡献率	总投资对 GDP 的贡献率	GDP 的增长率
1998	−2.47	−0.93	−3.14
1999	−25.81	−5.63	−30.42
2000	6.68	3.66	9.81
2001	−11.92	−2.75	−14.04
2002	−8.15	−3.24	−8.69
2003	6.47	1.02	9.16
2004	13.62	4.80	20.16
2005	27.55	4.42	32.89
2006	19.03	4.50	23.51
2007	18.53	4.95	22.46
2008	15.63	5.99	19.59

注：以上各期数据根据表 6-16 计算得出。

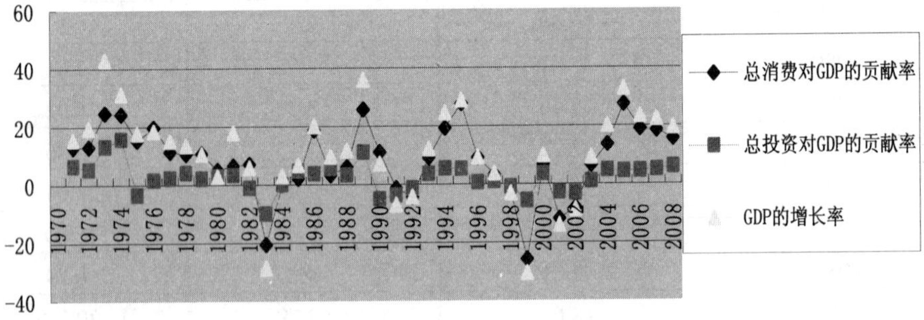

图 6-35　巴西总消费、总投资对 GDP 的贡献率以及 GDP 增长率趋势图

从表 6-18 和图 6-35 可见，巴西的投资贡献率总体上不高，受债务危机影响，从 1990 年至 1992 年，其投资对 GDP 的贡献率为负值。而在 1992 年，由于长期的偿债导致巴西的消费低迷，消费贡献率也为负值，投资贡献率也为负值，同年的 GDP 增长为−4.21%。进入 90 年代，巴西的消费两次高速增长，又两次滑落。从 1997 年巴西金融危机开始，其消费、投资对国民经济的增长都没有起到积极的推动作用。直至 2003 年以后，巴西的消费与投资开始出现上升趋势，名义国民经济增长率超过 20%，明显高于近期各年水平。

总之，巴西的消费和投资对其经济的发展在不同阶段发挥着程度不同的推动作用，综合来分析，其消费与投资的关系在本国的情况和印度相似，属于“消费水平较高，投资水平较低”。但以世界同期水平为基准，巴西的消费水平只是刚刚超过国际平均水平，明显低于印度，并未达到真正较高的消费水平。

二、印度、巴西两国政府对消费与投资关系的调控

面对本国的国情，为适应国际化的进程，印度和巴西在不同时期都作出了不同的调整。它们通过完善各自的经济制度，进行政策导向，使其消费与投资关系更加合理。

（一）印度政府对消费与投资关系的调控

印度自独立至今，经济上经历了尼赫鲁式经济模式和市场经济模式，为了适应发展，跻身国际强国的行列，印度不断进行着局部的经济政策调整。在整个宏观调控的前提下，其消费与投资的关系发生着微妙的变化。由于印度一直以来都是人口众多的大国，其刺激国内消费，带动经济发展的政策没有根本改变。但与此同时，面对较低的投资率，印度政府通过实施相对开放性的政策进行引导和调整，使当前的消费和投资关系较以往有所改善，消费水平在稳定中小幅波动，投资水平保持上升趋势，这也是印度经济加速增长的关键之一。

1．印度政府对投资政策的调整

独立初期的印度，为了迅速恢复经济，赶超其他国家，实施了带有浓厚的尼赫鲁式经济思想的混合经济制度，即以公营经济为先，私营经济受限的政策。并且同时采取了进口替代工业化战略，即限制国内已能生产的商品进口，以便节省外汇购买替代工业化所必需的机器设备和原材料，并最终实现机器设备等生产资料的进口替代。在这样的经济制度下，印度严格限制商品进口，严格限制外国投资，尤其是对外国私人直接投资限制严格。因此，直到80年代中后期，其投资的水平仍然偏低，规模较小，并且在这其中，印度向国际货币基金组织和国际商业银行的举债占据该时期引进外资规模相当大的部分。

90年代初，由于长期半封闭式的经济政策，印度面临严重财政赤字、国际债务危机局面，同时，通货膨胀率较高，失业率居高不下，经济增长缓慢。1991年爆发的经济危机，推动印度政府进行了一次具有重大意义的经济改革，开始积极实行具有特色的“自由化、市场化、全球化”的经济政策。

在这次调整中，印度政府减少了对私营企业的限制；实施了鼓励中小企业发展的相关政策，促进国内投资增长；逐步消除了外资进入的障碍，扩大外商投资的领域；提高了外国在私人银行中的投资最高限额。更为可贵的是，印度不仅实行了一系列的开放型政策，引导投资的扩大，并且使这些投资流向了较为尖端的行业和领域。具体表现在三个方面。

一是发达的服务业是印度实施新政策后的亮点，也是至今印度在世界市场中具有强大优势的产业。由于新经济政策下，印度渐渐由混合式经营模式向私有化过渡，一批私营企业蓬勃发展起来。截至 2003 年，印度的私营企业约占经济的 75%以上，[①] 而印度的服务业正是在这样的契机下，大部分以私营形式占据了该国市场，形成了具有本国技术优势的国内投资产业。与此同时，私营经济的发展不仅解决了身为人口大国的印度的就业问题，同时也带动了该国消费呈增长趋势。在 1997 至 2004 年间，服务业产值在 GDP 增长中的比重已经上升至 63.9%。[②]

二是发达的信息产业成为投资的重点对象。在印度扩大投资规模的情况下，大量的资金和先进技术流向了这一黄金产业。经历整个 90 年代的发展，印度的信息产业已与美国的硅谷享有同等的美名和国际地位。2003 年至 2004 年，印度软件产业产值达 159 亿美元，占当年 GDP 的 26.8%。由其衍生出的业务外包业，分别在 2002 年和 2003 年创造了 25 亿美元和 36 亿美元的出口收入，并且在 2003～2004 年度提供了约 74400 个就业职位，为印度的经济发展提供了动力。[③]

三是政府对教育的投资不断扩大，成为推动印度经济持续发展的基石。如果说没有具备综合素质的人才，印度具有先进技术的服务业以及高精尖端的信息产业也就失去了核心力量。也正是由于有这样的人才市场，国际资金才会源源不断地投向印度国内市场，从而拉动国内外市场的消费，维持经济的发展。通过表 6-19，我们可以看出，印度政府对本国的教育投入在波动中基本上呈增长趋势。

表 6-19　1970 年以来印度公共教育经费占国民生产总值的比重表（%）

年份	比值	年份	比值
1970	2.8	1995	3.4
1975	2.9	1996	3.2
1980	2.8	1997	—
1985	3.4	1998	2.9
1986	3.5	1999	—
1987	3.2	2000	4.1
1988	3.8	2001	—

① 数据来源于香港《南华早报》，2004 年 4 月 11 日。

② 数据来源于 http://meadey.nie，2003 年 10 月 14 日。

③ 唐鹏琪．浅析印度经济增长的动力[J]．南亚研究季刊，2005(2)

续表

年份	比值	年份	比值
1989	4.1	2002	4.1
1990	4.0	2003	—
1991	3.8	2004	3.3
1992	3.7	2005	3.8
1993	3.7	2006	3.3
1994	3.5		

注：各期数据来源于 1995 年～2006 年《国际统计年鉴》，其中 2004 年以后的数据来源于国家统计局网站。

2．印度的消费格局

印度的国情决定了这个人口大国具有巨大的商品购买潜力，拥有庞大的国内需求。事实也是如此，自独立至今，消费对经济的发展一直起到了重要的支撑作用。印度的经济结构中，一直都是消费水平高，投资水平低的状态。这其中有两个因素促使印度的消费保持相对较高的水平。

一是印度的人口结构相对年轻化。中青年人口的消费在整个人口的消费中占据相当大的比例，因此相对年轻化的印度国民具有更加旺盛的消费需求，更加超前的消费观念，这一点非常有利于经济的发展。

二是印度的历史和经济体制。印度作为英国殖民地近 200 年，之后成为独立的资本主义国家，并且自独立至今，一直允许并且渐渐鼓励私营企业的经营，这样的状况，孕育了相当多的中产阶级。据估算，截至 2003 年，这个阶层的国民数量已达 3 亿人。他们具有和西方发达国家一样的消费观念和时尚，并且带动全国的消费潮流，因此为印度营造了一个相当可观的国内消费市场。

但是进入 90 年代中后期，由于印度的综合国力有所提高，人民的生活不断改善，印度的储蓄率有所上升，因此消费水平有所下降，但是国内的储蓄率是在基本平稳中保持上升趋势，为国内的投资可以提供可靠的资金来源。这也带来了消费投资结构的调整，对印度经济产生了有益的推动作用。

（二）巴西政府对消费与投资关系的调控

相对于印度，巴西的经济波动性更大。但是，两个国家从统计数据上看，具有共同的特征。一是两国都是消费推动型经济，巴西人口众多，自然资源丰富，种种因素使得消费成为国民经济增长的强大支撑。二是两国的投资水平普遍不高，这种情形与巴西和印度在 70 年代初均实行进口替代工业化战略密不可分。因此，对于消费和投资关系的调控，巴西也是更多地放在投资政策方面。

1．鼓励私有化经济，吸引海外投资

二战后的巴西，一直实行进口替代工业化战略，加速了工业现代化进程，但同时也造成了对民族经济的垄断，过度地保护国内市场和国有企业。这期间，巴西政府禁止外资参与国家有战略目标的经济部门，严格控制外资的直接投资，同时限制国内私人企业的投资，影响了整个巴西经济的发展。

进入20世纪90年代，在经历国际债务危机和金融危机后，巴西开始注重投资的规模及其合理性。政府开始推进私有化改革。大规模地开展国有企业私有化，吸引了大量的外国直接投资。

2．扶植中小企业和新兴技术创新企业，扩大国内外投资规模

和印度相同，为了扩大投资规模和提高投资质量，巴西在经济改革进程中，十分重视中小企业的发展，并且对于一些高新技术产业，如信息、科研等给予了政策上与资金上的大力支持与偏重。

3．采取积极的金融政策，刺激投资增加

巴西在政策上引导国内外资金投向各个行业，力求在稳定的消费规模下，提高投资水平，拉动经济的增长。

一是为了吸引外资的注入，巴西政府采取了高利率政策，吸引外来的短期资本。尽管这种政策会使投资的资本具有不稳定性，但确实使巴西经济在短期内得到了发展，并为以后的增长积攒了一定的资本。

二是为了鼓励国内的投资，创造良好的投资环境。巴西的银行向中小企业和新兴技术行业中需要发展并且对经济有促进作用的部门，提供贷款优惠政策。巴西经济社会银行作为巴西主要政策性银行，每年为拥有技术创新的中小企业提供低息贷款。此外，巴西的政策性银行管理政府设立的风险基金，并利用其资金向新兴产业部门提供低息贷款。

三、印度、巴西两国政府调整消费与投资关系的经验与启示

回顾印度和巴西两国的消费与投资关系的调整过程，我们应当看到，有些政策调整使国家爆发了严重经济危机，有些政策则引导经济复苏并逐步走向稳定持续的增长。可见，从中总结经验教训，取其精华，去其糟粕，对其他各国尤其是发展中国家而言，在完善国内消费投资结构，促进经济稳步发展方面具有宝贵的参考价值。

（一）印度政府调整消费与投资关系的经验启示

印度在实行开放性政策后，经济虽然处在特殊时期，如1997年金融危机时遭受过打击，但是从长期来看一直保持着较为平稳的增长趋势。在这其中，消

费与投资关系的调整发挥了重要的作用，它所带来的经验和启示值得我们思考。

1．对投资资金拥有较高的利用率

在诸多数据资料的显示中可以看出，印度在投资方面一直奉行“低成本”、“高效率”的政策。政府根据本国基本国情，在不同的发展时期，将投资有重点地引向不同行业。20 世纪 90 年代以前，印度的国内外投资多流向服务产业和信息产业，自进入 2000 年以后，为了推动经济的持续发展，印度的投资开始向制造业偏重，2005 年占外国投资的 67%（2/3）以上都是进入制造业。[①] 此外，2004 年以后，印度政府开始允许外资优先进入金融和基础设施等领域。

自 2000 年以来，印度的投资总额平均占国内生产总值的 24% ，但却带来了平均约 5%～6%的经济增长率。与我国同期 40%的投资比例，8%的经济增长率相比，资金的利用更加有效。[②] 究其原因，印度政府是将投资引入本国技术薄弱、急需发展的产业和领域，这就避免了资金的低效率运行和浪费。

2．对投资的引导和监管

印度政府不仅在改革中推行投资扩大化、开放化的政策，更重要的是对投资的各个方面进行了有效的监管，使其发挥了促进国内消费、带动经济发展的作用。这一点值得发展中国家尤其是中国借鉴。

具体来说，印度对引入外资的监管是较为成功的，其对外资投资的产业和领域、投资的数额和时限等有严格且合理的条件。比如，印度允许外商直接投资零售业，但同时提出引进的外资将采用本国特有模式，不能效仿沃尔玛模式。诸如此类的投资政策，使印度大量吸引投资的同时，保护了本土的经营方式和本国市场，在引进先进技术的同时，增强了本国技术创新能力。

3．在保持消费水平的同时，有效地将储蓄转化为投资

印度目前是世界第二人口大国，有相对较多的中产阶级和正在进入发展阶段的农村人口，因此拥有大量的国内需求，消费一直并将继续成为印度经济发展的内部动力。但是随着近年来印度经济的发展、人民生活的改善，印度的储蓄率呈平稳增长趋势。在各类储蓄中，家庭部门储蓄所占比例最大，90 年代初约占 76%，[③] 这部分储蓄被有效地利用到了投资上，使经济保持稳定发展趋势，我们通过图 6-36 可以直观看到这一态势。因此作为经济发展的要求，平衡消费和投资，并有效转化储蓄是非常重要且值得借鉴的。

---

① 文富德．论印度经济持续快速增长的可能性[J]．亚太经济，2007(3)

② 数据来源：对 1995～2006 年《国际统计年鉴》中的相应数据简单计算可得。

③ 数据来源于印度政府 1990～1991 年度经济调查，http://indiabudget.nie.in。

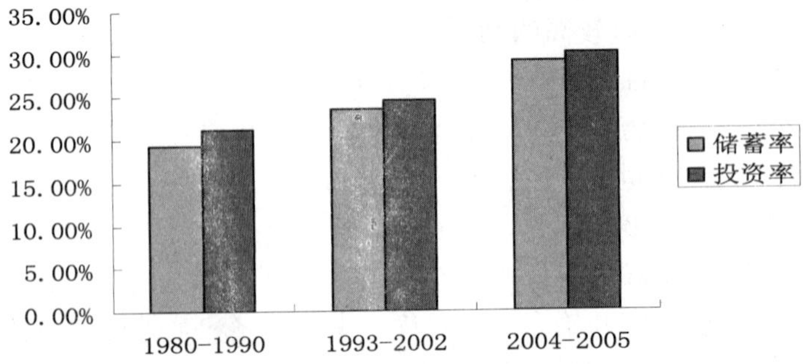

图 6-36 1980～2005 年印度的储蓄率与投资率对比图[①]

（二）巴西政府调整消费与投资关系的经验与启示

巴西在人口规模、政治格局、经济政策等方面与印度有很多相似的特点，但是两国的消费与投资关系从历史进程来看却不尽相同，甚至在消费与投资未来发展的趋势上，两国也有很大区别，通过图 6-32 和图 6-35 可以很明显地看到这一点。

在值得借鉴的政策方面，巴西和印度基本上相同，因此在这里不再赘述。但是巴西在消费与投资关系的调整中，有很多是值得我们警戒的。

1. 在投资规模与持续发展中权衡

早在 70 年代初，巴西为谋求经济快速增长，一味追求投资的规模，大量发行货币和国债，并向国际举债，形成一种负债发展的经济模式。在 1968 年到 1978 年间，巴西的外债总额从 33.72 亿美元直升到 435.11 亿美元，同期占 GDP 总额的比例从 11.4% 上涨到 22.8%。[②] 1968 年至 1973 年间巴西外债占部分生产性投资的比例如图 6-37 所示。[③]

在短期之内，投资促使经济出现了短暂的繁荣，但是长期来看，这种经济政策下的投资并不合理，而且埋藏下了更深的经济危机根源。投资不仅失去了自主性，受国际资本流动的影响较大，同时也会使国内的消费水平受偿债的影响而缩小。巴西的经济发展历史也深刻地印证了这一点，经历了 70 年代的恶性投资扩张，到 1982 年，巴西爆发债务危机，同时国家的通货膨胀情况严重，经济出现了严重的负增长。

① 数据来源于印度政府 2005～2006 年度经济调查，http://indiabudget.nic.in。

② 吕银春．对巴西经济奇迹的再认识[J]．拉丁美洲研究，1994(4)

③ 吕银春．对巴西经济奇迹的再认识[J]．拉丁美洲研究，1994(4)

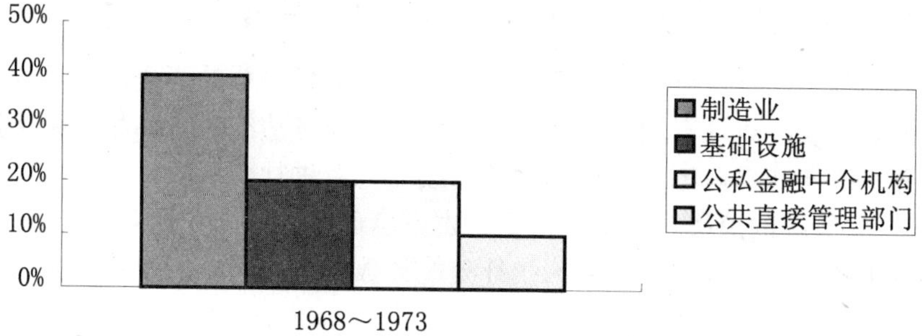

图 6-37 巴西外债占部分生产性投资的比例图

因此，对于我国以及发展中国家，要特别注重扩大投资规模的程度，要实施能够促进经济可持续发展的经济政策，来调整消费和投资的关系。超过国家财力物力的投资扩张会对经济产生负面的影响。

2．主要靠内部力量拉动经济增长

巴西作为拉美国家中的人口大国，具有巨大的市场潜力，因此消费成为其经济发展的主要动力，巴西也完全具备依靠内需发展经济的条件和优势。即使作为世界第一贸易大国的美国，在 1993 年至 1997 年间，经济增长的 70%都是来自于国内消费。①

因此，作为人口众多的大国，例如中国，在不断寻求各种投资机会的同时，仍然需要制定各种政策，刺激国内消费的合理增长，仍需依靠国内的力量，推动经济发展。

第六节 东南亚国家消费与投资关系及其调整

为了更加清晰和透彻地分析东南亚国家的消费与投资关系及其调整，我们选取印度尼西亚、马来西亚、菲律宾、泰国、新加坡这五个具有代表性的国家作为一个整体来进行研究。它们具备东南亚国家经济的共同特征，也有属于本国的特色以及存在的问题。我们将结合历史和当前东南亚各国经济发展的情况，剖析其货币和财政等宏观经济政策对消费和投资的影响，以及这两者关系的调整带给经济的重大意义。

① 王军，廖路明．当前美国、巴西经济发展的特点及对我们的启示[J]．财政研究，2000(4)

一、东南亚国家消费与投资关系的历史回顾

首先简单回顾这五个东南亚国家的消费与投资关系的历史，然后通过大量的数据和图表，对这五国的消费、投资和国民经济从绝对量和相对量上进行比较，并且纵向和横向地对各国的消费和投资关系进行分析。

（一）五国的消费、投资以及国内生产总值相关数据和图表

以下各图表均是根据联合国统计处统计数据编制。[①] 所有指标是以当前价格计算，且将各国货币核算成美元来进行比较。

我们分别绘制印度尼西亚、马来西亚、菲律宾、泰国和新加坡的消费、投资、GDP 总量图表，回顾其发展进程和变化情况。然后通过这三个指标的比例趋势图，分析各国消费和投资的关系。最后再根据贡献率的曲线图，观察消费和投资对各国经济增长或者衰退的影响。

1．消费、投资和 GDP 的总量图表

1970 年至 2008 年五国的消费、投资和 GDP 总量数据资料如表 6-20 所示；相关指标的变化趋势如图 6-38 至图 6-42 所示。

表 6-20　1970～2008 年东南亚五国各经济总量一览表　　单位：亿美元

年份	国家														
	印度尼西亚			马来西亚			菲律宾			泰国			新加坡		
	消费	投资	GDP	消费	投资	GDP	消费	投资	GDP	消费	投资	GDP	消费	投资	GDP
1970	80.89	12.54	98.05	28.02	6.73	35.92	50.53	14.28	66.91	57.01	20.12	71.29	15.07	7.33	18.96
1971	83.16	14.80	102.95	35.01	9.00	44.07	55.90	15.57	74.09	58.32	19.80	74.20	17.68	9.11	22.42
1972	91.66	20.65	120.83	42.62	11.09	52.37	61.31	16.64	80.17	64.82	19.66	82.26	21.55	12.06	29.14
1973	135.85	29.11	178.78	57.43	18.51	79.57	72.85	21.99	100.83	82.45	32.46	109.04	30.35	16.46	41.74
1974	201.56	43.30	283.49	71.75	27.64	98.61	101.38	37.14	137.81	105.05	40.49	137.86	36.75	23.43	51.75
1975	245.75	61.98	334.72	75.26	22.29	96.88	109.06	45.95	148.94	117.84	44.16	149.74	40.25	22.65	56.69
1976	299.32	77.23	409.48	79.27	24.67	114.75	122.15	56.18	170.98	133.80	45.19	170.88	41.07	24.21	59.30
1977	357.59	92.19	503.31	95.41	31.49	136.44	142.99	60.18	196.49	152.78	58.99	199.00	45.03	23.77	65.75
1978	412.08	105.67	565.35	117.37	44.58	169.87	165.36	69.57	227.07	179.95	75.00	241.53	53.27	30.60	78.41
1979	380.78	107.60	564.73	139.83	62.67	220.28	201.16	91.19	275.02	208.95	82.60	275.35	61.06	40.93	94.38
1980	524.15	151.28	796.36	173.83	76.12	254.29	235.43	94.39	324.50	251.52	94.28	323.54	71.73	54.30	117.18

① http://unstats.un.org/unsd/pubs/

续表

年份	国家														
	印度尼西亚			马来西亚			菲律宾			泰国			新加坡		
	消费	投资	GDP	消费	投资	GDP	消费	投资	GDP	消费	投资	GDP	消费	投资	GDP
1981	625.80	274.24	1010.90	188.32	89.39	259.65	256.52	97.90	356.47	271.96	103.41	348.46	81.02	64.31	138.87
1982	696.40	263.15	1037.80	202.43	102.20	278.34	273.27	103.53	371.40	280.50	97.02	365.90	88.10	73.17	152.66
1983	619.09	244.84	937.95	216.60	116.50	312.88	238.89	98.29	332.12	312.23	120.03	400.43	95.58	83.27	173.84
1984	628.81	229.47	962.59	232.03	116.40	352.47	239.03	63.91	314.08	321.09	123.19	417.98	102.68	91.03	187.75
1985	625.74	244.95	959.60	222.40	87.93	323.98	249.55	44.09	307.34	294.67	109.87	389.01	105.00	75.23	176.91
1986	594.39	226.31	879.63	199.32	73.64	288.00	241.82	45.51	298.68	319.54	111.50	430.97	108.73	67.59	180.32
1987	520.21	238.14	834.24	209.70	74.84	328.16	262.38	58.09	331.96	360.88	140.87	505.35	123.51	77.39	206.88
1988	620.95	256.10	975.51	234.14	91.96	360.29	299.10	70.73	378.85	411.85	200.98	616.67	147.72	86.11	256.61
1989	647.97	330.38	1114.7	263.77	118.57	403.40	339.27	91.96	425.75	470.00	253.29	722.51	172.68	104.42	304.29
1990	767.21	350.93	1257.2	306.21	145.57	457.16	360.30	107.02	443.12	562.82	352.93	853.61	207.59	134.34	369.01
1991	846.20	404.42	1408.2	343.22	189.73	510.23	378.57	91.83	454.18	630.57	420.90	982.49	236.68	149.06	431.90
1992	916.63	424.00	1528.5	397.20	213.74	614.24	450.65	113.04	529.76	720.74	445.41	1114.5	269.34	178.49	498.62
1993	1055.3	465.78	1736	432.37	267.84	694.65	468.88	130.38	543.68	808.27	500.16	1250.1	315.36	218.21	583.55
1994	1212.3	549.38	1943.5	477.43	313.58	773.44	545.68	154.21	640.85	919.73	580.89	1443.1	367.88	233.74	706.09
1995	1418.6	645.37	2220.8	568.34	396.12	922.46	633.48	166.40	741.20	1059.7	707.26	1680.2	417.74	286.78	839.32
1996	1607.9	697.83	2498.1	611.76	427.45	1047.2	707.52	198.96	828.47	1163.8	760.84	1819.5	471.47	327.40	925.52
1997	1486.7	685.03	2370.4	596.82	439.85	1040.2	706.45	204.01	823.44	976.80	507.95	1508.9	481.76	370.99	958.65
1998	708.39	160.11	1048.7	393.43	196.73	749.48	570.88	132.57	651.71	729.46	228.72	1118.6	412.07	255.96	823.99
1999	1166.9	142.79	1538.2	441.38	181.02	821.89	652.58	142.82	761.57	827.26	251.39	1226.3	430.60	265.85	826.11
2000	1125.2	367.10	1650.2	505.71	251.99	937.90	627.80	160.68	759.12	827.87	280.26	1227.3	492.27	308.71	927.17
2001	1123.8	361.64	1604.5	539.65	226.38	927.84	590.25	135.13	712.16	792.70	278.42	1155.4	496.72	225.81	856.55
2002	1465.1	418.79	1956.6	584.58	249.87	1008.5	621.64	135.69	768.14	866.82	301.99	1268.8	521.66	208.64	883.31
2003	1790.6	600.98	2347.7	634.16	250.86	1102	639.38	134.05	796.34	969.42	356.15	1426.4	540.53	149.16	932.06
2004	1928.6	617.86	2568.4	705.81	287.54	1247.5	685.02	145.61	869.30	1101.8	432.24	1613.4	583.11	238.69	1096.68
2005	2071.8	717.00	2858.7	788.86	275.71	1379.5	780.48	144.14	988.29	1219.3	554.49	1763.5	620.05	244.82	1209.53
2006	2599.3	925.67	3646	888.56	327.61	1564.1	939.20	170.44	1175.7	1400.2	588.24	2069.9	696.79	279.56	1391.77
2007	3108.1	1076.5	4329.3	1079.3	409.58	1867.2	1139.5	219.71	1440.6	1622.1	654.13	2460.5	805.88	346.33	1669.50
2008	3543	1420	5107.8	1279.1	423.53	2214.4	1347.6	258.45	1685.8	1832.4	749.24	2821.6	940.54	562.03	1819.39

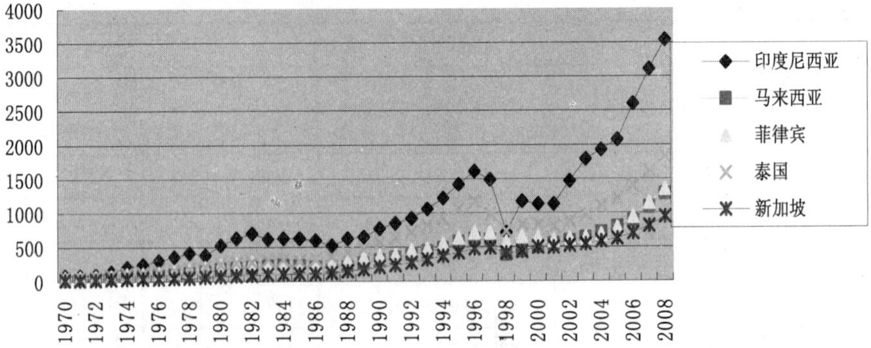

图 6-38 1970～2008 年东南亚五国消费总量比较图

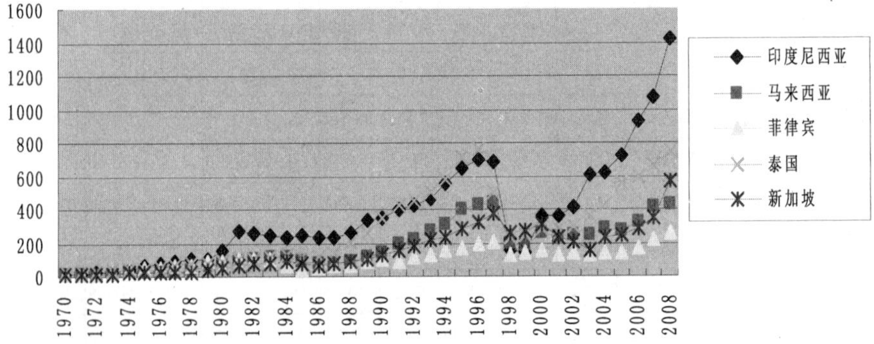

图 6-39 1970～2008 年东南亚五国投资总量比较图

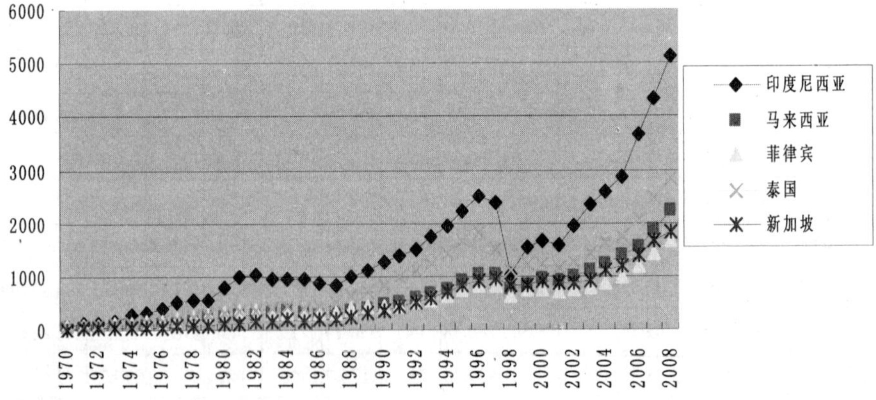

图 6-40 1970～2008 年东南亚五国 GDP 比较图

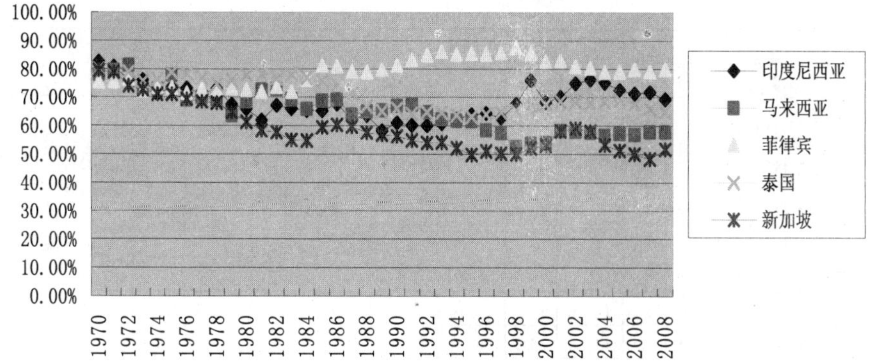

图 6-41 1970～2008 年东南亚五国消费率比较图

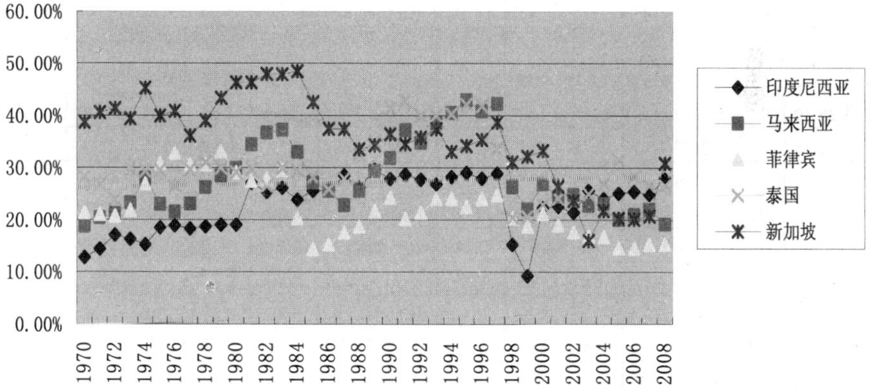

图 6-42 1970～2008 年东南亚五国投资率比较图

2．消费、投资对 GDP 的贡献率的相关数据及图表

1970 年至 2008 年五国消费、投资对 GDP 的贡献率及 GDP 增长率数据资料如表 6-21 所示；相关指标的变化趋势如图 6-43 至图 6-47 所示。

表 6-21 1970～2008 年东南亚五国各经济数据一览表（%）

年份	国家														
	印度尼西亚			马来西亚			菲律宾			泰国			新加坡		
	总消费对GDP的贡献率	总投资对GDP的贡献率	GDP的增长率	总消费对GDP的贡献率	总投资对GDP的贡献率	GDP的增长率	总消费对GDP的贡献率	总投资对GDP的贡献率	GDP的增长率	总消费对GDP的贡献率	总投资对GDP的贡献率	GDP的增长率	总消费对GDP的贡献率	总投资对GDP的贡献率	GDP的增长率
1970															
1971	2.31	2.31	5.0	19.5	6.32	22.7	8.02	1.93	10.7	1.83	-0.45	4.1	13.76	9.36	18.25

续表

年份	国家														
	印度尼西亚			马来西亚			菲律宾			泰国			新加坡		
	总消费对GDP的贡献率	总投资对GDP的贡献率	GDP的增长率	总消费对GDP的贡献率	总投资对GDP的贡献率	GDP的增长率	总消费对GDP的贡献率	总投资对GDP的贡献率	GDP的增长率	总消费对GDP的贡献率	总投资对GDP的贡献率	GDP的增长率	总消费对GDP的贡献率	总投资对GDP的贡献率	GDP的增长率
1972	8.26	5.68	17.4	17.3	4.75	18.8	7.30	1.44	8.2	8.77	-0.19	10.9	17.29	13.19	29.95
1973	36.57	7.00	47.9	28.3	14.16	52.0	14.40	6.68	25.8	21.44	15.55	32.6	30.19	15.10	43.25
1974	36.76	7.94	58.5	18.0	11.48	23.9	28.29	15.02	36.7	20.72	7.36	26.4	15.34	16.70	23.98
1975	15.59	6.59	18.0	3.6	-5.43	-1.7	5.57	6.40	8.1	9.28	2.67	8.6	6.75	-1.51	9.55
1976	16.00	4.56	22.3	4.1	2.46	18.4	8.79	6.87	14.8	10.65	0.69	14.1	1.45	2.75	4.59
1977	14.23	3.65	22.9	14.1	5.95	18.9	12.19	2.34	14.9	11.11	8.07	16.4	6.68	-0.74	10.89
1978	10.83	2.68	12.3	16.1	9.59	24.5	11.39	4.78	15.6	13.66	8.05	21.4	12.53	10.38	19.25
1979	-5.54	0.34	-0.1	13.2	10.65	29.6	15.77	9.52	21.1	12.01	3.15	14.0	9.94	13.18	20.37
1980	25.39	7.73	41.0	15.4	6.10	15.4	12.46	1.16	18.0	15.46	4.24	17.5	11.30	14.17	24.16
1981	12.76	15.44	26.9	5.7	5.22	2.1	6.50	1.08	9.9	6.32	2.82	7.7	7.93	8.54	18.51
1982	6.98	-1.10	2.66	5.4	4.93	7.2	4.70	1.58	4.2	2.45	-1.83	5.0	5.09	6.38	9.93
1983	-7.45	-1.76	-9.6	5.1	5.14	12.4	-9.26	-1.41	-10.6	8.67	6.29	9.4	4.90	6.62	13.87
1984	1.04	-1.64	2.6	4.9	-0.03	12.6	0.04	-10.35	-5.4	2.21	0.79	4.4	4.08	4.46	8.00
1985	-0.32	1.61	-0.3	-2.7	-8.08	-8.1	3.35	-6.31	-2.1	-6.32	-3.19	-7.0	1.24	-8.42	-5.77
1986	-3.27	-1.94	-8.3	-7.1	-4.41	-11.1	-2.52	0.46	-2.8	6.39	0.42	10.8	2.11	-4.32	1.93
1987	-8.43	1.35	-5.1	3.6	0.42	13.9	6.89	4.21	11.1	9.59	6.81	17.3	8.20	5.44	14.73
1988	12.08	2.15	16.9	7.4	5.22	9.8	11.06	3.81	14.1	10.08	11.90	22.0	11.70	4.22	24.04
1989	2.77	7.61	14.2	8.2	7.39	12.0	10.60	5.61	12.4	9.43	8.48	17.2	9.73	7.13	18.58
1990	10.70	1.84	12.7	10.5	6.69	13.3	4.94	3.54	4.1	12.85	13.79	18.1	11.47	9.83	21.27
1991	6.28	4.26	12.0	8.1	9.66	11.6	4.12	-3.43	2.5	7.94	7.96	15.1	7.88	3.99	17.04
1992	5.00	1.39	8.5	10.6	4.70	20.40	15.87	4.67	16.6	9.18	2.49	13.4	7.56	6.81	15.45
1993	9.07	2.73	13.5	5.7	8.81	13.1	3.44	3.27	2.6	7.85	4.91	12.2	9.23	7.97	17.03
1994	9.04	4.82	11.9	6.5	6.58	11.3	14.13	4.38	17.9	8.92	6.46	15.4	9.00	2.66	21.00
1995	10.62	4.94	14.2	11.7	10.67	19.2	13.70	1.90	15.6	9.70	8.76	16.4	7.06	7.51	18.87
1996	8.52	2.36	12.5	4.7	3.40	13.5	9.99	4.39	11.8	6.20	3.19	8.2	6.40	4.84	10.27
1997	-4.85	-0.51	-5.1	-1.4	1.18	-0.6	-0.13	0.61	-0.6	-10.28	-13.90	-17.1	1.11	4.71	3.58
1998	-32.83	-22.14	-55.7	-19.5	-23.37	-28.0	-16.46	-8.68	-20.9	-16.39	-18.51	-25.9	-7.27	-12.0	-14.05
1999	43.72	-1.65	46.6	6.4	-2.10	9.6	12.54	1.57	16.9	8.74	2.03	9.6	2.25	1.20	0.26
2000	-2.71	14.58	7.3	7.8	8.64	14.1	-3.25	2.35	-0.3	0.05	2.35	0.1	7.46	5.19	12.23
2001	-0.08	-0.33	-2.8	3.6	-2.73	-1.0	-4.95	-3.37	-6.2	-2.87	-0.15	-5.9	0.48	-8.94	-7.62
2002	21.27	3.56	21.9	4.8	2.53	8.7	4.41	0.08	7.9	6.42	2.04	9.8	2.91	-2.00	3.12
2003	16.63	9.31	20.0	4.9	0.10	9.3	2.31	-0.21	3.7	8.09	4.27	12.4	2.14	-6.73	5.52
2004	5.88	0.72	9.4	6.5	3.33	13.2	5.73	1.45	9.2	9.28	5.33	13.1	4.57	9.61	17.66

续表

年份	国家														
	印度尼西亚			马来西亚			菲律宾			泰国			新加坡		
	总消费对GDP的贡献率	总投资对GDP的贡献率	GDP的增长率	总消费对GDP的贡献率	总投资对GDP的贡献率	GDP的增长率	总消费对GDP的贡献率	总投资对GDP的贡献率	GDP的增长率	总消费对GDP的贡献率	总投资对GDP的贡献率	GDP的增长率	总消费对GDP的贡献率	总投资对GDP的贡献率	GDP的增长率
2005	5.57	3.86	11.3	6.7	-0.95	10.6	10.98	-0.17	13.7	7.28	7.58	9.3	3.37	0.56	10.29
2006	18.45	7.30	27.5	7.2	3.76	13.4	16.06	2.66	19.0	10.26	1.91	17.4	6.34	2.87	15.07
2007	13.96	4.14	18.7	12.2	5.24	19.4	17.04	4.19	22.5	10.72	3.18	18.9	7.84	4.80	19.96
2008	10.05	7.93	18.0	10.7	0.75	18.6	14.45	2.69	17.0	8.55	3.87	14.7	8.07	12.92	8.98

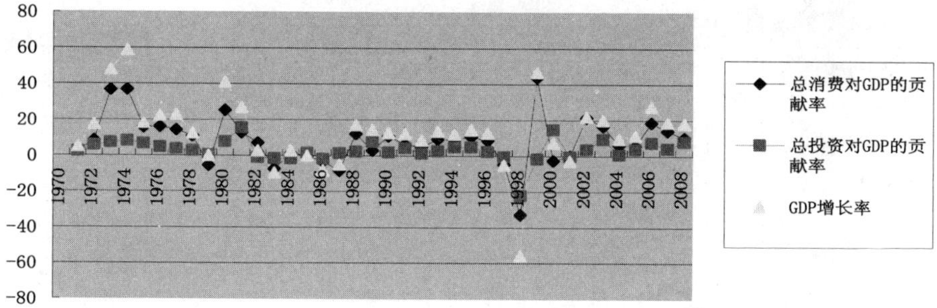

图 6-43 印度尼西亚的总消费、总投资对 GDP 的贡献率以及 GDP 增长率趋势图

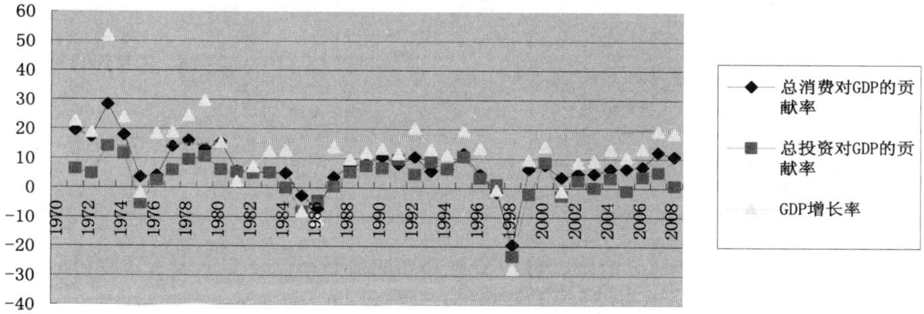

图 6-44 马来西亚的总消费、总投资对 GDP 的贡献率以及 GDP 增长率趋势图

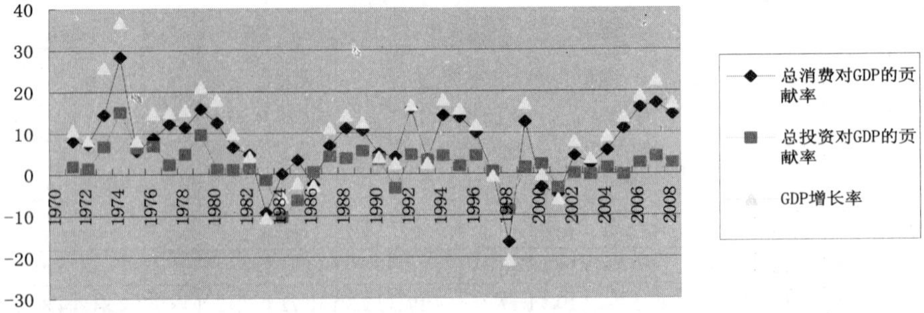

图 6-45 菲律宾的总消费、总投资对 GDP 的贡献率以及 GDP 增长率趋势图

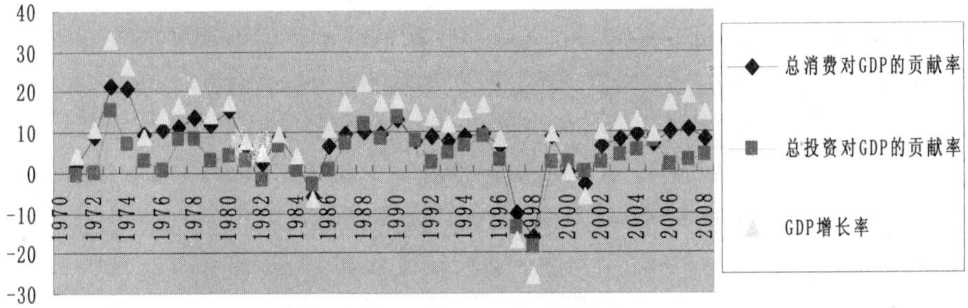

图 6-46 泰国的总消费、总投资对 GDP 的贡献率以及 GDP 增长率趋势图

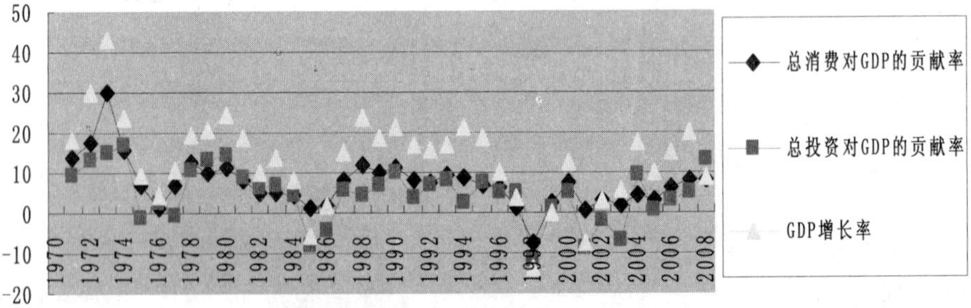

图 6-47 新加坡的总消费、总投资对 GDP 的贡献率以及 GDP 增长率趋势图

（二）历史回顾和图表分析

不管是从总量还是相对量来看，印度尼西亚、马来西亚、菲律宾、泰国和新加坡的消费、投资及其国民经济都经历了具有相似特征的阶段，即 1970 年至

1996年，这五国的消费总量、投资总量、GDP总量均呈波浪形上升态势。

1997年，由泰国货币贬值引发的东南亚金融危机席卷了五国，使它们的经济直线下降。在图6-38、图6-39、图6-40中可以明显看到，该年五国的消费和投资大量减少，国内生产总值不可避免地大幅度下降。通过GDP增长率的数据和曲线图得知,泰国在这场金融危机中既是始作俑者，也是受影响最严重的一国，它在1997年GDP的增长率为－17.1%。其次是印度尼西亚，经济增长率为－5.1%。

这种重创在1998年继续在东南亚这五国蔓延,并且带来的负面影响更为严重。印度尼西亚、马来西亚、菲律宾、泰国的经济均出现了负增长，GDP增长率分别为－55.7%、－28.0%、－20.8%、－25.9%，新加坡的经济增长率也转为－14.0%。

通过数据可知，在消费方面，除了新加坡的消费对GDP贡献率为正，其他国家均为负值。也就是说，这个时期五国的消费对本国的经济增长只发挥了微薄的力量，甚至导致经济停滞不前。在投资方面，同样，除了新加坡以外，东南亚四国的投资对GDP贡献率均为负值，且有些国家该负值相当高。由于金融危机的爆发，这五国投资的共同特点是国内投资锐减，国外直接投资呈观望态势。如表6-22所示。因此，该期间的投资，根本没有起到拉动经济增长的作用，反而使各国面临更大的困境，出现不同程度的经济衰退。

表6-22　1996～1998年东南亚五国的投资率一览表

年份	印度尼西亚	马来西亚	菲律宾	泰国	新加坡
1996	27.93%	40.82%	24.02%	41.82%	35.37%
1997	28.90%	42.29%	24.78%	33.66%	38.70%
1998	15.27%	26.25%	20.34%	20.45%	31.06%

注：以上数据均根据表6-20计算得出。

1999年至2000年期间，由于受美国经济繁荣的影响，全球电子业发展迅速，东南亚这五国的经济快速复苏，并强劲反弹。在图6-43至图6-47中可以明显看到，印度尼西亚、马来西亚、菲律宾、泰国和新加坡的经济增长曲线呈V字形。这些国家的投资及消费对经济的贡献率曲线也呈V字形变化。

在2001年，由于之前东南亚这五国并没有从根本上解决经济上的结构性问题，且受电子业严重衰退等因素影响，五国的经济再次下降。与1997年不同的是，当年受影响较小的新加坡在此次的经济波动中衰退幅度最大。其国内的消费与投资均有不同程度的下降。直至2003年，东南亚其他各国再一次复苏时，新加坡也未能完全走出2001年经济衰退的阴影，虽然消费总量有所回升，但是总投资额仍然大幅度减少。戏剧性的变化是，此时的泰国成为了东南亚五国发展最快的国家，其GDP增长率在2003年达到了12.4%。

不同的国家会有自己独特的经济运行方式和发展政策，经历了30年历史变迁，有代表性的这五个东南亚国家的消费和投资关系也有着不同的变化。回顾印度尼西亚、马来西亚、菲律宾、泰国、新加坡的经济发展历程，综合来看，它们的消费和投资的关系是，这五个国家的消费水平均高于其投资水平。但由于奉行的是以出口投资带动经济增长的“外向依赖型”经济政策，两者的差距并不像拉美国家那么大。

具体来看，印度尼西亚的消费和投资占国民经济的比例，继80年代到90年代趋于平衡后，进入21世纪则开始向两极分化，消费比例上升而投资比例下降。马来西亚的消费和投资占国民经济的比例，在整个70年代到90年代，前期波动式下降，后期波动式上升，但从1997年开始反向变化。总体上，马来西亚的消费水平呈下降趋势，但仍高于其投资水平。菲律宾的消费和投资结构更像印度或者巴西，两者保持相对平稳的变化，差距始终较大。泰国的消费和投资关系和菲律宾的情况很相近，不同的是，在90年代初期，泰国的投资水平有很大提高，但是1998年又开始滑落。总体上，泰国的消费水平呈下降态势。新加坡的消费和投资关系，简单阐述就是，在不断缩小消费与投资占国民经济比例的差距的同时，不管是消费还是投资均呈下降趋势。

横向比较这五个国家的消费和投资水平。菲律宾的消费率自1985年之后一直高于其他四国，而新加坡的消费率始终低于其他国家。在投资方面，菲律宾基本上一直处于东南亚这五国中投资率最低的位置，而新加坡在2002年之前其投资率一直高于其他四国，2002年之后泰国处于五国中领先地位。总体上看，东南亚国家的投资率自1997年以来呈下降的趋势。

二、东南亚国家政府对消费与投资关系的调控

在上一节中，分析了较典型的东南亚五国在消费和投资格局上的历史进程，有着相似发展经历的国家，在它们对消费和投资关系的调整上也存在着许多共性。

总体上来看，东南亚国家在1997年金融危机到来之时，不约而同地采取了紧缩政策，在消费和投资两者的选择中，采取措施抑制投资规模的进一步膨胀，以保持本国的经济稳定。然而，为了走出这次危机，恢复经济建设，从1998

年开始东南亚国家大多选择了扩张性的宏观经济政策。至今为止，东南亚各国的投资水平，虽然有不同程度的恢复与提高，但仍然不及其消费水平那么高。进入 21 世纪后，东南亚国家将自己的经济战略目标继续定位在实施扩张性的宏观经济政策上，把刺激需求，增加消费作为推动经济持续发展的主导力量，通过政府推行适当合理的财政政策，引导投资，共同拉动经济增长。

概括来说，东南亚国家对消费和投资关系的调整，是从重视投资、以投资带动经济增长的“外延式”发展，向重视消费、以刺激消费扩大内需为动力推进经济稳定增长的“内涵式”发展进行的。

（一）从消费方面的政策分析政府对消费与投资关系的调控

在这里，我们把印度尼西亚、马来西亚、菲律宾、泰国和新加坡五国作为一个整体，具体探讨东南亚国家政府对消费和投资关系的调控。

1．通过宽松的货币和财政政策刺激消费，拉动内需，推动经济增长

在经历了 1997 年金融危机后，东南亚各国基本上将经济政策的重心倾向于消费方面。其中，大部分国家都曾经实行过“双松”的货币和财政政策。

在货币政策方面，1997 年至 2003 年以来，印度尼西亚政府一直贯彻扩张性宏观经济政策，在这一框架下，激发了消费，尤其是个人消费的增长。印尼的银行通过降低利率，扩张银根，使其储蓄向消费发生转移，并且由于利率降低带来的投资成本降低也同时带动了投资的增长。同期，马来西亚政府除了与印度尼西亚一样降低利率、放宽某些贷款的限制之外，还采取了对经济有较大影响的降低银行存款准备金率政策，这使马来西亚的商业银行具有更多的闲置资金向社会发放贷款，无形中成为消费和投资增加的催化剂。除此之外，不断增长的个人消费已经逐渐成为菲律宾经济增长的重要原因。菲律宾国民的食品、通信及其他服务性支出的每日俱增，成为该国经济发展的主导力量，这都得益于菲律宾银行多次的降息。

在财政政策方面，印度尼西亚政府采取赤字财政政策，一方面，兴建包括石油化工、电力和化肥等大型项目，在扩大内部需求、拉动产业发展的同时，缓解国内的失业压力，进而增大预期的消费市场。另一方面，增加政府支出，多次提高公务员的工资，以这种方式刺激个人消费。在促进个人消费的政策上，马来西亚政府也采取了较为直接的方式，降低了个人和公司的所得税税率，提高公务人员的工资，同时降低中间产品的进口关税，在国民收入和在产品价格上都给予了积极的政策，引导消费的增长。泰国政府面向城镇居民，也通过降低其附加价值税率等方式刺激内需的增长。

2．海外汇款——独特的刺激消费方式

经历调整，到2008年，菲律宾的实际国内生产总值的增长已有相当部分是依靠个人消费的增加、农村收入的增加以及稳定的海外汇款等因素来推动的。在这其中，稳定的海外汇款主要是指菲律宾海外劳工大量的外汇汇款，这一刺激消费增长的方式是属于菲律宾的特殊方式。截至2008年初，菲律宾在海外的劳工人数已超过800万，2007年全年菲律宾海外劳工汇款总额更达到144亿美元，[①] 这是世界其他各国都少有的情况。正是这些外汇的收入流入菲律宾后，即转化为大量的消费支出，成为推动经济发展的内部力量。因此，为了保持这种优势，菲律宾每年都会提供机会，输出大量的高素质并有一定技术含量的劳务人员到世界其他国家。

3．通过相关金融工具，刺激消费增长

在这一点上，泰国政府表现最为突出。经历1997年金融危机后，泰国的银行业普遍重视货币市场和资本市场的风险控制，在金融工具上的应用非常广泛。为了刺激消费、拉动内需，泰国政府也利用了不同的金融工具和政策，向不同的人群提供能够激发其潜在消费的资金来源。面向农村居民，除了建立农村发展基金外，为了扩大农村市场需求，使农民消费支出增多，泰国的金融机构还推行迎合农民偏好的小额信贷业务；面向城镇居民，建立企业基金，并向提出申请、符合条件的居民提供消费贷款；面向各级公务人员，国家金融机构可向其提供低息住宅贷款等。

在其他东南亚国家中，比如印度尼西亚政府也曾经鼓励银行向社会提供某些消费贷款，例如住房和汽车贷款等。

（二）从投资方面的政策分析政府对消费与投资关系的调控

尽管早在1997年之前，东南亚各国因盲目吸引外资，投资规模恶性膨胀而最终引发全面的金融危机，但是进入20世纪90年代以来，东南亚各国并未停下努力提高本国投资水平的脚步。不同的是，各国更加重视引进外资的优质化和投资结构的合理化，力保在投资和消费关系均衡化的前提下发展本国经济。

1．鼓励中小企业发展，推动民营化

对于国内的投资，印度尼西亚政府实行开放式政策，推动国内民营化，加速发展中小型企业，在不断提高劳动生产率的情况下，提高国内投资水平。马来西亚吸引海内外投资的政策基本上与印度尼西亚一致，与民营化相似，鼓励私人投资。菲律宾政府鼓励中小企业的发展，鼓励创新企业的发展，并且颁布政策，使各金融机构扩大向中小企业贷款的规模，孕育出拥有科技含量的朝阳

① 新华社．去年菲律宾海外劳工汇款达144亿美元．2008年2月16日

产业，吸引外商投资的增加。

2．完善法律和制度，营造良好投资氛围

东南亚很多国家在历史上，一直是政治纷争不断、国内环境多变的国家。对于它们的投资上下起伏不定与其政治经济等多方面因素相关。在2005年的世界发展报告中，713家公司说明它们在印度尼西亚投资的障碍，有42%是受腐败行为影响，有48%是受各届政权交接所执行的政策不稳定的影响。

因此，为了吸引外资的注入，印度尼西亚政府在多年的努力中试图营造良好的投资环境，不断完善自身的金融法律体制。除了给予外商投资税收上的优惠政策之外，印尼政府还成立以总统为首的国家投资领导小组，定期对投资协调署批准的外商投资项目进行综合评审，并加快其落实。在泰国，除了以低息贷款成本刺激投资之外，不断完善的各项经济和法律制度正在为该国创造越来越多的投资机会。早在1962年，泰国就制定了《产业投资奖励法》，开始吸引并接受外国投资，并在1972年出台了一部《投资奖励法》，经过多次的修正，至今仍在泰国沿用。这些措施为引进外资并合理地投向不同的产业部门提供了契机和条件，并使投资为泰国的经济发展发挥了重大作用。

3．在宽松政策环境下，重视资本结构，吸引投资

1998年金融危机后的菲律宾，不仅注重投资的规模，更加注重投资结构的合理化。首先，控制外国投资以中长期资本为主，严格管制流动性过强的带有投机性质的短期资本。其次，保持外国投资以直接投资为主，间接投资为辅。在政策上，鼓励外资投向农业、高新科技产业以及急需建设的基础设施和产业，并且严格控制非生产性部门的投资。菲律宾政府在力求吸引大量优质资金、扩大投资规模的同时，将“热钱”控制在一定水平上，避免金融危机重演。

4．高积累政策——高投资率的基础

新加坡作为亚洲四小龙之一，始终在东南亚经济中占有重要的位置。它的消费和投资格局与印度尼西亚、马来西亚、菲律宾、泰国四国不同，该国的经济很大程度上是靠投资带动，因此在调整消费与投资关系中，有着自己独特的经济政策。

新加坡的高投资率主要来源于其高积累的政策。新加坡拥有较高的资本积累，即较高的储蓄，有转化为较高规模投资的基础，为进一步提高劳动生产率、促进经济增长提供了支撑力量。具体来说，新加坡政府具备三样法宝来推行它的高积累政策，分别是财政、金融、公积金制度。在这样的政策下，造就了今天的高储蓄、高投资的新加坡经济。可以说，高投资率在相当长的时间里，都是新加坡政府调节消费与投资关系的关键，也是其经济增长的动力。

三、东南亚国家政府调控消费与投资关系的经验与启示

以印度尼西亚、马来西亚、菲律宾、泰国和新加坡为代表的东南亚国家，在其消费和投资的调整政策上既有着共同的方向，又有各自顺应本国发展的特殊策略。在经历了上世纪90年代的金融危机后，东南亚各国的消费投资关系，都有了不同程度的转变，其经济发展正在复苏中加快脚步。对于世界各国，尤其是发展中国家，应该吸取东南亚国家爆发1998年金融危机的教训，同时更应关注从危机中恢复并加快经济建设的成功经验。

（一）控制放开金融和资本管制的速度，合理引导投资

投资曾经是东南亚经济的亮点之一，也是20世纪80年代其经济迅速增长的原因之一。在相当长的时间里，东南亚国家在消费和投资的关系上，更注重储蓄向投资的转化，并大力吸引外资，以出口和投资两大主导力量推动经济繁荣。

由于受西方发达国家的金融自由化影响，东南亚国家曾经效仿发达国家的做法，但是却盲目吸引外国投资，过快推进本国的金融自由化进程。其中，新加坡和马来西亚最先进行了金融自由化的改革。从20世纪60年代末到90年代初，新加坡最早建立了亚洲美元市场；马来西亚放松了对利率和信贷的控制，并于1990年建立了本国的离岸金融中心；印度尼西亚政府颁布银行相关管理条例，放宽对私人银行经营范围的限制；90年代初菲律宾政府取消了外汇管制，降低了外资银行的准入标准；同期，泰国政府进行了较大的金融改革，取消了外汇管制，同时放开了资本项目。正因如此，在引进大量资金投向国家不同行业的同时，迅速推进的金融自由化为东南亚金融危机埋下了伏笔。

对于中国，正在面临着同样的局面。正如20世纪80年代迅猛发展的东南亚国家一样，中国经济的高速增长同样需要大量的资金支持，因此政府也在不断开拓不同的渠道，制定相关的政策，以吸引国际投资资金。但在世界经济一体化的今天，中国应该牢记并吸取东南亚金融危机的教训，逐步地、适度地推行本国的金融自由化。在加强监管的同时，鼓励、吸引和合理引导投资向经济发展所需的部门、产业和高技术含量的项目流入，真正优化投资结构，使之成为经济稳定增长的助推器。

（二）依靠消费拉动内需，减少经济对外的过度依赖

进入20世纪90年代后，东南亚国家在消费与投资的结构中，更倾向于前者的发展。调整消费与投资关系后，大部分的东南亚国家成为依靠消费、扩大内需的自主外向型发展国家。因为它们意识到，如果过分依赖外部需求，一旦

世界经济出现动荡，本国的经济必然受到严重的打击，从而导致不可逆转的经济衰退。

对于中国这样人口众多的国家，国内的需求市场潜力巨大，同时中国已经具有较高的储蓄率，不必大量依赖外部市场需求发展经济。因此，比照东南亚各国的调控经验，政府应采取措施，刺激国内消费。尤其是在拥有8亿农民的中国，大力建立农村发展基金，为农民提供消费贷款，鼓励农民消费支出，将会极大地开拓国内消费市场，为经济发展注入强心剂。

第七章　调整机制Ⅰ：以消费带动投资增长

消费具有带动投资增长的功能。在居民收入和GDP同步增长的情况下，消费的增长可获得居民收入增加的有力支持，不仅消费规模持续扩大，而且消费层次和水平也会不断上升。这样，消费热点将会不断出现，并带动新经济增长点群体的产生。于是，得到居民收入支持的消费的增长，必将引发大量投资需求，从而带动投资增长，并促进产业结构水平的上升。投资与消费的跟进，既为领先增长的消费需求提供产出和供给，又为后续投资需求的增长开拓更为广阔的前景。

第一节　以消费带动投资增长：消费与投资关系走向协调的内在机制

调整好消费与投资的关系是确保经济增长快速且适度的关键，因此明确消费与投资在经济运行中各自的地位是至关重要的。以消费带动投资增长，也就是通过启动消费来刺激经济增长，是使消费与投资相协调的通道，也是让经济运行达到良性循环的必经之路。

一、经济增长的实质

1971 年，美国著名经济学家库兹涅茨给经济增长下了一个比较完整的定义："经济增长就是给居民提供品种日益增多的经济物品的能力的长期增长，而这种生产能力的增长所依靠的是技术进步，以及这种进步所要求的制度上的和意识形态上的调整。"若对这一定义作一解释，其含义至少包括三个方面：

1. 经济增长集中表现在经济实力的增长上，而这种经济实力的增长就是商品和服务总量的增加，即国民生产总值的增加。若考虑人口的增加和价格的变动，也可以说是人均国民生产总值的增加。

2. 技术进步是实现经济增长的必要条件。只有依靠技术进步，经济增长才是可能的。

3. 制度与意识形态的相应调整是实现经济增长的充分条件。只有社会制度与意识形态适合经济增长的需要，技术进步才能发挥作用，经济增长才是可能的。

从库兹涅茨对经济增长内在含义的表述及其对现代经济增长特征的阐述中，我们至少可以得到三点启示。

第一，简单来讲，经济增长就是一个国家在一定时期内生产的商品和服务总量的增加，也就是社会经济规模的扩大。经济增长直接表现为人均国民生产总值的增加。但从全面角度来看，经济增长绝不仅仅是社会经济规模的扩大，而是社会各种资源有效配置以及与此密切相关的技术进步程度，社会制度与意识形态的变革等方面的综合反映。

第二，在评定经济是否增长时，也不能简单地以国民生产总值是否增加而确定。原因在于经济增长研究的是经济中长期的趋势，而不是短期现象，短期内观察到的经济增长现象并不能说明长时期内经济是否增长。

第三，经济增长率的高低，不仅取决于生产要素的投入数量，而且与生产要素的效率息息相关。如果生产要素的投入数量不变，要素的效率越高，经济总量的增加就越多；反之，就越少。可见，生产要素效率的高低，对经济增长起着至关重要的作用。

综上所述，经济增长的实质就是要实现经济的高增长（或快速增长）。但经济的高增长或快速增长决不是经济的过度增长，而应是与各种社会资源配置相协调的适度增长。只有适度的经济增长，才能够实现经济的持续增长。经济的高增长或快速增长也不是主要依靠增加生产要素投入数量来实现，而应是通过提高生产要素效率来实现。也只有依靠提高生产要素效率而实现的经济增长，才是我们所追求的长期经济增长。①

经济增长的动力是需求。一国社会总需求包括国内需求与国外需求两个部分，一般情况下，对于大国来说，国内需求在其经济运行中起着极其重要的作用，因此成为经济增长的主动力。所以经济增长的实质就是要努力扩大内需，从而拉动经济增长。

国内需求划分为消费需求和投资需求。这两种需求是两种性质和地位完全不同的需求。投资需求作为生产性需求是经济运行过程中的中间性需求，是由

① 任碧云．货币、资金与经济协调运行研究[M]．中国财政经济出版社，2005:48～49

消费需求派生的。投资需求虽具有一定的独立性，但到头来要依存于消费需求，而消费需求则是经济运行过程的最终需求。在推动经济运行方面，总是消费需求起主导或决定性作用，而投资需求起辅助性作用，在国外消费率一般在70%～80%之间。因此经济增长主要靠消费增长来带动，而投资增长则间接拉动经济增长，究其原因在于投资需求是中间性需求。

二、以消费带动投资增长的内在合理性

消费启动，也就是以消费带动投资增长的形式刺激经济增长，它具有内在合理性，体现为：

（一）原始需求带动派生需求的增长

消费启动会带动投资和消费一起增长，投资启动虽然促进生产增长，但消费增长却往往滞后。消费启动旨在扩大消费性需求。消费性需求由人们的生活消费所引起，为原始意义的需求，而生产性需求是直接由生产增长而引起的，是消费性需求的派生形态。也就是说，消费性需求自然而然地会转化为生产性需求，而生产性需求不会转化为消费性需求，在总需求的形成中，原始需求居于主导地位，派生需求则处于从属地位。因此理应以原始需求带动派生需求的增长。

（二）最终需求带动中间需求的增长

消费性需求是在经济运行过程结束时发生的，为最终需求，而生产性需求是在经济运行的一定阶段上发生，为中间需求。经济运行的特点是，它必须从起点到达终点，而不可滞留于其中的某个阶段上，它是绝不可中断的。否则，经济运行各环节必然产生严重摩擦，并造成不可挽回的损失。最终需求不但其作用领域广阔，还可作用于经济运行的全过程。而中间需求只在某些经济领域发生作用，也只能在经济运行的一定阶段上发生作用。因而在总需求的形成中，最终需求具有全局意义，而中间需求仅具有局部意义。

如此看来，以消费带动投资增长的内在合理性，是由消费和投资的地位与经济运行程序的客观事实共同决定的。原始需求的增长可以带动派生需求的增长，最终需求的增长可以带动中间需求的增长，这些都是以消费增长带动投资增长的具体表现。

三、以消费带动投资增长与经济良性循环

所谓经济良性循环，是指经济上下波动被限制在合理增长区间。向上，经济增长率不逾越最高限度；向下，经济增长率不低于最低限度。即是说，经济

波动是在一个有限的领域内进行的，总的态势相当平稳，通常称之为均衡增长。这可借助下图予以具体表现：

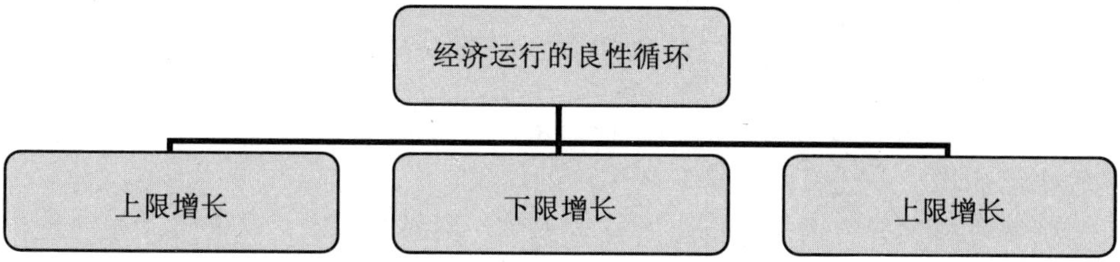

要提示读者注意，上限增长是建立在经济效益提高的基础之上，下限增长也是以经济效益的基本稳定为前提。因而，虽然经济运行具有一定的波动，但其周期却相当完善，故称之为良性循环。

以消费带动投资增长是合理的刺激经济增长的方式，是遵循客观规律的。例如，经济增长率低于最低限度时，也就是消费和投资的结构不协调、无法带动经济增长时，如果增加居民收入，消费需求就会扩大，消费需求扩大了，就有利于拓宽消费领域，优化消费结构，从而满足人们日益增长的物质和精神文化需求。消费需求扩大了，就能促进消费结构的优化升级，带动投资的增长，从而促进产业结构的优化升级，形成新的经济增长点，而后形成消费需求与经济增长之间的良性循环。

投资与消费都是经济增长的一个重要拉动力量，相比较而言，由于投资和国民收入之间的乘数和加速度效应，投资对经济增长的拉动作用要大得多。但是，从国内生产总值增长率的线性模型可以看出，国内生产总值的增加率中，消费的增长对国内生产总值的增加所占的比重比较大。因此，只有明确并摆正消费和投资的结构关系，消费才能对经济增长起到拉动的作用。而如果投资率过高，会削弱消费的这种作用，影响消费市场的繁荣，经济增长就会减速。

第二节 以消费带动投资增长的优势和过程

以消费带动投资增长的优越性是与生俱来的，是原始需求带动派生需求、最终需求带动中间需求的形式，它是启动经济并促使经济良性循环的一把金钥匙。消费是通过两个阶段带动投资增长的，先带动消费资料生产的增长，后带动生产资料生产的增长，这样就形成了投资以消费为导向，并促进消费增长的内在机制。

一、以消费带动投资增长的优势分析

消费带动投资增长，有利于实现供给与需求的协调增长，以消费带动投资增长具有天然的优势：

1. 消费的增长可直接扩大消费性需求，从而推动消费性供给的增长，而消费性供给的增长又会带动消费资料生产的增长。

消费资料生产的增长，可引发并扩大生产资料的需求，从而推动生产性供给增长，使得生产资料市场和消费品生产协调发展，消费品市场和生产资料市场共同繁荣，即消费增长可带动投资相应地增长。因此，消费与投资并不是根本对立的。我们强调消费启动，目的在于强调消费对投资的引导作用和对经济运行的推动作用，以消费带动投资，避免投资脱离消费性需求而盲目增长，求得供给与需求协调增长。当然，消费的增长归根结底还是要靠投资来保证，因为投资启动只是扩大生产性需求，不会扩大消费性需求。相应地，投资对生产资料市场的推动作用比较大，而对消费资料市场所起的作用较小，两个市场会出现背离。同时，由于缺乏消费需求的动力和导向，生产资料生产有可能脱离消费资料生产而孤立地进行，两类生产之间的比例也会因此埋下失调的隐患。

2. 消费启动可协调生产和消费、供给和需求之间的关系

在经济运行中，生产和消费应相互适应。实行消费启动，一方面消费增长可带动生产增长；另一方面生产增长可保证消费需求得以满足。就是说，消费和生产二者是相互适应、相互促进的。鉴于供给和需求的平衡和统一，这不仅有助于均衡市场的形成，而且市场容量还将随之稳定扩大，市场运行会对经济运行产生积极的促进作用。若用投资启动来调节经济的运行，由于其作用领域仅限于生产，难以影响消费，长期运用必然会造成生产和消费的脱节，并进而导致市场上供给和需求的失调。在这种情形下，不仅市场运行失衡，而且经济也不可能增长，反而会出现停滞，甚至大幅度的滑坡。

如此看来，在消费启动下，经济运行将是均衡的，这是消费启动的关键所在。之所以如此，在我们看来，终归是因为它能够协调投资和消费之间的关系。强调消费启动，目的就在于强调消费对投资的动力和引导作用，以消费带动投资增长，从而实现投资和消费的协调、均衡运行。鉴于投资和消费关系在经济运行中的重要意义，这必然会促进消费资料市场和生产资料市场的关系、生产和消费的关系、供给和需求的关系和谐统一。消费启动不是一次性过程，应当连续不断地进行。若情况的确如此，那么投资和消费的关系将有望处于长期均

衡中，经济运行必然呈现出良性循环。经济均衡运行和良性循环，将为经济快速增长提供基本保证。[①]

二、以消费带动投资增长的过程

以消费带动投资增长的具体过程可以分为两个阶段：

第一阶段，收入的增长直接引发和扩大消费资料的需求，市场因此将会容纳更多的消费资料供给。而消费资料供给的增加，一方面意味着消费资料需求得以适当满足，另一方面又必然会带动消费资料生产的增长。

第二阶段，消费资料生产的增长将引发并扩大生产资料的需求，市场将会因此而容纳更多的生产资料供给。而生产资料供给的增加，一方面可使生产资料需求得以满足，另一方面又必然会带动并促使生产资料生产的增长。

以上两个阶段结合在一起，就构成以收入为杠杆，以消费资料需求为核心，由消费启动经济运行的全过程。在此过程中，消费是生产和经济运行的原始推动力，并发挥导向作用。[②]

要深刻理解消费启动的过程，必须把握以下几点：

1. 消费启动是以市场容量的扩大来带动生产增长。这既表现在消费品生产方面，又表现在生产资料生产方面。

2. 消费启动是以生产增长来带动投资增长，这既表现在消费品产业方面，又表现在基础产业和能源产业等方面。

3. 消费启动是以消费品市场振兴来带动生产资料市场的振兴。

综上所述，经济运行以市场需求为推动力。经济运行的动力，就其实质而言，是经济利益的体现，并且来自对经济利益的追求。从经济运行看，是来自由消费引发的需求，经济运行就是在市场需求的不断推动下，周而复始地向前进行的。一旦脱离市场需求，经济运行就会由于丧失内在动力而处于停滞状态。正因为如此，市场能容纳多少商品是决定经济增长率的关键性因素。随着我国市场化的进程，依靠收入维持的消费正在逐步扩大到住房、医疗、教育等方面，而财政补贴被限制在非常有限的领域之内，消费启动在经济运行和经济增长中的地位愈加重要了。也正因为如此，它才能真正启动市场，并多方面地调节市场容量以及调节生产和消费之间的关系，实现经济运行的良性循环。因此，市场经济要求消费启动作为主要启动机制，成为调节经济运行的基本形式。[③]

---

① 韩卫刚．中国投资和消费非均衡问题研究[M]．中国财政经济出版社，2006:106～107

② 韩卫刚．中国投资和消费非均衡问题研究[M]．中国财政经济出版社，2006:105

③ 闻潜．消费启动与投资启动[M]．经济科学出版社，2000:56

三、以消费带动投资增长的运行机制

投资和消费之间能否在市场中形成自主关联，是二者关系是否协调和均衡的基础。根据投资和消费的属性，二者的关联性表现为消费引导投资，投资则跟着消费走，并促进消费的实现和提高。具体而言就是，以消费需求为动力和导向，引发消费资料的投资、生产和供给，消费资料的生产需求进一步带动生产资料的投资、生产和供给；同时，投资不仅可提供产出以满足消费需求，而且能够通过投资乘数作用促进居民收入增长，从而进一步提高消费水平。

实现投资和消费自主关联的基本条件是要具有完善的市场机制。在完全的市场条件下，消费需求的变化将通过价格信号反映市场需求和市场供给的矛盾，借此对投资和生产发挥引导作用，从而促使消费和投资达成市场关联。如果市场化不充分，市场机制残缺不全，市场的功能就必然受到制约和阻碍，消费和投资也就失去了关联的基础。①

我们知道，消费需求是最终需求，也是原始需求。因此消费既是经济运行的结果，同时又是经济运行的前提和原动力，这是市场经济条件下对消费的作用的全面而正确的认识。至于投资，其最终目的是扩大生产，为消费服务。因此投资需以消费为导向，并促进消费的实现。②

第三节　以消费带动投资增长与产业结构优化

以消费带动投资增长是经济健康发展的需要，也是产业结构调整和优化的前提。消费与产业结构的关系是辩证的，相互作用的。一方面产业结构对消费有制约作用，另一方面消费的发展又对产业结构起决定作用并产生一定的影响，二者相辅相成。消费需求结构优化是衡量产业结构优化的标准，也是产业结构优化的依据。

一、产业结构对消费的制约

产业结构对消费起制约作用。生产在社会再生产中起支配和决定作用，在整个国民经济结构中表现为生产结构、产业结构对消费结构、消费需求结构的

---

① 韩卫刚．中国投资和消费非均衡问题研究[M]．中国财政经济出版社，2006:68

② 韩卫刚．中国投资和消费非均衡问题研究[M]．中国财政经济出版社，2006:171

决定作用。

产业结构是指国民经济各产业之间的相互关系。产业结构是一个体系，它包括构成体系的各子系（即产业部门）的构成形式及地位、各子系间的相互联系和相互作用。产业结构的演进一般由低级到高级，主要是技术进步的推进和主导产业的不断更替。消费需求的增长不单单是消费数量的扩张，而且是由数量扩张、结构转换和水平提高构成的消费增长过程，这三方面又受到产业经济发展规律的制约和影响。

数量扩张指居民消费品的数量增加，也就是国民经济各产业部门的生产规模在原有基础上的扩大及其综合。结构转换是指伴随着数量扩张而带来的生产要素在各个产业部门之间的移动，出现某些产业相对增长较快，某些产业相对增长较慢，甚至有的产业收缩、消失的现象。水平提高是指生产技术水平和组织管理水平的不断提高。三者相互依存、相互作用、紧密联系。因此产业结构对消费需求是有制约作用的。

产业结构的变化必须与消费结构、消费需求结构相适应。需求结构变化引起了产业结构的变化，从而诱发了消费结构的变化。因此产业结构的调整要从满足人民群众的消费需要出发，产业结构的变动要充分体现消费需求结构的变化，生产资料生产的结构要反映消费资料生产的需要。这样才能实现从消费需求结构出发，推动整个产业结构的合理化。

二、消费对产业结构的影响

消费需求是社会总需求中份额最大的部分，是引导产业结构变动的主要力量。消费是通过三个方面对产业结构产生影响的。

（一）消费自身的属性

通过消费结构变化分析表明，人们的需求结构是随着收入水平的变化而相应地发生变化的，是具有层次性和阶段性的，这种消费的结构性变化直接影响了产业结构的演化。在人均收入较低或经济不发达时期，人们首先要解决温饱问题，这个时期农业部门占有极大比重。而后，随着人们生活水平的提高，住房需求占的比重逐渐增大。当人们生活达到富裕水平的时候，人们在服务行业方面的支出将大幅度增加，这时第三产业在国民经济中所占比重则得到较快增长。同时，随着社会不断发展和人均收入水平的提高，由于人们的消费偏好的不断变化，也影响着生产消费资料的产业构成，进而影响整个经济的产业结构。

（二）消费种类的选择

由于消费的种类不同，因此对于不同产业、不同部门生产的产品需求是不同的。随着工业化水平的提高、生产技术和社会化分工的发展，一方面在生产方式上将推动专业化和生产联系复杂程度提高；另一方面，在加工水平、生产资料的替代和新资源的引进等方面，部门之间的经济技术关联也相应改变，导致不同时期满足同样量的最终需求条件下对生产的带动程度和对产业结构的影响是不一样的。

（三）消费和投资的比例

由于消费和投资的变化决定了消费资料产业和资本资料产业的生产，因此，消费和投资的比例变化对产业结构也将产生直接的影响。根据钱纳里等人的研究，当人均国民收入由 140 美元上升至 2100 美元时，在国内最终需求结构中，中间需求无论是对最终需求还是对整个产出的关系都发生了重大变化：与最终需求相比较，中间需求由 50%上升为 82%；与总产出相比较，中间需求由 33%上升为 45%。在最终需求中，消费需求比重下降，投资需求比重上升，投资需求比重由 15%提高到 23%。①

消费结构的变化，会引起消费资料生产结构的变化，消费资料生产结构的变化会影响到生产部门的变化。从消费结构的变化来看，通过消费需求结构的变化会引起两大部类生产的变化。因此，消费结构优化决定产业结构优化。具体分析，有以下两个原因：

1. 这是由生产和消费的关系决定的。一般认为在短期经济中，生产决定消费，厂商生产什么，居民就消费什么，生产不足则消费不足，因此产业结构决定消费结构。在一般均衡经济中，对于消费者来说，是产业结构决定消费结构，因为消费产品是厂商生产出来的。但如果从生产者角度来看，就并非如此了。生产者是根据市场的需求来组织生产的，是消费决定生产，是消费结构决定产业结构。而从消费为生产提供内在对象、提供动力的角度看，更只能说是消费决定生产，消费结构决定产业结构，消费结构优化决定产业结构优化。

2. 这是由社会生产的最终目的决定的。社会生产的最终目的就是为了满足社会需要，满足人们日益增长的物质和精神文化生活的需求。产业结构必须同人们的物质和精神文化生活需求的结构相适应。解决需求的问题，根本上要从供给着手，因此要优化产业结构，不能盲目地扩大需求。也就是说，必须以需求结构优化、消费结构优化为标准来调整供给结构和产业结构，要生产适应需求，要产业结构适应消费结构的变化。

---

① 王岳平. 消费对产业结构变动影响的定量分析[J]. 经济研究参考，1999(57)

三、以消费带动投资增长与产业结构的调整和优化

以消费带动投资增长与产业结构的关系主要是看消费需求结构与产业结构的关系，因为合理的消费结构能够更好地拉动投资需求的增长，从而能更好地优化产业结构。因此，消费需求结构和产业结构之间关系的重要性越来越受到人们的重视，在市场经济条件下消费需求与产业结构的相关性，也日益加强。于是，我们应该从消费需求结构出发，依据消费需求结构来调整产业结构。

（一）产业结构必须与消费结构相适应

从短期看来，是市场上卖什么，人们就买什么，是生产决定消费的。但从长期角度来看，消费结构决定产业结构。消费为生产提供对象，厂商想要赚钱就要看，人们需要什么，他才生产什么，严格执行着市场经济的需求决定供给的规则，因此，产业结构必须与消费结构相适应，并对消费结构产生正面影响。

（二）消费需求推动产业结构调整和产业升级

随着经济的不断发展，消费需求的高级化过程，决定了产业结构发展必须进入以提高素质为核心、提高增长质量和市场竞争力为方向的新阶段。这也赋予产业结构新的使命，就是要求产业结构合理化、高级化。人们不断提高的物质与精神文化需求，加快了技术创新和产品创新的步伐。因此，适应消费需求结构的变化来合理地调整产业结构也是客观经济规律的要求。

以消费带动投资增长要从人们的消费需求着手，只要消费结构更加合理和优化，投资结构就相应地和谐，产业结构的优化才可能实现。因此消费结构优化是衡量产业结构优化的标准，只有消费结构优化了，产业结构才能优化。

优化的产业结构对经济发展具有十分重要的意义。只有通过产业结构不断优化和产业结构合理化，才能保持一个国家或城市经济持续、协调、快速地发展。推进经济体制和经济增长方式的根本性转变，就要推进产业结构的高级化和合理化，依靠科技进步，以高新技术产业为先导，增强技术要素在促进经济发展中的重要作用。在经济发展中如何保持产业之间的协调，实现产业的升级和优化，是不同国家和城市经济发展中普遍面临的问题。

国家在调整产业结构过程中，要从满足人们的消费需要出发，选择好产业结构调整的重点。产业结构调整就是依据产业结构演变规律和一国产业结构状况预测未来，通过政策措施来实现产业结构高度化与经济发展的预期目标。

第八章　调整机制Ⅱ：以市场容量带动经济增长

从表面上容易理解，相应资源投入量的增加可以促进经济的增长，但是经济是否能够增长还要取决于相应投入所带来的产出能否为市场所包容。因此，从长期来看，扩大市场容量是拉动经济增长的关键所在。

第一节　市场在经济运行中的主导作用

经济的运行是以市场为基础，在合理配置资源的条件下，有效地进行宏观调控，以发挥市场的最大作用，从而使经济快速稳健地发展。因此，市场在经济运行中有着毋庸置疑的主导作用。经济增长，从根本上取决于社会资源，同时又依存于市场。经济增长适度与否，从宏观角度观察，是国内生产总值（GDP）的规模与社会资源拥有量和市场商品容量的关系。因此，既要重视社会资源对经济增长的决定作用，也要认真对待市场商品容量对经济增长的影响作用。在充分利用有限社会资源的基础上，注重经济增长。

一、适度经济增长率的理论界定

经济增长率的高低是经济运行状况的基本标志。适度的经济增长率可以有效地促进经济持续健康地发展，它是调节经济的一般原则，也是实现经济持续增长的唯一途径。

（一）适度经济增长率的科学内涵

适度的经济增长是经济运行过程中所追求的目标，因此，我们要了解和掌握经济适度增长的含义及意义：

1. 经济适度增长的含义

经济适度增长应当这样理解：一方面，经济增长率的高度要保证现有资源可获得充分的利用；另一方面，由它所提供的商品量要为当时市场全部容纳。

这是经济增长与社会资源和商品容量之间的最佳结合，它意味着经济运行在整体上处于良好状态。宏观调控以实现经济适度增长为基本原则，归根结底，就是为了合理利用稀缺的资源，同时形成与其相适应的、不可或缺的市场条件。

2．经济适度增长的意义

适度增长的意义，可从两个方面理解：

（1）它有助于协调速度与效益之间的关系，这是实现经济高效增长的关键。经济增长率的高低，是直接由投入和产出决定的。投入要讲求资源的利用，而产出要讲求实际收入或收益。在投入规模既定的条件下，经济增长的速度就取决于经济效益，也就是投入产出率。投入产出率提高，经济增长速度必然加快。反之，投入产出率降低，经济就难以增长，即便仍在增长，那也是相当缓慢的。

适度增长具有这样的特点：在投入方面它注重合理利用资源，而不是滥用和浪费；同时它充分利用资源，而不是使之大量闲置。适度增长在产出方面注重产品为市场所需要，并为市场全部容纳，因而实际收入和产出将同步增长。这就是说，适度增长完全着眼于提高投入产出率，这是调节速度和效益之间关系唯一正确的途径。单就这个方面看，适度增长就是高效增长。

（2）它有助于协调速度和比例（市场均衡）之间的关系，这是实现经济均衡增长的关键。经济增长率的高低，除投入产出率外，还决定于各重大经济比例是否协调。诸如投资和消费、消费和收入、投资和储蓄之间的关系，这些关系对于经济增长率的形成都具有重要影响作用。然而各种经济关系及其比例对于经济增长的影响，毫无例外都是借助市场而展现出来的。如果市场在整体上是均衡的，那就意味着各种经济比例均处于协调状态，同时它又可为经济增长提供比较有利的市场条件。否则，一些经济比例必然陷入失调状态，这对于经济增长率的形成一定是不利的。因而各种经济关系和比例结合在一起，便成为经济运行所面对的市场环境。所以，如果说投入产出率是决定经济增长率的基本经济因素，那么经济关系和比例实际上就构成制约经济增长率形成的基本市场条件。

（二）适度经济增长率的实质

经济适度增长意味着二层含义：一方面，经济增长建立在社会资源合理利用的基础之上；另一方面，它又同市场商品容量相适应。因此，适度增长不但着眼于提高投入产出率，而且也是以保持一个良好的市场环境为出发点的。所以，它不仅是正确调节速度和效益之间关系的重要途径，也是妥善地调节速度和比例（市场均衡）之间关系的重要途径。仅就这个方面看，适度增长就是均衡增长。

综上所述，可以认为，适度增长的实质是高增长或快速增长。从一个较长的时期来看，它意味着相当高的平均增长速度。这是因为：（1）适度增长系高效增长，因而它具有快速增长的基本属性。经济效益越高，经济增长速度就越快。（2）适度增长为均衡增长，这可进一层表明，以“高效”为支点的增长速度，不但易于适度形成，而且是可完满地实现的。前一条理由，是讲经济增长的素质；后一条理由，是谈经济增长的条件。适度增长既具有优良素质，又具有适宜的条件，所以它表现为快速增长就是一件顺理成章之事。这决非人们的美好愿望或祝愿，而是由其内在因素的驱使所呈现的一种客观必然。虽然它的速度也经常有所变动，但总的来说相当稳定，是可以延续的。

适度增长作为一个经济范畴，对于某些人来说，至今仍难以认可。有人说，提倡经济适度增长，目的在于反对高增长，而主张低增长，这是一种严重的误解。经济适度增长的实质，是谋求经济持续快速增长。主张适度增长，并非反对高增长，正好相反，它是为了实现经济长期高增长的目标，这是实现经济高增长唯一正确的途径。过度增长不可为，纵使暂时可取得高速度，但是不可能实现长期稳定的增长，何况过度增长还具有严重的负面影响。

低速增长既不符合群众的利益，更非政府的主观意图和决策的出发点。然而它却是过度增长的后续的经济运行过程，到这时，适度增长就显得尤其难能可贵。就是那些盲目主张高增长的人，也会转向支持适度增长。可是，一旦经济困难捱过，繁荣到来，时过境迁，就又旧病复发了。

二、经济增长与资源投入

要实现经济适度增长，关键是运用好现有资源。如何运用资源以实现经济增长，现今通称之为经济增长方式。

（一）经济增长方式的分类

经济增长方式可以从不同的角度分类：

1. 就经营管理而言，可分为粗放型和集约型。粗放型是指从投资到生产大体都停留于原来的技术水平，满足现状，不思进取。集约型与之不同，它注重技术改造、革新和进步，以技术进步求节约，以资源节约促进生产。一个只重视增产，不顾及节约；一个则增产和节约同时并重。

2. 从生产技术上看，又可分为外延型和内涵型。外延型指的是在现有生产场所之外去增加新的生产场所，依靠新场所实现增产和节约。内涵型与之不同，它注重现有生产场所的充分利用，并以此为手段促成增产和节约。一个着眼于增加投资，上新项目；一个则重视利用现有产业基础，改进生产技术条件。

以上两种分类基本上相同，但又有一定差别。两者的共同之处是：粗放型和外延型，其经济增长主要是依靠生产要素的数量增加来实现；集约型和内涵型，其经济增长则主要是依靠生产要素素质的提高达到的。这两种分类的区别主要存在于粗放型和外延型之间，讲外延型不等于不可引进新技术，也不等于不能节约地使用资源。鉴于当今视外延为粗放型的观点广为流行，这里有必要指明这一点。

（二）适度增长与资源投入

在理论经济学中，资源被区别为劳动资源和物质资源，这是一种原则性划分。从经济运行的角度观察，凡谈到资源，都比较具体，通常是指：劳动，包括劳动力数量和劳动者素质；资产，包括资产的规模，资产构成或结构；技术，包括技术水平和技术结构。此外还有资金，因为资金是当时可动用资源价值的货币形式，可用它代表现有各种资源的价值总量。

实现适度增长，要求合理利用各种资源。为此，必须重视把握两个基本环节：

1. 促使粗放型经营向集约型经营转变。一个国家经济越落后，就越习惯于粗放的经营管理，经济落后的地区、部门和企业也是这样。要使它们向集约型方向转变，如实践经验所显示的，是一件相当困难的事情。粗放型经营因其资源耗费大，不能有力地支持经济增长；又因其资金匮乏，也难以有效地抑制经济滑坡。一旦宏观调节失误，它便构成经济急剧波动的微观组织基础，所以尽管路途漫漫、困难重重，也必须推动并逐步实现经营类型的转变。这是合理利用资源、实现适度增长的生产经营条件，也是其必要的组织保证。

2. 要形成以内涵型为主体的生产结构，同时注重以先进技术为基础的外延型生产。外延型生产既可以原有技术为基础，又可在新的技术基础上进行。一个国家经济越落后，就越满足于现有的生产技术，以及现有技术为基础的外延型生产，落后的地区、部门和企业也是如此。要使它们向内涵型方向转变，同样是困难的。立足于现有技术的外延型生产，具有这样的属性，即一方面在经济迅猛增长时，它易于卷入经济增长过程，并往往成为经济过热的制导因素；另一方面，在经济滑坡时，它又首先陷入停滞状态，或者停产、半停产，或者基建项目被“砍掉”，这些实质上是被竞争逐出生产过程。如果说粗放型经营是经济急剧波动的产业组织基础，那么失去先进技术支撑的外延型生产就是经济剧烈波动的产业技术基础。所以，不仅要实现经营类型的转变，而且要着力建立以内涵型为主体的生产结构，这是合理利用资源，实现适度增长的生产技术条件。

应当指出，重视内涵型生产并非要舍弃外延型生产。无论过去、现在和将来，外延型作为一种生产方式或类型，都是与内涵型并存。鉴于外延型需要投资较多，特别是引进大量新技术的条件下，经济增长应主要依托现有企业和内涵型生产，但也必须同时倚重外延型生产。这是因为，外延型生产具有自己的一些优势，而且其中某些方面是内涵型生产不可代替的。

外延型生产的优势主要有：（1）它便于开发新资源，以加强基础产业。比如石油和水电资源的开发，铁道干线的扩充和交通网的形成，这些都需要通过新建来实现。（2）它便于开拓、扩大和充实新兴产业，以增加和增强新的经济增长点。像发展信息、航天航空、新材料等技术密集性产业，也多半要靠上新项目来实现。（3）它便于大量采用先进技术，以抑制“瓶颈”产业的扩展。如近年间核能的开发，对于缓解能源短缺正起着越来越大的作用。（4）我国实施西部大开发和中部崛起战略，也主要是依靠新建项目。

总之，要通过经营类型的转变以及内涵型和外延型两种生产之间关系的调节，走出一条合理利用资源、以效益促增长的道路。

三、经济增长与市场容量

经济增长决定于两个基本因素：一是资源的投入量。这里所说的资源，包括各种生产要素及其价值形态——货币资金。二是市场的商品容量。投入的资源越多，经济增长越快。或者说，要促进经济增长，就必须相应增加资源的投入。但是这只是问题的一个方面，另一方面是，要促进经济增长，还要看由投入带来的产出能否为市场所包容。经济增长与市场容量的关系，可以表现为三种情况。

（一）经济增长适度

当总供给与总需求大体相等时，市场中既不存在过量或短缺供给，也不存在过量或短缺需求，市场容量可以稳定地形成和增长，因此它可以全部包容当年产出，这时的经济增长率也是适度的。这时的经济增长是建立在速度、效益和比例三者协调关系的基础上的，是市场均衡下的经济增长。在产出可以被市场容量包容的情况下，经济的增长不是主要依靠要素的投入，而是主要依靠经济效益的提高，是速度和效益的结合。速度和比例的协调是经济运行的协调，经济增长的均衡。市场容量依赖于市场的均衡。只有当市场均衡时，市场容量既可以包容产出，又没有多余的需求。因此，这时的经济增长是适度的，经济增长是高效的、稳定的、健康的。

（二）经济增长过快

当需求大于供给时，市场容量受到过度需求的刺激，导致经济过热、增长速度过快。其理论标志是，经济增长率超过了经济效益所能达到的要求，且经济比例关系失调。问题在于，在市场调节超越生产条件的情况下，大批劣等资源被吸引投入生产，致使经济过快增长。但由于投入产出率低下，造成高投入、高消耗和严重浪费，效益水平严重低下。可见，市场形势及其容量的变化，致使过快的经济增速缺乏效益的支撑，其过度部分属于无效率增长。同时，在过度膨胀的需求条件下，虚拟价值渗入市场，致使供求关系失调，由此决定的市场容量是不稳定的，经济运行和增长则是失衡的。

（三）经济增长过慢

在供给大于需求时，市场容量趋于萎缩，影响整个经济运行而陷入萧条或衰退，经济增长率则趋冷、走低。其理论标志是，经济增长率低于经济效益所能达到的要求，且市场整体表现为商品过剩型非均衡。这是因为，市场需求无法赶上产出的增长，产品过剩和生产能力过剩相继出现，众多企业要么开工不足，要么被竞争驱逐出市场，资源得不到充分的利用，经济增长乏力。可见，由于市场需求相对不足，市场容量萎缩，无法发挥市场对经济运行的促进作用，致使经济增长达不到其应有的水平，市场出现滞销和疲软，经济运行陷入困境。

大量商品积压之所以值得高度重视，除了它制约经济增长率提高之外，还因为它对经济运行会造成严重的危害，主要表现为以下几点：

1. 当年产出不能顺利转化为销售收入。因为有一部分产出不为市场所容纳，它难以进入市场，更不会进入消费。产销率越低，商品销售收入增长就越发缓慢。

2. 商品价值未能充分转化为实现利润和税收。因为不为市场包容的商品，是人们早已不需要的了，无论对于生产还是对于生活都无实际意义。

3. 迫使市场价格跌落。市场价格的走低不仅导致销售收入、实现利润和税收进一步减少，而且将使投资前景因此而日趋黯淡。可见，一旦商品过剩失去控制，它对经济运行所造成的影响是非常严重的。

因此，经济增长率及经济运行的基本格局直接决定于市场容量，如何调节市场容量是调控经济运行的关键。对投资和消费的关系的调节，就是借助于市场容量的变化来发挥对市场运行和经济运行的影响作用的。

第二节 以市场容量带动经济增长：调整消费与投资关系的经济运行机制

市场在经济运行中具有主导地位，消费和投资总是通过市场容量来影响经济的发展。因此，合理地调整消费与投资的关系就是用市场容量带动经济的发展，从而形成适度的经济增长率，使经济更快更好地发展。

一、三位一体（高投入、高消耗、高增长）运行机制及其缺陷

三位一体是指高投入、高消耗、高增长的经济增长方式。经济增长方式从生产的角度分为外延型和内涵型，从管理的角度分为粗放型和集约型。而高投入、高消耗、高增长三位一体的经济增长方式是属于粗放—外延型，其经济的增长主要是依靠生产要素的投入数量扩张来实现，这样的经济增长方式必然存在着缺陷。

（一）三位一体运行机制

三位一体的运行机制是以投资拉动经济增长的增长机制。投资拉动又不同于投资启动，具体地看，有以下三个原因：

1. 市场需求定位不同。市场需求是经济运行的动力，它不但包括消费性需求，还包括生产性需求。消费性需求是经济运行的原动力，它对生产资料的进一步需求而派生出生产性需求。投资启动所产生的这种需求就是生产性需求，它是由生产本身所引起的，是中间需求。而投资拉动则认为，投入所产生的生产需求是最终需求。

2. 投资增长率定位不同。投资启动须以维持一定的投资增长率为前提，使投资和 GDP 大体上同步增长。当实施消费启动时，若投资增长率略低于经济增长率，是因为这时借助于投资扩大的是产出的能力，而不是需求的能力。当实施投资启动时，若投资增长率略高于经济增长率，其原因是此时消费性需求不足，要多增加一些投资，扩大生产性需求，以促进经济的运行。若投资拉动无视经济运行中的市场容量，任意提高投资增长率，致使投资增长率比经济增长率高出很多倍，这种拉动最终会造成通货膨胀和资源的严重浪费。

3. 时机选择不同。投资启动一般被应用于经济萧条的时期，用投资带动经济的运行。当经济已经复苏进而走向繁荣时，投资启动应向消费启动转变。因投资拉动不考虑时机的选择，在经济繁荣的形势下也靠大幅地增加投资拉动经

济的运行。

三位一体的运行机制可以从高投资、高消耗、高增长三个方面进行分析：

1. 高投资下投资、消耗和增长的关系。大量的投资伴随而来的必定是能源资源等生产资料的大量耗费。当生产出的商品仍能被市场包容时，经济增长会有所提高，并且是显著的提高。当生产出的商品不能被市场所包容时，经济增长就会有所下降，甚至出现非增长的情况。

2. 高消耗下投资、消耗和增长的关系。三位一体的经济运行过程是高消耗的过程。高投资是原因，高增长是目的。但用有限的资源带动经济的增长是极为不合理的，同时也是不可持续的。当资源被消耗殆尽，不但经济的增长会停止不前，人类的生态环境也会被严重破坏，甚至会影响今后人类的生存状态。

3. 高增长下投资、消耗和增长的关系。经济增长是以高积累为依托的投资的支持。高积累—高投资—高增长，成为经济运行的主要模式。也就是说，只是依靠资源的投入，而无视市场在经济运行中的主导作用。而一旦无视市场的主导作用，商品过剩以及由此而造成的资源浪费一定是异常严重的。虽然投资的启动可以带动经济的快速增长，但高增长并不一定都是高投资的结果。

不难看出，在大量增加投资的条件下，生产过程中所需要的原材料等资源将被大量需求，从而被消耗。当市场容量还未达到时，生产需求的显著提高带动了经济增长率的大幅提高，但这种经济增长是不可持续的增长。当市场中的商品不能被市场所包容时，投资的增长将不会带来经济的增长，反而会带来诸多不利影响。在高投资的条件下，大量资源被消耗，经济增长率的暂时提高是以资源的过度使用和浪费为代价的。伴随而来的只能是商品过剩，市场结构失衡。

（二）三位一体运行机制的缺陷

三位一体的运行机制下，高投入使经济增长快速提高，经济增长超过了其应有的限度，最终造成资源的高耗费和市场结构的失衡。因此，三位一体的运行机制有其不可避免的缺陷：

1. 经济过度增长，资源严重浪费

经济增长超过了应有的限度，表现为不顾客观条件，把一批批社会资源吸引到生产过程，并把大量劣质产品投入到市场。优良资源变成劣等产品，这是社会珍贵资源的极大浪费。须知，资源能否合理利用，取决于当时的市场技术条件和经营管理水平。倘若生产技术条件落后又一时难以改变，或者虽可引进新工艺和新设备，但管理水平不能与之相适应，在这时硬要进行投资，可以肯定地说，它不会达到合理利用资源的要求。相反，必将造成资源的浪费。

2．消费品过剩

三位一体的运行机制下，生产资料被不断地投入生产，大量消费品进入市场。因此随着投资的增长，消费性供给可以按照一个同一或更高的速度增长，但消费性需求的增长却缓慢得多。这是因为，消费性需求来自居民收入，虽然一部分投资会转化为居民收入，但无论在全部投资中还是全部收入中，这部分所占的比例不大。再加上资金流向一向不合理，消费性供给超过消费性需求，最后造成消费品过剩。

3．物价居高不下和通货膨胀

一方面，高投资使得生产性需求不断增大，生产资料的价格不断上涨，从而引发最终消费品价格的普遍上涨；另一方面，在消费品过剩的情况下，供给方所生产的消费品不能被市场全部容纳，大量消费品闲置压库，从而带来产品供给方资金短缺，生产者“限产压库”，消费品价格不但不降，反而居高不下。同时高投资下货币过量投放，通货膨胀成为市场面临的又一客观现实。1992 年到 1994 年间，我国 GDP 增长都在 13%以上，但高增长下 CPI 也达到几年来的新高。通货膨胀压力也明显增大。如图 8-1 所示。

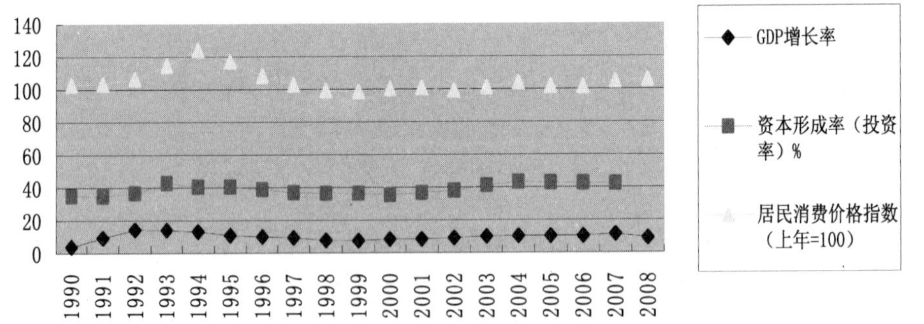

图 8-1　1990～2008 年 GDP 增长率、投资率与 CPI 指数趋势图

4．重复投资使投资效益下降

高投入的投资拉动方式多伴随重复建设的出现。大量增长投资本意是为了推动并保证经济的持续高速增长，但重复投资很难达到这种效果。这种重复投资的结果主要是生产能力过剩、产业结构畸形化、生产长期在低水平上重复、生产技术重复引进。而所有这些，集中到一点就是投资效益的降低，从而造成投资拉动—重复投资—投资效益低下的非良性的经济循环。

5．经济秩序紊乱

高投入的投资拉动还会导致财政金融秩序的紊乱。用于拉动经济运行的资金，有相当一部分来自银行的违规拆借资金，通过非法发行债券和股票而筹集的资金，靠越权减免税和承包流转税而形成的资金。而这些资金又被盲目用于开发区投资，特别是房地产和股票市场，因而不但扩大了货币的非经济发行量，还会破坏现今的财政金融秩序，并阻碍经济的正常运行。1990 年至 2008 年 GDP 增长率、投资率、消费率、货币发行量和居民消费价格指数等经济指标如表 8-1 所示。

表 8-1　1990～2008 年 GDP 增长率、投资率、消费率、货币发行量和居民消费价格指数表

年份	GDP 增长率（%）	资本形成率(投资率)(%)	最终消费率(消费率)(%)	货币和准货币(M2)亿元	居民消费价格指数（上年=100）
1990	3.8	34.9	62.5	15293.4	103.1
1991	9.2	34.8	62.4	19349.9	103.4
1992	14.2	36.6	62.4	25402.2	106.4
1993	14.0	42.6	59.3	34879.8	114.7
1994	13.1	40.5	58.2	46923.5	124.1
1995	10.9	40.3	58.1	60750.5	117.1
1996	10.0	38.8	59.2	76094.9	108.3
1997	9.3	36.7	59.0	90995.3	102.8
1998	7.8	36.2	59.6	104498.5	99.2
1999	7.6	36.2	61.1	119897.9	98.6
2000	8.4	35.3	62.3	134610.4	100.4
2001	8.3	36.5	61.4	158301.9	100.7
2002	9.1	37.9	59.6	185007.0	99.2
2003	10.0	41.0	56.8	221222.8	101.2
2004	10.1	43.2	54.3	254107.0	103.9
2005	10.2	42.7	51.8	298755.7	101.8
2006	10.3	42.6	49.9	345603.6	101.5
2007	11.4	42.3	49.0	403442.2	104.8
2008	9.0	43.5	48.6	475166.6	105.9

注：数据来源于中国宏观数据库。

总之，三位一体的经济运行方式造成社会资源的严重浪费，致使通货膨胀和投资效益的下降，从而最终影响经济的正常运行。这种高投入、高消耗、高增长的运行机制有着不可避免的缺陷。

二、以市场容量带动经济增长的优势

市场容量是影响经济增长的两大基本因素之一，另一个基本因素是资源的投入量。一旦市场容量形成，它对经济运行便会产生重大而深远的影响。因此以市场容量带动经济增长有着其自身的优势。

（一）市场容量是经济运行的出发点

经济的运行是以市场为基础的。一方面经济的运行提供了供给，另一方面，经济的运行创造了需求。但是，供给的产品必须能够被市场所需求，否则就产生了多余供给；同时需求的产品必须由市场供给，否则就产生了超额需求。这就是说，无论供给还是需求都必须以市场容量为前提。只有供求双方同时满足了市场容量的要求，经济才能更好更快地运行。经济增长率是衡量经济增长的标准，也是经济运行的核心因素。而经济增长率的变化必须与市场容量的变化相适应。当市场容量扩大时，经济增长会加速；当市场容量减少时，经济运行将出现衰退，经济增长速度明显放慢。否则，经济的运行将出现剧烈的震荡。

（二）市场容量的变化决定生产条件的变化

市场容量的变化对于各种生产条件的组合，进而对市场价值和市场结构的形成起着重要影响。当市场中的供给超过了市场容量时，市场中较低层次的生产者将减少产品供给，甚至退出市场，市场生产条件的结构向中间层次转化；当市场中的供给小于市场容量时，市场中的需求得不到满足，这使一部分较低层次的生产者又重新加入到市场中来，市场生产条件的结构向较低层次转化。最终达到市场均衡。因此，须以市场容量的变化带动生产条件以及市场结构，从而带动经济的增长。

（三）市场容量是宏观经济的着力点

谋求市场均衡是宏观经济的目标，而市场容量是进行宏观调控的着力点。正是因为市场容量是市场供给和市场需求的统一，其容量大小的变化对宏观经济的调节具有重要的影响。以市场容量带动经济增长是从宏观经济的根源调整经济，使其达到经济增长的目标，最终形成经济的增长。

市场容量是经济运行的基础，也是宏观调控的着力点，同时市场容量的变化又决定了生产条件的变化。因此，用市场容量带动经济增长是从经济的基础根源上带动经济，更有利于市场调节和经济的发展方向。

三、以市场容量带动经济增长的过程

经济增长决定于两方面因素：一是社会的资源量，二是市场的商品容量。

有资源投入必然会带来产出，但产出必须为市场所包容。否则，就会构成商品积压或过剩，而过剩不但使产出失去应有的经济意义，而且还会造成资源浪费。所以经济增长率的高低，是由可动用的资源量和现有的市场容量共同决定的，而后者是促进经济增长的主要因素。市场容量包括两个方面，即社会商品需求和社会商品供给。我们就从这两个方面讨论市场容量带动经济增长的过程。

（一）从需求方面讨论

经济的增长代表了国家和国民真实收入的增加，一般是用GDP（GNP）的增长衡量经济的增长。

需求分为生产性需求和消费性需求。消费性需求是最终需求，生产性需求多是用来进行再生产，其结果最终仍会转化为消费性需求，所以我们从消费性需求的角度进行分析。从总需求方面来看，总需求的增加即是人们对消费品的需要和购买量的增加。当人们有足够的购买力的时候，人们会将购买力转化为自己对商品的需求，从而增加消费。在资源允许的情况下，市场达到合理均衡，市场中总的收入将会增加，从而达到经济的增长。因此，从这方面看，要想促进经济的增长，就要扩大市场容量，即从需求的角度增加社会商品的数量。没有社会商品需求的增加，也就是说人们对消费需求没有意愿，那么生产再多的产品都不能转化为市场的收入，因此也就不能转化为市场价值。国民真实收入不能增长，便不能达到经济的增长。

不难看出，需求增加从而带动经济增长是以消费为前提的。从经济运行本身看，它是来自于消费引发的需求，经济运行就是在市场需求的不断推动下，周而复始地向前进行的。消费的增加意味着人们对社会商品需求的增加，社会商品需求增加了，社会商品容量也随之增加，消费的商品转化为市场的总收入，国民收入增加，经济增长。消费的增长需要以增加收入为手段，唯有保持适度的收入增长率，才能使消费在经济的运行中带动消费性需求的增长。消费性需求的增长同时带动生产性需求的增长，从而最终促进经济的增长。

（二）从供给方面讨论

供给的增加是经济增长的前提条件。在高需求的情况下，当供给增加时，市场中的商品数量将会增加，并且这些商品均能被市场所包容，也就是说，市场容量也有所增加；当供给不变或减少时，市场中的社会商品需求不能被满足，社会商品数量也随之不变或减少，市场容量不变或减少。因此，适度的供给量是经济增长的保证。供给的增加使大量产品进入市场，在这些商品均能被市场包容的情况下，供给的商品都被消费者消费，社会的总收入将会增加，从而促进经济的增长。

同样，供给的增长来源于投资的增长。投资的增加会带来产出的增加，从而为经济的运行打下了良好的基础。同时，产出的增长也是资产规模扩大和经济增长的基础。在一定程度上扩大投资，市场中的供给量增加，市场容量同时扩大，经济在此条件下增长。因此，扩大投资是增加供给的前提，在投资扩大的基础上，产出自然就随之扩大，最终形成供给的增长，从而带动经济的增长。

无论是消费的增长还是投资的增长，会带动市场中需求和供给的增长，从而影响市场容量的增长变化，最终由市场容量的增加带动经济的增长。

四、以市场容量带动经济增长的运行机制

以市场容量带动经济增长的运行机制是以市场为中心形成的供求的均衡。而总商品容量决定于两个基本因素：一是社会商品需求，二是社会商品供给。

（一）适度的社会商品需求

总需求是市场容量的一个重要组成部分，以市场容量带动经济增长就必须有一个适度的社会商品需求与之相适应。要形成适度的社会商品需求，我们先从社会商品需求的形成开始分析。

1．社会商品需求的形成

一定的经济增长要有一定的社会商品需求予以保证，而社会商品需求量是在经济运行过程中产生的，但同时又离不开总收入的支撑。如果说经济运行是总需求形成的引发性因素，那么总收入就是总需求形成的决定性因素。

（1）总需求形成的引发性因素

社会商品包括各种投入品和消费品，统称之为生产资料和消费资料。总需求，就是由于人们对各种商品的具体使用或消费而引起的。社会商品需求的形成是由包括生产和消费在内的整个经济运行所引起的，可是通常以为总需求突然呈现膨胀瞬间又趋于萎缩，不可捉摸。这就是因为，他们完全脱离了经济运行的状况来看待总需求的形成。其要害在于，经济增长似乎只是给市场带来供给，而不会引发市场需求。这里强调总需求源于经济运行，虽然是为了矫正这一习惯性认识，但也是一个总的命题。

社会商品需求包括生产性需求和消费性需求。这两种商品需求与经济运行的关系颇为不同，可分别予以分析。

对于生产性需求，一般而言，决定于三个因素：

第一，生产规模。生产规模的扩大，将促使物资资料即生产资料的耗费增加；生产规模的缩小，则意味着物资资料的耗费减少。倘若生产增长率上升了，生产性需求必然迅速增长；如果生产增长率下降了，生产性需求的增长必定缓

慢下来。

第二，生产结构。生产规模的增减经常伴随着生产结构的转变。生产结构变动对于生产性需求也将产生某种影响。例如，基础产业投资所耗费的物资资料较多，投入产出率比较低，而非基础产业投资所耗费的物资资料较少，投入产出率比较高。假定生产增长率为一定，在生产结构向基础产业倾斜时，生产性需求增长率会相应扩大；在生产结构向非基础产业倾斜时，生产性需求增长率将相应地缩小。

第三，生产增长途径。无论生产规模的扩大还是生产结构的改变，都涉及生产增长途径的选择。生产增长的具体途径不同，对生产性需求的影响自然也不同。粗放—外延型投资，对物资资料耗费较多，而集约—内涵型投资，对物资资料耗费较少。要达到或保证实现同一的生产增长率，若选择前条途径，生产性需求的增长率相对要高；如果选择后条途径，生产性需求的增长率则相对低一些。

对于消费性需求，一般地说，决定于三个因素：

第一，人口规模。我国是人口大国，因此生活消费对物质资料（即消费品）的需求数量巨大。所以，人口规模的不断扩大，是促使消费性需求增长的一个基本因素。

第二，人口结构。近年来，农村人口大量进入城市，中西部人口日益流向东部，城乡消费水平仍有一定距离。人口的结构变化导致消费性需求的区域结构变化，因此人口结构是促使消费性需求增长的又一个重要因素。

第三，平均消费水平，即人均消费量。随着经济的发展，我国消费水平普遍提高，然而消费水平的提高必然促使人均物资资料的消耗量增长。所以，它也是影响消费性需求的一个重要因素。

（2）总需求形成的决定性因素

关于需求和收入的关系，在微观经济方面是明确的。一个家庭可得到多少为它所希望的商品，就直接取决于它拥有多少收入，如果没有一定的收入和购买力，其需求就难以形成。由单个家庭推及到整个社会，道理是一样的，整个国家的货币购买能力（总支出）决定于社会总收入。因此，我们讨论总需求就必须讨论总收入与其之间的关系。那么，应当怎样看待总收入，应集中于以下几方面：

第　，收入来自商品的价值，它是由价值构成的。

总收入是个人收入、企业收入和政府收入三者之和，而无论哪种收入都具有价值的属性。如果某种东西不具备价值，那么它就不能构成收入。我们要看到，即使是货币作为收入，也是以商品的价值做基础的。货币是所有商品的一般等价物，货币的职能源于商品的价值，一旦脱离价值，它就不能成为收入。

总收入是社会所有商品价值的总和。由此，总收入就等于总产出，可表述为：总收入=GDP。社会生产规模扩大，总收入将随之增加；社会生产规模缩小，总收入将随之减少。要增加总收入，唯一的途径是扩大社会生产规模。

第二，唯有实现了的价值才能构成收入，未实现的价值也是人类劳动的结晶，但它还不能成为收入。尚未实现的价值不能成为收入，这是价值和收入之间的一个重要不同点。

财富是由收入的聚积所形成的。如果说价值是财富的内容，那么收入以及由它而聚集的金融资产，便是财富的表现形式。财富可以使用或转移，但是尚未实现的价值不具有这种属性。所以，它只是潜在的财富，而不是现实的财富。它不能构成收入，真正能作为收入的，一定是已经实现了的价值。

无论从微观角度还是从宏观角度看，尚未实现的价值，既不是现实的社会财富，也不是可以马上利用的社会收入。因此，在销售和生产不一致的情况下，总收入一定小于总产出，两者的差额决定于全社会尚未实现的价值有多少。即在生产规模既定的条件下，总收入的多少，是以商品滞存率的高低以及滞存价值量的变化为转移的。因此，总收入和总产出在实际情况中是并不相等的，总收入所代表的价值应当为总产出扣除滞存商品的价值。

可表述为：实际收入=GDP－积压商品价值。

第三，作为收入来源的价值为商品本身所固有，虚拟价值可增加收入，但它不具有实际经济意义。

价值是由劳动创造的，但收入除了价值的含义外，还包括财富的归属。要知道，社会财富总是分别为不同阶层、群体和个人所占有，财富为谁所有，这是收入和价值的又一个不同点。严格地说，收入是价值的转化形式。

从当前实际情况看，政府由于某种原因（既有客观因素，又有政策性因素），每年几乎都要多发行一些货币，数量不定。这部分货币，论其性质属于货币的非经济发行，在理论上可称为虚拟价值。过度发行的货币，将增加企业收入和个人收入，政府收入也将因之而增长。所以，货币过度发行必定增大社会的总收入。但是虚拟价值参与分配，反映在市场上，就是价格总水平的上升。而物价的普遍上涨使得人们用相同的货币买不到与原来相同质量的商品，从而货币贬值。同时，企业必须为从银行贷来的资金支付更多的利息，从而造成资金的贬值。政府同样要承受货币贬值和资金贬值的损失。

这些表明，由虚拟价值引入分配而增加的收入是名义上的收入。可是不论谁拥有的收入，在支出时都应购买到与其价值相当的商品，而由虚拟价值所形成的收入却起不到这种作用。所以，它是没有实际经济意义的。

因此，对社会总收入须作另一种调整。具体做法是扣除虚拟价值，即物价上涨对总收入的影响，调整前的总收入是名义总收入，调整以后的总收入则为实际总收入。

实际总收入=名义总收入－物价上涨额

概言之，总收入是由生产决定的，但它又受分配和流通的制约。所以，名义总收入和实际总收入之间经常存有一定的差别。因此，考察社会商品需求的形成，既要重视名义总收入，更要重视实际总收入。当然，最为理想的是名义总收入和实际总收入保持一致。

2．适度的社会商品需求

社会商品需求是由经济运行而引起，最后决定于总收入。经济运行是周期性波动的，在其波动的不同阶段上，不仅引发总需求不同，名义总收入和实际总收入之间的差异也有明显的区别。这就决定了社会商品需求将会发生种种不同的变化。就其表现形态而言，大体上有适度、膨胀和萎缩三种基本类型。第一种可看作调节总需求的目标模式，后两种则是对这一目标模式的不同偏离。现在，我们根据社会总收入的性质，并以实际总收入作为客观标准，探讨适度总需求的形成。

适度的总需求可借用下图，从数量关系上予以锁定。如图 8-2 所示。

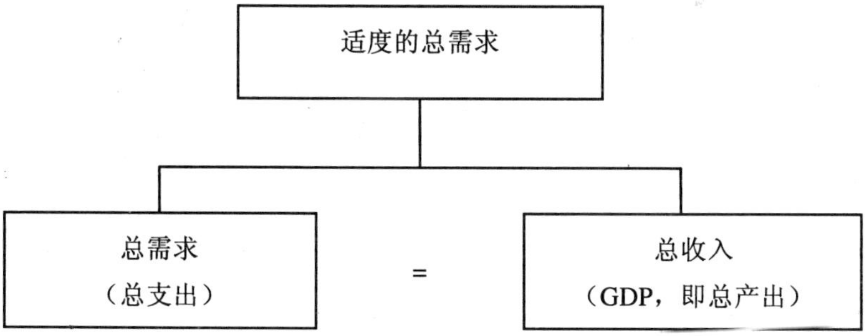

图 8-2　适度总需求示意图

在这里，名义总收入和实际总收入是一致的。

上式表明，源于经济运行的总需求与社会从市场获得的总收入，两者在量上正好相等。这包括两层含义：一是由经济运行所引发的总需求，即总支出完全得到总收入的支持和保证。因而，它将全部表现为社会现实的购买和支付能力。二是从市场获得的总收入等同于总产出，它足以保证经济运行对货币资金的需要。社会不存在货币资金短缺，但也不存在货币资金剩余。正是在上述意义上，可以说，总需求是适度的。

那么，怎样才能形成适度的总需求，又需要具备什么条件呢？让我们来分析上式，先观察它的右端：总收入。按照此式的要求，从市场得到的总收入必须能够保证适度总需求的形成，即赋予它以充足的货币购买、支付能力。现在暂不考虑总需求形成的引发性因素——经济运行，这等于假定经济运行处于适度区间，它是合理的。单就决定总需求最终形成的总收入而言，它的客观标准是等于总产出，按照总收入的性质，它依存于总产出，是所有产出品价值的转化形式。因此，保证适度总需求形成的关键，是使总收入等于总产出。为此，就必须具备如下市场条件：

第一，商品销售和生产一样兴旺。产销率近于 100%，商品滞存率则近于零。这样已销售的商品的价值，有可能接近于产出的商品价值，从而排除滞存价值的产生。滞存价值是制约社会商品价值实现的一个重要因素，要抑制或排除滞存价值的产生，就要使总收入等于或接近于总产出。

第二，价格总水平保持相对稳定。有些商品价格上升，另一些商品价格下降，这是市场上常见的情况，也是价格机制功能的体现，但是价格总水平应力求稳定。如果能做到这一点，这将消除名义总收入中的虚假成分，进而使它和实际总收入保持一致。总收入和总产出也会保持一致，所以将会更健康地增长。

可见，在产销兴旺同时物价稳定的条件下，社会从市场所得到的总收入有希望接近于社会商品的价值。就是说，总收入有可能达到其客观标准。事实上，市场上总有一些商品滞销，物价总水平也会有轻微波动。但是只要上述市场条件基本具备，这些都不会构成不可克服的障碍。从市场得到的总收入，是足以保证适度总需求的形成的。

下面转向观察上式的左端：总需求。按照这一等式的要求，源于经济运行的总需求必须同总收入相适应。对等式右端的分析表明，总收入须适应总需求，其关键是总收入和总产出的关系。这里要讨论的则是总需求去适应总收入，其关键是总需求和经济运行的关系。假定总收入足以保证总需求的形成，就引发总需求形成的经济运行而言，其波动必须是健康的。

所谓经济健康运行，是指社会资源得到合理利用。这样既有助于充分有效地利用现有资源，又是现有资源可以承担的。无论经济运行过热还是趋冷，由此而引发的总需求，都不可能达到合理利用现有资源的目的。同时，由此而引发的总需求也难以获得总收入的支持。因此，保证适度总需求的形成，最关紧要的是使经济运行维持在正常的状态。为此，必须具备下列条件：

第一，生产增长应立足于经济效益提高的基础之上。这与总需求中的生产性需求相联系。随着生产的增长，生产性需求必然增大。但是由于经济效益的提高，各种生产消耗则相对减少，生产性需求的增长又必然受到一定的制约。

第二，消费和生产应大体同步增长。这和总需求中的消费性需求相关。生产增长，消费亦增长，消费增长必定促使消费性需求扩大。但是只要消费增长和生产增长保持同步，不超前也不滞后，那么，作为总需求又一重要组成部分的消费性需求的形成也可能是适度的。

基于上述，适度总需求的形成，既是经济健康运行的结果，又是总产出在价值上得以完满实现的反映。经济运行决定需求总量，总产出决定收入总量。当经济运行处于良好状态，总产出价值充分而稳妥地实现之时，需求总量和收入总量便达到一致。而此种一致，正是适度总需求的基本特征，可看成社会商品需求宏观调控目标的实现，也是我们一贯倡导的基本模式之一。

（二）适度的社会商品供给

社会商品供给是市场商品容量的又一组成部分，因此，社会商品供给也同样影响着市场容量带动经济增长的过程。

1．社会商品供给的形成

社会商品供给的形成，取决于生产条件和市场条件及其协调。

（1）生产条件

社会总产品供给来源于总产出。总产出决定于两大因素：资源存量和投入产出率。我们分析总供给的形成，仅仅关注它和总产出之间的关系。用 GDP 表示的总产出，其增长率可视为经济增长率。我们认为总供给等于总产出，因此，总产出的决定因素也是总供给形成的影响因素。

资产存量。理论上社会资源包括物质资源和劳动资源，但就实际情况而言，在存在失业和严重失业的情况下，社会商品的供给就决定于社会现有的物质资源，特别是固定资产的存量。

资产是由投资形成的，资产存量的增长依赖于投资，但一般本期资产大多是前期投资的结果。本期的投产少数形成即期投产和资产存量，大多都在后续年度陆续发生作用。并且资产是经常磨损或报废的，投资中将有一定的份额用于弥补现有资产的损耗，唯有净投资才能增加资产存量。因此，资产存量的增长决定于投资向资产的转化，以及扣除折旧以后的净投资。

随着投资的增长资产存量增加，同时折旧额也会增加，但净投资是稳定增加的，所以，投资周期性波动在年度间表现较为明显，而就稍长的时期看，它对资产存量的影响便趋于消失。

投入产出率。在现有资产存量既定的条件下，社会商品供给的形成决定于投入产出率。即使资产存量不变，投入产出率提高了，社会商品供给也会增加。因而影响投入产出率的因素对社会商品供给也产生影响。

从经营方式上看，经营方式是经济增长方式的一个组成要素。粗放型和集约型是经营方式的两种表现形式，而投入产出率的提高就体现在粗放型向集约型的经营方式的转变上。经营方式的合理选择可以促使投入产出率不断提高。

从投资方式上看，投资方式是经济增长方式的另一组成要素。投资方式包含外延型投资和内涵型投资两种。投入产出率在本质上是资产技术结构先进与否，以及技术含量高低的基本标志。内涵型的高技术、细结构的投资方式有力地促进了投入产出率的提高。

从生产结构上看，投入产出率是各个市场部门的平均水平，而不同部门的投入产出率各不相同。因此，生产结构的变动对投入产出率必然造成某种影响。

以上内容概述了影响社会商品供给形成的两个主要因素，即资产存量和投入产出率。一般地说，各个时期资产存量都是增加的，投入产出率也将有所上升，社会商品供给就等于这两个因素的乘积。

（2）市场条件

社会商品供给的形成不仅取决于生产条件，而且取决于市场条件。

从微观的角度去看，供给来源于企业。企业将有多少产品上市，受生产条件所限。但企业愿意将多少商品提供给市场，就取决于市场条件了。当企业提供的商品能被市场吸收，并且企业减去费用后还有一定的盈余，那么企业就会倾其全力向市场提供商品。这时商品的供给量是最大的，接近其生产能力。换言之，此时生产条件和市场条件达到了统一，供给量是由这两种条件共同决定的。

倘若企业销售商品的所得甚少，几乎和费用持平，没有盈余，那么企业将改变其经营决策。此时，企业仍然向市场提供商品，但供给量会明显下降。这时，生产条件和市场条件相脱离，供给量主要由市场决定，因此部分生产能力被搁置起来。倘若企业的所得抵不上费用的支出，这时企业将会亏损，因此企业会停止生产，以减小损失的增加。即是说，市场条件已经完全脱离了生产条件，市场不允许企业继续提供商品，生产能力全部处于闲置状态。

总之，企业的收入是其是否向市场提供商品以及提供多少商品的关键，也是商品供给市场条件的表现。宏观经济是由无数个微观主体构成的，因此，这一结论也可以推广到宏观经济当中。也就是说，社会的总收入是制约总供给形成的整体市场条件。之前我们讨论生产条件时，假定总收入等于总产出，是不考虑市场条件的影响，这也说明市场条件是由整体生产条件和整体市场条件结合一起所决定的。

社会总收入的实体是价值，收入是市场价值的转化形式。但除市场价值本身的影响外，它还受总产销率和物价总水平的影响。产销率表示，在商品生产量或供给量有多大的份额已经销售出去了，并取得了市场收入，尚未售出的部分即滞存商品则不能形成市场收入。总产销率是各种商品销售率的加权平均数，已把供给结构考虑在内。不难看出，当总产销率提高时，总收入也相对于产出增长得快一些；而当总产销率降低时，总收入相对于总产出增长得慢一些。总收入和总需求一样，表现为按市场价格计算的货币量。因此，总收入不仅受总产销率的影响，还受物价总水平的制约。当物价总水平上升时，总收入要大于总产出；物价水平下降时，总收入则小于总产出。

2．适度的社会商品供给

在经济周期性波动中，社会商品供给具有三种形态：适度、短缺和过剩。其中，适度的社会商品供给具有明显的优势，可看成是调节社会商品供给的目标模式。

整体生产条件决定社会商品供给的最大规模，而社会商品供给的实际规模，也就是市场总商品容量，则取决于市场条件，这是辨析社会商品供给是否适度的关键。适度的社会商品供给的形成，要求整体生产条件和整体市场条件的统一。整体生产条件是由资产存量、投入产出率、以及总产销率和市场价格总水平决定的。所以，整体生产条件和整体市场条件的关系，就是总产出和总收入之间的关系。

根据以上，适度的总供给可以用下图表示。如图 8-3 所示。

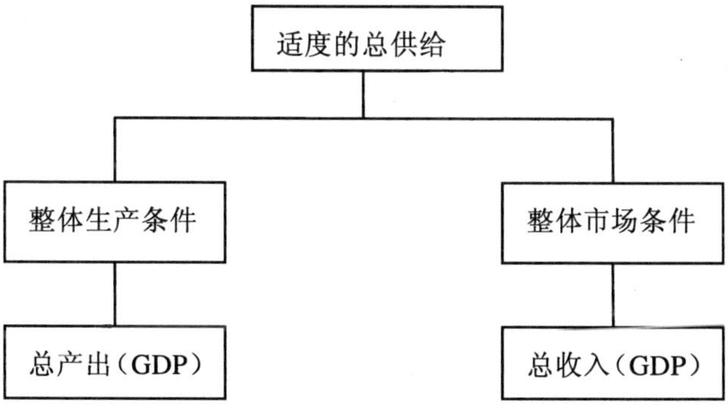

图 8-3 适度总供给示意图

上式表示，向市场提供的全部商品价值与从市场获得的总收入，两者大体相当。它有两方面的含义：一方面是总产出的价值全部得到实现，转化为总收入；另一方面，社会所有收入均由商品价值转化而来，总收入具有坚实的价值基础。因而，在总收入等于总产出时，市场总商品容量与最大产出规模就达到一致，生产条件和市场条件趋于统一。

要满足上式的要求，使总产出和总收入相适应，必须做到以下两点：一是提高总产销率使之达到或接近于 100%，以便排除滞存价值，这是充分实现总产出的价值所必需的；二是稳定物价，使零售价格指数等于 1，以便排除虚拟价值。只有如此，总收入才具有它的经济意义。简言之，只有同时排除滞存价值和虚拟价值，总产出和总收入才能趋于一致，生产条件和市场条件也才能达到统一。

总之，适度总供给的形成是以整体生产条件和整体市场条件的统一为前提。而总产出和总收入两者相等，作为整体生产条件和整体市场条件统一的体现，便成为适度总供给的基本标志。

由以上分析可以看出，只有当社会商品需求和社会商品供给均处于适度状态时，市场总商品容量才能处于一个合理的区间，从而带动经济的增长。当然，社会商品需求和社会商品供给共同影响着市场总商品容量。因此，要得到一个合理的市场商品容量，社会商品需求和社会商品供给之间也应处于一个较为均衡的状态。

第三节　以市场容量带动经济增长与市场均衡的形成

市场容量是决定经济增长的主导因素，而市场容量的大小依赖于市场均衡的形成。当市场上供给和需求的商品量大体相等时，市场达到均衡，此时的市场所能包容的商品容量即为市场容量。因此，分析市场均衡的形成即是分析以市场容量带动经济增长的过程。

一、市场均衡与非均衡的理论界定及现实表现

社会商品运行的基本形态有两种：总均衡与非总均衡。宏观调控的基本目标是实现市场的总均衡，以促进经济稳定增长。

（一）市场均衡与否的理论界定

按照市场价值理论，辨析总均衡和非总均衡的唯一根据，是市场价值总量

和市场价格总量之间的关系。所谓市场价值总量，是指当年社会所有商品（含劳务）的市场价值之和，也就是总商品的市场价值量。作为总商品容量形成基础的市场总均衡，要求供给总量和需求总量相一致。然而供给总量和需求总量是不是一致，必须以市场价格总量和市场价值总量是否相等为基本衡量标准。市场价格作为市场价值的货币表现，它应该代表和反映市场价值。基于此，市场价格总量应等于市场价值总量。否则，市场价格就不是市场价值的真正代表，就失去了它应有的意义，这是从货币是商品的一般等价物的角度来看的。

市场价格总量之所以要等于市场价值总量，除从货币的本质和职能进行说明以外，还有更深刻的原因应予以解释。市场价值总量是在一定的市场环境（由市场结构、市场类型、市场机制等因素构成）中，社会生产耗费的总劳动量。市场价格总量实际上是全部商品销售以后，社会所得到的总收入。社会资源是稀缺的，人们的劳动理应是富有效率和效益的。一份劳动应创造一份价值，并取得与之相当的收入。可是只有当市场价格总量等于市场价值总量之时，社会劳动的有效性才能得到充分体现，社会总收入也才具有它应有的意义。

可见，市场价格总量等于市场价值总量，是经济运行本身的要求。唯有顺应此种要求，才能求得经济迅速而健康的发展。但是，全部商品按照市场价值售出，需要具备一定条件。最基本的条件，就是市场上应存有与供给总量相当的需求总量。否则，市场价格总量和市场价值总量就会出现这样或那样的偏离。当二者相背离，特别是严重脱节时，经济运行也将产生某种重大波折。

因此，市场价格总量等于市场价值总量，应以供给总量和需求总量相一致为条件，而供给总量等于需求总量，应以市场价格总量和市场价值总量的一致为基本标志或度量标准。鉴于此标准在运用于实践时还需加以具体化，这里宜称为总均衡的理论衡量标准。市场价格总量和市场价值总量的明显背离，则表示非总均衡已产生。

（二）市场均衡的现实表现

任何一个市场皆非理论上的市场，它们都是摆在人们面前的客观现实。对总均衡的考察，应立足于现实的市场。所以，在查明总均衡理论的衡量标准后，还需要具体讨论它的现实标志。为了考察现今市场，本文引入了市场价值理论，市场价值比价值更贴近于现实经济生活。然而市场价值又和价值一样，是难以计算的，事实上人们从不计量价值和市场价值。鉴于此，为了把握总均衡的理论衡量标准，需要寻找一种妥当的方法或方式间接表现市场价值总量和市场价格总量的关系。就是说，使总均衡的理论衡量标准具体化，变成可以实际操作和运用。

1．市场均衡的现实衡量标准

究竟用一种什么样的方式衡量和比较，才是比较妥当和切实可行的呢？应注意的是，虽然市场价值难以计量，但它一旦形成却是相对稳定的。这是因为，市场价值赖以形成的生产条件及其组合，是不会轻易发生重大变更的。而众所周知，市场价格与之不同，它是多变的。基于此，我们可以从市场价格的变动中，辨析市场价格总量和市场价值总量之间的关系。于是，经济学理论宝库中就有“价格总水平”一词的诞生。

市场价格总水平又称为一般价格水平，它是社会各种商品市场价格的平均数，与它相对应的是市场价值总水平。既然市场价值总水平不轻易变化，而价格总水平则变动不拘，那么用它来反映市场价格总量和市场价值总量之间的关系，就是再好不过的了。基于此，市场价值和市场价格在总量上的关系，可借助有关价格总水平的一些经济指标予以间接表示。如果说总均衡的理论标准是一条抽象的一般性原则，那么价格总水平就成为用来具体反映市场总均衡的现实的数量标志。这样，我们就可以比较准确地把握总均衡的理论标准，并付诸实施。价格总水平的计量方法，从国内外的实践经验来看，一般有下列两种：

（1）价格指数。价格指数系一组商品和劳务的当年现行价格同其基年价格相除所得的比率，即价格指数=现行价格/基年价格。基年的指数值定为 100，如果该组商品和劳务的价格不断上涨，以后各年的指数值则相应地增大。人们最关注的价格指数是零售价格指数，该指数是在各组商品价格指数的基础上，运用统计上的“紧缩法”综合编制的。通常把零售价格指数看成是衡量物价总水平变化的基本尺度。

与零售价格指数相类似的还有批发价格指数，它在一定程度上也具有衡量物价总水平的作用。批发价格指数又称为生产者价格指数，它反映的不是消费者实际支付的价格，而是在生产过程的各个阶段生产者所索取的价格。因为原材料和中间产品一般不进入商业零售网，批发价格指数和零售价格指数比较，可以更全面地反映物价总水平的变化。但是，由于生产者索取的价格通常低于消费者支付的价格，批发价格指数对物价总水平的反映，就不如零售价格指数那样准确。人们更关注零售价格指数的变化，而对批发价格指数的兴趣要小得多，原因即在于此。不过批发价格指数的明显变动，却是未来物价总水平急剧波动的早期报警器，其经济意义也是不可低估的。

（2）GDP 平减指数。它是名义 GDP 和实际 GDP 的比率，即折算指数=名义 GDP/实际 GDP×100%。零售价格指数编制所采用的商品种类是社会商品中的一部分，其中食品类占有较大份额，因而若食品类涨价幅度过大，零售价格指数上升比率则必然偏大。GDP价格平减指数与之有所不同，它包含形成国民生产总值的所有商品和劳务价格（进口例外），所以它可以更准确地反映物价总水平的变化。有的专家根据十几年来的统计资料分析，认为“国内生产总值平减指数增长幅度远远低于零售物价指数的增长（幅度）”。因此，衡量物价总水平的变化，既要运用零售价格指数和批发价格指数，又可运用GDP（或GNP）的折算指数。

2．现实衡量标准和总均衡

在引入价格指数以后，市场价值总量和市场价格总量的关系，就表现为物价总水平及其波动。具体地说，在市场价格总量与市场价值总量相等之时，价格总水平不变；在市场价格总量大于市场价值总量之时，价格总水平上升；在市场价格总量小于市场价值总量之时，价格总水平下降。

所以按照总均衡的理论衡量标准，即市场价值总量和市场价格总量相等的原则来量度，物价总水平便成为市场总均衡的现实标志。如果供给总量等于需求总量，价格总水平不变，那就表示总均衡已基本形成；如果供给总量和需求总量之间存有某种差额，价格总水平在上下波动，那就意味着总均衡已不复存在，非总均衡已经产生。

不难看出，物价总水平不仅表现出货币的购买力，而且也表现出市场是否均衡。表示货币购买力是它原本的经济意义，而表示总均衡则是它派生的意义，借此可对市场基本形势进行科学的评价。由于总商品容量以市场均衡为基础决定，我们分析市场均衡先从市场容量入手。因此，物价总水平作为总均衡的现实标志，其深层意义正在于检查和监督总商品容量是否适度。总商品容量应当是适度的，此时，不但总供给和总需求可相互适应，更重要的是，物价总水平也可趋于稳定。反之，当物价总水平稳定时，总市场容量也是适当的。

综上可以看出，物价总水平作为总均衡的现实标志，是监督总商品容量是否适度的灵敏度最高的手段，也是一种最有效的手段。

二、市场非均衡向均衡转化的条件

论及总均衡的成因，要涉及经济运行的基本环节，即生产、分配、流通和消费。任何一个环节的变化，都将在市场上显现出来，但诸环节对总均衡的影响作用都是通过总收入实现的。另一方面，总均衡也直接决定于总收入，经济运行各环节的影响都是间接的。所以考察总均衡的形成，必须联系总收入来进行。

（一）促进总均衡形成的纽带

所谓总均衡，说得全面些，是指总供给和总需求相平衡，同时物价总水平趋于稳定。其核心为总供给和总需求之间的关系。图 8-4 是对总供给和总需求的关系，以及它与总收入之间关系的初步描绘。

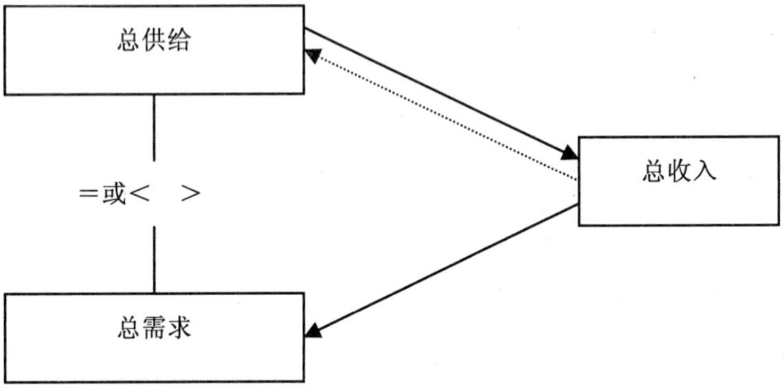

图 8-4 总供给、总需求与总收入示意图

说明：①=表示相等或平衡，<>表示不等或不平衡；②实线箭头表示决定作用，虚线箭头则表示制约和导向作用。

分析上图，我们可以得出如下结论：

第一，总供给和总需求之间的联系有平衡和不平衡之分。平衡是指总供给和总需求在量上相等。总供给可以保证总需求，总需求可以容纳总供给，二者相互适应。在这时，物价总水平走向稳定。不平衡是指，或者总供给小于总需求，总需求受到总供给的制约；或者总需求小于总供给，总供给受到总需求的制约、摩擦和冲突，诸如滞存价值的产生、虚拟价值的引入等，就是在总供给和总需求严重不平衡的情形下发生的。在这时，物价总水平处于不断波动之中。

第二，总收入是连接总供给和总需求，促进总均衡形成的唯一纽带。总收入既能影响总供给，又可影响总需求。它在总均衡形成中的地位，是其他任何因素都不可替代的。另一方面，总收入的形成也受制于总供给和总需求。如果总供给等于总需求，市场在整体上是均衡的，那么总收入的形成便具有可靠的基础，它的增长会相当稳定。否则，总收入的形成必然要遇到种种障碍，它的增长是极不稳定的。

（二）促使总均衡形成的条件

总收入作为总均衡的纽带，究竟怎样促进总均衡的形成呢？要促使总均衡形成，必须具备三个条件：

1. 总支出等于总收入。由经济运行而引发的生产性需求和消费性需求不可无限制地增长，使总支出等于总收入是对引发性需求的必要限制。社会有多大的总收入，就要求安排多大的总开支，不留赤字，因为赤字是滋生虚拟价值的温床。

2. 总收入等于总产出。收入是市场价值的转化形式，它应来自产出。虚拟价值也可形成收入，但它是收入中的泡沫。使总收入等于总产出，是为了挤压出总收入中的虚拟成分，这是对总收入的限制。

3. 总产出等于总支出。产出要有市场的支持。有了市场，其价值才可充分实现，并避免滞存价值的产生。总支出就是总产出的市场条件，使总产出等于总支出，是为了控制滞存价值的产生，这是对总产出的限制。总需求即总支出。一方面，总支出由总收入做保证，它可全部转变为现实的货币购买力；另一方面，总支出又和总产出相适应。这等于说，总需求对经济运行的启动作用可以完满地实现。因而按照一、三两个条件形成的总需求将是适度的。

应该指出，在以上三个条件中，第二个条件，即总收入等于总产出起着关键性的作用。总收入对总支出之所以能起决定作用，是因为它来自总产出并等同于总产出，没有给虚拟价值的介入留下任何空间。总收入等于总产出还表明，社会理应得到的经济利益已经全部得到了，在这里不存在滞存价值。因而总收入等于总产出，也就是收入总量等于市场价值总量。所以总收入作为总均衡的纽带，是在收入总量等于市场价值总量的条件下促成总均衡的形成的。

市场总均衡表现为总供给等于总需求，物价总水平保持稳定。依据上述，总均衡的形成可用图 8-5 予以具体描述。

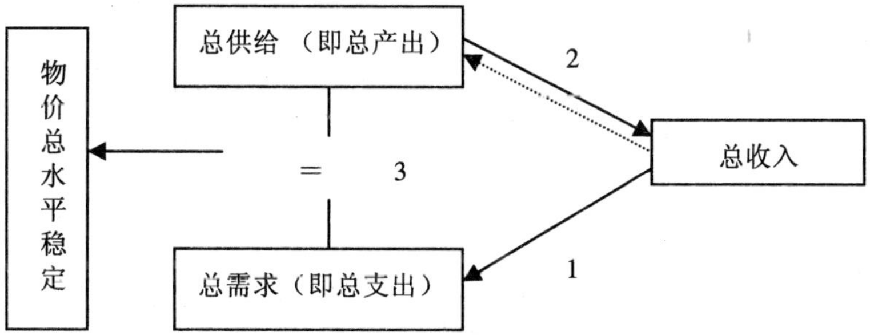

图 8-5 总均衡及其成因示意图

需要说明的是，总均衡形成的三个条件，图 8-5 分别用 1、2、3 标出。其实线箭头除表示决定作用外，还表示前后两个因素是等量关系。

总之，由于收入总量和市场价值总量相等，又由于总供给和总需求的形成均未受到意外的干扰，所以总均衡的形成是有充分可靠的保证的。

三、以市场容量带动经济增长与均衡市场的形成

以市场容量带动经济增长是市场由非均衡到均衡的过程。非总均衡是经济运行的基本方式。总均衡是从非总均衡转化而来，这是实现总均衡的唯一途径。只有当均衡市场形成，均衡的市场容量才能更好地促进经济的增长。因此，我们分析均衡市场的形成，就是分析非总均衡中市场容量的变化，以及在此过程中非总均衡向总均衡转化的过程。非总均衡具有两种基本形式:非总均衡Ⅰ和非总均衡Ⅱ。两种非总均衡的成因，以及向总均衡转化的途径均不相同，让我们分别阐述之。

（一）非总均衡Ⅰ与总商品容量

1. 非总均衡Ⅰ及其成因

非总均衡Ⅰ表现为总需求大于总供给，物价总水平趋向上涨。非总均衡Ⅰ的产生，是由大量或连续引入虚拟价值（过量发行的货币）所致。虚拟价值产生于分配，这是指政府的统一分配。统一分配之所以引入虚拟价值，主要是为了加强经济增长的力度，这与实行经济扩张政策有关。在经济调整的初期，由于过热的经济一时难以得到有效的控制，通常也不得不引入虚拟价值。不过前种情形下引入量相当庞大，后一种情形下引入量比较小，图 8-6 是对由虚拟价值引致的非总均衡Ⅰ的具体描述。

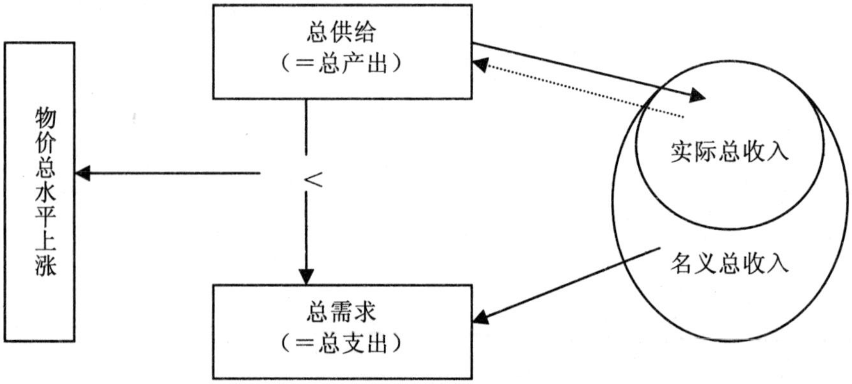

图 8-6 非总均衡Ⅰ及其成因示意图

关于非总均衡Ⅰ的特点，结合图8-6作具体解释：

（1）此图显示总需求大于总供给。这是非总均衡的一个基本特点，其成因有二：一是总支出大于总收入，二是总收入等于总产出。

总供给和总需求之所以能达到平衡，是因为在总收入等于总产出的条件下（生产的都卖出去了），总支出和总收入保持相等。总支出即总需求，总产出乃总供给，所以以总收入为联结纽带的总供给和总需求自然是平衡的。然而在这里情况已发生重大变化，总收入仍然等于总产出，但是总支出却超过总收入。在这种情形下，总收入在总供给和总需求之间起不到平衡调节的作用。所以，总需求大于总供给是一种客观必然。

在总收入等于总产出这一条件的约束下，为什么总支出会超过总收入呢？按照常理，没有收入也就不会有支出，一个企业如此，一个国家也是这样。在这里，总支出之所以超过总收入，是由于有虚拟价值的介入。总支出将随着虚拟价值的增加而增大，这样就改变了总支出对总收入的依存关系。由虚拟价值而形成的货币购买力，将导致过量需求的产生。所以，虚拟价值介入总支出，是推动总需求超过总供给的根本经济因素。

（2）此图还显示，物价总水平趋于上涨。这是非总均衡Ⅰ的又一重要特点。导致物价总水平上涨的因素有二：一是总产出小于总支出，二是总收入大于总产出。

物价总水平之所以能够稳定，是因为在总产出等于总支出的条件下，总收入和总产出二者相等。但是现在情况完全不同了，不仅总产出小于总支出，而且总收入大于总产出。在这种情形下，物价总水平不可能走向稳定，它必然是不断上升的。

怎样理解物价总水平上涨及其原因呢？物价普遍上涨，就其直接原因而言，是由于总需求超过总供给。上列第一因素——总产出小于总支出，实乃总需求超过总供给。因而，它所揭示的正是物价总水平上涨的直接成因。那么，为什么会有过量需求的产生呢？这是因为在虚拟价值介入后，名义总收入超过了实际总收入，总支出不是决定于实际总收入，它是由名义总收入所决定的。

凡是货币收入，皆为名义收入。然而就其本身经济意义而言，它应该是实际的。现在应对总均衡的论述作补充说明：与总均衡相联系的总收入既是名义总收入，又是实际总收入，二者结合为一体，不存在任何差别。在当时，这是用总收入等于总产出这一方式来表示的。但在这里，名义总收入和实际总收入已明显分开，表现为总收入大于总产出，这就是上述第二个因素。虚拟价值进入总支出，正是从它渗入总收入，引致名义总收入和实际总收入的分离起步的。

总收入等于总产出，可看成收入总量等于市场价值总量。因而名义总收入和实际总收入是完全一致的。而总收入大于总产出这一方式所表示的，则是收入总量大于市场价值总量。在这里，实际总收入仍等于市场价值总量，超过市场价值总量的部分由虚拟价值构成，它被包含在名义总收入之中。所以，在引入虚拟价值的条件下，名义总收入一定大于实际总收入。

由于虚拟价值的影响，总支出决定于名义总收入，虚拟价值是通过名义总收入进入总支出的。以上分析表明，导致物价总水平上涨更深刻的原因，是名义总收入大于实际总收入，或者说货币总收入超过总商品的内在价值。

2．在非总均衡Ⅰ的形势下总商品容量的决定

在非总均衡Ⅰ，即总需求大于总供给、物价上升的情形下，总商品容量怎样决定呢？通常有两条途径可以选择：一是听凭物价持续上涨，总供给将随物价水平的上涨而增大，从而缩小它和总需求之间的差额。而当总供给不断增大，达到与总需求平衡之时，总商品的市场容量也就被决定了。二是控制货币收入的过度增长，以缩小总需求，进而缩小它和总供给之间的差额，并据以决定总商品的市场容量。在我国，前一条途径既不可走，也是行不通的，唯一正确的选择是后一条途径。

就第一条途径而言，随着物价总水平的上涨，即使各种商品的市场价值量没有增加，总商品容量也会随即扩大。在现实经济生活中，总商品容量迅猛扩张之事是屡见不鲜的。这就和物价涨情甚高紧密相关。只要物价总水平上涨到一定高度，总供给和总需求就会重新恢复平衡。单从形式上看，这一过程显示市场在整体上极其“兴旺”，但是它却内含许多水分——市场价格总量大大超过市场价值总量。如果挤掉全部水分，即扣除物价上涨的影响，那么总商品容量并没有那么大，实际市场总容量仍然大体是由总商品内在价值所决定的。但是广大消费者却将因此而蒙受物价大幅上涨之苦，经济运行也将遭受不可挽回的重大损失。

第二条途径与之不同。尽管市场整体上没有那样“兴旺”，但总商品容量的增长比较接近于实际，这就是大体符合于总商品内在的价值。压缩货币总收入的过量部分，使经济运行出现一些困难和波折、一些摩擦和冲突将在所难免，但经济运行在整体上却是比较健康的。更为重要的是，消费者可较多地获得一些实惠，而减少一些不必要的损失。若干年间，有关经济主管机构事实上在走第一条路，但它们往往中途又不得不却步，改走第二条路。这一教训异常深刻，不可不予重视。

非总均衡应向总均衡转化，但是对总商品容量的调节，只有坚持第二条途径才可及时促成这种转化，否则非总均衡Ⅰ会进一步扩展，经济运行必将出现严重失调。

（二）非总均衡Ⅱ与总商品容量

1．非总均衡Ⅱ及其成因

非总均衡Ⅱ的基本形态是总供给大于总需求，物价总水平趋于跌落。如果说非总均衡Ⅰ的产生和虚拟价值相联系，那么非总均衡Ⅱ的产生就是和滞存价值（由积压商品来体现）有关。虚拟价值产生于分配，而滞存价值产生于流通。尽管虚拟价值和滞存价值的产生领域不同，但二者都主要是由于宏观调控失误所导致。

虚拟价值的产生，是由于实行扩张政策、加大经济增长的力度而引起。显然，这是一种政府行为。滞存价值与政府行为无直接牵连，而是由市场疲软这一客观现实所导致。然而，若作深层次分析，滞存价值的产生并非纯粹的市场行为，而是由政府的另一种行为，即紧缩政策所引致。问题在于，市场疲软是经济增长率下滑的市场反映，所以它是紧缩政策的产物。在经济衰微和调整时期，滞存价值伴随市场疲软的扩展而增加。在经济复苏和快速发展时期，滞存价值将大量减少，但不会全部消失。

图 8-7 是对由滞存价值引致的非总均衡Ⅱ的具体描述。

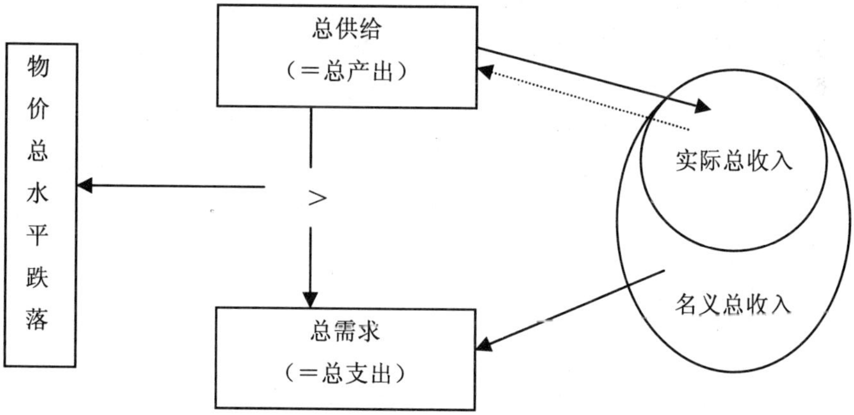

图 8-7　非总均衡Ⅱ及其成因示意图

关于非总均衡Ⅱ的特点，可结合图 8-7 作分析和说明。

（1）此图表明，总供给大于总需求，这是非总均衡Ⅱ的一个重要特点。其主要成因有二：一是总支出小于总收入，二是总收入等于总产出。

以上讨论非总均衡 I 时曾阐明，总需求之所以大于总供给，是因为在总收入等于总产出的条件下，总支出超过了总收入。然而，目前所遇到的情形有所不同。虽然总收入仍等于总产出，但是总支出却小于总收入。显然，总收入在总支出和总产出，也就是总需求与总供给之间难以起到平衡调节的作用，这与非均衡 I 是一样的。不过，在这里不是总需求超过总供给，而是总供给超过了总需求。

在总收入等于总产出，也就是总收入具有非常可靠的价值来源的情形下，何以总支出不等于总收入，而是小于总收入呢？上文曾提及，没有收入就不会有支出，既然现在有了那么多的总收入，为什么不相应地增加总支出呢？在这里总支出之所以小于总收入，是由于总收入中包含有滞存价值。滞存价值虽然计入 GDP，并视为社会的总收入，但它不能形成现实的货币购买力。如果说总支出将随着虚拟价值的增加而增加，那么它必将随着滞存价值的增加而减少。因而不但虚拟价值的产生改变了总支出对总收入的数量依存关系，而且滞存价值的产生，是促使总供给超过总需求的基本经济因素。

（2）此图还表明物价总水平趋于下跌，这也是非总均衡 II 的一个特征。导致物价总水平下降的主要因素，一是总产出大于总支出，二是总收入小于总产出。

在讨论非总均衡 I 时还谈到，物价总水平之所以上升，是因为总产出小于总支出，同时总收入大于总产出。但是，现在情况发生了根本变化，不仅总产出大于总支出，而且总收入小于总产出。在此种情形下，物价总水平不是稳定，更不是上涨，而是不断降低的。

像近年来物价总水平的降低并不常见，但是其涨幅下降和上升却是交替进行的。所以，在对非总均衡 II 的考察中，仍有一个怎样认识物价总水平的跌落及其成因的问题。依照上图，其直接原因是总供给大于总需求。上列第一因素——总产出大于总支出，就是总供给大于总需求。因而，它所揭示的正是物价总水平下降的直接成因。那么，为什么总供给会出现过剩呢？这是因为，在滞存价值产生后，名义总收入小于实际总收入。应当再提示一下，总支出不是决定于实际总收入，而是由名义总收入所决定的。

由总商品价值所形成的总收入，按照常规全部应为社会所获得。但是因为滞存价值的产生，总收入中有一部分被迫于市场流失，所以，在这里名义总收入和实际总收入也是分开的。其表现为：总收入小于总产出，这就是上列第二个因素。滞存价值对总支出的影响，就是从它迫使名义总收入减少，从而造成名义总收入和实际总收入的分离起步的。

总收入小于总产出这一方式所表示的是收入总量小于市场价值总量。在这里实际总收入仍等于市场价值总量，名义总收入则小于市场价值总量，其差额就是尚未形成为货币收入的滞存价值。所以，在引入滞存价值以后，名义总收入就必定小于实际总收入。

以上表明，物价总水平下降的更深层次原因是名义总收入小于实际总收入，或者说，是货币总收入少于总商品的内在价值。

2．非总均衡Ⅱ的形势下总商品容量的决定

在非总均衡Ⅱ，即总供给大于总需求，物价总水平下降的情形下，市场总商品容量的决定也有两条途径可供选择。一是让物价继续下降，以缩小总供给进而缩小它和总需求之间的差额，而当总供给继续缩减，以至与总需求平衡之时，总商品的市场容量也就被决定了；二是控制生产的过度增长，以减少总产出，进而缩小总供给和总需求之间的差额，并据以决定总商品的市场容量。在我国，前条路行不通，而应走后一条路。

遵循第一条途径，随着物价总水平的跌落，即使各种商品的市场价值量没有减少，总商品容量也将相应减少。只要物价总水平下降到一定程度，总需求和总供给就会重新达到平衡。但是，总商品容量萎缩的过程，也就是经济日益萧条乃至滑坡的过程，经济危机就是经济严重滑坡的体现。这种情况的出现，不但生产者要遭受严重损失，而且整个社会也是不得安宁的。

遵循第二条途径，总商品容量可能相对减少，经济运行也渐渐萧条，但不至于出现严重滑坡。抑制生产的过度增长，的确是一件困难的事情。即使总需求出现某种萎缩，市场环境严重恶化，一些企业因之被迫退出市场，但生产规模仍在继续扩大，这是经济调整过程中一种常见的现象。不过，只要调节得当，适度抑制生产增长，减缓其增长率还是可以做到的。例如，加大结构调整力度，就可起到约束总量扩张的作用。因而有理由相信，经济运行完全可以避免危机的发生，它将会从萧条走向复苏。

非总均衡Ⅱ也应向总均衡转化。但是，对总商品容量的调节只有坚持第二条途径，才可稳妥地促成这种转化。否则，非总均衡Ⅱ也会继续扩展，并导致经济运行的严重失调。

综上所述，无论是非总均衡Ⅰ向总均衡转化还是非总均衡Ⅱ向总均衡转化，都是通过对总商品容量的调节，使总供给和总需求相等，从而达到市场总均衡。

第九章　调整机制III：收入与经济同步增长

随着改革开放的不断深化和发展，中国城乡居民收入与经济增长不同步的现象越来越严重，已经成为不容忽视的社会问题。因此，有必要通过对西方经济学的收入理论和相关恒等式进行研究，调整消费与投资的关系，探寻出一条符合中国国情的发展路径，真正实现共同富裕。

第一节　西方经济学收入恒等式评析

西方众多经济学派中，以凯恩斯为代表的宏观经济学派的理论起源于 19 世纪 20 年代。其中，凯恩斯的国民收入理论已经成为当代宏观经济学的核心理论。他以总量的分析方法剖析整个经济体系的运行状况，并且提出了著名的收入恒等式，对世界各国的宏观经济产生深远的影响。

一、凯恩斯国民收入构成及投资—储蓄恒等式

多年来，致力于宏观经济的学者们一直将国民收入这个经济变量作为重要的变量进行研究。在市场经济中，无论是消费、投资还是经济增长问题都与国民收入的变动有着千丝万缕的渊源。因此，在以下篇章中将详细阐述凯恩斯的国民收入恒等式和投资—储蓄恒等式，进而探讨国民经济增长问题。

（一）凯恩斯国民收入的构成

凯恩斯的国民收入决定理论认为，社会总收入在价值量上等同于社会总支出。我们将从收入和支出两个不同角度分析国民收入构成情况，并假设国民收入等于国内生产总值 GDP。

1．简单经济的收入构成

所谓简单经济是一种假设状态下的经济社会，只包括消费者和厂商，不存在政府和对外贸易行为。在这种情况下，国民收入构成相对较简单。

从收入方面看，国民总收入（Y）一部分用于消费（C），其余的部分作为储蓄（S），因此国民收入构成为：国民收入 = 工资+利息+租金+利润=消费+储蓄，即$Y = C + S$。

从支出方面看，把物质资本存量的增加视为投资，其中厂商库存的变动视为存货投资，国内生产总值等于消费加投资（I），而国民收入等于国内生产总值，即$Y = C + I$。

2．一般经济的收入构成

在一般经济下，引进政府和对外贸易两个因素。所谓政府因素是指对商品和服务的政府采购（G），政府的转移支付（F），债券利息支付（N）以及向消费者和厂商征税产生的政府收入（T）等。对外贸易因素包含两方面，一是进口（m），代表其他国家向本国出口商品从而获得的收入；二是出口（x），代表其他国家从本国购买商品和劳务的支出。一国的净出口（X）为其出口和进口的差额。

从收入方面看，总收入中消费者部分除了用于消费和储蓄外，还要先纳税，但同时又能得到政府的转移支付等收入。对于政府来说，税金去除转移支付和债券利息支付是其净收入，也就是国民总收入中归于政府的部分。因此国民收入构成为：国民收入 = 消费+储蓄+（税收－政府转移支付－债券利息支付），即$Y = C + S + (T - F - N)$。

从支出方面看，国内生产总值等于消费、投资、政府购买和净出口总和。国民收入等于国内生产总值，即$Y = C + I + G + X$。

（二）投资—储蓄恒等式

在分析国民收入构成后，可以推导出西方经济学中著名的恒等式，即储蓄等于投资。其意义在于揭示这样一种经济关系，即不管投资者和消费者如何行动，储蓄和投资都会相等。这是考察西方经济运行的一项基本原则，也可以说是一条重要的理论支柱。

1．简单经济下的投资—储蓄恒等式

由于国民收入等于国内生产总值，所以有如下等式关系：

$$C + I = Y = C + S$$

因此，I=S。这种等式关系就是只存在消费者和厂商的经济模式下总供给（C+S）和总需求（C+I）恒等的关系。不管经济是否通货膨胀，是否充分就业，是否达到均衡，只要符合假设及定义，投资和储蓄一定相等。

2．一般经济下的投资—储蓄恒等式

同样，根据总收入和总产出相等的原则，有如下等式关系：

$$C+S+T-F-N-Y=C+I+G+X$$

因此，$I=S+(T-F-N-G)-X$。在这个等式中需要几点解释：

（1）这里的储蓄是指总储蓄，与它相对应的投资也是总投资。其中总储蓄由三部分构成：私人储蓄（家庭和企业的储蓄）；政府储蓄，即国家预算的结余，预算赤字则为政府的负债；外国储蓄。一国的外国储蓄，就是该国对世界其他国家的负债。应该注意到，其中任何一部分，它的储蓄和投资都不会相等，储蓄等于投资是就三者作为一个整体而言的。更明确说是：总储蓄=总投资。

（2）私人储蓄（S_P）是可支配收入的一部分。可支配收入的另一部分用于消费。个人可支配收入，系国民收入（Y）与税收（T）之间的差额，不过要加上为数不多的政府转移支付（F）和债券利息（N）。私人储蓄等于可支配收入减去消费：

$$S_P=(Y+F+N-T)-C$$

（3）政府储蓄（S_g）为政府收入和支出的差额。政府收入等于税收减去转移支付和债券利息支付。政府支出（G）则是对产品和劳务的购买。政府是否有储蓄，这决定于其收入和支出的对比。

$$S_g=(T-F-N)-G$$

若 G 小于（$T-F-N$），则政府预算有结余；若 G 大于（$T-F-N$），则政府预算产生赤字。

（4）外国储蓄（S_r）等于其他国家从该国得到的收入减去向该国的支出。前者表现在它的进口中，后者反映在它的出口中。换言之，外国储蓄等于那个国家的进口减去出口。不过，由于用它的净出口来表示其他国家在该国的储蓄，所以在净出口（X）之前须加负号，即$-X$。

$$S_r=-X$$

（5）总储蓄为这三部分储蓄之和。

$$\begin{aligned}S_P+S_g+S_r&=(Y+F+N-T)-C+(T-F-N)-G-X\\&=Y-C-G-X\end{aligned}$$

在西方经济学中，储蓄和投资理论的提出，是以一条更为基本的理论，即收入恒等式为立论前提的。而按照收入恒等式，$Y-C-G-X=I$。所以，总储蓄和总投资一定是相等的。

二、收入恒等式的现实意义

以上用了不少篇幅叙述储蓄和投资相等的西方理论见解，这并非没有缘由。

对于这些见解，我们不感到陌生，反而是相当熟悉的。或者说，它们可为大家所熟悉的经济学所容纳。另一方面，它又丰富了我们的经济学宝库。我们可从中获得不少的有益启示，具有一定的现实意义。

例如，总储蓄在投资运行中的地位，类似MPS统计核算体系中的“积累基金”。积累是投资的源泉，这是毫无异议的。但我们的认识似乎仅停留于这个地步。问题在于，投资不等于积累，任何时期投资中均包含有一部分折旧，投资对积累基金的数量依存关系，在国内经济学著作中一向缺乏科学的解释，甚而感到茫然。而通过总储蓄等于总投资的界定，可以弥补这个缺陷。

又比如，政府对产品和劳务的购买，大体相当于MPS中的“集体消费基金”。把集体或共同消费与个人消费区别开来，是有宏观经济意义的。但在国内一些重要经济著作中，对它与政府开支之间的关系却缺乏具体规定。而在NIPA核算体系中，非常明确地把全部政府支出看作政府的消费。就是说，对于政府总是假定投资等于零。这是对西方国家实际情况的写照。我国也有自己的特殊情况，下面即谈到这一点。但是政府购买当作政府消费或共同消费，对于改革我国政府支出结构，无疑具有一定的参考价值。

因此，对于总储蓄等于总投资这一论断，应给予充分肯定。事实上，我们在分析储蓄—增长—储蓄的循环，以及投资和GDP的关系时，已注意到这一点。不过，在借鉴这一理论时，应当注意如下两点：

第一，私人储蓄应限定在家庭和私有企业的范围内，不可随意扩大到国有企业。这和西方国家是应当有所区别的。因为国有企业的资产收入归国家所有，而不属于任何个人。它构成本企业或政府的储蓄，而不是私人储蓄。在国有企业中，归个人所有并作为私人储蓄使用的收入，只是劳动者的收入。鉴于国有企业在所有制结构中的主体地位，对其储蓄应作特殊规定。

第二，政府预算存有赤字并不意味着政府没有储蓄，也不等于政府不进行投资。这和西方国家也有所不同。在西方国民储蓄率低，是由于私人储蓄率不高，同时政府赤字大量增加所致。中国储蓄率高居全球之首，既是因为居民储蓄率高，也是由于政府把自己收入的相当部分用于投资促成。所以必须肯定，在中国，政府储蓄在总储蓄中占有重要地位，政府预算赤字的存在，只是表示政府进行宏大规模投资所需资金的部分短缺。

第二节　收入与经济同步增长：调整消费与投资关系的收入运行机制

在了解西方经济学中的收入理论和相关恒等式后，回到客观现实的角度看我国的国民收入状况。目前，在我国不管是城镇还是农村，都存在程度不同的收入与经济增长不同步的现象。这种不均衡经过多年的累积，对我国经济持续发展产生了严重的制约性，带来了许多弊端。我们必须调整长期以来投资与消费不协调的关系，带动收入与经济同步增长，触发消费启动的实施，并使其发挥促进经济发展的积极作用。

一、收入增长滞后于经济发展的弊端及后果

在我国，长期以来收入增长总是落后于经济增长。多年间，消费需求长期不旺、市场持续疲软、市场容量一再制约产出增长，这些现象都是产出和收入相脱节，关系失调的结果，而在其背后也深刻反映了“重产出，轻收入”的传统观念。

（一）收入增长滞后于经济增长的弊端

一般来说，经济增长将会相应地带动居民收入的增长，但居民实际收入的增长速度略低于 GDP 的增长速度是正确的，这既可支持经济增长，又是避免通货膨胀的必要条件。可是，如果居民收入增长长期大幅度低于 GDP 增长水平，那就会严重抑制消费增长。与此同时，必定长期保持过高的投资率，这将会导致供过于求、市场疲软，同样不利于经济的快速持续发展。

（二）收入增长滞后于经济增长的后果

由于我国的二元经济结构，使我们不得不从城镇和农村两方面分别讨论我国收入增长滞后于经济增长的问题，它们在社会经济发展进程中所起到的影响和产生的结果是较为不同的。

1．城镇居民收入增长慢于经济增长的后果

由于城镇居民收入增长缓慢，滞后于经济增长，使购买力水平难以达到消费结构升级的要求，而消费需求滞后使得市场出现供过于求，消费市场总体上呈现疲软状态。

（1）收入增长缓慢导致低消费

长期以来，中国实行的是高积累、高投资和低收入、低消费政策。除改革

初期少数年份以外，在较长一段时间内城乡居民收入增长速度较大幅度地低于GDP增长速度，积累率、投资率偏高，最终消费率下降，导致社会总产品的使用结构出现失调。特别是在2000年至2002年间，投资率逐年攀升，从36.8%上升到42.2%；相应地，消费率却逐年下降，从61.1%下降到58%。

20世纪90年代以来，世界平均消费率水平为78%～79%，而我国的消费率一直徘徊在60%左右；同时我国城镇居民可支配收入增长率长期低于GDP增长率，1986年至1998年的GDP年均增长率为9.6%，而城镇居民人均实际可支配收入增长率为5.7%，相差近一半，使我国最终消费在GDP支出中的比重比世界平均水平低10多个百分点。这是造成我国当前需求不足的主要原因。

（2）收入增长缓慢造成边际消费趋向降低

由于收入增长缓慢，人们对未来收入预期不乐观，而医疗、住房、教育、养老保险等改革使得预期支出大幅增加，所以边际消费趋向大幅下降。从1981年的0.84降到1996年的0.61，1997年的0.53，1998年的0.4。甚至有一种看法为，1996年至1998年我国居民的边际消费趋向已由0.77下降到0.236，下降幅度达69%之多。

2．农民收入增长慢于经济增长的后果

（1）导致城乡收入差距的扩大

尽管城镇居民收入增长缓慢，但是农村居民收入增长与城镇居民相比更加缓慢，且一开始的收入起点就不相同，以至于收入的差距不管是绝对数还是相对数都在加大。从表9-1和图9-1可以看到，1978年我国城乡居民人均名义收入比率为2.57，虽然在1983年这个比率缩小到1.85，但1984年以后，城乡居民收入差距总体攀升，到2008年上升到3.31。其实，城市居民的人均可支配收入与农村居民人均纯收入的比率，并不能真实地反映城乡之间的实际收入或实际福利水平上的差别。据粗略测算，若只考虑货币收入，2002年城乡居民收入差距为4∶1；若考虑城市居民的各种福利性补贴，城乡居民实际收入差距将进一步拉大到5∶1～6∶1。

表9-1　1978～2008年城镇居民人均可支配收入与农民人均纯收入情况比较表

年份	城镇居民人均可支配收入（元）	农民人均纯收入（元）	城镇居民可支配收入与农民纯收入之比	年份	城镇居民人均可支配收入（元）	农民人均纯收入（元）	城镇居民可支配收入与农民纯收入之比
1978	343	133.6	2.57	1993	2577	921.6	2.8
1979	387	160.2	2.42	1994	3496	1221.0	2.86

续表

年份	城镇居民人均可支配收入（元）	农民人均纯收入（元）	城镇居民可支配收入与农民纯收入之比	年份	城镇居民人均可支配收入（元）	农民人均纯收入（元）	城镇居民可支配收入与农民纯收入之比
1980	478	191.3	2.5	1995	4283	1577.7	2.71
1981	492	223.4	2.2	1996	4839	1926.1	2.51
1982	527	270.1	1.95	1997	5160	2090.1	2.47
1983	564	309.8	1.82	1998	5425	2162.0	2.51
1984	651	355.3	1.83	1999	5854	2210.3	2.65
1985	739	397.6	1.86	2000	6280	2253.4	2.79
1986	900	423.8	2.12	2001	6859.6	2366.4	2.9
1987	1002	462.6	2.17	2002	7702.8	2475.6	3.11
1988	1181	544.9	2.17	2003	8472	2622.0	3.23
1989	1376	601.5	2.29	2004	9422	2936.0	3.21
1990	1510	686.3	2.26	2005	10493	3255.0	3.22
1991	1701	708.6	2.4	2006	11759.5	3587.0	3.28
1992	2027	784.0	2.59	2007	13786	4140.0	3.33
				2008	15781	4761.0	3.31

注：数据由历年《中国统计年鉴》整理得出。

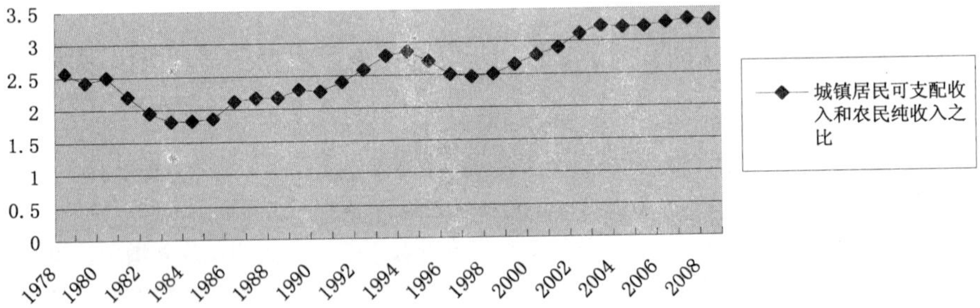

注：数据来源于表 9-1。

图 9-1 1978～2008 年城镇居民可支配收入和农民纯收入之比的变化情况图

表 9-2　1978～2008 年城镇和农村居民消费占 GDP 使用的比重对照表　单位：%

年份	农村居民消费	城镇居民消费	年份	农村居民消费	城镇居民消费
1978	30.2	18.4	1993	22.7	22.6
1979	31.2	18.5	1994	22.0	22.5
1980	31.6	19.7	1995	22.7	23.4
1981	33.6	20.0	1996	24.2	23.2
1982	34.5	19.7	1997	23.4	23.4
1983	34.7	18.9	1998	22.6	24.5
1984	33.3	18.0	1999	22.1	25.8
1985	32.6	18.6	2000	21.5	26.5
1986	31.4	19.3	2001	21.2	26.7
1987	30.4	19.5	2002	20.7	26.7
1988	29.9	21.2	2003	12.0	29.7
1989	29.1	21.3	2004	10.9	28.9
1990	27.7	21.5	2005	10.2	27.6
1991	26.1	21.6	2006	9.5	26.7
1992	24.7	22.1	2007	9.1	26.4
			2008	8.9	26.5

注：数据由历年《中国统计年鉴》整理得出。

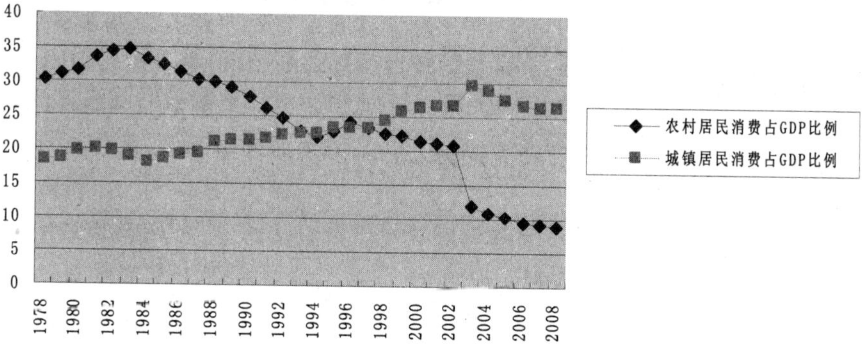

注：数据来源于表 9-2。

图 9-2　1978～2008 年城镇和农村居民消费占 GDP 使用的比重变化情况图

（2）农民收入增长缓慢导致购买力不足，农村市场难以启动

由于农民收入增长比城镇居民增长缓慢，农村的消费水平远比城镇居民要低。在全社会6万亿元人民币的居民储蓄中，农村占40%左右，城镇占60%左右，城镇居民人均储蓄是农村居民人均储蓄的3.8倍。一方面，在1997年社会消费品零售总额中，城镇居民人均购买消费品的支出是农民的6.9倍，这说明农民购买力水平低于实际储蓄水平；另一方面，从1984年起农村居民消费占GDP使用的比重基本上呈下降趋势，由33.3%降到2007年的9.1%，而城镇居民的消费比重呈上升趋势，由18.0%上升到26.4%。如表9-2和图9-2所示。这说明农民有效需求不足，是工业品大量过剩的主要原因。

二、收入与经济同步增长的内在机制

当前，面临我国收入增长和经济增长不同步的实际情况，我们必须重视收入理念的转变，促进市场和经济的均衡增长，保持产出和市场容量、生产和消费的平衡统一。收入来自于产出，消费和市场容量的大小又主要取决于收入水平的高低。因此，产出和收入之间是否协调适应，是市场供求是否均衡的关键。为此，收入与经济增长应大体保持同步增长，这既为经济协调运行所必需，也是与市场经济相适应的收入理念。在此，研究收入与经济同步增长的内在机制，透析两者相互作用、相互关联的机理，提出更好的建议，制定有效的政策在当下较为重要。

（一）收入和经济同步增长，是有效调节经济运行的客观需要

经济运行是从生产要素的投入开始的。生产要素包括生产资料和劳动力，在它的派生意义上还包括资金。资金的价值构成（C:V）应与生产要素的技术构成（生产资料和劳动力的比例）相适应，这是调节经济运行所固有的原则。投入生产资料方面的资金，在经济运行中，则转化为居民收入，而收入是消费的直接来源。

投入是为了产出，产出则依赖于投入。只有投入增长了，产出（表现为产值，比如GDP）才能增长。据此，按照资金有机构成的要求，收入与产值必然成正比例的增长。收入和经济同步增长，不过是两者正比例关系的一种常见的表现形式。为了更清楚地阐明这一点，我们对收入和产值的增长比例作些具体分析。

收入增长率和产值增长率的对比，直接决定了劳动生产率。大体上有三种情况：一是劳动生产率不变，产值增长完全依赖于劳动力的增加，这时收入和产值将同步增长；二是劳动生产率提高，产值增长既依赖于劳动力的增加，又

依赖于劳动生产率的上升，这时产值增长率便高于收入增长率；三是劳动生产率下降，产值是否增长，直接取决于劳动生产率降低程度和劳动力增加程度的对比。在这时，即使产值有一定程度的增长，它也许低于收入增长率。但就劳动生产率而言，在上述三种情况中，第二种情况最符合调节经济运行理想目标的要求，第一种情况却是时有发生，我们应竭力排除的是第三种情况。

应补充说明，这里所谈到的各种情况，都是以平均收入不变为条件的。而劳动生产率的提高（即第二种情况），必定伴随以平均收入的增长，这是由按劳分配关系所决定的。在私有企业方面，情况也是如此。这是因为，劳动生产率是劳动者素质的体现，随着劳动生产率的提高，劳动力的价值自然增加，因而劳动收入也应该增加。平均收入的增长，将会改变第二种情况，使原来设计的收入和产值增长率之间的差距缩小或趋于消失。这里还未涉及与劳动力因素并列的另一种要素——生产资料的节约，若把这个因素引入，情况将更是如此。

基于以上种种分析，收入和消费同步增长，实为驾驭经济运行条件，进而调节投入和产出的关系，以促进经济正常运行所必需。显然，这里所说的收入是指劳动收入，居民收入除劳动收入外，还包括资产收入，即使引入资产收入，这一结论仍然是正确的。

（二）收入和经济同步增长，是提高经济增长率的必备条件

促进经济增长，须具备两个基本条件：一是与经济增长相适应的投资规模，二是与经济增长相适应的市场容量。投资一方面可为经济运行提供必要的生产要素，另一方面又向经济运行提出一定的市场需求。但市场容量的扩大，却最终取决于消费需求的增长，这是我们一再谈到的。

投资的增长依赖于积累（即广义的储蓄）。对市场需求的形成起支配作用的消费需求，则决定于收入。我国经济发展长期面临资金短缺困扰，也是人们经常忧心的事。但目前由于收入增长较慢导致的消费需求相对不足，同样成为经济发展的重要制约因素。所以为了提高经济增长率，既要增加积累以解决资金短缺问题，同时又要调节收入增长率以扩大市场需求，这两方面是缺一不可的。

那么，收入和经济同步增长，对于投资将造成何种影响呢？我们需要进一步分析收入和产值的增长比例。这里产值被限定为净产值（如国民生产净值），收入仍为劳动收入。资产收入中会有一部分用于消费，但为使问题简化，假定它全部作为积累，用于投资。具体情况是：

（1）在收入增长率=产值增长率的条件下，积累率不变，这时投资（全部积累用于投资）增长率等于产值增长率，当然它和收入增长率也是相等的。

（2）在收入增长率<产值增长率的条件下，积累率上升，这时的投资增长

率高于产值增长率。由于产值增长率超过收入增长率，而投资增长率又超过产值增长率，因而它将在更大程度上超过收入增长率。

（3）在收入增长率>产值增长率的条件下，积累率下降，这时的投资增长率低于产值增长率。由于产值增长率低于收入增长率，而投资增长率又低于产值增长率，所以它会更低于收入增长率。

以上分析表明，当第二种情况出现时，投资增长率最高，但收入增长率最低。若连年如此，经济增长可能遇到消费需求不足的限制，即使投资增长为经济运行提供了足够的生产要素，要提高经济增长率也是难以实现的。第三种情况出现时，投资增长率最低，但收入增长率最高。若对收入增长不加限制，经济增长可能会遇到资金短缺的限制，尽管收入增长为经济运行带来可观的市场容量，要提高经济增长率也是不可能办到的。而当第一种情况出现时，投资增长率在三种情况中处于中等水平，收入增长率也是如此。经济运行既可在生产要素方面得到投资的支持，又可在市场需求方面得到收入的支持。因此，唯有在收入和产值同步增长的情形下，加快经济发展才具有坚实基础，也才是可行之道。

三、居民收入增长与消费启动的实施

前文讨论了收入与经济同步增长的内在机制，得出结论为收入增长率要等于经济增长率，这一点也是消费启动的基本条件。其理论依据，就是消费增长是经济增长的条件，或者说，消费是经济赖以运行的前提。下文我们将就触发消费启动的前提条件进行分析，并进一步探讨促使消费启动发挥作用的各个因素。

（一）消费启动的前提条件：居民收入

收入是消费的唯一来源。收入有广义和狭义之分。广义收入指的是国民收入，狭义收入指的是居民收入。与国民收入不同，居民收入是社会纯收入中归居民个人所有的部分，社会纯收入的其他部分分别由国家和企业占有。考虑到居民收入占社会纯收入的绝大比重，从而居民消费占社会总消费的绝大比重，因此居民收入便构成消费启动的基本条件。

1．消费和收入的关系

西方经济学十分重视对消费问题的研究，并进而形成了一系列消费理论。为了继续探索居民收入增长与消费启动的关系，我们有必要简单论述消费与收入（这里的收入指可支配收入）之间关系的理论。

（1）绝对收入假说

凯恩斯在《就业、利息和货币通论》中明确提出，影响消费支出的主要因素是收入，正确的收入变量是个人可支配收入，消费的实际支出取决于收入的绝对水平，这两者保持一种稳定的函数关系。同时，凯恩斯还认为，边际消费倾向是下降的，且边际消费倾向小于平均消费倾向，其线性消费函数为：

$$C = Co + cY$$

式中，Co 为截距，表示自发性消费；c 为边际消费倾向。

（2）相对收入假说

美国经济学家杜森贝提出的相对收入假说认为，消费支出主要不是取决于绝对收入水平，而是取决于相对收入水平。

相对收入有两层含义。第一层含义是某家庭或某消费集团相对于其他家庭或其他消费集团而言，在总收入分配中所处的位置是否发生了改变。如果随着收入水平的提高，该位置不变即相对收入不变，那么各消费集团会把收入中一个同样的份额用于消费支出。在这种情况下，随着收入的提高，平均消费倾向保持不变。

相对收入的第二层含义是过去的收入尤其是过去的高峰收入相对于现期收入的情况。过去的收入对当期消费有重大影响，表现在：当收入提高时，消费支出随之迅速提高；当收入下降时，消费支出的下降却十分有限，这种现象被称作“棘轮效应”。

相对收入假说还认为，当收入提高时，平均消费倾向保持不变；当收入下降时，平均消费倾向增加。

（3）持久收入假说

米尔顿·弗里德曼提出的持久收入假说认为，家庭的消费主要取决于它的持久收入，而不是现期收入。

持久收入假说中，把任何时期内家庭的收入分为持久收入和暂时收入，把家庭的消费分成持久消费和暂时消费。持久收入被定义为在长期中稳定的收入，一般指能够保持3年以上的收入；暂时收入被定义为在短期中临时的、不稳定的收入。相应地，持久消费和暂时消费分别指在长期中稳定的和短期中临时不稳定的消费。但是，持久消费就单纯地受持久收入的影响，并且消费支出随着持久收入的增加而增加。因此，弗里德曼的持久收入假说的消费函数为：

$$C = cYp$$

式中，C 表示当期消费，c 表示边际消费倾向，Yp 表示持久收入。

（4）生命周期假说

莫迪利安尼提出的生命周期假说认为，消费支出不是取决于当期收入，而是取决于预期的终生收入，即消费者预期整个一生所能获得的全部收入。消费者理性地根据这一被确定的预期终生收入统筹安排一生的消费支出，使效用达到最大化。

上述四种消费理论都是以消费行为理论为基础研究收入与消费之间的关系。绝对收入假说侧重于消费者的短期消费行为，认为消费在收入中所占的比例不是固定不变的，当收入增加时这个比例下降，当收入减少时这个比例上升。相对收入假说、持久收入假说和生命周期假说都在不同程度上侧重于消费者的长期消费行为，认为在长期内消费在收入中所占比例基本保持不变。因此，上述四种理论从不同角度解释了收入与消费之间的关系，在一定意义上它们是相互补充的。

2. 消费启动主要依靠居民消费

在上面的分析中，我们知道消费是收入的函数，要扩大消费，必然要先增加收入。但收入的来源是多样的，我们必须了解带动消费的主要因素是来自于哪方面，才能有针对性地增加该部分的收入，使启动消费的政策行之有效。

简单来讲，消费启动旨在扩大市场消费性需求。消费性需求通常包括居民（个人）消费和政府消费两个部分，居民消费和政府消费构成社会的总消费。无论在国外还是在中国，居民消费始终是总消费的主要组成部分。在国外，居民消费一般大约占总消费的80%左右，而政府消费仅占20%。

改革开放以来，中国的居民消费同样遵循着世界各国的一般规律。表9-3列出了1978年以来中国总消费和政府消费的构成情况。

表9-3 1978～2008年总消费中国民消费和政府消费的构成情况表 单位：%

年份	总消费	居民消费	政府消费
1978	100	78.6	21.4
1979	100	76.6	23.4
1980	100	77.9	22.1
1981	100	78.7	21.3
1982	100	78.8	21.2
1983	100	79.2	20.8
1984	100	78.3	21.7
1985	100	79.5	20.5
1986	100	79.1	20.9
1987	100	80.0	20.0
1988	100	81.5	18.5

续表

年份	总消费	居民消费	政府消费
1989	100	80.7	19.3
1990	100	80.2	19.8
1991	100	78.5	21.5
1992	100	78.1	21.9
1993	100	77.7	22.3
1994	100	77.7	22.3
1995	100	80.1	19.9
1996	100	80.4	19.6
1997	100	80.0	20.0
1998	100	79.6	20.4
1999	100	79.1	20.9
2000	100	78.6	21.4
2001	100	77.9	22.1
2002	100	77.8	22.2
2003	100	73.4	26.6
2004	100	73.3	26.7
2005	100	72.8	27.2
2006	100	72.6	27.4
2007	100	72.7	27.3
2008	100	72.7	27.3
1978～2008 年平均	100	77.81	22.19

注：各期数据由《中国统计年鉴》整理得出。

从表 9-3 可以看出，改革开放以来，居民消费约占总消费的 80%左右，政府消费约占 20%左右。1978 年至 2008 年，居民消费平均占总消费的 77.81%，而政府消费仅占 22.19%。

既然居民消费占总消费的绝大比重，那么启动消费理应主要依靠居民消费。这就要求我们在制定政策时首先要考虑增加居民收入，一方面反思 1998 年以来居民消费启而不动，这很大程度上与居民收入增长缓慢，特别是农村居民收入增长缓慢有直接关系；另一方面，1998 年以后政府实行积极财政政策，加大了政府消费和政府采购力度，虽然对启动经济运行起到了积极的作用，但现在看来，这一政策到了需要调整的时候了，应转向扩大居民特别是农村居民的消费性需求，进而启动经济运行。

3．居民收入对消费的影响作用

经过分析，我们知道，居民收入是消费启动的基本条件。然而，居民收入对消费的影响作用又具体取决于以下三方面因素：

（1）居民收入与经济同步增长

要启动市场消费性需求进而达到启动经济运行的目的，最为重要的一点是保持居民收入与GDP同步增长，这一点在前文中进行了深入的理论分析。如果居民收入增长过低，很难启动消费。而事实上，在长期的计划经济体制下，中国实行“高积累、低消费”，“先生产、后生活”，对居民个人的消费欠账过多，居民收入增长长期低于经济增长。改革开放以后，随着经济体制的市场化改革以及分配制度的改革，居民收入水平大大提高，人民生活水平得到极大改善。但是，一个值得注意的现象是，改革开放的大多数年份，无论是城镇居民收入增长还是农村居民收入增长，仍然低于经济增长，这一格局没有得到根本改观，因此不难理解，为何我国居民消费启而不动。

（2）贫富差距对消费的影响

收入对消费的影响不仅体现在收入水平上，而且收入差距也会影响消费的增长。不同社会阶层贫富差距扩大会对消费启动产生不利影响。不同社会阶层收入差距对消费的影响是通过边际消费倾向实现的。一般来说。高收入者的边际消费倾向较低，边际储蓄倾向较高；而低收入者则相反，边际消费倾向较高，边际储蓄倾向较低。因此，收入差距扩大会降低整个社会的边际消费倾向。改革开放以来，我国经济从总体上实现了高速增长，但各地区的经济增长速度差别较大，使收入差距进一步扩大。同时，即使在同一地区，不同收入阶层间的收入差距也在加大。

（3）城乡收入差距的影响

我国是一个典型的二元结构国家，城乡收入差距对消费的影响极大。我国的工业化某种意义上是建立在对农业和农民剥夺的基础上，导致在相当长的时间内农村农民收入增长缓慢。改革开放以后，农村联产承包制的实施调动了农民的生产积极性，农民收入水平显著提高，城乡收入差距一度缩小。但是，1985年以后，随着经济体制改革由农村转向城市，城市经济快速增长，城镇居民收入大幅度提高，城乡居民收入差距不断扩大。这种收入差距必然会导致城乡消费差距扩大，农村消费市场疲软成为制约我国整个消费市场的主要因素。

除此之外，居民对未来收入的预期也会影响消费。对未来收入的乐观预期会提高即期的消费倾向；对未来的悲观预期会降低即期的消费倾向。

（二）居民收入增长幅度

消费启动的根本使命是发挥消费对经济运行的促进作用，为此，消费启动必须有一定的力度。不仅消费启动的作用，而且消费启动的进程也取决于它的力度。消费启动力度的大小，是宏观调节这一启动机制能否正常运转的关键。

1．影响消费启动的基本因素

消费启动的直接对象是市场，单从这方面看，消费启动的力度是指消费对市场运行所起的促进作用。但是，消费启动不仅影响市场运行，而且通过市场还将影响经济运行。所以，消费启动的力度在更深的层次上，是指消费对整个经济运行所起的促进作用。

一般来说，消费启动的力度是由下列诸因素决定的：

（1）居民收入增长率

根据消费和收入的函数关系可知，消费启动的力度主要决定于居民收入增长率。居民收入增长率越高，消费启动的力度就越大。这是因为，消费启动的作用是根治市场疲软，而市场疲软的成因是居民收入增长缓慢，消费滞后。所以实行消费启动必须提高居民收入增长率，并使之提高到一定的高度。消费启动在治理市场疲软方面所起的作用，将以居民收入增长率的高低为转移。

消费启动是在经济周期性波动中的复苏阶段根据市场运行的需要而实行的。经济复苏意味着，在经济增长率回升的同时，就业人数也开始增长。早先被市场竞争所淘汰的相当一部分生产者，在转变生产经营方式和方向之后，又重新进入市场，于是就业人员将会大量增加。而随着就业人数的增加，居民收入必然相应地增长。经济复苏既要依靠消费启动来缓解市场疲软，同时又在就业和居民收入等方面为消费启动的实行准备了必要条件。正因如此，我们才可以说经济复苏是实行消费启动的最适宜时期。

但是，经济复苏性增长往往不甚稳定，又是比较脆弱的。与此相联系，居民收入的增长将会受到严重制约。这是因为，新增就业中多数是低收入者。规律性现象是，在市场疲软缓解之时，他们又千方百计地挤进市场，居民平均收入将因此而减少。因而，尽管复苏阶段就业人数增加了，但居民总收入的增长却不能不受到严重的限制。

一般地说，农村经济的复苏比城市滞后，农村居民收入的增长将受到更大程度的制约。其基本原因在于，虽然城乡市场相互依存，但城市市场对农村市场乃至整个经济的复苏起主导作用。只有城市市场疲软缓解了，农村市场疲软才能得以抑制；只有城市市场振兴了，农村市场才会走向繁荣。所以，农村居民收入的增长必然落后于城市，它是极其缓慢的。

（2）边际消费倾向

前文曾提及边际消费倾向，这里简单进行解释，边际消费倾向也叫消费系数，是指居民收入每增长 1%，可用于生活开支的比例。在居民收入增长率既定的条件下，消费启动的力度取决于边际消费倾向，即消费启动的力度为居民收入增长率与边际消费倾向的乘积。例如，居民收入增长率为 10%，边际消费倾向用系数表示为 0.8，则消费启动力度便为 8%。所以，消费系数越大，消费启动的力度就越大。

实行消费启动，不仅要提高居民收入增长率，而且要增大边际消费倾向。导致市场疲软的主要原因，除了居民收入增长缓慢以外，还有边际消费倾向的弱化或衰减。一般地说，边际消费倾向衰减是由居民收入增长趋缓所致。但是，在对市场需求的影响方面，边际消费倾向也是居民对未来收支预期的心理反映，也就是说，即使居民收入增长稳定，但如果对未来收支有不良的预期，边际消费倾向也会衰减。所以，实行消费启动，既要提高居民收入增长率，又必须改善居民未来收支的增长预期，以增强其边际消费倾向。

各阶层居民收入的水平不同，其边际消费倾向也不同。一般来说，中低收入阶层的边际消费倾向较高，而高收入阶层的边际消费倾向较低。所以，边际消费倾向作为影响消费启动力度的一个基本因素，又受制于居民收入的结构。不过这里所说的边际消费倾向，是社会平均消费倾向。一般来说，当居民收入结构向高收入阶层倾斜时，社会平均消费倾向衰减；当居民收入结构向中低收入阶层倾斜时，社会平均消费倾向增强。

在经济复苏阶段，由于大量中低收入居民重新就业，其边际消费倾向又比较高，因而社会平均消费倾向将有所增强。但是，鉴于经济恢复性增长仍比较脆弱，再考虑到体制改革对居民收入心理预期的影响，社会平均消费倾向的变化还具有不确定性。

（3）物价波动

以上两个因素对消费启动及其力度的影响是直接发生的。物价波动与之不同，它对消费启动力度的影响是间接的。物价波动，一方面作用于居民收入增长率，通过居民收入增长率的变化来左右消费启动的力度；另一方面通过作用于边际消费倾向来影响消费启动的力度。

一般来说，消费启动是在物价走低的情形下进行的。物价走低起始于经济运行的紧缩，在经济复苏的初期这一趋势并没有根本扭转。基于市场价格和收入之间的内在联系，物价水平的降低对居民收入的增长必定产生一定的制约作用。表现为货币收入增长率低于实际收入增长率。而消费启动力度与实际收入增长率无关，它是由货币增长率决定的。同时，物价走低还将抑制边际消费倾向的上升。所以，如果说争取提高居民收入是实行消费启动的中心内容，那么抑制物价走低就是实行消费启动，加大其力度的关键措施。

2．居民收入增长率对消费启动实施的重要影响

从消费和收入的关系可知，消费主要取决于收入，不管是长期收入还是短期收入。而在以上三个影响消费启动力度的基本因素中，居民收入增长率是主要因素，消费倾向和物价变动都是通过居民收入增长率来影响消费的。所以，消费启动的力度主要取决于居民收入，特别是农民收入的增长幅度，同时受消费系数、物价水平变化等因素的影响。

因此，我们必须适当调节收入增长率，使之与经济增长率大体相同，在特殊时期还可以高于经济增长率。

第三节　城乡收入差距的调整

随着我国国民经济的增长，城镇与农村的收入情况均出现滞后于经济发展的现象，但与此同时城乡之间的收入差距也在不断扩大，这是我国二元经济结构下的特殊问题。我们有必要认真思考这种收入差距扩大化将带给我国经济发展的负面效应，并且采取有效的政策，及时扭转这种格局，缩小乃至消除这种城乡收入差距，促使我国经济有新的飞跃。

一、城镇与农村居民收入增长分析

为了使问题清晰，我们先简单讨论我国城镇与农村的居民收入增长情况，从数据上说明城乡居民收入增长与国民经济增长的关系，并分析导致该结果的原因。

（一）城镇居民收入增长分析

我们选取 1978 年至 2008 年的数据和制作的图表，分阶段分析城镇居民的收入增长情况。

1．我国城镇居民收入变化的几个阶段

首先，我们通过几组数据图表，对我国城镇居民收入变化情况及其对消费的影响进行分析。如表 9-4、表 9-5 和图 9-3 至图 9-7 所示。

表 9-4　1978～2008 年我国人均 GDP 增长率和城镇居民实际人均可支配收入情况表　单位：%

年份	人均可支配收入（元）	年增长率（%）	人均 GDP	人均 GDP 增长率
1978	343	−2.4	379	10.2
1979	387	19.6	417	6.1
1980	478	6.2	460	6.5
1981	492	0.4	489	3.9
1982	527	5.0	525	7.5
1983	564	4.9	580	9.3
1984	651	12.4	692	13.7
1985	739	0.1	853	11.9
1986	900	13.8	956	7.2
1987	1002	2.3	1104	9.8
1988	1181	−2.4	1355	9.5
1989	1376	0.2	1512	2.5
1990	1510	8.4	1634	2.3
1991	1701	7.2	1879	7.7
1992	2027	9.7	2287	12.8
1993	2577	9.5	2939	12.2
1994	3496	8.5	3923	11.4
1995	4283	4.9	4854	9.3
1996	4839	3.9	5576	8.4
1997	5160	3.4	6054	7.7
1998	5425	5.8	6038	6.8
1999	5854	9.3	6551	6.2
2000	6280	6.9	7086	7.1
2001	6859.6	8.5	7651	6.7
2002	7702.8	13.4	8184	7.2
2003	8472.2	9.0	10542	9.4
2004	9421.6	7.7	12336	9.4
2005	10493.0	9.6	14103	9.8
2006	11759.5	10.4	16084	10.5
2007	13785.8	17.2	18934	11.4
2008	15780.9	14.4	22698	10.5

注：数据来源于 2008 年《中国统计年鉴》、2003 年《中国物价及城镇居民调查统计年鉴》和《2008 年国民经济和社会发展统计公报》。

表 9-5　1978～2008 年我国投资率与消费率比较表　单位：%

年份	投资率	消费率	年份	投资率	消费率
1978	38.0	61.8	1993	43.3	58.5
1979	36.5	64.9	1994	41.2	57.4
1980	35.2	65.9	1995	40.8	57.5
1981	32.2	68.1	1996	39.6	58.5
1982	33.2	68.7	1997	38.2	58.2
1983	33.8	67.7	1998	38.1	58.7
1984	34.4	65.5	1999	37.1	60.2
1985	37.8	64.4	2000	36.8	61.1
1986	37.7	64.6	2001	38.8	59.8
1987	36.1	63.2	2002	39.4	58.0
1988	36.8	63.7	2003	41.0	56.8
1989	36.0	64.1	2004	43.2	54.3
1990	34.7	62.0	2005	42.7	51.8
1991	34.8	61.8	2006	42.5	49.9
1992	36.2	61.7	2007	42.3	48.8
			2008	43.5	48.6

注：各期数据来源于历年《中国统计年鉴》。

我国居民收入的变化是以投资率为转移的，据此城镇居民收入变化可以分为以下几个阶段：

第一阶段（1978 年～1984 年），投资率逐步下降，城镇居民人均可支配收入增幅明显提高，但增长幅度低于人均 GDP 增长率。如图 9-3 所示。这一阶段的平均投资率为 34.8%，由 1978 年的 38%降到 1984 年的 34.4%，呈逐步下降趋势；城镇居民实际人均可支配收入年均增长率为 6.6%，由 1978 年的－2.4%上升到 1984 年的 12.4%，提高了 14.8 个百分点；人均 GDP 年均增长率为 8.2%，城镇居民实际人均可支配收入增长率低于人均 GDP 年增长率 1.6 个百分点。除 1979 年外，有 5 个年份的城镇居民实际人均可支配收入增长率低于当年人均 GDP 增长率。

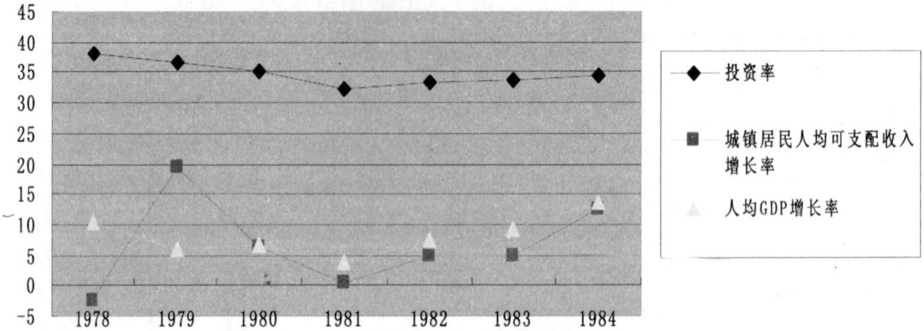

注：数据来源于表 9-4、表 9-5。

图 9-3 1978～1984 年城镇居民人均可支配收入增长、人均 GDP 增长和投资率情况图

第二阶段（1985 年～1989 年），投资率呈上升趋势，城镇居民人均可支配收入增速大幅下降，大大低于人均 GDP 增长率。如图 9-4 所示。这一阶段年均投资率为 36.9%，高于第一阶段 2.1 个百分点。从投资率增幅轨迹看，呈下降趋势，但与第一阶段总体比较，该阶段投资率还是较高的。城镇居民实际人均可支配收入增长率为 2.8%，比第一阶段低 3.8 个百分点，最低年份 1988 年为－2.4%；人均 GDP 年均增长率为 8.2%，城镇居民实际人均可支配收入增长率低于人均 GDP 增长率 5.4 个百分点，比第一阶段的差距 1.6 个百分点明显扩大了。其中 4 个年份的城镇居民实际人均可支配收入低于当年人均 GDP 增长率，有 2 个年份低于幅度超过 10 个百分点，1988 年低于幅度达 11.9 个百分点。

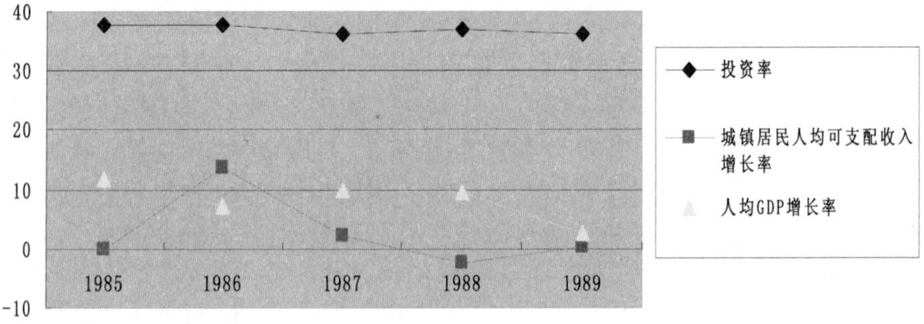

注：数据来源于表 9-4、表 9-5。

图 9-4 1985～1989 年城镇居民人均可支配收入增长、人均 GDP 增长和投资率情况图

第三阶段（1990 年～1997 年），投资率超高位运行，城镇居民可支配收入持续缓慢增长，但仍低于人均 GDP 增长率。如图 9-5 所示。这一阶段投资率年均为 38.6%，比第一阶段高 3.8 个百分点，并高于第二阶段 1.7 个百分点，最高年份 1993 年为 43.3%；城镇居民实际人均可支配收入增长率为 6.9%，高于第一阶段 0.3 个百分点，高于第二阶段 4.1 个百分点，最低年份 1997 年为 3.4%；人均 GDP 年均增长率为 9.0%，城镇居民可支配收入增长率低于人均 GDP 增长率 2.1 个百分点，除 1990 年外，每年的城镇居民人均可支配收入增长率均低于当年的人均 GDP 增长率。

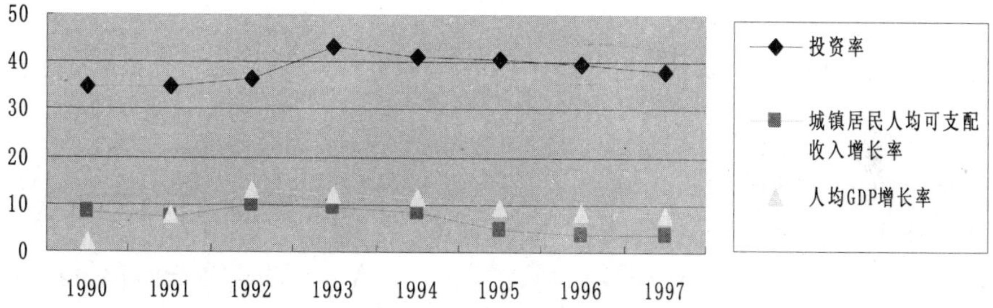

注：数据来源于表 9-4、表 9-5。

图 9-5 1990～1997 年城镇居民人均可支配收入增长、人均 GDP 增长和投资率情况图

第四阶段（1998 年～2002 年），投资率依然高企，人均 GDP 增长放缓，但城镇居民人均可支配收入增长显现，且超过人均 GDP 增长率。如图 9-6 所示。这一阶段投资率年均为 38.6%，与第三阶段总体持平，比第一阶段高 3.8 个百分点，并高于第二阶段 1.7 个百分点，最高年份 2002 年为 42.2%；但该阶段的人均 GDP 年均增长率为 6.8%，比第一、二阶段下降了 1.4 个百分点，比第三阶段下降 2.2 个百分点；城镇居民实际人均可支配收入增长率为 8.8%，分别高出第三、二、一阶段 1.9、6 和 2.2 个百分点，最高年份 2002 年为 13.4%。该阶段城镇居民实际人均可支配收入增长率高于人均 GDP 增长率 2 个百分点，有 3 个年份高于人均 GDP 增长率，2002 年高于幅度超过 6.2 个百分点。

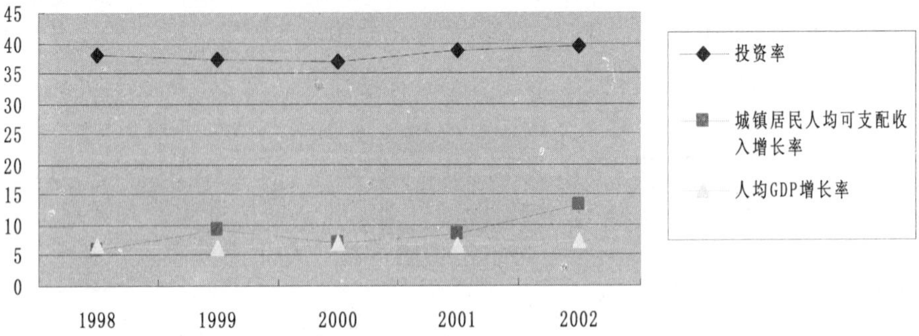

注：数据来源于表 9-4、表 9-5。

图 9-6 1998～2002 年城镇居民人均可支配收入增长、人均 GDP 增长和投资率情况图

第五阶段（2003 年～2008 年），投资率保持较高水平，人均 GDP 呈稳定较快增长状态，但城镇居民人均可支配收入增长不显著。如图 9-7 所示。这一阶段投资率年均为 42.5%，比第一阶段高 7.7 个百分点，高于第二阶段 5.6 个百分点，比第三、四阶段高 3.9 个百分点，最高年份 2008 年为 43.5%；该阶段的人均 GDP 年均增长率高达 10.2%，比前四个阶段分别高出 1.2～2.4 个百分点，成为历年 GDP 年均增长率之最。城镇居民实际人均可支配收入增长率为 11.4%，分别高出第四、三、二、一阶段 2.6、4.5、8.6 和 4.8 个百分点，最高年份 2007 年为 17.2%。该阶段城镇居民实际人均可支配收入增长率高于人均 GDP 增长率 1.2 个百分点，其中 2003 年至 2006 年的城镇居民人均可支配收入增长率均低于当年的人均 GDP 增长率。

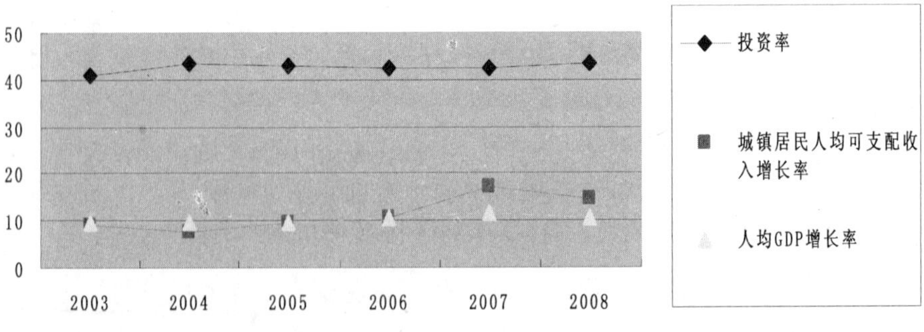

注：数据来源于表 9-4、表 9-5。

图 9-7 2003～2008 年城镇居民人均可支配收入增长、人均 GDP 增长和投资率情况图

2．城镇居民收入长期增长缓慢的主要原因

根据对我国国情的综合分析，总结城镇居民收入增长过缓的原因有以下三条：

（1）长期过高的投资率

投资率即积累率与最终消费率是互为消减关系。一般来说，投资率过高虽有利于增强经济后劲，但会严重影响居民收入水平的提高并造成市场需求不旺，进而影响企业产品的销售和经济增长；反之，消费率过高，投资不足，也不利于经济的持续发展。

改革开放前，投资率过高一直是严重困扰我国国民经济良性运行的一个重要问题。1958年至1978年的21年间，国民收入使用中的投资率平均为30.3%，最高达43.8%，而同期发达国家即高收入国家和中等收入国家的投资率大致在20%～25%之间。投资率过高，使大量社会产品沉淀在中间生产环节不能进入最终消费，甚至成为无效劳动，造成巨大浪费，严重影响投资建设的效率和宏观经济效率。据统计，1958年至1978年，我国累计损失的社会财富达19000多亿元人民币。

进入20世纪80年代尤其是1984年以后，我国经济进入了一个改革和发展的重要时期。多数人认为，即使是开展大规模的现代化建设，也必须充分重视处理好积累与消费的关系，努力将积累率控制在30%以内。然而1978年以来，我国的投资率始终没有降到30%以下，反而有逐步上升的趋势。1978年至2008年，我国投资率平均为38.1%。与此相反，消费率则呈逐步下降趋势，由1978年的61.8%下降到2008年的48.6%。

投资率过高而消费率过低的局面导致了居民收入增长缓慢，与GDP增长不成比例，这种低收入和低购买力又反过来推动和强化了高投资和低消费的格局。在消费需求不足的情况下，为了保持经济的快速增长，政府不得不加大投资规模，这又会加剧供大于求的矛盾。总之，长时间的过高投资已成为居民收入增长缓慢和需求不足的基本症结所在。

（2）日益严重的城镇失业

就业是城镇居民收入来源的基本途径，失业则意味着其收入水平的下降。改革开放以来，随着经济体制的改革特别是国有企业改革的深化，原来积淀在企业中的大量“冗员”和“隐性失业”开始显现出来，并形成日益严重的城镇职工下岗现象。

伴随着城镇职工的下岗，必然带来其收入水平下降的结果。据刘迎秋在《次高增长阶段的中国经济》一书中提供的数字，1996年下岗职工每月人均领取的生活费 77.1 元，仅相当于全国企业职工平均工资的 14.9%；全国下岗职工领取的生活费总额为 82.5 亿元，占全国职工工资总额的 0.9%，大大低于同期下岗职工占全国职工总数的比例 6%。1997 年下岗职工每月人均领取的生活费 82.7 元，相当于全国企业职工平均工资的 15.3%；全国下岗职工领取的生活费总额为 142.4 亿元，比上年增长 72.6%，占全国职工工资总额的 1.5%，也低于同期下岗职工占全国职工总数的比例 7.85%。虽然少数下岗工人通过隐性就业获得了一定的收入，但从总体上来讲，大量职工下岗导致其收入水平下降是一个不容置疑的事实。职工下岗导致其收入下降，进而导致其消费下降。

改革开放以来，除了下岗工人数量日益庞大以外，我国城镇登记失业率也呈上升态势。由表 9-6 可以看出，自 1984 年中国经济体制改革由农村转向城市以来，城镇登记失业人数和失业率逐年攀升，登记的失业人数由 1984 年的 235.7 万人上升到 2008 年的 886 万人，增加了 2.76 倍；登记的失业率由 1984 年的 1.9%上升到 2008 年的 4.2%，上升了 2.3 个百分点。因此，无论是城镇登记失业人数还是城镇登记失业率，1984 年以来上升幅度都是比较大的。

表 9-6　1984～2008 年我国城镇登记失业情况表

年份	城镇登记失业人数（万人）	城镇登记失业率（%）
1984	235.7	1.9
1985	238.5	1.8
1986	264.4	2.0
1987	276.6	2.0
1988	296.2	2.0
1989	377.9	2.6
1990	383.2	2.5
1991	352.3	2.3
1992	363.9	2.3
1993	420.1	2.6
1994	476.4	2.8
1995	519.6	2.9
1996	552.8	3.0
1997	576.8	3.1
1998	571.0	3.1
1999	575.0	3.1
2000	595.0	3.1
2001	681.0	3.6

续表

年份	城镇登记失业人数（万人）	城镇登记失业率（%）
2002	770.0	4.0
2003	800.0	4.3
2004	827.0	4.2
2005	839.0	4.2
2006	847.0	4.1
2007	830.0	4.0
2008	886.0	4.2

注：1. 1984 年～1998 年的数据来自 2001 年《中国劳动统计年鉴》。

2. 1999 年～2008 年的数据来自中国经济信息网数据库。

日趋上升的城镇登记失业率特别是大量的体制性失业（城镇下岗工人），使得中国城镇的真实失业率远远高于登记失业率。如果把登记失业率和职工下岗率加总，以 1999 年为例，当年下岗职工占城镇就业人员的比重为 5.24%，1999 年的城镇登记失业率 3.1%，两者相加，1999 年城镇真实失业率为 8.34%。日益增加的失业给城镇职工的收入带来了很大的影响，并进而影响城镇居民的消费和生活。

（3）收入分配制度改革不完善

目前，还有很多不合理的收入分配制度导致城镇居民收入增长缓慢。改革开放前，我国实行高福利、低工资政策，除了少量的工资外，医疗、住房、教育、养老等都是实行福利化的国家统一管理。改革开放以后，随着我国市场经济体制的逐步建立，特别是医疗、住房、养老制度的改革，这些福利逐步实行了货币化。但应承认，目前我国经济的市场化程度还不完善。医疗、住房、养老等各项社会事业的改革还没有完全到位，导致我国目前城镇职工的收入还比较低，尚处于调整阶段。

（二）农村居民收入增长分析

农村居民收入相对于城镇居民收入的构成比较单一，增长也更加缓慢，这已经严重影响到农村市场的启动，导致整个需求市场的疲软。因此，对农村居民的收入增长进行分析研究，改善农民收入增长过缓的问题对我国经济持续发展是至关重要的。

1. 我国农村居民收入变化的几个阶段

根据表 9-7，我国农村居民收入增长情况可以分为以下几个阶段：

第一阶段（1978年～1984年），农民人均纯收入增长率高，高于同期人均GDP增长率，农民生活水平显著提高。如图9-8所示。这一期间农民人均纯收入年均增长率高达15.1%，由1978年的6.7%上升到1984年的13.6%，呈明显提高趋势，最高年份1982年为19.9%。而同期人均GDP增长率为8.2%，低于农民人均纯收入增长率6.9个百分点，其中有5个年份的农民人均纯收入增长率均高于当年人均GDP增长率，有4个年份高出10个百分点，1979年高于人均GDP增长率13.1个百分点。

表9-7 1978～2008年我国农村家庭实际人均纯收入情况和人均GDP增长情况表 单位：%

年份	人均纯收入（元）	年增长率（%）	人均GDP（元）	人均GDP增长率（%）
1978	133.6	6.7	379	10.2
1979	160.2	19.2	417	6.1
1980	191.3	16.6	460	6.5
1981	223.4	15.4	489	3.9
1982	270.1	19.9	525	7.5
1983	309.8	14.2	580	9.3
1984	355.3	13.6	692	13.7
1985	397.6	7.8	853	11.9
1986	423.8	3.2	956	7.2
1987	462.6	5.2	1104	9.8
1988	544.9	6.4	1355	9.5
1989	601.5	−1.6	1512	2.5
1990	686.3	1.8	1634	2.3
1991	708.6	2.0	1879	7.7
1992	784.0	5.9	2287	12.8
1993	921.6	3.2	2939	12.2
1994	1221.0	5.0	3923	11.4
1995	1577.7	5.3	4854	9.3
1996	1926.1	9.0	5576	8.4
1997	2090.1	4.6	6054	7.7
1998	2162.0	4.3	6038	6.8
1999	2210.3	3.8	6551	6.2
2000	2253.4	2.0	7086	7.1

续表

年份	人均纯收入（元）	年增长率（%）	人均 GDP（元）	人均 GDP 增长率（%）
2001	2366.4	4.2	7651	6.7
2002	2475.6	5.0	8184	7.2
2003	2622.2	4.3	10542	9.4
2004	2936.4	6.8	12336	9.4
2005	3254.9	6.2	14103	9.8
2006	3587.0	7.4	16084	10.5
2007	4140.0	9.5	18934	11.4
2008	4761.0	8.0	22698	8.4

注：数据来源于 2008 年《中国统计年鉴》和《2007 年、2008 年国民经济和社会发展统计公报》。

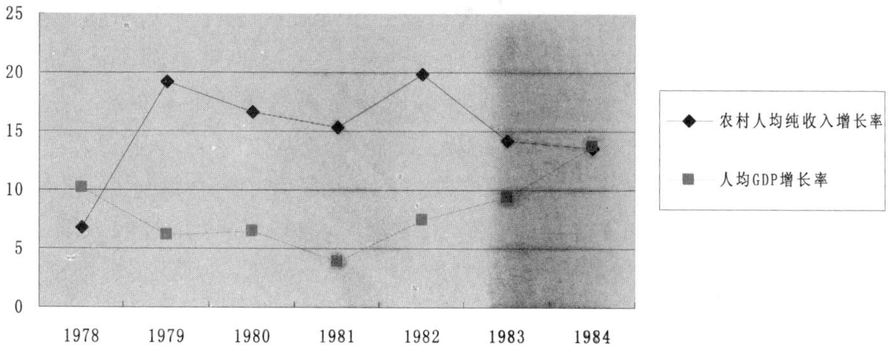

注：数据来源于表 9-7。

图 9-8　1978～1984 年农村居民人均纯收入增长和人均 GDP 增长情况图

第二阶段（1985 年～1996 年），农民人均纯收入增长率显著下降，在低位徘徊，人大低于同期人均 GDP 增长率，农民生活水平相对显著下降。如图 9-9 所示。该阶段农民人均纯收入增长率为 4.4%，比第一阶段低 10.7 个百分点，最低年份 1989 年为－1.6%。该阶段农民人均纯收入增长率低于人均 GDP 增长率 4.4 个百分点，除了 1996 年外，农民人均纯收入增长率均低于人均 GDP 增长率，其中有 4 个年份低于幅度超过 5 个百分点。

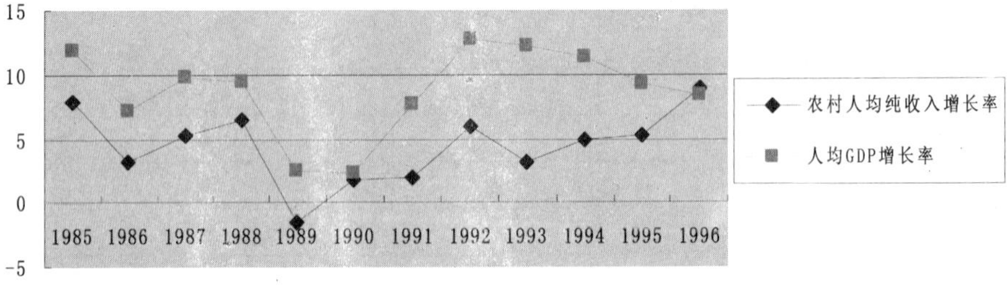

注：数据来源于表 9-7。

图 9-9　1985～1996 年农村居民人均纯收入增长和人均 GDP 增长情况图

第三阶段（1997 年～2002 年），农民人均纯收入增长率有所提高，但仍在低位运行，与同期的人均 GDP 增长率相对协调。如图 9-10 所示。这一阶段，农民人均纯收入增长率为 4%，低于第一个阶段达 11.1 个百分点，低于第二阶段 0.4 个百分点，最低年份 2000 年为 2%。从总体趋势来看，呈“V”形曲线。从 1997 年至 2000 年，农民人均纯收入增长率增幅呈下降态势；从 2000 年至 2002 年，农村居民收入呈上升趋势，增幅分别为 2%、4.2%和 5%。同时，该阶段农民人均纯收入增长率仍低于人均 GDP 增长率 2.7 个百分点，该差距比 1985 年－1997 年间的 4.4 个百分点有所下降，农村居民人均纯收入增长率与人均 GDP 增长率相对比较协调了。

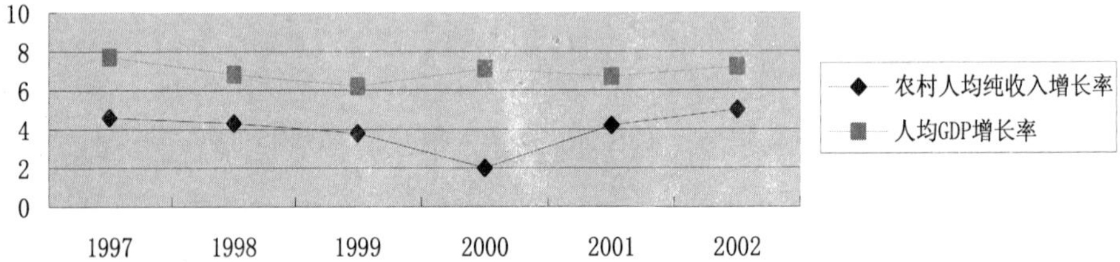

注：数据来源于表 9-7。

图 9－10　1997－2002 年农村居民人均纯收入增长和人均 GDP 增长情况图

第四阶段（2003 年～2008 年），农民人均纯收入增长率有显著提高，但仍与同期的人均 GDP 增长率有差距。如图 9-11 所示。这一阶段，农民人均纯收入增长率为 7.0%，低于第一个阶段达 8.1 个百分点，但分别高于第二、三阶段

2.6 和 3.0 个百分点，最高年份 2007 年为 9.5%，其总体趋势为曲折攀升状态。同时该阶段农民人均纯收入增长率仍低于人均 GDP 增长率 2.8 个百分点，该差距比 1985 年至 1996 年、1997 年至 2002 年间的 4.4 和 2.7 个百分点有所下降，但农村居民人均纯收入增长率与人均 GDP 增长率仍存在一定程度的不协调性。

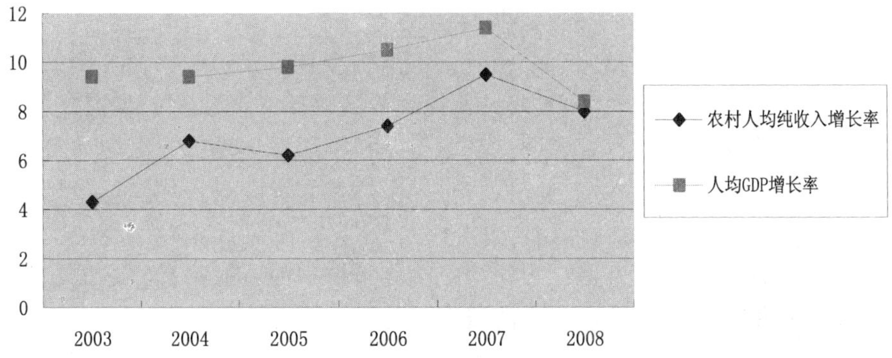

注：数据来源于表 9-7。

图 9-11　2003～2008 年农村居民人均纯收入增长和人均 GDP 增长情况图

2. 农村居民收入长期增长缓慢的主要原因

农村居民收入增长过缓的问题必须得到政府的重视，概括地讲，这个问题产生的说法有以下三条：

（1）农产品价格长期走低

建国之初，我国为了进行工业化建设，对工农业产品实行价格“剪刀差”，通过价格转移来支持工业化建设，从而导致我国的农产品价格长期相对较低。改革开放之后，这一政策偏差一直没有调整过来，从而导致了我国农产品价格较低，而与此同时，种子、化肥等农业生产资料价格却居高不下。因此，农民从农产品获得的收入较少。

虽然 20 世纪 80 年代以来，国家几次提高农产品收购价格，但由于农产品生产过剩，国家又控制粮价，粮食价格一直不能由市场决定，粮价长期走低。而同时农业生产资料价格多次上扬，导致农业生产成本增高。众多农民弃田外出打工。但是，由于市场经济规律的作用，粮价如今已比从前有所上涨。所以，在我国粮价还是农民种粮积极性和农业发展的重要影响因素。

（2）乡镇企业增速缓慢，农民就业减少

乡镇企业是增加农民收入的重要渠道。乡镇企业发展越快，经济效益越好，农民收入来自其中的份额就会越多；反之，农民增收就会减少。从 1996 年以来，乡镇企业发展由于资金、技术等原因开始走下坡路，众多乡镇企业倒闭或效益不好，导致农民增收缓慢。同时，由于城镇大量职工下岗，城市限制农民进城从事一些职业，这在一定程度上也导致农民增收减缓。

（3）农民税负过多，福利太少

目前，与城镇居民相比，农民收入来源较少，收入较低。但长期以来，农民的各种税费和各种摊派并不少，使得原本收入就不多的农民的负担过于沉重。目前的很多政策，比如教育方面，基本上是根据城镇居民的收入和消费水平制定的，这就使得原本收入水平较低和负担不轻的农民在城市化过程中显得有些力不从心。同时，城镇居民还有一些医疗、保险、养老、文艺等有助于提高人们生活水平的社会福利，但在农村这些福利是缺失的，这也导致农民在这些方面的支出很多，负担较重，生活消费水平也随之降低。

二、城乡居民收入差距的扩大及其影响

通过以上分析可知，城镇居民与农村居民近年来的平均收入增长率是低于同期平均 GDP 增长率的，也就是说，居民的收入增长速度滞后于经济增长速度。不仅如此，若将城镇居民收入水平与农村居民收入水平作比较，两者之间也存在差距。这种城乡间收入差距的形成，是区域经济非均衡运行的又一种表现。城乡之间的生产力水平历来存在显著差异，政府有关部门对其收入差距的扩大又往往不予重视。改革以来的基本情况是，城乡间的收入差距在一度缩小之后又不断地扩大，以至今日已达到令人忧虑的程度，这其中的原因和影响是值得我们深思的。

（一）城乡居民收入差距扩大化的原因

当前，农业收入仍为农村收入的主要成分，农村收入的增长也主要依赖于农业收入的增长。有鉴于此，城乡收入差距的持续扩大，主要是由于工业和农业之间的关系失调所致。有资料显示，这两大部门产值增长率之比一般应限定于 1 比 2.5 的范围之内为适当，而在 1992 年至 1994 年间，该项比例连续达到 1 比 5 以上。在工农业增长率差距如此之大的情况下，城乡收入差距的非正常扩大，无论如何是不可避免的。

以上分析的是导致城乡间收入差距扩大的直接原因，其更深层次的原因，至少有以下四点：

1. 农业产品的“剪刀差”扩大

这也是价格体系失调的一种表现。其实质是，工业产品价格高于价值，农产品价格则低于价值。此种不等价交换益于工业，即工业获得了由农业产出的一部分价值，伤害了农业的利益，使农业因此而损失了它产出的一部分价值。显然，这是导致工农业产值增长率差距扩大，从而城乡收入差距拉大的一个重要因素。

2. 工农业投资的比例失调

我国投资规模长期居高不下，而其中的农业投资份额则显著下降。农业固定资产投资占全部固定资产投资的比重，1978 年达到 10.6%，1984 年还有 6.21%，而到了 1991 年则降为 4%，1992 年为 3.7%，1993 年为 2.8%，1994 年为 2.6%。

农业投资应主要依靠农民个人的投入。但是由于农村包括价值流失在内的资源输出大于资源的输入，同时也由于包括税金、集体承包和集体提留以及各种摊派等在内的农民负担过重——它制约纯收入的增长，因而农业投资就难以增加。农业在投资不足的情形下超负荷运转，其扩大再生产能力和抗逆能力或者萎缩，或者下降，两者必居其一。所以，这是导致工农业产值增长率差距扩大，进而城乡收入差距扩大的又一个重要因素。

3. 通货膨胀对城乡的不同影响

一个阶段以来，通货膨胀率连年上升，这严重影响到城乡居民实际收入的增长。与城市居民不同的是，农村居民须在两个方面承受通货膨胀的影响：一是农用生产资料价格的上涨将增大农产品的生产成本，这会影响到农民纯收入的增长；二是农村消费品价格上涨，这将使农民实际纯收入的增长慢于名义纯收入的增长。近年来农村价格上涨相对较快，并开始超过城市，农用生产资料价格亦急剧上涨。本来趋向扩大的城乡收入差距，必定因此而进一步扩大。所以，通货膨胀也是影响工农业发展，以及城乡收入差距扩大的一个重要因素，其危害性我们必须给予应有的重视。

4. 政府的行政干预

在非农产品方面，加工性产品价格已全部放开，国家主要是干预某些基础性产品（如能源、重要原材料）价格的形成。在农业产品方面，粮、棉、油等的收购价格基本上仍为指令性价格。其中，棉花是继续实行“市场、经营、价格三不开放”政策。前者会影响地区收入差距，后者则影响城乡收入的差距。在这方面，值得重视的有两种情况：一是农民收入主要为农业收入，而粮棉油为主要农产品，其收入也就是农民收入的主要来源。二是通货膨胀是经常发生的，而农产品收购价格的提高往往滞后。一般情形是，当通货膨胀积累并达到一定程度时，才着手提高农产品收购价格，而当农产品价格果真提高时，通货膨胀再一次上升。所以，行政干预不能不影响到农民收入的增长，它对城乡收入差距扩大所起的作用也是不可不考虑的。

（二）城乡居民收入差距扩大对经济社会的影响

当前我国居民收入差距的不断扩大，尤其是城乡收入差距的扩大，已经对经济和社会的发展产生了重大影响。我们在看到收入差距对经济发展的积极促进作用的同时，更要充分重视城乡收入差距日益扩大的消极影响。

从收入分配的多种理论和世界各国的经济社会发展实践都可以看到，收入分配差距及其扩大化的影响集中体现在经济增长和社会稳定两个方面，这是两个相互独立又相互影响的领域。从世界许多国家，尤其是发展中国家的情况看，在以促进经济增长为目标的体制改革中，必然产生不均等的分配，使一部分人手中的资本积累及较高的购买力成为这一时期刺激经济增长的动力，这一点在增长的早期阶段表现得尤为突出。但高效经济增长的同时，又带来了失业人群的增加和贫困人群的扩大。当这一矛盾发展到人们承受力的极限之上时，就会发生严重的社会冲突，以致影响国民经济正常持续的增长。

经济增长主要是通过消费和投资两个方面的推动和拉动实现的。从收入对消费和投资的决定性看，城乡居民收入差距的扩大，对其消费及投资的水平、规模、结构都会产生不同程度的影响，进而影响经济增长。

具体来讲，城乡居民收入差距的扩大是当前消费需求不足，市场商品大量积压的主要原因之一。目前，大多数城镇居民都具有解决基本温饱的支付能力，对基本生活消费品的消费需求是稳定的。国家统计局的统计调查资料显示，从城镇家庭人均消费品消费数量和每百户拥有的耐用消费品两方面来看，中档以下的消费量和拥有量在不同收入分组中的差异并不显著，包括 5%的困难户在内。近年来政府对低收入者经济救助增加，低收入阶层的收入水平较从前有所提高，其购买力相应地有所提高。但大多数商品供过于求的状况并未因此而改观。这就说明，城镇的消费市场已经基本饱和。

但是在广大落后的农村，只有低下的购买力，他们的耐用消费品拥有量比起城镇来说要少很多。因此，这样的城乡居民收入差距产生的结果就是，有钱的人不想花，想花钱的人没钱花。城镇居民占有大部分资产和财富，但他们的边际消费倾向比较低。大多数贫困农民虽然边际消费系数比较高，但真正有效需求不足，没有形成真正的消费能力，故造成了城乡总体边际消费倾向降低。所以说，居民收入差距特别是城乡居民收入差距已经严重影响到我国国民经济的稳步增长，这种差距的继续扩大化必将阻碍我国市场经济的完善和发展，值得我们警惕。

三、城乡居民收入差距的调整

我国城乡居民收入差距不断扩大化的现状，已伴随着经济的不断发展，慢慢涌现出种种弊端和阻碍。缩小城乡收入差距刻不容缓，我们需要有效的政策调整来改观目前的状况，因此提出以下的建议：

（一）实行财政反哺农业的政策

考察各国经济增长的一般路径，大多是先发展生产；在生产发展至资本稀缺问题凸现时，再有金融等非实体经济的发展；当然，人力资本在经济发展的过程中贯穿始终。但目前中国农村的现实是，经济发展仍处在较为初级的阶段，农村地区积存了大量的农业剩余人口，一方面，农村地区的工业发展缓滞，另一方面，农业产业结构依然十分落后。这些都制约了农村经济发展，成为增加农民收入的根本性瓶颈。因此，要想快速实现农村地区工业发展和农业产业升级，必须实施工业反哺农业的战略。

工业反哺农业有两大微观主体，即政府和工业投资企业。马晓河、蓝海涛和黄汉权（2005）总结了工业反哺农业的国际经验，提出各级政府要通过税收和财政调整国民收入分配，加强财政反哺。任保平（2005）也提出，工业反哺农业包含三个阶段：一是政府层面的制度反哺、政策反哺及一定程度的收入支持，二是企业层面的技术反哺，三是产业反哺以解决传统农业滞留的大量农村剩余劳动力问题。可见，要实现工业对农业的反哺，首先要进行财政对农业的反哺。安同良、卞加振和陆国庆（2007）研究表明，如果政府强制工业对农业进行反哺，则会造成企业认为政府将提高税率的预期，拒绝接受强制性反哺。而如果政府与企业在工业反哺农业过程中实现良性互动，则工业投资企业对农业的自然反哺将会迅速扩散。事实上，工业反哺农业是一次跨越式发展，要实现这一跨越式发展，必须有大量资本的前期投入，而这种前期投入的特点往往是规模庞大，见效期长，甚至可能从一开始就是非盈利的，所以以逐利为目的的私人资本通常不会介入，这就需要首先由财政反哺。

财政反哺，除完善农村劳动力就业服务与管理、建立农村社会保障体系外，最重要的是增加对农村和农业生产的生产性财政投入，即加大对农村基础设施的投入力度。我们知道，农村小水利、电网等农村基础设施的建设和改善，不仅可以直接促进农民发展生产，同时也有助于创造良好的投资环境，吸引私人资本流向农村。这样，既实现了工业部门积累的资本向农村的转移，又使资本从边际产量递减的地区部门流向了边际产量递增的地区部门，提高了整个国民经济发展资本的运营效率。

同时，财政应当在农村配合货币政策，共同构建农村金融体系。根据目前的经验，主要是建立损失率招标补偿机制，即以一定的财政资金为担保，以1∶5左右的比例要求金融机构发放小额信用贷款。这样能够弥补金融机构发放小额信贷的预期损失率，保证金融机构在小额信贷业务上盈利，有利于农村地区工业的发展和农业产业现代化的推进，引导社会资金流向农村的投资领域，解决农村地区投资不足的问题，增加农民收入。

（二）产业政策向“三农”及资源类企业倾斜

当前中国产业政策有两个具体的目标，一是尽快引导中国经济走上新兴工业化发展的道路；二是重新调整不同产业之间的结构布局，让“看不见的手”引导资源在各产业之间流动，给农业和资源型等初级产业正常、平等的发展空间。前一个目标，有利于压缩投资规模，实现集约型发展；后一个目标，一方面，增加农业生产者和资源型产业工人的收入，进而有利于消费率上升；另一方面，重估下游产业的生产成本，抑制其投资扩张冲动。

1. 加快农村工业化和农业产业现代化进程

解决农村工业化和农业产业化问题，就是解决农村地区投资不足的问题，解决了这一问题，才能提高农民收入；而提高了农民收入，才能拉动消费，进而改变消费与投资关系在整个国民经济中占比不均的矛盾。

虽然小宫隆太郎的说法，[①] 产业政策是以制造业为中心的，但中国有一半左右的人口在农村，相当一部分在从事农业生产，所以农业现代化应当成为中国产业政策的重要内容。农业现代化首先面临的是资金问题，其次是技术问题，第三是人力资源问题。这三个问题的解决，都需要财政政策、货币政策予以配合。关于农业现代化的资金问题，最亟待解决的是构建农业保险的风险补偿机制。这一机制的构建，主要依靠财政政策的支持与引导。现在东部沿海一些地区，已经采取了政府提供保证金、农户缴纳保险费，利用社会资金的力量，弥补农户在进行农业生产时，由于自然灾害等原因而遭受的损失等措施。而技术问题的解决，除了加大对农业技术人员的财政支持力度外，还需要加强对农业生产者的技术教育培训，这同时也就解决了农业现代化的第三个问题——人力资源问题。

农村工业发展的一条重要途径，是发展农村中小企业。中小企业不仅是吸

---

① [日]植草益等著．锁箭译．日本的产业组织——理论与实证的前沿[M]．经济管理出版社，2000:135～206

收就业人口的主力，而且本身也较适应农村分散不集中的特点，所以理应受到产业政策的重点扶持。农村地区工业发展遇到的突出问题，也是资金瓶颈。这除了工业投资企业对农业的直接投资和农民的自我积累以外，农村地区最重要的资金来源，就是农村金融机构发放的小额信用贷款。小额信贷业务的成功，有赖于前面提到的损失率招标补偿机制，即财政政策、货币政策配合产业政策，以财政资金作担保，引导社会资本流向农村地区。但这并不意味着任何产业类别的中小企业都应被政府扶持。比如，对于那些高能耗、高污染的产业，尽管其通常都会给当地居民和财政带来高额的收入，但也不能给予扶持，因为在短期内致富但大面积破坏环境的做法是不符合国民经济可持续发展要求的。此外，政府还应当为农村中小企业提供补贴或部分投资，并积极鼓励和提倡这些企业自主联合，以实现资本、技术、人力的有效组合。

2. 合理有序地引导资源型行业和农业的产品价格向均衡回归

当前政府强调科学发展观，强调经济应当在集约型的道路上发展，而不能再依靠“高能耗、高消耗、高投入、低效率”的发展模式。中国的企业之所以采取粗放型的发展模式，除了自身技术所限以外，最主要的原因是扩张成本非常低，不能反映正常的成本价值。这是因为，政府发展经济的思路是投资拉动，而要鼓励投资，就要压低其成本，用农产品和各种资源（包括人力资源）在内的剩余价值作为投资的补贴。因此，要转变经济增长方式，就要重新评估农产品、自然资源和人力资源的价值，让这类生产要素的价格逐步回归均衡。企业作为微观经济主体，在成本不断上升的压力下，自然会考虑成本—收益问题，逐步提高资源的使用效率，合理进行投资。

虽然资源价格上涨的趋势没有错，但是在当前通货膨胀压力空前加大的情况下，快速甚至一步到位的价格回归都是不可取的。这时，就需要其他经济政策的配合。比如，汇率政策通过人民币升值来对全球性价格上涨进行屏蔽，财政政策以减税手段赋予居民更多的可支配收入、抵御价格上涨带来的效用损失等。

（三）缩小城乡之间收入差距

在公平与效率之间，人们普遍的看法是二者不可兼得。然而事实上，公平会促进经济增长，二者的关系并非互斥。相关理论研究表明，当收入分配呈正态分布且边际消费倾向与收入水平的关系呈倒U形时，收入差距的缩小，能够刺激消费的扩张。而一些实证分析也得出了类似的结论：收入分配差距的扩大引起了居民平均消费倾向的下降；缩小收入差距有利于刺激消费需求，兼顾公平和效率两大目标。可以说，缩小城乡收入差距的主要目的是启动消费。

当前，在收入分配差距过大这一问题中，最突出的是，相对于城镇居民，占中国人口大多数的农民收入偏低。数据表明，城镇居民可支配收入增长率始终比农民纯收入增长率高 3 个百分点左右。农民收入偏低的原因，在于财政对农村生产性投入不足和通过剥夺农业剩余来发展工业，也就是说，这是二元经济结构下的一个子问题，但也是二元经济结构的核心问题。解决这一问题，应当从纠正二元经济结构的角度来看待，即停止农业“哺育”工业、将农业剩余补贴工业的做法。在重估农产品价格的基础上，还要进一步用在工业部门积累的财政收入转移支付给农业部门，尽快实现农业产业现代化和农业生产者收入的提高。

在城镇居民内部，也存在着明显的差异。而根据相关研究，收入水平居中的居民，其边际消费倾向最高，收入处于两端——即最低和最高的居民，其边际消费水平最低。这就启示我们，要在第一次分配和第二次分配的过程中深入贯彻公平思想，扩大城镇中等收入者在城镇居民中所占的比重。这样可以拉升城镇居民总体的边际消费倾向，实现经济由过分依赖投资向消费与投资协调发展的转变，解决消费与投资关系失衡的问题。

（四）逐步改变目前城乡二元制的户籍制度，解决劳动力的市场分割

目前对农民工的歧视，对农民工户口的限制，实际上反映了劳动力市场分割问题，这是和一个市场经济国家的基本经济原则相悖的。所以从这个角度看，当前制定合理的政策，消除现存的分割的劳动力市场，形成一个一体化的劳动力市场至关重要。

中国是一个劳动力资源极为丰富的国家，城镇中有大量下岗失业人员和寻找工作的农民工，农村中也有大量的处于闲置、半闲置状态的劳动力。这既是经济不够发展的结果，又是收入差距扩大化的部分原因。从这个意义上讲，实现充分就业和抑制收入差距的过度扩大化都需要进一步发展经济，使得经济增长始终保持在一个高水平上。只有通过经济高速发展，才能逐步吸纳掉城镇中下岗失业人员，才能给予农民工更多的就业机会，消化掉农村的剩余劳动力。

（五）缩小工农业产品的“剪刀差”，提高农业生产的收益率

首先，要稳定和适当提高农产品价格。其次，要控制农业生产资料价格，降低农业生产成本。主要是控制农用机械、电力、种子、化肥、农药等价格，降低农业生活成本，提高农民收入。再次，应该提高农业补贴，并改进补贴方法。在欧美国家政府对农业的补贴非常高，我们应根据国情，逐渐加大对农业的补贴，同时变补贴流通环节为补贴生产环节，向农民直接补贴，让农民得到实实在在的利益。

（六）鼓励投资于农产品加工企业，扩大农民就业途径

通过教育培训提高农村剩余劳动力素质是一项长期的工作。鉴于目前的实际情况，应制定相应政策以鼓励社会团体和个人投资兴办劳动密集型的中小型农产品加工企业。国际经验证明，中小企业可以提供更多的就业机会，吸纳大量劳动力，为农村剩余劳动力创造新的就业机会。通过实现就业，农村劳动力不仅增加了收入，提高了农民整体收入水平，而且使农民也直接享受到改革的成果，加快农村城市化步伐。

（七）统一城乡税制，确实减轻农民负担

城乡差距在很大程度上是城乡税制的差别导致的。所以应取消一切农业税，对农村居民像城市居民一样依法只征收居民个人所得税，同时，在精简机构的前提下，中央要对乡镇进行财政倾斜，保证乡镇机构和村级组织正常运转，确保农村义务教育经费的正常需要。2007 年是我国政府开始农业税减免的第一年，全国共计减轻农民税收负担 280 亿元左右。中央财政预算安排用于“三农”的支出比 2006 年增加 300 亿元，全国共有 29 个省、市、自治区实行对种粮农民直接补贴，仅粮食直补、良种补贴、农机补贴和减免农业税的“三补一减”政策，就使农民人均直接增收 50 元左右，拉动收入增长 2 个百分点。①

（八）加强农业基础设施建设和提高农民素质

首先，要对改善农业生产条件方面进行重点投资，包括农田水利基本设施（如防洪灌溉工程、水土保持、风沙防护工程）、道路交通等，提高农村经济发展的硬件条件。其次，要对关系农民生活条件的设施进行投入，比如生活用水、通信、农用电网建设等方面的建设，确实提高农民生活水平。再次，要加大对农民教育的投资力度，提高农村劳动力的基本素质，以适应向第二、三产业转移的需要。

（九）建立并完善农民社会保障制度

社会保障制度的建立健全与否，在某种程度上制约着国民经济的健康发展，也在很大程度上影响着贫困阶层的正常生活并导致城乡居民收入差距的扩大。

农村中导致收入差距扩大和部分农民陷入贫困的因素之一是罚款问题。罚款已成为农村社会管理中一种普遍使用的手段，对农民利益的伤害也是相当严重的。以计划生育罚款为例，很多地区政府认为计划生育罚款是名正言顺的，而不考虑罚款所带来的各种负作用。对于一些农户来说，只要被罚款，就会长久陷于贫困。经深究，在农村计划生育政策迟迟不得畅通贯彻的根本原因在于，

---

① 资料来源：http://chanye.finance.sina.com.cn/nl/2008－03－07/346391.shtml

在城市中存在养老金制度和更高层次的男女平等观念，而这两点正是农村所缺少的。从这个意义上讲，计划生育的国策是以剥夺一部分农民的养老权利为代价。倘若认识到这一点，我们就应该在政策上有所考虑。

对于农村现有的贫困人群，在扶贫战略上要作出适当的调整，因为这部分人群更多的属于缺少劳动能力的贫困户，如家庭困难住户、残疾家庭、因病致贫的家庭、单亲家庭等。解决他们的贫困，开发式扶贫的办法已不能发挥作用，应该考虑最低限度的救济式扶贫的办法。一种办法是根据一个地区的贫困状况，可以确定一个救济的比例，也就是对最贫困的人口给予一定的现金和粮食救济。从现有的统计资料来看，对农村贫困人口的救济规模和数量都少得可怜，这与国家财力增长的速度是不相称的，也是与农村贫困人口的迫切需要不相符的。因此，在国家财政支出中提高农村贫困救济支出的比例是完全必要的。

农村第五次全国人口普查资料显示，我国已经进入人口老龄化阶段，应尽快明确农村养老保险体制改革的目标，为农民建立一个合理的、可持续的养老基金补充机制。在此基础上，应加快农村医疗、就业等方面的社会保障制度改革，使社会保障制度真正成为安定民心的系统工程。

第十章 调整机制Ⅳ：内需与外需相互协调

改革开放以来，中国经济建设取得了举世瞩目的成绩，这是与中国经济外向发展的政策取向及具体实践分不开的。在我国由封闭经济逐步走向开放经济发展的过程中，实质上也同时经历着由经济内向发展向经济外向发展转变的独特发展过程。那么，中国经济外向发展是如何推进的，具有什么特点，今后又将向何方向发展？中国的内向经济发展现状如何？国内需求与国外需求的关系是怎样的，两者之间如何相互协调？弄清这一系列问题，对促进中国经济的进一步外向发展和经济发展的政策选择具有重要影响。

第一节 国内需求与国外需求的关系

通常，一国的社会总需求包括国内需求和国外需求两个组成部分，分别简称为“内需”和“外需”。国内需求与国外需求都对经济的运行起着重要的作用，两者相互影响，相互作用，缺一不可。

一、国内需求与国内经济运行

国内需求即内需，是指国内市场对本国商品和劳务形成的需求，通常包括国内消费需求和国内投资需求两个组成部分。国内消费需求指的是本国居民和政府对本国商品和劳务的购头，其中居民个人消费（义称为家庭消费）表现为家庭预算的支出，政府消费则表现为国家预算的支出。居民消费是总消费的主要部分，在西方国家一般大约占80%左右。按照投资主体的不同，国内投资需求又可以分为私人（企业）投资和政府投资。

消费需求和投资需求是两种性质和地位完全不同的需求。投资需求作为生产需求是经济运行过程中的中间性需求，是由消费需求派生的。投资需求虽具有一定的独立性，但到头来要依存于消费需求。消费需求是经济运行的最终需求，在推动经济运行方面总是消费需求起主导作用或决定性作用，而投资需求起辅助性作用。在国外，消费率一般在70%～80%之间。

内需是国内市场的需求，依托的是国内经济运行。国内市场是国际市场的基础，国内经济运行是对外经济运行的基础。从进口看，一国要进口的商品能否为世界市场所承受，在形式上表现为世界市场的供给约束力，但就实质而言，它却是以国内经济运行的状况为转移的。如果该国具有良好的产业基础，又具有充足的国际支付能力，那么它吸纳国际市场上产品的能力就强，进口的规模也就相应地扩大；反之亦然。

进口也具有促进国内经济运行的作用。一国之所以从国外市场进口一部分商品，一是为了引进先进的技术和设备，武装国内的产业，提升国内产业的档次；二是为了引入稀缺的资源，弥补国内资源不足；三是以生产要素的进口替代高附加值产品的进口，以获得更多的比较利益。

二、国外需求与对外经济运行

国外需求即“外需”，是指国际市场对本国商品和劳务的需求，或者说本国商品和劳务在国际市场上的销售。随着国际分工的发展，一国经济与国际市场的联系越来越密切，一方面要向国际市场出口商品和劳务，另一方面也要从国际市场进口商品和劳务。因此，一国和国际市场的联系也包括出口和进口两个方面。外需通常被理解为一国的出口，但是在计算总需求时，真正对该国总需求发生影响的是出口减去进口的余额，即净进口。故在世界各国，外需通常用“净出口”来表示。

外需是国外市场的需求，依托的是对外经济运行。国际市场是国内市场的延伸，对外经济运行是国内经济运行的促进力量。从出口看，一国出口的商品能否为国际市场所接受，在形式上表现为国际市场的需求约束力，其实是由该国的生产水平和生产结构所决定的，即国内生产的产品品种、质量是否适宜，成本和价格是否具有竞争力。如果一国的产业水平和产业结构适当，具有良好的竞争力，出口的产品容易为世界市场所接受，出口将随着整个经济的增长而增长；反之亦然。

从促进经济运行的角度，一国之所以向国外市场出口一部分商品，主要有三个原因：一是有些商品的国内市场已经接近于饱和，其生产能力开始呈现过剩，为此必须寻找国外市场；二是有些商品虽然为国内市场所必需，但在国外市场上销售可获得丰厚的利润；三是发挥一国的资源和生产要素优势，以获得更多的经济利益。因此，出口可以发挥一国的产业和资源优势，增加经济利益，促进国内经济运行。

三、经济内向发展与外向发展

现代经济发展是以市场为向导的，而用来引导经济运行的市场包括国内市场和国际市场。世界各国有的国家立足于国内市场，谋求内需和经济的内向发展；有的国家则以国际市场为出发点，争取外需和经济的外向发展。为适应经济内向发展和外向发展的需要，在国际贸易中，一国可以选择的外贸发展战略主要有两种：一种是进口替代模式，它是指发展中国家通过建立和发展本国工业，以本国产品的供给代替进口，从而建立独立的和比较完整的国民经济体系；另一种是出口替代模式，它是指以出口为龙头带动一国或地区经济的增长。

通常，谋求内需和实施进口替代的国家或地区被称为内向型经济；而争取外需和实施出口替代的国家或地区则被称为外向型经济。

（一）经济内向发展

一般认为，进口替代战略对发展中国家工业化的作用主要表现在以下几个方面：

1．对于原先工业基础相当薄弱的发展中国家来说，通过限制工业制成品的进口，可以达到保护和促进本国工业品生产的目的。

2．通过发展本国工业，可以摆脱对外国商品进口的依赖，节约外汇支出，有利于发展中国家实现国家收支平衡。

3．限制对外国工业消费品的进口，也就增加了可用于输入资本品和本国紧缺资源的外汇供应，有利于推动发展中国家的产业升级。

与此同时，进口替代战略也存在许多不足，主要表现在以下几方面：

1．过于强调保护国内市场，使得进口替代部门长期缺乏国外的竞争压力，失去了技术进步和提高效率的内在动力和压力，实际上是保护了国内落后的工业企业。

2．以国内需求为基础的进口替代产业，会受到国内市场容量的限制，难以形成规模经济。

3．重点放在国内市场，往往会忽视利用国外市场和国外资源，难以充分利用国际分工来发挥对外贸易对国民经济的促进作用。

4．从非耐用品的进口替代过渡到耐用品及资本品的进口替代，需要大量的资金、技术和熟练劳动的投入，而发展中国家大多缺乏资金、技术和熟练劳动，势必造成替代成本的上升，形成替代工业化的高成本。

（二）经济外向发展

1．经济外向发展的利弊分析

不少经济学家认为，随着国家分工日益深化，以鼓励出口为主的经济外向发展模式，其优点是较为明显的。主要表现在以下几方面：

（1）它可以为一国国内过剩的商品或闲置的资源提供出路，拓展国内市场，使国内优势生产资源得到充分利用和合理配置，提高要素的利用率，更多地享受国际分工所带来的经济利益。

（2）扩大或获得规模经济。每一个产业和行业甚至产品都有一个大致的适度规模，适度规模时生产的经济效益最优。通过扩大出口，可以使生产达到适度规模，获得规模经济效益。

（3）通过扩大出口，可以赚得更多的外汇，以支持和扩大国内必要的进口。

然而，经济学家们也同时提出了出口导向战略的缺陷和不足，主要有以下几方面：

（1）依赖大量出口来推动本国经济发展，增加了本国经济的对外依赖性，容易受国际经济形势的左右，使本国经济随世界经济起伏变化而趋于不稳定，从而产生严重的后果。

（2）产品出口受国际市场的很大限制。在某一时期，世界市场总的购买力和总需求是一定的，产品出口要受到国际市场总需求的约束，况且国际贸易保护始终存在，要扩大国际市场困难重重。

（3）如果单纯为了扩大出口而忽略了本国其他产业的发展，还会导致一国经济结构的畸形化，等等。

2．出口导向战略对大国和小国的不同影响

一般认为，出口导向战略对发展中大国和小国（地区）的影响和作用是不同的，其差异主要表现在以下几方面：

（1）就小国（地区）而言，由于其市场总容量较小，如果仅仅局限在本国或本地区的市场上，几乎所有产品的生产都难以达到适度规模，其经济要大规模发展是不可能的。小国和地区只有采取出口导向战略，积极扩大出口，占领一部分国际市场，才能使产品的生产达到适度的规模，获得较大的经济效益，使经济取得长足的发展。因此，全面对外开放、实施出口导向战略，是小国（地区）的唯一选择。对于发展中大国则不同，其庞大的国内市场容量足以支撑任何一种产品达到适度规模，大国的经济发展有较大的回旋余地，出口导向并非是它们的唯一选择。

（2）发展中小国（地区）因为地小人少，失业劳动力、过剩商品和闲置的生产资源量都不大。只要有一定的出口增量，就可以使上述问题得到解决。发展中大国则不同，即使有较大的出口量，也难以完全解决其数量庞大的失业劳动力、商品过剩和资源闲置等问题。

（3）小国（地区）经济规模小，外贸出口量不大，受国际市场容量和国外贸易保护制约的程度也较小，与其他国家产生贸易摩擦和冲突的几率较小。大国则不同，由于其经济规模较大，出口导向模式在实施过程中外贸出口量较大，需要占领很大一部分国际市场，所以受国际市场容量和国外贸易保护的限制也大，与其他国家因出口市场的激烈争夺而引发的摩擦和冲突也会较大。

（4）出口导向模式对大国和小国的区域经济差距和收入分配差距的影响也不同。大国由于国土面积广大、人口众多，外贸出口只能直接作用于某一部分地域和一部分人口。而且一般地，发展中大国区域之间经济和技术差距大，经济较发达地区的产品由于竞争能力较强，往往占了本国外贸出口量的绝大部分。因此，外贸出口主要与发展中大国的较发达地区关系密切，好处主要被较发达地区获得，而落后地区则往往从中得益很少。这样，出口导向模式趋于促使发展中大国的区域经济差距和收入分配差距扩大，经济的二元性加强。小国则不同，一定量的外贸出口就可以直接影响到其全部地域和人口，且好处被全地区和全部人口所获得，出口导向模式趋于促使发展中小国的区域经济差距和收入分配差距缩小，经济的二元性减弱。

此外，无论是大国还是小国，若其经济对外依赖过大，都会受到国际经济波动的影响，导致经济的不稳定性。在这方面，小国由于对外依赖性较大，其经济更易于受国际市场的影响；而大国则完全有条件以其庞大的国内需求，避免或减缓经济受国际市场波动的影响。

出口替代和进口替代虽然是两种不同的对外贸易发展战略，但两者之间并不是截然对立的，同一个国家可能在不同的历史发展时期相继采用这两种战略。例如巴西，在1948年至1956年全面实施进口替代战略，并收到了较好的成效，其间国民生产总值年均实际增长率6.4%。但是随着时间的推移，人们发现进口替代的效果在逐渐减弱，于是巴西在20世纪60年代至70年代实行了积极的制成品出口导向政策。1965年至1977年，巴西制成品出口在其出口总值中所占比例增长了2倍，由1965年的13%提高到1977年的26%，1978年更达到34%。除巴西外，亚洲新兴工业化国家和地区在实施出口导向战略之前，它们几乎都经历过进口替代过程。事实上，对于工业基础薄弱的发展中国家来说，如果在初级发展阶段不采用适当的措施保护本国的制造业，也就无法完成从初级产品出口向制成品出口的转变，出口导向战略也难以真正实现。因此，进口替代是出口导向的基础，在进口替代发展到一定程度后，适时实行出口导向战略更有利于实现经济增长。

第二节　经济运行内外协调与贸易战略

国际贸易就是指在世界各国（或地区）之间进行的商品和服务的交换活动。由于商品的流动必然引起货币的流动，因此，这种交换活动直接影响国内的货币流通。那么，我们应该如何寻求国际贸易存在的条件下货币供求的均衡呢？

在封闭经济条件下，如果出现了简单的货币供求失衡（即货币市场中的货币需求与货币供给不一致），只要各国中央银行根据客观的货币需求状况，运用信贷、利率等政策，通过对货币需求或货币供给总量及其构成的调节，就能够基本实现货币供求的均衡；如果出现了总供求失衡条件下的货币供求失衡，政府利用货币政策和财政政策的简单配合，通过对供给过剩或需求过剩的调节，也能够实现货币供求均衡和社会总供求的均衡。

但是在开放的经济条件下，既有本国的商品市场，也有国际的商品市场；既有国内的货币市场，又有国际的货币市场。因此，货币需求均衡在开放的经济条件下，就不可能通过国家货币政策的制定及实施或货币政策与财政政策的简单配合而得以实现。国际贸易实际上是商品供求由国内市场向国际市场的延伸，它通过改变一国国内商品与货币对应关系而影响国内货币供求，从而使国际贸易条件下的货币供求关系均衡变得更加复杂。

一、国际贸易与国内货币市场均衡

国际贸易中国内商品的进口大于出口，通常是国内商品需求大于供给、货币供给过多的真实反映；国际贸易中的出口大于进口，则往往是国内商品供给大于需求、货币需求过剩的真实表现。因为一旦国内商品市场呈现需求大于供给的局面，货币市场必然表现出货币供给量超过对货币的需求量的现象。国内商品和货币市场上的这种状况，客观上对经济运行会形成一种巨大的压力。这种压力，一方面要求增加进口，以弥补国内商品供给不足的缺口；另一方面又强迫减少出口，以减轻因国内市场商品需求过剩、货币供给过多而产生的通货膨胀的压力。一旦国内商品市场呈现供给大于需求的局面时，货币市场必然表现出对货币需求量超过货币供给量的现象。国内商品和货币市场上的这种状况，客观上也会对经济运行形成一种巨大的压力。这种压力，一方面要求减少进口，以减轻因国内商品供给过剩、货币供给不足而产生的通货膨胀的压力；另一方面又要求努力增加出口，以解决国内商品市场需求不足的问题。

不可否认，进口和出口对国内商品市场供求状况及商品、货币对应关系的改善有着积极的影响。但是我们必须清醒地认识到，上述两种情况下的国际贸易与国内市场都将会呈现非良性循环状态。当进口大于出口时，其差额对于改善国内商品需求大于供给、货币供给过剩的局面，平抑商品价格的上涨，都会起到一定的作用。但这种作用只能是暂时的，而且是有条件的，这些条件表现在以下两方面：

1. 如果要想增加商品进口，就要动用外汇储备。虽然动用外汇储备能够相应减少外汇占压本币的数额，从而减轻对本币发行量的压力，但一个国家必须有足够的外汇储备，以应对国际资本的流动和预防国际金融风险的发生。因此，当一个国家的外汇储备大大超过其应该有的合理规模时，可动用一定量的外汇储备；如果一个国家的外汇储备规模是合适的或是不足的，外汇储备不仅不能动用，而且还应该积极补充。总体来讲，在短期内大量使用国家外汇储备购进商品来缓解国内商品短缺的压力，是很不现实的。

2. 一旦一个国家决定采用大量购进外国商品的办法解决国内商品供给不足的问题，一定会导致需要购进的商品的价格上升：如果进口的是生产要素，就会加大国内生产成本，从而推动产成本价格上涨；如果购进的是应急消费品，则直接刺激国内市场价格的上升。所以，大量增加进口，不仅不现实，而且还会直接或间接推动国内商品价格的上涨；不仅不能够长期稳定国内物价水平，而且还会降低该国抵御国际金融风险的能力。

当出口大于进口时，其差额对于改善国内商品供给大于需求、货币供给不足的局面，制止商品价格的下跌，会起到一定的作用。但这种作用也只能是暂时的，而且同样是有条件的，这些条件主要有以下两方面：

1. 出口的增加，必然导致国家外汇储备的增加。而我们知道，一个国家的外汇储备也不是越多越好。如前所述，外汇储备的增加必然给国内货币供给带来一定的压力，巨额的外汇储备不仅导致本币发行数额的增大，而且还会加重本币升值的压力。同时，外汇储备依附于国际资本市场上的利率，汇率水平的变化将直接影响其收益（或损失）的程度。因此，若由于国内商品供过于求就大量出口，从而使国家外汇储备在短期内骤然增加的做法，是极不可取的。

2. 一旦一个国家决定采用大量出口商品的办法解决国内商品供给过剩的问题，一定会导致需要购进商品的国家（或企业）趁机压低商品价格。如果出口的是生产要素，就是对已有资源的极大浪费，为今后的经济发展埋下隐患；

如果出口的是消费品，则造成国内价值的流失，使社会利润相对减少。所以大量增加出口，不仅不明智，而且也不能够抑制物价水平的下滑；不仅不能够长期稳定国内物价水平，而且还会加重国内资源的短缺。

可见，无论是国内商品需求大于供给时产生的进口大于出口，还是国内商品供给大于需求时产生的出口大于进口，都使国际贸易与国内商品、货币市场呈现非均衡状态。任何国内商品、货币市场供求的不均衡，都将引起国际贸易的非均衡，而国际贸易的非均衡又将恶化国内商品、货币市场的运行状况，因此，实现和保持国内商品、货币市场供求的均衡或基本的均衡是十分重要的。因为国内商品、货币市场保持均衡或基本均衡，不仅能够防止为弥补国内商品供给不足、货币供给过剩或国内商品需求不足、货币需求过剩而强行扩大进口或出口贸易情形的发生，而且还能够为通过对贸易顺差或贸易逆差的调节，达到商品、货币市场的内外均衡奠定良好的基础。

既然外汇储备规模的大小直接影响国内货币供给的多少，而外汇储备又与贸易顺差有着密切的联系，因此必须对贸易差额进行调节，消除由国际收支差额的扩大而引起的国家外汇储备数额的剧烈波动给国内货币供给造成的压力，为实现和保持开放条件下的货币供求均衡创造良好条件。如果商品进口大于出口而使国际贸易表现为逆差，当然要努力扩大出口，尽量减少进口。但是，必须先转变以社会需求膨胀为表现形式的国内经济运行的非均衡格局，然后才谈得上转变以外贸逆差为表现形式的对外经济运行的非均衡格局。从长远角度看，最好的办法是集中力量发展进口替代型产业和采取出口主导型外贸战略。

发展进口替代型产业，就是要选择那些进口需求大的产品作为民族工业发展的重点，力图逐步以国内生产来代替进口，以减少进口外国商品的数量从而减少贸易逆差，带动国内经济增长。

采取出口主导型外贸战略，就要大力发展以合理利用本国资源为基础、具有先进的设备和技术、在国际市场上有较强的竞争力、以生产出口产品为主攻方向的产业部门，并以此为依托建立国内的产业结构和产品结构。这不仅有利于现有生产资源使用效率的提高，而且由于各产业部门具有一定的关联性，出口主导型产业在带动其他产业发展的过程中，将会起到优化部门结构和技术结构的作用，并可缩小本国与先进国家生产技术水平的差距。

但当一国商品出口大于进口而使国际贸易表现为顺差时，只要顺差数额没有超过合适的限度，就不必进行太多的调整。如果顺差数额过大致使国家外汇储备过多，从而给国内货币供给和本币汇率上升都带来压力，可选择扩大进口的办法来纠正贸易顺差。但是，必须先改变以社会需求萎缩为表现形式的国内经济运行的非均衡格局，然后才谈的上转变以外贸顺差为表现形式的对外经济运行的非均衡格局。从长远角度看，最好的办法是扩大内需，集中力量促进本国居民消费的增长，以国内消费的增加代替部分产品的出口。与此同时，也可适当进口一些国内生产不具有比较优势的产品或有利于提高本国生产要素使用效率和技术装备水平的设施和设备，为国际贸易与国内货币供求的均衡提供长期的保障，并促进国内产业结构的调整和优化。

二、国际贸易与国内产品市场均衡

进口和出口是国内市场在世界市场上的延伸。照此理解，导致进出口非均衡的根本原因，是国内市场出现了严重的非均衡。进出口非均衡具有两种形态，都起因于国内市场的失调，但是这两种非均衡形成的具体原因又有所不同。

（一）进口大于出口

进口大于出口的直接成因，是社会需求大于社会供给。一旦社会需求超过社会供给，它在客观上就会形成一种强大的经济压力。这种压力，一方面强迫减少出口，以稳定社会供给；另一方面又要求增加进口，以抑制社会需求。只要社会需求超过社会供给的差额不断扩大，进口大于出口就将成为一种客观必然。所以，进口大于出口不过是社会需求接连超过社会供给在世界市场上的反映。

在进口大于出口的情形下，对外贸易将呈现非良性循环，外贸入超、外汇短缺亏损增加，我们已经深刻理解了这一点。那么如此调节进出口，是否会改善国内市场形势，比如可否起到平抑物价的作用呢？这是人们普遍关注的。的确，它具有抑制物价上涨的作用。因为超过出口的进口将会增大社会供给，缩小它与社会需求的差额，国内市场形势会有所改善。但对其作用不可估计过高，而且是有条件的，也是暂时的。主要理由是：

1. 需要有一定的外汇储备。短缺的外汇要靠动用外汇储备予以弥补，否则即便想多增加一些商品进口，那也是做不到的。一般的说，各国外汇经常是紧缺的，纵然一时拥有可观的外汇储备，为了应付国际资本流动和防止国际金融风险，那也不是可随时轻易大量使用的。所以，靠强行大量增加进口来缓解国内商品短缺，是很不现实的。

2. 这时，“进口的东西贵”。这必然严重限制商品的进口。一旦硬性决定增加进口，那肯定是弊多利少。如果进口是应急的消费品，它将直接刺激国内市场价格上涨；倘若进口的是生产要素，它会加大国内生产成本，从而推动市场价格上升。所以大量增加进口极不现实，纵令一时可以做到，那也只是暂时抑制社会供求差额的扩大，起不到长期稳定物价的作用。现实经验表明，即便物价一时有所缓和，但到头来它必将有更大程度的上涨。

以上表明，进口大于出口，是由社会需求大于社会供给造成的。但是，过多的进口并不能从根本上扭转国内市场需求过旺的态势，这是因为社会需求过旺是由经济过度增长造成的，因此它的作用有限。还要看到，为此付出的代价是相当沉重的。

（二）出口大于进口

出口大于进口的直接原因，是社会供给大于社会需求。它也会形成一种强大的经济压力，表现为：一方面唯有减少进口，才能稳定社会需求；另一方面，唯有增加出口，才能抑制社会供给。只要社会供给超过社会需求的差额持续扩大，出口大于进口将成为一种客观必然。因此，出口大于进口是社会供给不断超过社会需求在世界市场上的表现。

在出口大于进口的情形下，对外贸易将出现另一种非良性循环，即外贸出超—外汇滞存—亏损增加。关于这一点，大家已有深刻的印象。那么，使出口大于进口，是否有利于改善国内市场形势，比如可否制止物价跌落呢？诚然，它具有此种功能。超过进口的出口将会减少社会供给，同样可以起到缩小社会供求差额的作用，这将有助于改善国内市场形势。但对它的作用，和进口超过出口一样，不可作过高的估计。

1. 外汇储备不可短缺，但其增长应有一定的限度。倘若外汇储备不足以应付国际资本流动的需要，或者不能有力地防止国际金融风波，那么通过宏观调节及时予以弥补，就是不可或缺的。但这并不等于说外汇储备越多越好，宏观调节也应适可而止。这是因为外汇储备依附于国际资本市场，而国际资本市场不但利率低，而且汇率变化起伏相当大。一国外汇储备的过度增加，往往会给该国造成不应有的损失。所以，既不可为多进口商品而大量动用外汇储备，又不可为增加额外的外汇储备而过多地增加商品出口。由强行出口而形成的外汇收入作为增加外汇储备使用，是极不明智的。

2. 在这时，“出口的产品便宜”。这必定严重限制商品出口。一旦硬性决定增加出口，那可以肯定，也将是弊多利少。一是一部分国内价值流失，社会利润相对减少；二是过多地耗费了稀缺资源，社会资源将更加短缺。虽然国内某些商品过剩可借助出口而暂时减少，但我们看不到市场物价将由此停止跌落而走向稳定。因为要保持正常的价格水平，市场需求固然是必要的，但更为重要的是要具备良好的生产条件。例如，要节约资源并可获得适当的盈利，而这些条件此时均不具备。在这种情形下，如果廉价商品出口所造成的损失要由抬高国内价格予以弥补，那是不可能做到的。

以上表明，出口大于进口，是由社会供给大于社会需求所致。但是，过多的出口也不能从根本上改变国内市场商品滞存的态势。这是因为，社会需求萎缩是由于经济严重滑坡所致。因此，它是有一定作用的，我们为此也要付出沉重的代价。

总之，导致进出口非均衡产生的根本原因，是国内市场出现了非均衡。既然这与经济增长率非正常波动有关，那么就得依靠适度调节经济增长率予以根治。让进出口非均衡任意扩展，不但不能根除国内市场的失调，而且还将带来一系列严重的后果。这是一种本末倒置的办法。因此必须及时抑制进出口非均衡发展，并使之不断向均衡转化。

三、国际贸易与国内总供求均衡

从静态的角度看，进口是对国内需求的"漏出"，出口是国际市场对本国需求的"追加"。出口将导致国内供给相对减少或者说国内需求相对扩大，而进口将促使国内供给增加或者说国内需求相对减少。因此，外需对国内需求的影响是通过影响国内总供求关系进行的。换句话说，一国的国内供求关系因进出口这个因素的介入，必将发生重要变化。具体来说，又有三种不同情形。

（一）出口大于进口

出口大于进口，即净出口为正值时，意味着国内供给减少，而国内需求相对扩大。这时净出口对经济运行的影响有两种不同状况：

1. 当国内经济运行面临市场疲软、需求不足之时，出口大于进口将会起到扩大总需求，从而缓解国内需求不足矛盾的作用。

2. 当国内经济运行面临供给短缺、市场过于兴旺之时，出口大于进口将会使总供给更加短缺，从而进一步加剧总需求膨胀。

（二）出口小于进口

出口小于进口，即净出口为负值时，意味着国内供给增大，而国内需求相对减少。此时净出口对国内经济运行的影响同样有两种不同情形：

1. 在国内需求不足、市场疲软之时，出口小于进口将会使总供给进一步超过总需求，呈现出过剩。

2. 在国内供给短缺、需求过旺之时，出口小于进口将会使总供求差额得到适当弥补，继而走向均衡。

3. 出口等于进口。出口等于进口，意味着由进出口引致的国内供给和需求的变化相抵。在这种情况下，净出口对国内总供给和总需求的均衡不发生影响。

由此可见，在国际分工既定的情形下，外需就好像一个调节器，它可以弥补国内供给或需求的不足，成为各国用来协调需求结构和供给结构之间关系的重要手段。

外需之所以具有上述作用，其原因在于：通常，一国供给结构完全适应需求结构的情况是不存在的，两者之间总有一定的差别和摩擦。一些产业由于需求一时或长期旺盛，供给严重短缺；另一些产业则因需求一时或长期不足，供给明显过剩。如果我们能够较好地发挥进出口的国际交换功能，一方面输出给世界市场所需要而国内暂时过剩的商品，另一方面又输入国内市场所急需而世界市场又可提供的商品和技术，总供给和总需求在结构上的摩擦就会减少，并进而走向相互适应。

从长期看，进出口对经济运行的影响不仅表现在通过进出口调节国内市场的余缺，更重要的是通过进出口推动产业结构的优化。一般来讲，一国产业结构的优化除受制于该国经济发展水平以及产业结构政策等因素外，还受制于该国的生产技术状况，没有一个国家能够完全拥有生产所需的各种资源和技术。因此，通过进出口适当输入一些先进适用的技术和国内紧张的资源，对于推动一国产业结构的优化有着重要意义。

四、国际贸易战略与经济运行的内外协调

要实现对外贸易的盈利，除了要善于选择进口和出口的时机外，还要重视调解进口和出口的关系。国内价值和国际价值的对比关系作为衡量对外贸易盈亏的标准，既是进口和出口时机选择的唯一准绳，又是调解进口和出口关系的基本依据，它应该贯穿于对外经济运行的始终。进口和出口的关系有两种表现形式：

一是均衡，即进口和出口在量上相等。但两者相等应该具备这样的条件，即进口的商品为国内市场所包容，出口的商品也是国内市场可以提供的。

二是非均衡，即进口和出口在量上不相等。这意味着上述前提已被破坏，进口的商品，国内市场或者远远不能吸收，或者仍然严重短缺；出口的商品，国内市场或者难以如数提供，或者仍旧积压，甚至过剩。

调节进出口，要顺应国内价值和国际价值对比关系的要求。然而要全面地做到这一点，进口和出口必须在数量上达到平衡，并同国内市场相适应。进出口保持均衡，这是按照国内价值和国际价值对比关系的要求，调节对外贸易运行时所必备的条件。

出口形成外汇收入，进口则引起外汇支出。进出口之所以要保持平衡，是

因为外汇收入与外汇支出必须达到平衡。仅就对外贸易实体，即产品、技术和劳务而言，若进口和出口之间出现了非平衡，那就意味着由此而引起的外汇收支也难以必须达到平衡。在这时调节进出口，就难以适应国内价值和国际价值的对比关系的合理要求，对外贸易盈利也必然会受到一定的影响。关于进出口与外汇收支的关系，这里拟分为两个方面进行分析：

（一）进口大于出口

进口大于出口，即通常所说的“外贸入超”。与此相联系的外汇支出将超过外汇收入，如果没有可动用的外汇储备，那就会产生外汇短缺。这时要解决外汇短缺的问题，在我们已作限制的条件下，唯一的办法是增加商品出口。然而出口并不是可以任意增加的，只有在国内价值小于或等于国际价值的情形下，增加出口才可获得盈利。出口的任何增长都会伴随着外汇收入的增加，但是只有当出口增长能带来相应的盈利时，外汇收入才会有更多的增长，对外经济运行也才有可能从根本上消除外汇短缺。应当指出，当对外贸易处于进口大于出口的非均衡状态时，要进一步增加出口，那肯定不为国内市场所允许。即使可以增加出口，要同时解决外汇短缺和对外盈利问题，几乎是不可能的。

现实经验表明，进口大于出口的时候，为了增加外汇收入，有关当事者往往不顾及国内价值和国际价值的对比关系的合理要求，一意坚持国内价值大于国际价值的情形下增加出口。其结果，不但加重外贸入超外汇短缺亏损增加，更构成对外贸易的一种非良性循环。此种非良性循环一旦形成，对外贸易不但不能实现盈利，还将处于持续萎缩状态。

（二）进口小于出口

进口小于出口，即“外贸出超”。与此相联系的是，外汇收入超过外汇支出，如果无须增加外汇储备，就会造成外汇滞存。在作同样限制条件下，这时要解决外汇滞存，唯一可行的办法是增加商品的出口。可是，只有在国内价值等于或大于国际价值的情形下，增加进口才可能获得盈利，因而才能被认为是适当的。如果说在前一种情形下，存在着外汇短缺与对外贸易盈利的摩擦，那么在这种情形下外汇滞存与对外贸易冲突就是不可避免了。正因为如此，当对外贸易处于进口小于出口的非均衡状态时，要进一步增加进口，那也不为国内市场所容纳。纵令可以增加进口，要同时解决外汇滞存和外贸盈利问题，同样是不可能办到的。

实践经验表明，在进口小于出口的时候，为了减少外汇滞存，有关当事者总是违背国内价值和国际价值对比关系的合理要求，随意地、毫无顾虑地去增加进口。在国内价值小于国际价值的情形下增加进口，不但加重国内市场的非均衡，而且必定会造成对外贸易亏损的增加。这样，外贸出超—外汇滞存—亏损增加就构成对外贸易的另一种非良性循环。它一旦形成，不仅使对外贸易失去其应有的盈利，而且还会危及对外贸易的生存和发展。

可见，只有在进口和出口相互平衡的条件下，才能按照国内价值和国际价值对比关系的合理要求进行调节，也才能全面实现对外贸易盈利。然而多年来，我国对外贸易却一直处于严重亏损状态。这既反映在出口方面，又表现在进口方面。“我国出口的产品便宜，进口的东西贵，不合算”，这就是上述两种情况的真实写照。所谓出口产品便宜，即国际价值低于国内价值，从而造成出口亏损。所谓进口东西贵，即国际价值高于国内价值，从而造成进口亏损。情况之所以如此，就是因为我国进口和出口的关系严重失调，从而丧失自主选择最有利的世界市场形势所致。

适应国内价值和国际价值对比关系的要求，这既有助于推动商品出口，又有助于吸纳商品进口，这些是以进口和出口相互平衡为前提条件的。如果进出口是非均衡的，不管是面临外贸入超、强行增加商品出口，还是面临外贸出超、硬性增加商品进口，都必将违反国内价值和国际价值对比关系的合理要求。在这时，对外贸易对于国内经济不但无补，还是有害的。

对外经济运行和国内经济运行是统一的。问题在于，这种统一是以两者各自有益于对方为条件的。但是，因为对外贸易是非均衡的（甚至是失调的），此种统一的基础便不复存在。在这时，因为国内市场也失调，国内经济运行就不能支持进口和出口，而进口和出口也难以促进国内经济的运行，因为它不能实现盈利。不仅如此，就是对外贸易本身也难以生存。这是因为，盈利既是对外贸易运行的目的，又是对外贸易运行必须具备的条件。

第三节　经济运行内外协调与产业调整

众所周知，经济增长不是为了增长而增长。而一国经济的发展速度和质量的高低，在很大程度上取决于该国的产业结构是否合理。故此，不少国家开始把经济目标由原来的促进经济总量增长转到优化产业结构上来。

一、产业结构与国内总供给

产业结构，亦称国民经济的部门结构，是指国民经济中各产业部门之间及其内部的构成。社会生产的产业结构或部门结构是在一般分工和特殊分工的基础上产生和发展起来的，因此，研究产业结构，主要是研究生产资料和生活资料两大部类之间的关系。从部门来看，主要是研究农业、轻工业、重工业、建筑业、商业服务业等部门之间的关系，以及各产业部门的内部关系。决定和影响一个国家产业结构的因素一般有以下几类：

1．需求结构，包括中间需求与最终需求的比例，社会消费水平和结构、消费和投资的比例、投资水平与结构等。

2．资源供给结构，包括劳动力和资本的拥有状况和它们之间的相对价格，一国自然资源的禀赋状况等。

3．科学技术因素，包括科技水平和科技创新发展的能力、速度，以及创新方向等。

4．国际经济关系对产业结构的影响，包括进出口贸易、引进外国资本及技术等因素。

产业结构的变化主要是产业的供给和需求决定的。从供给方面来看，一国的劳动力、自然资源、资金、技术状况对其产业的供给结构有着重要影响。劳动力供给的数量和质量都对产业结构有所影响，劳动力的素质越高，产业的结构越高度化。一个地区自然资源的拥有状况，往往是构成该国产业结构的决定因素之一，拥有的自然资源越丰富，该地区的产业结构越复杂。资金的供给是影响产业结构高度化的最直接因素，资金供给的不足将严重影响产业结构优化的过程，完善的资金供给体系，才能使产业结构的优化得到良好的传导。资金投入的结构往往决定了产业结构的发展，投入结构合理，产业结构优化水平提高；投入结构不合理，则产业结构失调。技术进步可促使一些新产业形成和发展，同时又加速老产业的衰退过程；技术进步也促使各部门劳动生产率的提高，而各产业部门劳动生产率的不断提高，反过来又带来了产业结构的变化和优化。

二、产业结构与国内总需求

在经济学中，经济增长的过程不只是指产出总量的增长过程，更指的是经济增长过程中产业结构的优化升级。只有总需求的各组成部分（消费需求、投资需求、净出口需求等）保持协调运行，产业结构才会保持平衡，国民经济才能持续健康发展。国内的总需求对产业结构的影响有以下几方面：

（一）国内总需求的结构决定着产业结构的平衡与协调发展

在市场经济条件下，对产业结构起决定性作用的主要是市场的需求结构。而在需求因素方面，需求的结构往往决定了产出结构，要想促进产业结构与投资结构的合理化，必须大力改善国内的需求结构。

在市场经济运行过程中，总需求结构中的消费需求、投资需求和净出口需求及其内部的构成会直接影响生产的投入结构以及产出结构，进而影响产业的结构和发展方向。因此，总需求内部的协调发展会影响到总供给结构之间的平衡状况。从需求的内部组成来看，投资需求被看作是派生需求，而消费需求才是最终需求。投资需求扩大的结果是市场上的商品供给量增加，而这些新的供给只有不断地被新的需求所吸收，才能推动经济持续增长。消费需求作为经济运行的最终环节和最终实现形式，是拉动经济长期增长的根本动力和决定性力量。实践表明，过多地依靠投资需求拉动经济增长，不仅不会带来国民经济的持续、稳定增长，反而造成了资源的过度利用和经济运行的较大波动。因此，只有协调好生产和消费之间的关系，转变靠投资拉动经济增长的思想，重视消费，扩大消费需求，才能从根本上改善市场运行，才能推进经济结构的调整和经济增长模式的转型，进而提高经济增长的质量和效益，促进经济社会全面协调和可持续发展。

（二）总需求的结构升级决定着产业结构的高级化

一般来说，随着人均收入水平的提高，人们需求的重点将逐步从低层次向高层次转移。因此，需求结构可以分为三个比较明显的阶段：在第一个阶段中，人们的消费主要是解决温饱问题，满足基本的生存需求；在第二个阶段中，人们的消费重点从温饱转向了非生活必需品，特别是耐用消费品；在第三个阶段中，人们的消费开始从数量转向质量，具有个性、重视服务的产品成为这一阶段人们消费的重点。因此，需求结构的三个阶段反映在产业结构的变化上，表现为农业、轻工业向基础工业、重加工工业，再向高附加价值工业、服务业的转移，而这条发展轨迹正好体现出产业结构向高级化发展的方向。因此，可以认为需求结构的变化规律拉动了产业结构不断向高级化方向发展。在当前我国经济快速发展的背景下，需求的重点从低层次向高层次转移，也决定了产业结构的重心逐步向高附加值和高技术含量的产业转移。

三、产业结构与国际市场竞争

从市场竞争的角度看，无论是外商投资企业的进入还是外国产品的进口，对中国从事替代品经营的厂商都将形成冲击。这种冲击的大小和影响取决于中国企业产品的比较优势和竞争优势，以及比较优势能否转化为竞争优势。显然，不同产业中的中国企业具有的比较优势和竞争优势是不同的，不同的比较优势与竞争优势决定了中国企业在与外资企业及其进口品竞争中的进入和退出。

目前，除去一些涉及国家安全的领域外，应遵循市场规则，发展我国具有高比较优势（如服装业、其他制造业、其他皮制品、纺织业等）和较高比较优势的产业。首先获取比较利益是现实的选择，而后逐步积累资金，发展资本密集型和技术密集型的产业。从比较优势看，推动要素升级，一方面意味着对目前我国具有比较优势的产业，通过重视人力资本的培养和技术的不断创新，获得动态的比较优势，而不是一时的比较优势；另一方面，意味着对低比较优势和比较劣势的产业需要加快资本和技术的投入，尤其是在全面建设小康社会中，重视通过信息化改造这些传统产业，提升要素禀赋结构，以此促成从比较优势到竞争优势的转化。在中国产业内贸易发达的产品上，中国与贸易伙伴国享受着一定程度的产业内贸易的利益，但与发达国家间高度发达的产业内贸易并不完全相同。中国的产业内贸易不是集中在技术与资本密集的产业上，这与我国目前的比较优势比较劣势状况密切相关，也说明我国要实现传统产业的升级和新兴产业的发展任重道远。

加入 WTO 后，在短期内，进口的增加会对中国竞争还不充分、带有某种垄断性质的产业产生有利影响，将使市场集中度下降、竞争加剧、市场绩效得到改善，而那些规模过小、技术设备落后的企业将会退出。但在长期内，如果产业不具备竞争力，入世会对中国产业组织产生不利影响。就现阶段来说，中国企业应该从两方面入手来减少进口增加带来的冲击，一方面利用 WTO 成员国的身份，切实增强自我保护能力；另一方面，利用国内市场开放的过渡期，加快中国企业竞争优势的培育，提高企业自身的竞争力。这才是我国企业的根本出路。

四、产业结构调整与经济运行的内外协调

自 1978 年以来，我国外贸也有了长足的发展。1999 年的进出口总额相当于 1978 年的 17.5 倍，而 1979 年至 1999 年的出口与进口的年均增长速度分别达 15.3%和 13.8%。从 1980 年到 1998 年，我国外贸出口占世界贸易出口的份额由 0.9%上升到 3.4%，世界排名由 1980 年的第 26 位上升到 2008 年的第 2 位。可见，改革开放 30 年来，中国工业经济增长迅速，我国工业发展不仅规模相当可观，而且门类齐全、体系完整。而且，一般加工工业在制造业中的比重相对稳定或有所下降，而技术相对密集产业的比重有所上升，尤其是技术密集度高和具有高新技术产业特征的医药制造业、电气机械及器材制造业、电子及通信设备制造业的比重明显上升。技术密集型产业和高新技术产业的迅速增长带动了工业结构的升级。

但是，我们也应该看到，20 世纪 90 年代是人类从工业化向信息化、从一

国经济向经济全球化加速转化的十年。经济全球化是建立在信息革命基础之上的，信息革命使世界各地的生产、贸易及其他各种经济联系可以突破地域和时空的限制。经济的信息化和网络化还使全球资本市场连为一体。大量不受各国管理当局和国际组织控制的“无国籍”资本，遵循流动性、收益性和安全性的原则在国际上自由转移，推动着生产要素在世界各地的迅速流动。经济全球化可以突破单个国家市场规模和资源禀赋等方面的限制，在全球范围进行资源的优化配置，从而带来更高的效益。因此，我国必须融入经济全球化的进程，以加速我国的经济发展。

就目前而言，我国的贸易战略应以平衡国际收支为导向。我们知道，扩大对外贸易，不仅是当代世界经济发展的现实要求，也是加快中国经济发展的客观需要。但是，对外贸易的发展，必须以保持国际收支平衡、实现经济内外均衡为目标。考察中国改革开放以来的对外经济发展现状，我们就会发现，中国对外贸易的发展与这一长远目标之间还有一定的差距。中国始终遵循出口导向型的经济发展模式，国民经济过于依赖净出口拉动，因此必然限制国内的消费，这是导致消费与投资关系失衡的政策因素之一。

通过对中国国际收支平衡状况的逐年分析，我们明显看到，从 20 世纪 90 年代以来，除 1992 年外，其他年份国际收支均表现为顺差，与经常账户中贸易账户余额的变动趋势基本一致。这又说明，金融账户对中国国际收支的影响不大，国际收支持续顺差是商品贸易连年顺差的结果。可见，连年的贸易顺差，不仅导致国际储备的快速增加，而且还产生了国际收支的连年顺差。但是，我们知道，国际储备的持有是要付出代价的，这个代价就是持有国际储备的机会成本；一国货币当局持有的国际储备越多，就意味着资源被用于可增加国民收入和就业的生产建设方面的部分越少。国际收支持续顺差，不仅因国际储备的增加会带来货币供给的不断增长，从而造成通货膨胀的压力，而且生产出口品的生产资料被大量使用、进口替代品的生产资源却未被充分利用，这都不利于国民经济的平衡发展。同时还容易引起国际摩擦，不利于国际关系的稳定发展。因此，国际储备不是越多越好，国际收支也不总是顺差就好。从理论上来说，国际收支和国际储备资产之间的关系只要满足这样的条件即可，这个条件可以被表述为下列等式：

$$经常项目差额 + 资本和金融项目差额 + 储备资产变动额 = 0$$

可见，在储备资产已具有相当规模，并且资本和金融项目的差额变化不大或有可能减少逆差的情况下，经常项目就不应该继续保持大额顺差状态；否则，就是对资源的浪费。

联系中国实际，由于国际收支本身是一个动态的过程，平衡只具有相对的意义，为了达到经济发展的对外均衡，实际上只能以国际收支结构的调整为具体操作对象。因此，要想对国际收支状况进行调节，必须首先调节国际收支结构。又由于在相当长时期内，进出口贸易仍将在国际收支中占有举足轻重的地位，对外贸易的发展也将是整个国际收支状况的决定性因素，因此，要想对国际收支结构进行调节，从而达到理顺国际收支与国际储备关系的目的，则必须对过去的贸易战略进行调整，即由过去单纯以追求国际收支顺差为目标的对外贸易战略转向在进口与出口的动态发展中寻求均衡（基本平衡）的对外贸易战略。具体来讲，着重从四个方面进行贸易战略调整：

1. 要升级出口商品的结构，配合产业政策，尽早启动出口商品生产由劳动密集型向资金和技术密集型转移的机制，实现出口商品结构的高级化，并由此而带动整个产业结构的升级。而且，中国对外贸易的连年顺差以及已经形成的数额较大的国际储备，都为这种转变奠定了良好的基础。

2. 在今后一个时期的对外贸易中，进口贸易的增长速度应略高于出口贸易的增长速度。这不仅有利于维持国内总供给与总需求之间的均衡，达到控制通货膨胀的目的，而且有利于平衡国际收支，促进与其他国家的经济合作。作为一个发展中国家，未来中国国际收支的基本平衡应该是以资本的净流入和适度的贸易赤字为最佳组合；目前存在的一方面大力引进外资，另一方面又使外汇储备持续增加的局面，对处于经济成长过程中的中国是弊大于利的。

3. 在采取鼓励货物出口政策的同时，也采取一些鼓励服务出口的措施，以改变多年来服务贸易的逆差地位，避免货物贸易所带来的利益被服务贸易逆差所抵消现象的发生，为进出口关系的协调创造良好的条件。

4. 进一步扩大对外开放，推动自由贸易。当人类社会步入知识经济时代，我国产业结构将面临着进一步的升级。产业结构升级的过程中由于物质资本在产业间的转移需要高昂的成本，从而导致新经济的建立缺乏足够的资本存量，传统产业的物质资本存量却大量过剩。因此，我国应该扩大对外开放，推动自由贸易，充分吸收外国的资本、技术和管理经验，只有这样，才会加速我国产业结构的调整，带动我国经济步入新的增长平台。

参考文献

[1] 包妍平．论充分发挥市场在劳动力资源配置中基础性作用的必要性[J]．黄山学院学报，2006(3)

[2] 曹永福．美国经济周期稳定化研究述评[J]．经济研究，2007(7)

[3] 陈宝森．剖析美国“新经济”[M]．中国财政经济出版社，2002

[4] 陈桂香．战后美日消费调控的比较及启示[J]．北京工商大学学报，2001(7)

[5] 陈继勇，彭斯达．新经济条件下美国经济周期的演变趋势[J]．国际经济评论，2003(11～12)

[6] 陈蜀豫．东中西部区域发展差距问题分析[J]．黑龙江对外经贸，2006(10)

[7] 陈永正，陈家泽．关于中国城乡收入差距的若干问题[J]．经济学家，2005(4)

[8] 成新轩．欧盟经济政策协调递进的制度分析[J]．南开学报（哲学社会科学版），2004(1)

[9] 成新轩．欧盟经济政策协调制度的变迁[M]．中国财政经济出版社，2003

[10]戴炳然．在低处徘徊的欧盟经济：问题与原因[J]．世界经济研究，2006(4)

[11]董书慧．欧盟《稳定与增长公约》及财政政策多元化的协调[J]．河南省政府管理干部学员报，2007(3)

[12]鄂志寰．复苏速度将有所加快——从经济宏观特征看当前美国经济复苏的可持续性[J]．国际贸易，2003(11)

[13]冯舜华，杨哲英，徐坡岭等．经济转轨的国际比较[M]．经济科学出版社，2001

[14]冯志新．进口与出口贸易对通货的作用机制[J]．现代商业，2005(9)

[15]高德平．东欧国家剧变以来的经济差异及其原因．东欧中亚研究，2000(3)

[16]韩卫刚．中国投资和消费非均衡问题研究[M]．中国财政经济出版社，2006

[17]何百华译．新一轮的美国经济周期[J]．经济学家[英]．2001(3)

[18]胡鞍钢，王绍光．政府与市场[M]．中国计划出版社，2000

[19]胡春．论可持续发展中市场机制的作用[J]．北京邮电大学学报（社会科学

版），1999 (1)
[20]黄伟贤．论国际市场上的供需失衡对国际贸易的影响[J]．经济经纬，2002(8)
[21]黄正阳．美国经济增长模式对我国经济发展的启示[J]．世界经济，2004(8)
[22]江静．中国经济内向化发展的几点思考[J]．经济师，2007(8)
[23]孔寒冰．欧盟五十年的意义[J]．国际交流，2007(2)
[24]李辉华，何 曙．浅析对外贸易对国内市场态势的影响[J]．内蒙古财经学院学报，2002(5)
[25]李建伟．投资率和消费率的演变规律及其对经济增长的影响[J]．经济学动态，2003(3)
[26]李萍，武建奇，杨惠玲，杜漪等．反思与创新：转型期中国政治经济学发展研究[M]．经济科学出版社，2006
[27]李文．改革以来中国居民的收入与消费[J]．中国社会科学，2007(4)
[28]李向阳．美国经济：复苏一波三折[J]．世界经济，2003(3)
[29]李小宁．匈牙利经济的转型衰退[J]．北京航天航空大学学报，1996(2)
[30]李云娥，周云波．中国城乡收入差距未来发展趋势的预测[J]．山西财经大学学报，2000(10)
[31]刘立峰．消费与投资关系的国际经验比较[J]．经济研究参考，2004(72)
[32]刘荣春．我国经济增长中的投资与消费的失衡及其矫治[J]．统计与决策，2006(12)
[33]刘杨，宋瑞敏，基于经济收入恒等式的经济失衡研究[J]．商业时代，2008(5)
[34]刘艺容．中国城乡收入差距对居民消费影响的实证分析[J]．求索，2008(1)
[35]刘义云．当前我国资本市场发展的几个问题[J]．发展研究，2007(8)
[36]鲁迪格·多恩布什，斯坦利·费希尔，理查德·斯塔兹著．王志伟译．宏观经济学[M]．中国财政经济出版社，2003
[37]陆晓明．经济周期中段的美国经济——特征与预期[J]．国际金融研究，2006(7)
[38]卢中原．关于投资和消费若干比例关系的探讨[J]．调查研究报告，2003(43)
[39]罗肇鸿．国际经济政策调节——经济全球化进程中的必然选择[J]．太平洋学报，2004(1)
[40]马丁·费尔德斯坦．20 世纪 80 年代美国经济政策[M]．经济科学出版社，2000
[41]马正兵．中国经济增长的需求动力分析与路径选择[J]．经济纵横，2007(2)
[42]涅斯捷连科．东欧国家的经济政策[J]．国外社会科学，1997(6)

[43]卿定文，程掀．改革开放以来中国经济外向发展的进程、特点及趋势分析[J]．经济问题探索，2007(5)
[44]曲雅静，吕国辉．俄罗斯经济转轨对中国经济改革启示的新视野[J]．长春工业大学学报，2004 (6)
[45]任碧云．货币、资金与经济协调运行研究 [M]．中国财政经济出版社，2005
[46]任碧云，王智茂．转型背景下中国经济运行的复杂性及其政策协调选择[J]．经济经纬，2008(1)
[47]施发启．投资主导型向消费主导型转变的国际经验[J]．上海证券报，2006(12)
[48]舒燕飞．扩大国内需求，提高经济运行质量[J]．兰州学刊，2006(10)
[49]宋德勇．经济转型问题研究[M]．华中理工大学出版社，2000
[50]宋光辉．国民经济学：中国城乡收入差距成因：一个文献述评[J]．中国学术期刊文摘，2006(12)
[51]陶涛．“新经济”对欧盟经济增长的贡献[J]．世界经济，2001(12)
[52]田亚东．美国政府调控经济的主要方式和手段[J]．国土经济，2002(10)
[53]（日）田中素香著．汪慕恒译．当前欧盟经济面临的问题与今后的展望[J]．经济资料译丛，2003(3)
[54]佟福全.《新经济——美国经济长久不衰之奥秘》[M]．中国经济出版社，2001
[55]佟福全．失误的政策导向——探析欧盟经济发展缓慢之原因[J]．国际贸易，2004(2)
[56]王雷，王代敬．西方国家消费政策的演变过程和启示[J]．山东经济战略研究，2003(4)
[57]王韧．中国城乡收入差距变动的成因分析：兼论“倒 U”假说的适用性[J]．统计研究，2006(4)
[58]王学勇．德国经济的增长困境[J]．中国对外贸易，2004(10)
[59]魏达志．论开放经济与新一轮体制创新[J]．特区经济，2005(5)
[60]魏文生．发挥市场机制作用加强国家宏观调控[J]．理论探索，2005(3)
[61]闻潜．我国产能过剩与经济高位运行的关系[J]．经济纵横，2006（11）
[62]闻潜．经济高位运行中的产能过剩及其成因分析[J]．经济经纬，2006（5）
[63]闻潜.《消费启动与投资启动》，经济科学出版社[M]．2000
[64]吴先满，蔡笑，徐春铭．中外消费对经济增长的拉动作用的比较研究[J]．世界经济与政治论坛，2007(3)
[65]吴要武，赵泉．中国城镇劳动力市场态势分析[M]．中国劳动，2007(1)：23～26

[66]伍贻康，杨逢珉. 战后经济强国盛衰的几点启示[J]. 世界经济研究，2003(10)
[67]肖万春．我国当前储蓄过度了吗？：论我国当前储蓄与消费问题[J]．金融研究，1996(8)
[68]谢晓光．转型国家政治制度变迁及对我国的启示，社会科学论坛，2007(2)
[69]许经勇．论我国体制内外二元劳动力市场[J]．天津行政学院学报，2007(3)
[70]徐仲昆．试析 FDI 对我国产业结构的影响[J]．时代经贸，2007(2)
[71]薛敬孝，张琦．论战争对美国经济周期的影响[J]．经济评论，2005(1)
[72]阎海防．日本：经济正进入内需活跃期[J]．经济日报，2006(1)
[73]严维石．劳动力市场的二元结构[J]．上海管理科学，2007(3)
[74]杨国才．转型经济中的政府职能[J]．安庆师院社会科学学报，1998(8)
[75]姚金武、宋璇．社会贫富差距扩大的深层原因分析[J]．成都大学学报：教育科学版，2007(12)
[76]于培伟．全面转型的日本经济[J]．中国经济时报，2007(11)
[77]喻卫斌．90 年代以来日本的消费调控及其启示[J]．当代亚太，2001(11)
[78]原玲玲，杨昌国．宏观经济调控与美国经济增长——评克林顿政府的经济政策[J]．当代经济研究，2004(5).
[79]张婧．波兰向市场经济转轨的措施成果及启示[J]．对外经贸实务，1998(2)
[80]张宇．中国的转型模式：反思与创新[M]．经济科学出版社，2006 年 4 月
[81]张召龙，张涵．浅议我国投资与消费需求失衡的成因与对策[J]．消费经济，2007(4)
[82]赵宏旭．转轨以来俄罗斯经济回顾及今后的发展态势[J]．东北亚论坛，1997(2)
[83]赵俊杰．21 世纪的欧盟经济发展战略[M]．中国城市出版社，2002
[84] Joseph P. Daniels. Empirical Studies of Foreign Direct Investment, *Atlantic Economic Journal*(2005) 33:381–382.
[85] Bruce A.Blonigen. A Review of the Empirical Literature on FDI Determinants, *Atlantic Economic Journal*(2005) 33:383–403.
[86] Marc Von Der Ruhr and Michael Ryan. “Following”or“battracting” the Customer? Japanese Banking FDI in Europe, *Atlantic Economic Journal* (2005)33:405–422.
[87] David Blake. Modelling the composition of personal sector wealth in the UK, *Applied Financial Economics*, 2004, 14, 611–630.
[88] David Blake. The impact of wealth on consumption and retirement behaviour in

the UK, *Applied Financial Economics,* 2004, 14, 555–576.

[89] David Coady, Margaret Grosh, John Hoddinott . Targeting Outcomes Redux, *The World Bank Research Observer*, VOL.19, NO.1.

[90] Jishnu Das, Quy –Toan Do and Berk Ozler. Reassessing Conditional Cash Transfer Programs, *The World Bank Research Observer,* VOL.20, NO1(Spring 2005) .

[91] John Gibson and Scott Rozelle. Prices and Unit Values in Poverty Measurement and Tax Reform Analysis, *The World Bank Economic Review*, VOL. 19, NO. 1, pp. 69–97.

[92] Holger Gorg, David Greenaway. Much Ado About Nothing? Do Domestic Firms Really Benefit From Foreign Direct Investment?, *The World Bank Economic Review* VOL. 19, NO. 2.

[93] Miguel D. Ramirez. Is Foreign Direct Investment Beneficial for Mexico?, An Empirical Analysis, 1960–2001, *World Development* Vol. 34, No. 5, pp. 802–817, 2006.

[94] Eric Neumayer and Laura Spess. Do Bilateral Investment Treaties Increase Foreign Direct Investment to Developing Countries? , *World Development* Vol. 33, No. 10, pp. 1567–1585, 2005.

[95] Marcellaasan Alsan, David E. Bloom and David Canning. The Effect of Population Health on Foreign Direct Investment Inflows to Low-and Middle-Income Countries, *World Development* Vol. 34, No. 4, pp. 613–630, 2006.

[96] Donald Lien. Capital Controls and Foreign Direct Investment, *World Development* Vol. 32, No. 3, pp. 479–490, 2004.

[97] Arne Bigsten, Paul Collier, Stefan Dercon, Marcel Fafchamps, Bernard Gauthier, Jan Willem Gunning, Remco Oostendorp, Catherine Pattillo, Mans Soderbom and Francis Teal. Adjustment Costs and Irreversibility as Determinants of Investment: Evidence from African Manufacturing, *Contributions to Economic Analysis & Policy* Volume 4, Issue 1 2005 No. 1, Article 12.

[98] Thomas J. Kniesner, W. Kip Viscusi and James P. Ziliak. Life-Cycle Consumption and the Age-Adjusted Value of Life, *Contributions to Economic Analysis & Policy* Volume 5, Issue 1 2006 Article 4.

[99] Benjamin Alamar and Stanton A. Glantz. Modeling Addictive Consumption as an Infectious Disease, *Contributions to Economic Analysis & Policy* Volume 5, Issue 1 2006 Article 7.

[100] Andrew Weiss and Georgiy A. Nikitin. Foreign Portfolio Investment Improves Performance: Evidence from the Czech Republic, *Topics in Economic Analysis&Policy* Volume 4, Issue 1 2004 Article 15.

[101] Jonathan D.Fisher and David S.Johnson. Consumption Mobility in the United States:from Two Panel Data Sets, *Topics in Economic Analysis&Policy* Volume 6, Issue 1 2006 Article 16.

[102] Massimo Massa and Andrei Simonov. Behavioral Biases and Investment, *Review of Finance*(2005)9:483–507.

[103] Glenn W.boyle and Graeme A.GuthrieE. Human Capital and Popular Investment Advice, *Review of Finance*(2005)9:139–164.

[104] Kristlan R.Miltersen and Eduadro S.Schwartz. R&D Investments with Competitive Interactions, *Review of Finance* 8:355–401, 2004.

[105] Enrico Saltari, Giuseppe Travaglini. The effects of future financing constraints on capital accumulation:Some new results on the constrained investment problem, *Research in Economics* 60(2006)85–96.

[106] Mario Padula. Consumer durables and the marginal propensity to consume out of permanent income shocks, *Research in Economics* 58(2004)319–341.

[107] Makoto Nirei. Quantifying borrowing constraints and precautionary savings, *Review of Economic Dynamics* 9(2006)353–363.

[108] Jeremy Rudd, Karl Whelan. Empirical proxies for the consumption–wealth ratio, *Review of Economic Dynamics* 9(2006)34–51.

[109] Simon Gilchrist and John C.Williams. Investment, capacity, and uncertainty: a putty–clay approach, *Review of Economic Dynamics* 8(2005)1–27.

[110] Vikas Agarwal and Narayan Y.Naik. Risks and Portfolio Decisions Involving Hedge Funds, *The Review of Financial Studies* Spring 2004 Vol.17, No.1, pp.63–98.

[111] Simon Gervis, Anthony W. lynch and Divid K. Musto. Fund Families as Delegated Monitors of Money Managers, *The Review of Financial Studies* Vol.18, No.4, 2005.

[112] Li Zhang and Shujun Ding. The effect of increased disclosure on cost of

capital: Evidence from China, *Rev Quant Finan Acc*(2006)27:383–401.

[113] Mark J.Koetse, Arno J.van der Vlist and Henri L.F.de Groot. The Impact of Perceived Expectations and Uncertainty on Firm Investment, *Small Business Economics* (2006) 26:365–376.

[114] Markku Maula, Erkko Autio and Pia Arenius. What Drives Micro-Angel Investments, *Small Business Economics*(2005)25:459–475.

[115] Roman Inderst, Holger M.Mueller and Felix Münnich. Financing A Portfolio of Projects, *RFS Advance Access* published October 14, 2006.

[116] Aronsson, Thomas, Lofgren, Karl-Gustaf , Backlund, Kenneth. Book Review: Welfare Measurement in Imperfect Markets, *Scand.J.of Economics* 107(2), 395–397, 2005.

[117] Wilfred Dolfsma. Consuming Symbolic Goods: Identity & Commitment –Introduction, *Review of Social Economy,* Vol .LXII, NO.3, September 2004.

[118] Konari Uchida. Determinants of stock option use by Japanese companies, *Review of Financial Economics* 15(2006)251–269.

[119] Karen C.Denning. Heather Hulburt, Stephen P.Ferris, Risk and wealth effects of U.S.firm joint venture activity, *Review of Financial Economics* 15(2006)271–285.

[120] Joseph Shaanan. Investment, irreversibility, and options: An empirical framework, *Review of Financial Economics* 14(2005)241–254.

[121] Diderik Lund. How to analyze the investment–uncertainty relationship in real option models?, *Review of Financial Economics* 14(2005)311–322.

[122] Jonathan D.Fisher and David S.Johnson. Consumption Mobility in the United States:Evidence from Two Panel Data Sets, *Topics in Economic Analysis & Policy* Volume 6, Issue 1 2006 Article 16.

[123] Thomas Elger and Jane M.Binner. The UK Household Sector Demand for Risky Money, *Topics in Macroeconomics* Volume 4, Issue 1 2004 Article 3.

[124] Gustavo A.Marrero. An Active Public Investment Rule and the Downsizing Experience in the US: 1960-2000, *Topics in Macroeconomics* Volume 5, Issue 1 2005 Article 9.